Deutsch
Werkzeug Sprache

von
Ralf Dietrich
Antje Dussa
Gülçimen Güven

2., durchgesehene Auflage

Handwerk und Technik · Hamburg

Vorwort

Sprache hat viele Gesichter. Ihr korrekter Gebrauch und Einsatz bilden die Grundlage für eine erfolgreiche Partizipation in Schule und Ausbildung sowie für ein wirksames berufliches Handeln.

Werkzeug Sprache dient dazu, das Grundwissen aufzufrischen, Zusammenhänge zu erkennen und Neues zu lernen.

Werkzeug Sprache steigert die Reflexionsfähigkeit, leitet zu selbstorganisiertem und projektorientiertem Arbeiten an, fördert die interkulturelle Kompetenz und erhöht die kommunikative Wirksamkeit der Schülerinnen und Schüler.

Werkzeug Sprache verknüpft in zehn Kapiteln die folgenden Bereiche kleinschrittig, übersichtlich und übergreifend miteinander:

- Sprache und Sprachgebrauch untersuchen,
- sprechen und zuhören,
- Sachtexte lesen, analysieren und selbst verfassen,
- literarische Texte lesen, verstehen und mit ihnen arbeiten,
- Medien nutzen und kritisch hinterfragen.

Rechtschreibung und Grammatik werden leicht verständlich präsentiert, Lerntechniken und Methoden sind zielgerichtet auf ausbildungs- und berufsrelevante Ausführung abgestimmt.

In der Randspalte einzelner Seiten finden sich für die Textentlastung

- Hinweise zur Vertiefung oder Erläuterung einzelner Themenbereiche,
- Tipps für die weitere Handhabung einzelner Aspekte der Themen sowie
- Worterklärungen für das bessere Textverständnis.

Am Ende jedes Kapitels kann mit der Seite *Anschauen – Aneignen – Anwenden* das Gelernte überblickt und in Bezug zu seiner Anwendbarkeit in Ausbildung, Beruf und Alltag gesetzt werden.

ICH UND DIE ANDEREN

1

1.1 Das Interview – jemanden befragen

Menschen sind in vielerlei Hinsicht verschieden. Sie unterscheiden sich z. B. nach dem Geschlecht, dem Alter, der sozialen Herkunft und Bildung, der Nationalität und Muttersprache, in Hautfarbe und Religion sowie nach ihren sozialen Fähigkeiten, Begabungen und Beeinträchtigungen. Daher können das Gespräch, das Zusammenleben mit anderen oder der Unterricht schwierig, aber vor allem interessant und spannend sein.

In Zeitungen sowie Radio- und Fernsehsendungen werden häufig unterschiedliche Menschen vorgestellt. Dazu wird oft die Form des Interviews genutzt.
Ein Interview ist die Befragung eines Menschen durch einen Journalisten zur eigenen Person oder zu bestimmten Themen. Meistens werden bekannte Persönlichkeiten interviewt. Aber auch Menschen, die in der Öffentlichkeit unbekannt sind, können interviewt werden. Oft äußern sie sich interessanter als so mancher Prominente.

Auch Sie können Ihre Mitschülerinnen und Mitschüler interviewen, um sie besser kennenzulernen. Ein Interview im Unterricht bietet die Gelegenheit, auch mal Fragen zu stellen, die sonst in den Pausen nicht gefragt werden. So kann z. B. über persönliche Vorlieben und Abneigungen, Haltungen und Meinungen gesprochen werden.

Christian Ulmen (*1975 in Neuwied): ein deutscher Entertainer, Schauspieler und Schriftsteller. Er moderierte einige Jahre beim Musiksender MTV, spielte in Fernsehserien (Mein neuer Freund; Dr. Psycho) und Fernseh- und Kinofilmen (z. B. Herr Lehmann; Der Fischer und seine Frau; Maria, ihm schmeckt's nicht) und erhielt mehrere Auszeichnungen.

„Ich bin eher der Typ für schmalen Cord" *(Auszug)*

SPIEGEL ONLINE: Herr Ulmen, in „Dr. Psycho" spielen Sie einen Seelenklempner, der Menschen in Minutenschnelle analysiert. Was würde ein Psychologe nach kurzem Kennenlernen über Sie sagen?

Christian Ulmen: Das würde mich auch interessieren. Obwohl – nein, eigentlich nicht. Ich habe vielmehr Angst, dass er vielleicht Türen aufmachen würde, die lieber sehr, sehr fest verschlossen bleiben sollten.

SPIEGEL ONLINE: Dabei könnte man bei Ihrem familiären Hintergrund vermuten, man dürfe alle Türen getrost aufreißen: glückliche Kindheit, Vater Stadtplaner, Mutter Friseurin, Schwester Lehrerin …

Ulmen: […] Glückliche Kindheit. Ja. Das merkte ich vor allem, als ich nach dem Abitur nach London ging. Ich konnte nichts! Ich war aus lauter harmonieorientierter Fürsorge zur kompletten Unselbständigkeit erzogen worden. Ich wusste nicht einmal, dass man weiße Wäsche nicht mit bunter zusammen waschen darf. Da kommen die präpubertären Urängste wieder hoch, die ich als Kind hatte, wenn ich nach der Skifreizeit vor allen 50 Teilnehmern sagen musste, was ich an der Skireise am tollsten fand, obwohl ich den Ausflug gehasst habe.

SPIEGEL ONLINE: Seit 2003 arbeiten Sie als Schauspieler, haben aber nie Unterricht genommen. Gibt's da Häme von Kollegen?

Ulmen: Bisher kenne ich das nur aus Interviewfragen. Klar hatte ich Angst davor. Nach „Herr Lehmann" habe ich mich auch nur als „Herr Lehmann"-Darsteller bezeichnet, weil ich noch nie etwas anderes gespielt hatte. Aber wo kommt eigentlich dieser Druck her, dass man eine Ausbildung zum Schauspieler haben muss? Mariah Carey sagt doch auch nicht zu den Sportfreunden Stiller: Hey, ihr habt noch nie Gesangsunterricht gehabt, hört auf mit dem Band-

Neurose: eine leichte psychische Störung (erkennbar an einer Verhaltensstörung, die dem Erkrankten jedoch bewusst ist)

präpubertär: vor Eintritt der Pubertät

Häme: Spott in Verbindung mit Schadenfreude

Mariah Carey: amerikanische Popsängerin

Sportfreunde Stiller: deutsche Band aus Germering bei München

Dasein. Film und Fernsehen ist bisweilen auch Pop auf 'ne Art, und im Pop reichen manchmal drei Akkorde.

SPIEGEL ONLINE: Würden Sie sich denn auf die Theaterbühne trauen?

Ulmen: Nein. Theater würde ich erst mal nicht spielen, eben weil das eine völlig andere Form der Schauspielerei ist.

SPIEGEL ONLINE: „Jeder Mensch hat Arschloch-Gedanken", das ist so ein Spruch von Ihnen. Was denn für welche?

Ulmen: Das habe ich mit Drehbuchautor Ralf Husmann gemein. Wenn man am Flughafen die Sicherheitskontrollen passieren muss und vor einer dicken Frau mit vier Mänteln steht, aus denen sie sich umständlich schälen muss, denkt man doch automatisch: Oh Mann, du dicke Eule, das kann ja jetzt dauern! Ich denke, jeder Mensch hat solche Gedanken, jeden Tag, mehrmals. Höflichkeit ist nur ein Filter dafür. […]

SPIEGEL ONLINE: Sakkoträger tragen Sakkos, um zu kaschieren. Sie auch?

Ulmen: Was soll man denn kaschieren? Ah, den Bauch? Ja. Das stimmt. Ich habe schon immer gern Sakkos getragen. Eben aus diesem Grund. Aber ich muss bis September für einen Kinofilm abnehmen. Ich jogge deshalb täglich vor dem Fernseher. Und dann trage ich auch keine Sakkos mehr.

Das Interview führte Julia Jüttner

Akkord: das gleichzeitige Erklingen unterschiedlicher Töne in der Musik, die dann einen harmonischen Klang ergeben

Sakko: Jacke eines (Herren-) Anzugs

kaschieren: etwas so zu verdecken oder darzustellen, dass dessen Mängel oder Fehler nicht erkennbar sind

Indirekt fragen

Eine direkte Frage wird als ein selbstständiger Fragesatz formuliert. Im Gegensatz dazu ist eine indirekte Frage immer ein Nebensatz in einem Satzgefüge.

Beispiel

direkter Fragesatz: *Wie viele Geschwister hast du?*
Welche Musik magst du?

indirekter Fragesatz: Ich möchte gerne wissen, wie viele Geschwister du hast.
Mich interessiert, welche Musik du magst.

Nebensatz:
siehe Seite 24

Satzgefüge:
siehe Seite 24

Hinweis
Weitere Informationen dazu, was für Fragenarten es gibt, finden Sie auf Seite 75.

Aufgaben

1. a) Wählen Sie drei Äußerungen des Interviewers aus.
   b) Formulieren Sie in Ihren eigenen Worten, was der Interviewer mit diesen Äußerungen erfragen will. Beachten Sie dabei, dass auch indirekt gefragt werden kann.
2. Notieren Sie sich drei Aussagen der interviewten Person, die diese Ihrer Meinung nach gut kennzeichnen. Charakterisieren Sie danach die Person kurz mündlich.
3. Führen Sie selbst ein Interview durch.
   a) Formulieren und notieren Sie mindestens zehn Fragen, die Sie gern einer Mitschülerin oder einem Mitschüler stellen möchten. Sie können z. B. nach dem Namen, dem Alter, den Geschwistern, der Freizeitgestaltung, den Vorlieben, den Abneigungen, den Zukunftsplänen und den Stärken fragen.
   b) Wählen Sie als Nächstes per Zufall (losen, abzählen oder Ähnliches) in Ihrer Klasse Interviewpaare aus.
   c) Interviewen Sie sich in Partnerarbeit gegenseitig. Notieren Sie sich stichpunktartig die Antworten Ihrer Partnerin oder Ihres Partners.
   d) Stellen Sie mit Hilfe Ihrer Stichpunkte Ihre Partnerin bzw. Ihren Partner der Klasse in vollständigen Sätzen vor.

1.2 Über sich selbst erzählen

Immer wieder ergibt es sich, dass man über sein Leben, seine Erlebnisse und ungewöhnliche Begebenheiten berichtet oder seine Ansichten zu bestimmten Themen darlegt. Das kann beispielsweise an einem gemütlichen Abend mit Freundinnen und Freunden sein. Das ist auch in einem Internetblog oder im Gespräch mit Menschen möglich, die man gerade kennengelernt hat. Ungewöhnliche und erzählenswerte Geschichten hat jeder schon erlebt. Wenn man versteht, sie mitreißend und interessant zu erzählen, wird man bei anderen Menschen häufig auf Interesse stoßen.

Solche Geschichten können – wie jede Literatur – nicht nur unterhalten oder langweilen, man kann auch seine eigenen Erfahrungen mit denen anderer vergleichen und eventuell sogar Schlussfolgerungen für das eigene Leben ziehen. Sie können jemanden in dem bestärken, was er sowieso schon denkt, oder ihn dazu bringen, seine Überzeugungen zu verändern.
Im folgenden Textausschnitt zieht der Erzähler ein Resümee seines bisherigen Lebens.

T.C. (Thomas Coraghessan) Boyle (*1948 in Peekskill, New York): war Lehrer an der dortigen High-School und veröffentlichte während dieser Zeit seine ersten Kurzgeschichten. Heute lebt er in Kalifornien und unterrichtet an der University of Southern California in Los Angeles Kreatives Schreiben.

Resümee: eine wertende Zusammenfassung, in der meist ein Ergebnis präsentiert wird und aus der Schlussfolgerungen gezogen werden

College: Hochschule in den USA

Labilität: Unsicherheit; die Eigenschaft, leicht aus dem Gleichgewicht zu geraten

Grün ist die Hoffnung (1984)

T.C. Boyle (Übersetzer: Werner Richter)

Die Handlung des Romans

Boyle erzählt die Geschichte von drei Männern, die acht Monate lang in den Bergen in der Nähe von San Francisco Hanf anbauen wollen, um so das große Geld zu verdienen. Doch leider stellen sie sich ungeschickt an und haben daher häufig mit Mitwissern zu kämpfen, die am Gewinn beteiligt werden wollen, mit neugierigen und aufdringlichen Nachbarn, vor denen das Geheimnis bewahrt werden muss, und mit der Natur, die mit ihren Tücken immer wieder die Ernte gefährdet.

Was ist mir in meinem Leben gelungen? (Auszug)

Ich hab immer alles hingeschmissen. Ich bin bei den Pfadfindern wieder raus, genau wie aus dem Kinderchor und dem Schulorchester. Hab meine Morgenzeitungstour hingeschmissen, der Kirche den Rücken gekehrt, mit dem Basketballtraining aufgehört. Ich hab das College aufgegeben, bin hart am Militärdienst vorbei, Tauglichkeitsgrad 4-F wegen psychischer Labilität, ging danach zurück auf die Uni, um es noch einmal zu versuchen, nahm ein Doktorandenstudium in Englischer Literatur des neunzehnten Jahrhunderts auf, saß immer in der vordersten Reihe, schrieb eifrig mit, kaufte mir eine Hornbrille und schmiss das Ganze dann kurz vor dem Abschlussexamen hin.
Ich heiratete, trennte mich und ließ mich scheiden. Gab das Rauchen auf, das Joggen, das Essen von Rindfleisch. Jobs habe ich auch aufgegeben: Totengräber, Tankwart, Versicherungsvertreter, Filmvorführer in einem Pornokino in Boston.
Mit neunzehn hüpfte ich Hals über Kopf ins Bett eines Mädchens mit verhärmtem Gesicht und Hängebusen, das ich aus der Schule kannte. Das Mädchen wurde schwanger. Ich verschwand aus der Stadt. So ziemlich das einzige, was ich nicht hingeschmissen habe, war das Sommerlager.

1.2 Über sich selbst erzählen

Auch in Vorstellungsgesprächen wird man mitunter dazu aufgefordert: „Erzählen Sie mal über sich selbst." Worüber sollte man in einem solchen Fall reden und worüber nicht?

Grundsätzlich ist zu raten: Halten Sie sich mit allem zurück, was Ihr Privatleben angeht. Auf berufsbezogene Fragen des Arbeitgebers sollten Sie jedoch wahrheitsgemäß antworten. Nur auf Fragen nach einer eventuellen Mitgliedschaft in einer Gewerkschaft oder nach einer Schwangerschaft brauchen Sie nicht wahrheitsgemäß antworten.

Zeigen Sie mit Ihrer Antwort, welche Schwerpunkte Sie in Ihrem bisherigen Leben gesetzt haben. Beschränken Sie sich dabei auf die wichtigsten Ereignisse in Ihrem beruflichen Werdegang. Gehen Sie zum Beispiel darauf ein, warum Sie eine bestimme berufliche Richtung eingeschlagen haben oder warum Sie ein Jahr im Ausland zur Schule gegangen sind.

Durch Ihre Antwort kann der mögliche zukünftige Arbeitgeber auch herausfinden, ob Sie gut reden können und sich auf das Bewerbungsgespräch vorbereitet haben.

Hinweis
Weitere Tipps zum Bewerbungs- bzw. Vorstellungsgespräch finden Sie auf Seite 302.

Aufgaben

1. a) Notieren Sie in einer Tabelle, was dem Ich-Erzähler in seinem bisherigen Leben gelungen ist und was nicht.
   b) Urteilen Sie begründet, ob er bisher ein erfolgreiches Leben geführt hat.
2. Ziehen Sie ein Resümee Ihres bisherigen Lebens: Was ist Ihnen bisher gelungen? Schreiben Sie einen kurzen Text.
3. Überlegen Sie, was Sie noch wie erreichen wollen.
   a) Notieren Sie Ihr wichtigstes Ziel und die Schritte dorthin auf einem kleinen Zettel und falten Sie diesen, so dass die Schrift verborgen wird.
   b) Legen Sie alle Zettel der Klasse in einen Behälter und mischen Sie die Zettel.
   c) Als Nächstes zieht einer von Ihnen einen beliebigen Zettel und liest ihn vor. Wer aus der Klasse den richtigen Schreiber errät, darf den nächsten Zettel ziehen usw.

1.3 Menschen einschätzen

Nick Hornby
(*1957 in Großbritannien): studierte in Cambridge und arbeitete als Lehrer. Nach dem Erfolg von „Fever Pitch", einem Roman über einen Fußballfan, konnte er sich ganz dem Schreiben widmen. Mit seinen Romanen „Fever Pitch", „High Fidelity" und „About a Boy", die alle verfilmt wurden, feierte er sensationelle Erfolge. Nick Hornby lebt im Norden Londons.

Manche Menschen sind in ihrem Beruf erfolgreicher als ihre Kollegen, ohne dass sie fachlich wirklich besser sind. Häufig haben sie Erfolg, weil sie ihre Ideen besser verkaufen können. Eine Grundvoraussetzung für diesen Erfolg ist eine gute Menschenkenntnis, also die Fähigkeit, charakterliche Eigenschaften einzelner Menschen schnell, differenziert und richtig einschätzen zu können und das eigene Verhalten darauf auszurichten. Da reicht es nicht, jemanden nur *cool* oder *uncool* zu finden.

Menschenkenntnis entsteht aus Erfahrungen im Umgang mit vielen und unterschiedlichen Personen. Diese Erfahrungen kann nur sammeln, wer zum einen akzeptiert, dass Menschen verschieden sind, und zum anderen ein Mindestmaß an Einfühlungsvermögen (Empathie) besitzt.

Um andere Menschen einschätzen zu können, ist es ebenso eine Voraussetzung, die eigene Person realistisch zu beurteilen. Diese Beurteilung der eigenen Person fällt jedoch den meisten Menschen schwer. Hier kann es nützlich sein, die Meinungen anderer Menschen zur eigenen Person wahrzunehmen und sie nicht nur als Geschwätz abzutun. Auch psychologische Tests in Zeitschriften können einem helfen, sich selbst besser einschätzen zu können. Im folgenden Textausschnitt berichtet der Erzähler von solch einem Test.

About a boy (1998)
Nick Hornby

Die Handlung des Romans
Will Freeman ist 36 Jahre alt und lebt in London. Er lebt ein ruhiges, gemütliches Leben von den Tantiemen eines Weihnachtsliedes, das sein Vater 1938 komponiert hat. Kinder sind so ungefähr das letzte, was er sich als überzeugter Single wünscht. Eines Tages lernt er den 12-jährigen Marcus und seine frisch geschiedene Mutter kennen. Der trendbewusste Will und der uncoole Marcus, der gerade ziemliche Probleme hat und unter der Trennung seiner Eltern leidet, werden die besten Freunde. Langsam lernen beide, erwachsen zu werden.

Coolnesstest (Auszug)

Wie cool war Will Freeman? So cool: Er hatte in den letzten drei Monaten mit einer Frau geschlafen, die er nicht besonders gut kannte (fünf Punkte). Er hatte über dreihundert Pfund für ein Jackett ausgegeben (fünf Punkte). Er hatte über zwanzig Pfund für einen Haarschnitt ausgegeben (fünf Punkte). (Wie war es möglich, 1993 weniger als zwanzig Pfund für einen Haarschnitt auszugeben?) Er besaß mehr als fünf Hip-Hop-Alben (fünf Punkte).

Er hatte Ecstasy genommen (fünf Punkte), und zwar in einem Club, nicht bloß zu Hause als eine Art soziologisches Experiment (fünf Punkte). Er hatte vor, bei der nächsten Wahl Labour zu wählen (fünf Punkte). Er verdiente über vierzigtausend Pfund im Jahr (fünf Punkte), und er musste nicht besonders hart dafür arbeiten (fünf Punkte, und dann schrieb er sich noch

Tantieme: vom Verkaufsergebnis abhängige Einkünfte von Buchautoren und Musikkomponisten

Pfund: Währungseinheit in Großbritannien

LP: Abkürzung für Langspielplatte

Labour: englisch für „Partei der Arbeit"

Ecstasy: in Tabletten- oder Kapselform verkaufte Aufputschdroge

soziologisch: bezieht sich auf die Soziologie, die Wissenschaft vom Zusammenleben von Menschen fünf Extrapunkte dafür gut, dass er überhaupt nicht dafür arbeiten musste). Er war in einem Restaurant gewesen, in dem es Polenta mit gehobeltem Parmesan gab (fünf Punkte). Er hatte niemals ein Kondom mit Geschmack benutzt (fünf Punkte), er hatte seine Bruce-Springsteen-LPs verkauft (fünf Punkte), und er hatte sich a) einen Kinnbart wachsen lassen (fünf Punkte) und ihn b) wieder abrasiert (fünf Punkte).

Abzüge gab es dafür, dass er nie Sex mit irgendwem gehabt hatte, dessen Foto im Mode-und-Gesellschaftsteil einer Zeitung oder Zeitschrift erschienen war (minus zwei), und dass er, wenn er ehrlich war (und wenn Will überhaupt einen ethischen Grundsatz hatte, dann den, dass es eine Todsünde war, bei Psychotests in Zeitschriften zu schummeln), immer noch glaubte, dass man bei Frauen besser ankam, wenn man ein schnelles Auto hatte. Aber auch so kam er noch auf ... sechsundsechzig!

Dem Test zufolge war er damit unter null! Er war Trockeneis! Er war Frosty der Schneemann! Er würde an Unterkühlung sterben! Will wusste nicht, wie ernst man solche Psychotests nehmen durfte, aber er konnte es sich nicht leisten, darüber nachzudenken; Männermagazin-cool zu sein war, falls man das so nennen wollte, sein erstes und einziges Verdienst, und Momente wie diesen musste man auskosten. Unter null! Viel cooler als unter null ging es nicht mehr! Er schlug die Zeitschrift zu und legte sie auf einen Stapel ähnlicher Magazine, den er im Badezimmer liegen hatte. Er hob nicht alle auf, weil er zu viele davon kaufte, aber von dieser würde er sich nicht so schnell trennen.

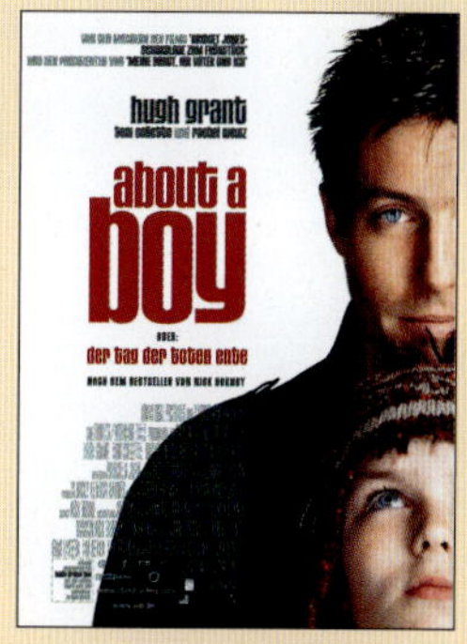

Plakat der 2002 unter dem Titel „About a Boy oder: Der Tag der toten Ente" erschienenen Verfilmung.

Polenta: Brei aus Maisgrieß

Bruce Springsteen: amerikanischer Sänger

ethisch: tugendhaft

Aufgaben

1. Notieren Sie die Eigenschaften aus dem Text, die Will Freeman Ihrer Meinung nach zu einem interessanten Menschen machen.
2. Listen Sie Merkmale dazu auf, was es für Sie bedeutet, „cool" zu sein.
3. Vergeben Sie für die Antworten im Coolness-Test rechts Coolness-Punkte von 1 bis 5. Begründen Sie Ihre Entscheidung.
4. Formulieren Sie einen eigenen Coolness-Test mit mindestens fünf Fragen nach dem Muster aus Aufgabe 3.
5. Stellen Sie Ihren Test der Lerngruppe vor. Diskutieren Sie die Ähnlichkeiten und Unterschiede der verschiedenen Tests.
6. Nennen Sie mindestens drei Eigenschaften, die Ihnen an einem Menschen wichtig sind.

Coolnesstest

Während des Deutschunterrichts	*Punkte*
ⓐ bin ich normalerweise nicht anwesend.	**1***
ⓑ spreche ich mit meinem Nachbarn über das Wochenende.	**3***
ⓒ schreibe ich eigene Hip-Hop-Texte.	**5***
ⓓ sitze ich ruhig und schreibe alles mit, was die Lehrerin oder der Lehrer sagt.	**...**
ⓔ diskutiere ich gern mit der Lehrerin oder dem Lehrer und den Mitschülern zum Thema.	**...**

*(*Beispiele)*

Anschauen – Aneignen – Anwenden

Wo kann ich das Gelernte im Alltag, in der Ausbildung und im Beruf anwenden? Die folgende Mindmap gibt Ihnen erste Anhaltspunkte.

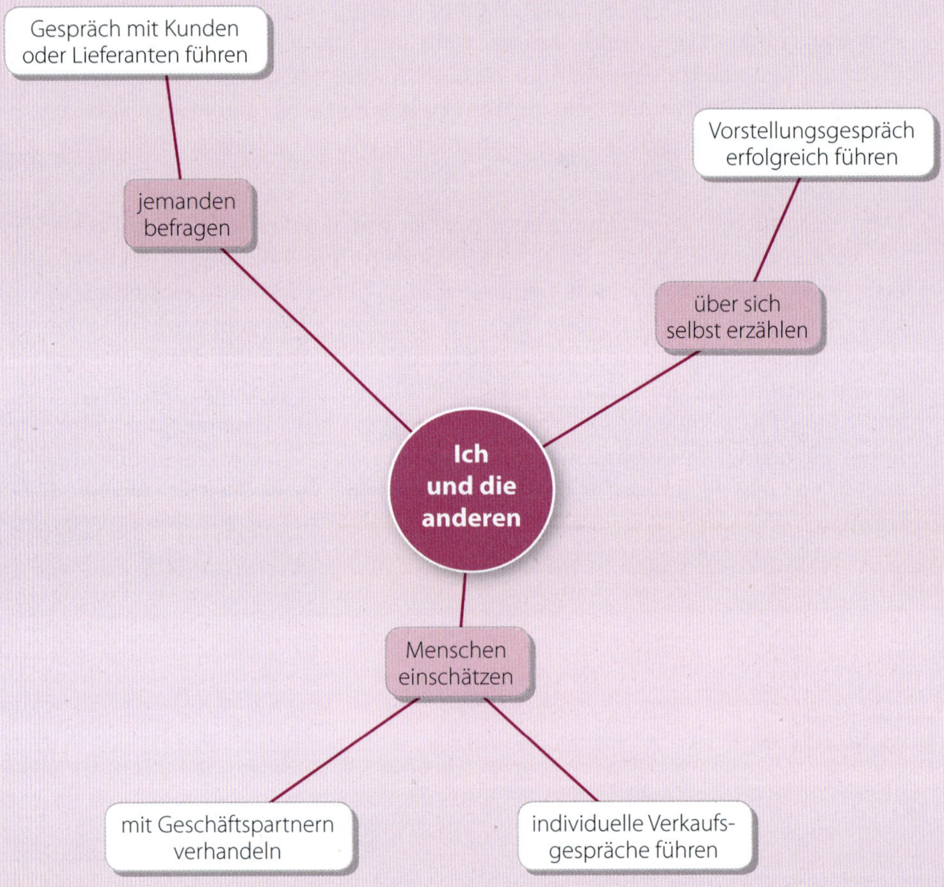

Aufgabe

Übertragen Sie die Mindmap auf ein Blatt Papier und finden Sie weitere Anlässe (weiße Endpunkte der Verzweigung), um das Gelernte (farbige Verzweigungspunkte) anzuwenden.

SPRACHE HAT VIELE GESICHTER

ABC

2

2.1 Was ist Sprache?

Definition: Erklärung

Kalkül: Berechnung; System von Regeln

Sprache, also die menschliche Sprache, ist eine komplexe und vielseitige Erscheinung. Eine einfache Definition ist nicht möglich. Man hat Sprache unter anderem definiert als

- angeborene Fähigkeit des Menschen,
- als strukturiertes System von Zeichen,
- als System von Regeln, das Laut und Bedeutung in Beziehung setzt,
- Ausdruck von Gedanken durch Laute,
- Werkzeug und prägendes Element des Denkens,
- Form menschlicher Erfahrung und Welterfassung,
- Kommunikations- und Verständigungsmittel,
- Voraussetzung und Form von Geschichte, Kultur und Kunst.

Im übertragenen Sinn bezeichnet man auch tierische Kommunikationssysteme (z. B. die Bienensprache), logische und mathematische Kalküle, technische Kommunikationssysteme (z. B. Programmiersprachen u. a. in der Datenverarbeitung) als Sprachen, obwohl ihnen grundlegende Eigenschaften menschlicher Sprache fehlen.

natürliche Sprache: eine von Menschen gesprochene (oder gebärdete), geschichtlich gewachsene Sprache. Heutzutage existieren um die 6000 bis 7000 natürliche Einzelsprachen, z. B. Deutsch, Englisch, Chinesisch, Urdu.

Was genau ist Sprache? Eine einfache Antwort auf diese Frage ist schwierig. Selbst unter Wissenschaftlern werden unterschiedliche Auffassungen vertreten, je nachdem, unter welchem Blickpunkt man Sprache betrachtet.

Grundsätzlich können dem Begriff *Sprache* zwei Bedeutungen zugeordnet werden:

- Zum einen werden damit Zeichensysteme bezeichnet,
- zum anderen Handlungen, die etwas mitteilen oder zum Ausdruck bringen sollen.

2.1.1 Sprache als Zeichensystem

künstliche Sprache: aus verschiedenen Gründen und zu verschiedenen Zwecken neu entwickelte Sprache, z. B. eine Programmiersprache oder eine frei erfundene Geheimsprache

Es gibt natürliche und künstliche Sprachen.

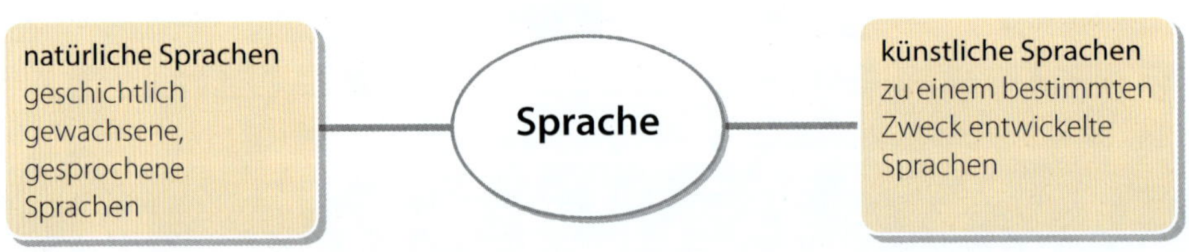

Sprachgemeinschaft: Gruppe der Menschen, die eine gemeinsame Muttersprache sprechen

Deutsch ist eine einzelne natürliche Sprache. Wie andere natürliche Sprachen kann *Deutsch* als ein Zeichensystem verstanden werden, das aus sprachlichen Zeichen besteht.

Ein sprachliches Zeichen besteht aus zwei Teilen:

1. dem eigentlichen Zeichen (Laute und/oder Schriftzeichen),
2. der Bedeutung des Zeichens.

sprachliches Zeichen:

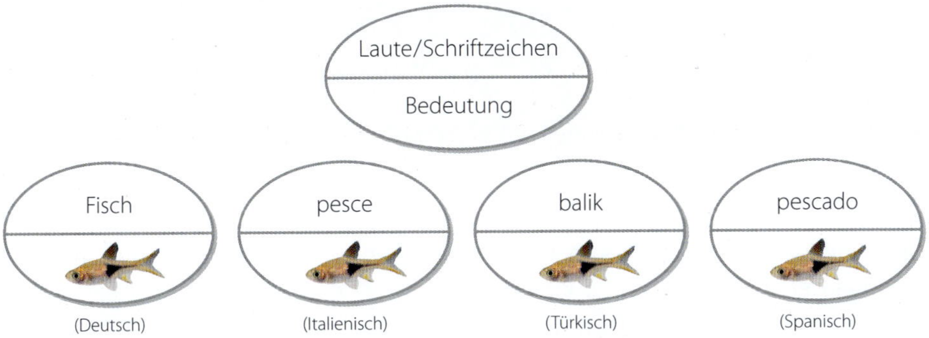

Die Skizze zeigt, dass verschiedene Sprachen derselben Vorstellung (Fisch) verschiedene Lautbilder bzw. Schriftzeichen zuordnen. Man muss also die jeweilige Sprache kennen, um die Bedeutung der Lautbilder bzw. Schriftzeichen zu erkennen.

Man kann also sagen, dass sprachliche Zeichen willkürliche Zeichen sind, die sich aufgrund der Übereinkunft in einer Sprachgemeinschaft einer bestimmten Vorstellung oder einer Sache zuordnen lassen.

Natürliche Zeichen und Bildzeichen

Im Gegensatz dazu sind **natürliche Zeichen** solche Zeichen, deren Bedeutung man durch die Kenntnis der Welt versteht. Beispiele für natürliche Zeichen können beispielsweise sein:

- das verzerrte Gesicht eines Menschen, das Schmerzen signalisiert,
- das Erröten einer Person, was Scham signalisiert,
- ein blätterloser Baum, der signalisiert, dass Winter ist.

Derjenige, der solche Zeichen wahrnimmt, kennt das Gefühl oder die Erscheinung und kann darauf reagieren.

Ein **Bildzeichen (Piktogramm)** hingegen ist ein einzelnes Sinnbild, das eine Information durch vereinfachte grafische Darstellung vermittelt.
Piktogramme werden heutzutage – im Zeitalter der Globalisierung – meist in einheitlicher Form verwendet, um Informationen unabhängig von einer einzelnen Sprache zu vermitteln oder um als Gefahrensymbole vor Gefahren zu warnen.

Aufgaben

1. Erklären Sie in eigenen Worten, was eine natürliche Sprache ist.
2. Nennen Sie weitere, Ihnen bekannte Lautbilder für die Vorstellung *Fisch*.
3. Deuten Sie das oder die natürlichen Zeichen: Was sagt Ihnen Ihre Kenntnis von der Welt über die Frau auf dem Foto oben rechts?
4. a) Erläutern Sie, welche Bedeutung die vier Bildzeichen am rechten Rand haben.
   b) Führen Sie auf, was man wissen muss, um die Aussage eines Bildzeichens zu erfassen.
   c) Erläutern Sie, ob solche Piktogramme sprachübergreifend für alle Menschen verständlich sind.

2.1.2 Die Funktion von Sprache

Karl Bühler (1879–1963): ein deutscher Sprachpsychologe und Sprachwissenschaftler.

Immer dann, wenn Menschen miteinander sprechen oder sich etwas schreiben, also sprachlich handeln, hat das eine bestimmte **Funktion**. So kann es zum Beispiel sein, dass jemand

- etwas ausdrücken oder über sich mitteilen will,
- etwas bei jemanden bewirken möchte oder
- jemanden über etwas informieren will.

Um die unterschiedlichen Funktionen beim Sprechen in eine sinnvolle Ordnung zu bringen, hat der Psychologe Karl Bühler 1934 einen Vorschlag gemacht, der von vielen Sprachwissenschaftlern aufgegriffen wurde. Er unterscheidet bei den sprachlichen Zeichen drei Funktionen: Appell-, Darstellungs- und Ausdrucksfunktion.

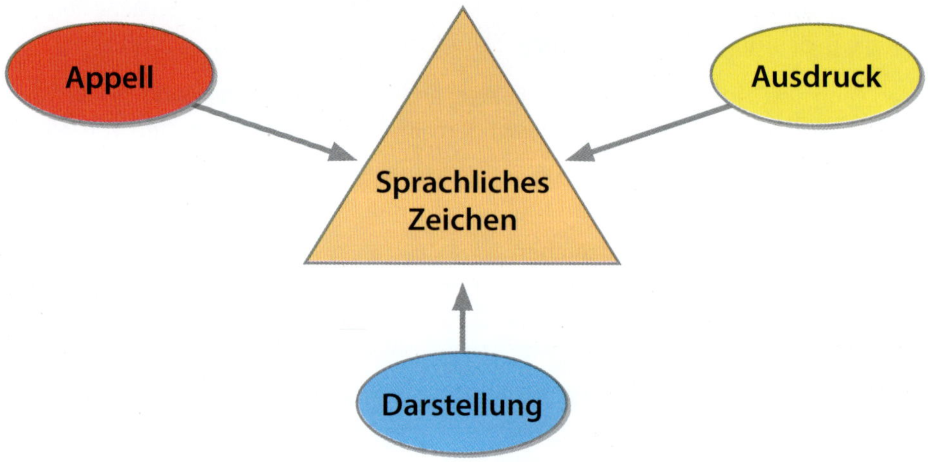

Die Abbildung rechts ist eine vereinfachte Darstellung des sogenannten **Organon-Modells** von Karl Bühler. Es ist ein Modell zur Veranschaulichung seines Zeichenbegriffs für natürliche Sprachen. Darüber hinaus ist es ein **Kommunikationsmodell** (siehe auch Seite 60), da es Sprache hinsichtlich seiner Funktion darstellt.

appellieren: auffordern; versuchen, jemanden zu etwas zu bewegen

Appell:

Der Sprecher möchte auf den Gesprächspartner einwirken. Der Sprecher versucht, an den Zuhörer zu appellieren, ihn zu beeinflussen – und zwar durch Aufforderung, Bitte, Befehl, Wunsch usw.

Darstellung:

Die Sprecherin möchte einen Sachverhalt (möglichst klar und verständlich) darlegen.
Die Sprecherin bezieht sich mit der Sprache auf die Welt, auf Gegenstände und Sachverhalte. Die Sprache hat eine Darstellungsfunktion.

Ausdruck:

Der Sprecher möchte sein inneres Empfinden, seine Gefühle, Absichten usw. mitteilen.

Es ist aber so, dass beim Sprechen nicht nur eine, sondern stets mehrere Funktionen der Sprache gleichzeitig vorhanden sind. Dies ist nicht immer sofort erkennbar, da manchmal eine der Sprachfunktionen besonders im Vordergrund steht. Wenn sich jemand äußert, vollzieht er also – gewollt oder ungewollt – meist mehrere Funktionen gleichzeitig.

Beispiel:
„Der Mülleimer ist voll!"

Die Sprecherin bzw. der Sprecher möchte einen Sachverhalt darstellen. Hier steht also die Darstellungsfunktion im Vordergrund.

Gleichzeitig kann aber auch an die Zuhörenden appelliert werden, beispielsweise, dass jemand den Papierkorb endlich mal wieder ausleeren soll. Die Äußerung ist also auch eine Aufforderung (Appellfunktion).

Ebenso kann die Sprecherin bzw. der Sprecher mit diesem Satz Gefühle zum Ausdruck bringen, z. B. dass sie bzw. er sich darüber ärgert, dass der Mülleimer wieder voll ist und ihn noch niemand ausgeleert hat (Ausdrucksfunktion).

Karl Bühlers Überlegungen bildeten die Grundlage für viele weitere Vorschläge dazu, wie Sprache und Kommunikation funktionieren. Auf Seite 60 erfahren Sie mehr zu diesem Thema.

Aufgaben

1. Ordnen Sie den folgenden Äußerungen die Sprachfunktion zu, die jeweils im Vordergrund steht:
   a) Hau ab!
   b) Die Ausgänge befinden sich in der Mitte und am Ende des Ganges.
   c) Frau Rauper-Wumme ist Achims Lieblingsschwimmlehrerin.
   d) Aua!
2. Erklären Sie am folgenden Satz die drei Sprachfunktionen: „Der Stift liegt nicht an seinem Platz."

2.2 Sprechfähigkeit und Spracherwerb

Evolutionstheorie: Sie erklärt und beschreibt die Entstehung und Veränderung der Lebewesen.

Vokal: Selbstlaut: a, o, i, e, u

Konsonant: Mitlaut, z. B. b, c, d, h, m, n usw.

Hinweis
Schädelfunde legen nahe, dass die Aufwölbung des Gaumens und die Absenkung des Kehlkopfes vor etwa 100.000 Jahren abgeschlossen waren.
In einer Höhle in Israel wurde bei einem etwa 60.000 Jahre alten Skelett eines Frühmenschen ein Zungenbein gefunden, was den Schluss zulässt, dass dieser Mann zur Lautsprache fähig war.

Achtung!
Eine Sprache zu erwerben und eine Sprache zu erlernen ist etwas völlig Unterschiedliches! (Siehe Abschnitt 2.3)

Die Evolutionstheorie sieht die Entwicklung der Sprache als Meilenstein in der Entwicklung des Menschen.

Im Verlauf der Menschwerdung haben sich nicht nur die geistigen, sondern auch die besonderen **körperlichen Merkmale (Sprechfähigkeit)** des Menschen herausgebildet, die für das Sprechen von Bedeutung sind:

- Vergrößerung des Rachenraumes (als Resonanzkörper),
- die Absenkung des Kehlkopfes und
- die Aufwölbung des Gaumens.

Dies führte zu einer größeren Bewegungsfreiheit der Zunge. So kann der von den Stimmbändern erzeugte Grundton im Zusammenspiel von Gaumensegel, Lippen, Mund- und Nasenhöhle, Rachenraum und Zunge zu Vokalen und Konsonanten geformt werden.

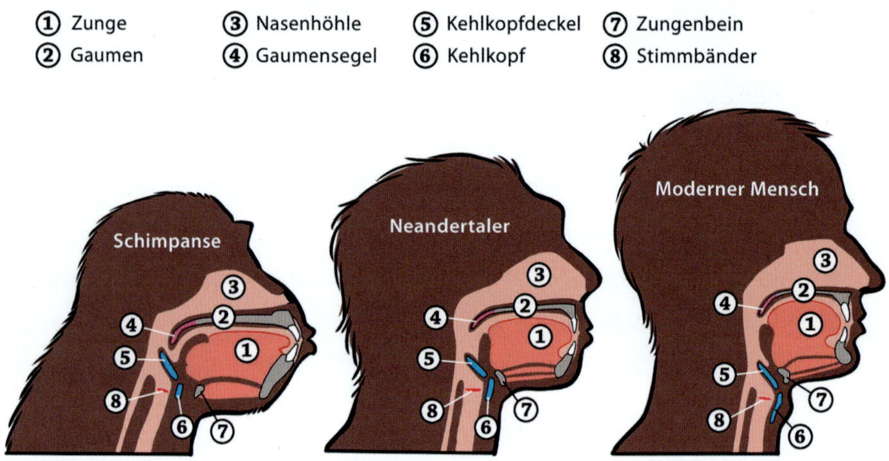

Wissenschaftler vermuten, dass die ersten sprachlichen Lautäußerungen des Menschen

- aus Nachahmungen der Geräusche der Umgebung entstanden, z. B. Tierlaute – „uhu", sowie
- der Ausdruck von Gefühlen waren, z. B. Schmerz, Staunen, Wohlfühlen – „ah".

In der weiteren Entwicklung wurden Dinge mit willkürlich gewählten Lauten in Verbindung gebracht (siehe auch Abschnitt 2.1).

Spracherwerb

Eine Sprache zu erwerben bedeutet, dass unbewusste Vorgänge in natürlicher Umgebung ablaufen. Spracherwerb findet durch alltägliche soziale Kontakte statt.
Kinder erwerben immer nur dann eine Sprache vollständig, wenn sie neben einer gewissen körperlichen Gesundheit auch ein ausreichendes soziales Umfeld haben.

Besonders bemerkenswert ist, dass Kinder, während sie eine Muttersprache erwerben, auch Regeln erwerben, für die es in ihrem Alltag keine Anhaltspunkte gibt, da sie im alltäglichen Sprachgebrauch kaum vorkommen. Auch wenn Kinder von ihren Eltern nicht bewusst sprachlich korrigiert werden, erwerben sie die Muttersprache vollständig.

Noam Chomsky (*1928): ein weltberühmter amerikanischer Professor der Sprachwissenschaft.

Gleichzeitig erfolgt der Spracherwerb bei allen Kindern in vergleichbaren Etappen, unabhängig davon, welche Muttersprache sie erwerben.

Diese Tatsachen führten Noam Chomsky zu der Annahme, dass die Fähigkeit, eine Sprache zu erwerben, eine angeborene und im Gehirn angelegte menschliche Eigenschaft ist.

korrigieren: verbessern

Wolfskinder oder **wilde Kinder:** Bezeichnung von Kindern, die in jungen Jahren eine Zeit lang isoliert von anderen Menschen aufwuchsen und sich deshalb in ihrem erlernten Verhalten von normal sozialisierten Kindern unterscheiden. Sie sollen (teilweise) von Tieren, etwa Wölfen, Hunden oder Bären, adoptiert worden sein und bei ihnen gelebt haben.

Hospitalismus: alle negativen körperlichen und seelischen Begleitfolgen z. B. eines Heimaufenthalts oder einer Inhaftierung. Dies beinhaltet auch mangelnde Umsorgung und lieblose Behandlung von Säuglingen und Kindern.

Ein bekanntes Wolfskind ist zum Beispiel Mogli aus dem Dschungelbuch.

Störungen des Spracherwerbs

Es gibt viele Einflüsse, die zu einer Störung des Spracherwerbs führen können.

Die Voraussetzungen für einen ungestörten Spracherwerb beginnen während der Schwangerschaft. In dieser Zeit entwickelt das ungeborene Kind seine biologischen Anlagen, um Sprache zu erwerben und anwenden zu können. Fehlentwicklungen können den Spracherwerbsprozess auf ganz unterschiedliche Weise beeinträchtigen.

Nach der Geburt kommt die sprachliche Zuwendung der Eltern, Geschwister und anderer Menschen hinzu. Störungen oder gar das Fehlen dieser Zuwendung können schlimme Folgen haben. So kann bei völlig isoliert aufgewachsenen Kindern der Spracherwerb völlig ausbleiben.

In der Geschichte der Menschheit wurde immer wieder von sogenannten Wolfskindern berichtet, die gar nicht oder nur sehr schlecht sprechen konnten, weil sie nicht unter Menschen, sondern unter Tieren aufwuchsen. Es ist jedoch nicht bewiesen, dass diese Kinder tatsächlich bei wilden Tieren aufgewachsen sind. Vielmehr ist davon auszugehen, dass sie lange eingesperrt und vernachlässigt wurden und deshalb Merkmale des Hospitalismus zeigen.

Menschensprache und Tiersprache

Mit Tiersprache ist zum Beispiel die Bienensprache gemeint, eine durch eine Art Tanz ausgedrückte Zeichensprache. Aber auch die Lautsprachen von Delfinen, Menschenaffen oder Vögeln werden dazugezählt. Sie unterscheiden sich aber grundsätzlich von der menschlichen Sprache, denn jeder Laut bzw. jedes Zeichen in den Tiersprachen hat eine feste Bedeutung. Egal, ob ein Tier über 30 oder sogar 500 verschiedene Sprachzeichen verfügt (z. B. Laute, Bewegungsformen, chemische Signale), es kann damit nur 30 oder eben 500 feststehende Bedeutungen ausdrücken. Menschen dagegen können mit einem begrenzten Wortschatz unbegrenzt viele Sätze mit eigener Bedeutung bilden – auch Sätze, die vorher noch nie jemand anderes ausgesprochen hat.

Aufgaben

1. Finden Sie bekannte Beispiele für Wolfskinder und recherchieren Sie, warum und mit welchen sprachlichen Problemen diese Menschen zu kämpfen hatten.
2. Stellen Sie die entscheidenden Unterschiede zwischen der menschlichen Sprache und den sogenannten Tiersprachen in einer Tabelle gegenüber.

2.3 Zwei- und Mehrsprachigkeit

Hinweis
Heutzutage existieren ungefähr 6500 Einzelsprachen. Die häufigsten 50 Sprachen werden von rund 80 % der Menschheit als Muttersprache – und von ungefähr 90 % auch als Zweitsprache – gesprochen. Alle anderen Sprachen werden von den restlichen 20 % beziehungsweise 10 % der Menschen gesprochen.

In westlichen Industrieländern ist die Meinung weit verbreitet, dass Einsprachigkeit, abgesehen von einigen „Sonderfällen", für alle Menschen die Regel ist. Das stimmt nicht. Zweisprachige Menschen gibt es in vielen Gesellschaften und Gesellschaftsschichten. Sie haben meist schon während ihrer Kindheit zwei (oder mehr) Sprachen erworben.

Entscheidend für das Beherrschen mehrerer Sprachen ist aber, in welchem Lebensalter und unter welchen Bedingungen jemand mit mehreren Sprachen in Berührung kommt. Der **Spracherwerb** von einer oder mehrerer Muttersprachen verläuft unbewusst und über soziale Kontakte. Kinder, die eine Zweitsprache erwerben, können diese in der Regel genauso problemlos wie ihre Erstsprache erwerben, wenn der Spracherwerb vor der Pubertät erfolgt.

Das **Sprachenlernen** hingegen erfolgt bewusst und wird gesteuert. Es findet also mit Lehrerinnen oder Lehrern statt – zum Beispiel in der Schule. Wenn jemand eine Sprache auf diese Weise erlernt, spricht man von einer **Fremdsprache**.

Sprache	Sprecher in Millionen (Erstsprache)	Sprecher in Millionen (Zweitsprache)
Chinesisch	1213	178
Spanisch	329	60
Englisch	328	keine Angabe
Hindi/Urdu	242	224
Arabisch	221	246
Bengalisch	181	140
Portugiesisch	178	15
Russisch	144	110
Japanisch	122	1
Deutsch	90	28
Französisch	68	50

(Stand 2013, nach Ethnologue-Schätzung)

Letztendlich sind aber viele Einflüsse zu berücksichtigen, wenn es darum geht, zu beurteilen, welche Rolle die einzelnen Sprachen bei mehrsprachigen Menschen spielen und wie mehr oder weniger gut die eine oder andere Sprache gesprochen wird.

Wichtige Einflüsse sind zum Beispiel:
- wie alt jemand beim Erstkontakt mit den einzelnen Sprachen ist und wie groß der Abstand zwischen dem Erwerb der Sprachen ist,
- welches Ansehen die jeweilige Sprache in der Gesellschaft hat,
- zu welcher Sprache ein größeres Zugehörigkeitsgefühl besteht (kulturelle Identität).

Dies sind nur wenige von sehr vielen Blickpunkten, die teilweise sehr schwer zu erforschen sind.

Manche Forscher behaupteten in den 50er- und bis in die 70er-Jahre des letzten Jahrhunderts, Zwei- und Mehrsprachigkeit führe zu einer unterentwickelten Intelligenz. Heutzutage weiß man, dass dies nicht stimmt! Forschungen legen nahe, dass das Sprechen mehrerer Sprachen das Gehirn fit hält und trainiert.

Interview mit Selim Özdogan

Anwen Roberts: [...] Kann Zweisprachigkeit auch ein Nachteil sein, wenn einem in der jeweils anderen Sprache etwas fehlt?

S. Özdoğan: Natürlich fehlt einem dann was, weil man die Vergleichsmöglichkeit nicht hat. Aber grundsätzlich ist es ein Vorteil. Vor allem für jemanden wie mich, der sich soviel damit beschäftigt. Sprache bestimmt ja sehr genau, wie du die Welt wahrnimmst, das ist ein vorgegebenes Raster, keine Eins-zu-eins-Abbildung der Welt. Es gibt immer das billige Beispiel von den Eskimos, die soundso viele Worte für Schnee haben – es ist ja nicht so, dass du das nicht sehen könntest oder nicht auch auf Deutsch beschreiben könntest. Aber die nehmen von vornherein die Realität ganz anders wahr. Und wenn du verschiedene Sprachen kannst, hast du auch noch mal zwei verschiedene Möglichkeiten, die Welt wahrzunehmen. Dann ist es schon ein Vorteil, die Perspektive einfach wechseln zu können. Kleinigkeiten machen schon große Unterschiede, aber es ist nicht so, dass die Sprache das an sich nicht hergibt. [. . .]

A. R.: Warum sprechen viele türkische Leute ihren Namen bewusst nicht türkisch aus, sondern so, wie Deutsche ihn aussprechen?

Özdoğan: Das hat mit vielen Sachen zu tun. Ich als kleiner Junge im Kindergarten lerne sehr schnell: Die können das nicht, die können meinen Namen nicht richtig aussprechen. Also gehst du irgendwann dazu über, deinen Namen so zu sprechen, wie sie ihn sprechen würden, wenn sie ihn nur gelesen sehen. Dann vergehen ein paar Jahre, wir können uns über vieles beschweren, aber es ist ja auch ein bisschen was passiert in diesem Land, und die Leute bringen auf einmal ein kleines bisschen anderes Interesse mit. Die waren früher in der Mehrheit sehr viel fauler als jetzt. Jetzt gibt es tatsächlich Leute, die sich dafür interessieren. Früher habe ich gelernt, die können das nicht. Jetzt weiß ich: OK, die können das, die müssen sich nur ein bisschen Mühe geben. [...]

Selim Özdogan
(*1971): deutscher Schriftsteller türkischer Herkunft, kam im Kindesalter nach Deutschland und wuchs zweisprachig auf. Seit 1995 ist er als Autor tätig.

Karikatur: bis ins Komische überzeichnete Darstellung von gesellschaftlichen Zuständen oder Personen

Aufgaben

1. Finden Sie heraus, wie viele mehrsprachige Schüler es in Ihrer Klasse gibt, und stellen Sie fest, um welche Mutter- oder Fremdsprachen es sich dabei handelt.
2. a) Selim Özdogan berichtet in dem Interview von den Vorteilen, die Zweisprachigkeit haben kann. Arbeiten Sie diese Vorteile heraus.
   b) Finden Sie weitere Vorteile, die man hat, wenn man mehrere Sprachen spricht.
   c) Diskutieren Sie in Ihrer Klasse, inwieweit Selim Özdogans Aussagen zutreffen.
3. Erläutern Sie, was die Karikatur auf der linken Seite aussagen will.

2.4 Die Entwicklung der deutschen Sprache

Alle heutzutage gesprochenen natürlichen Sprachen haben sich im Laufe der Menschheitsgeschichte entwickelt und verändern sich auch heute noch ständig. Viele Sprachen sind im Laufe dieser Zeit ausgestorben oder es existieren nur noch die aus ihnen hervorgegangenen Sprachen.

Auch die deutsche Sprache hat eine lange Entwicklungsgeschichte hinter sich. Deutsch wird der germanischen Sprachfamilie zugeordnet und hat sich aus der germanischen Ursprache entwickelt.

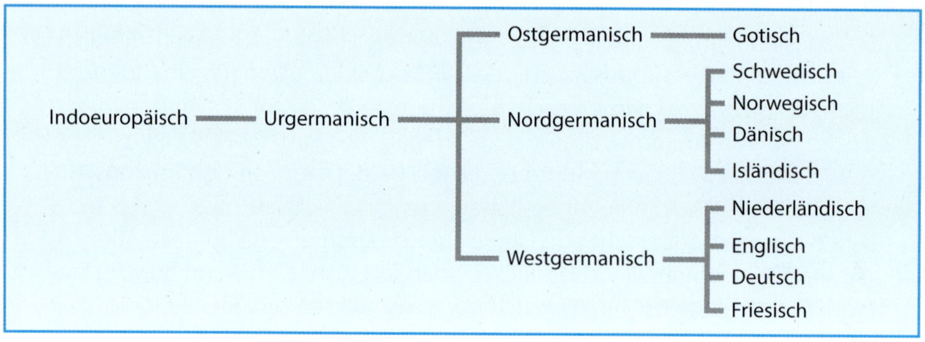

Das Germanische selbst hatte sich (durch die erste Lautverschiebung) ungefähr im ersten Jahrtausend vor Christus aus der indoeuropäischen Sprache herausgebildet. Zur Zeit der Völkerwanderung (375 – 568 n. Chr.) existierten dann das aus dem Urgermanischen hervorgegangene Ost-, West- sowie das Nordgermanische.
Aus dem Nordgermanischen entwickelten sich später unter anderem Sprachen wie Norwegisch und Schwedisch.
Aus dem Westgermanischen entwickelten sich Sprachen wie Holländisch, Englisch und Deutsch.

Die Prozesse, die zur Entstehung der heute gesprochenen deutschen Sprache führten, haben dagegen erst ab dem 6. Jahrhundert n. Chr. mit der zweiten Lautverschiebung begonnen. In diesem Zeitraum (ca. 600 – 1050) bildete sich aus dem Westgermanischen das Althochdeutsch heraus. Um ungefähr 1650 entstand dann das Neuhochdeutsche, die moderne Entwicklungsphase der deutschen Sprache, die bis in die Gegenwart andauert.

Die zweite Lautverschiebung fand allerdings in den Gebieten nördlich der Linie Frankfurt (Oder), Magdeburg, Kassel, Benrath nicht statt, so dass zwei unterschiedliche Sprachlandschaften entstanden: das Nieder- bzw. Plattdeutsche und das Hochdeutsche. Mit Nieder- und Hochdeutsch werden jedoch keine Entwicklungsstufen bezeichnet, sondern Heimatgebiete der deutschen Sprache.

natürliche Sprache:
siehe Seite 10

Indoeuropäisch: eine vermutete Ursprache, aus der die meisten europäischen Sprachen entstanden sind.
Die Forschung hat gezeigt, dass fast alle Sprachen Europas und mehrere Sprachen Asiens einen gemeinsamen Ursprung haben. Da dies auch für die Völker gilt, wurde angenommen, dass ein Urvolk existiert haben muss: die Indogermanen bzw. Indoeuropäer. Ihre Sprache, die sie vor mehreren Jahrtausenden sprachen, wird als die Indoeuropäische Sprache bezeichnet. Die Verwandtschaft dieser Völker (von Nordindien bis nach Europa) kann heutzutage durch moderne Gentests nachgewiesen werden.

Lautverschiebung:
Bestimmte, systematische Erscheinungen des Wandels von Lauten, die im Laufe der Entwicklung einer Sprache auftreten können.
Dabei wandeln sich nach gewissen Regeln Konsonanten und/oder Vokale regelhaft in andere um, beispielsweise von niederdeutsch *e**t**en* oder *ea**t**en* und englisch *ea**t*** zu hochdeutsch *e**ss**en*.
In der Geschichte der deutschen Sprache wird der Begriff „Lautverschiebung“ benutzt, um die lautlichen Veränderungen zu erfassen, die vom Indogermanischen über das Germanische zum Deutschen geführt haben (erste Lautverschiebung sowie zweite Lautverschiebung).

Heutiges Deutsch

Das heutige Standarddeutsch ist aus den Dialekten der germanischen Stämme zusammengewachsen. Es handelt sich um eine überregionale Sprachform, die sich insbesondere durch die Entwicklung der Schriftsprache herausgebildet hat. Standarddeutsch bestimmt als Hochsprache den öffentlichen Sprachgebrauch zum Beispiel in der Politik, in den Medien sowie im Bildungswesen. Zudem ist es durch anerkannte sprachliche Normen (z. B. Rechtschreibung, Zeichensetzung, Satzbau, Aussprache) geprägt. Diese Normen dienen als Orientierung für alle Sprecher und Schreiber. Eine korrekte Verwendung der Standardsprache gilt als vorbildlich.

Eine der schriftdeutschen Standardsprache nahekommende Umgangssprache wird einer verbreiteten Auffassung zufolge in Hannover und Umgebung gesprochen („das beste Hochdeutsch"). In dieser Gegend ursprünglich beheimatete niederdeutsche Dialekte werden dagegen dort kaum noch gesprochen. Man sollte aber dabei beachten, dass bis zum frühen 20. Jahrhundert das Deutsch, das in der Stadt Prag gesprochen wurde, als „das beste Hochdeutsch" galt.

Durch Mobilität und neue Kommunikationstechniken spielen viele Dialekte eine immer geringere Rolle und verschwinden zusehends. Stattdessen tritt an ihre Stelle oftmals eine regionale Umgangssprache, die sich der Standardsprache annähert.

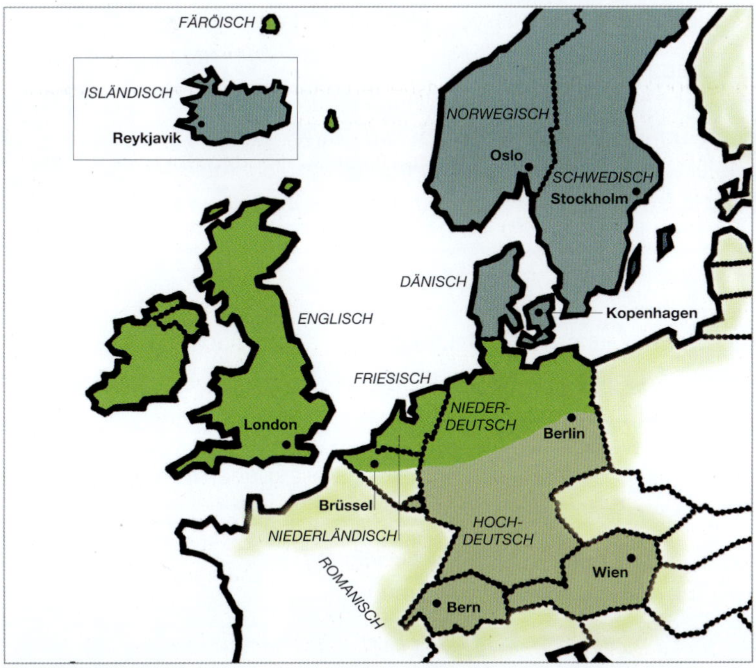

Dialekt (auch Mundart): regionale Ausprägung der gesprochenen Sprache, die in Deutschland geschichtlich auf einen jeweiligen germanischen Stamm der Völkerwanderungszeit zurückzuführen ist. Im Gegensatz zur Standardsprache werden Dialekte nur regional gesprochen. Die Aussprache ist das auffälligste Merkmal, aber auch ein anderer Wortschatz und andere Grammatikregeln sind typische Merkmale.

Hochsprache: siehe Seite 67

Umgangssprache: siehe Seite 67

Achtung!
Umgangssprachlich wird oft von *Hochdeutsch* gesprochen, wenn das Standarddeutsche gemeint ist. Doch wissenschaftlich betrachtet, bezeichnet der Begriff *Hochdeutsch* nur eine Gruppe von Dialekten, die sich durch die Benrather Linie vom Niederdeutschen abgrenzen.

Aufgaben

1. a) Ordnen Sie anhand der Karte zu, zu welcher Gruppe der Dialekt Ihrer Region gehört.
   b) Finden Sie mindestens drei Wörter, die sich im Dialekt und in der Standardsprache unterscheiden, aber das Gleiche bezeichnen (z. B. Semmel – Brötchen).
2. Beschreiben Sie in eigenen Worten die Entwicklungsschritte der deutschen Sprache.

2.5 Der Aufbau der deutschen Sprache

Wie jede andere Sprache auch hat das Deutsche eine Struktur: Kleine Einheiten, die Wörter, werden nach bestimmten Regeln miteinander kombiniert und zu immer größeren Einheiten zusammengesetzt – zu Wortgruppen, Sätzen und Texten.

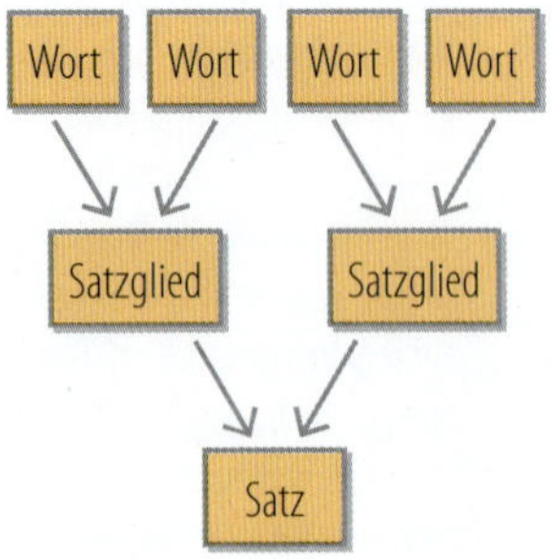

2.5.1 Satzglieder und Satzstruktur

Einzelne Wörter oder Wortgruppen können Satzglieder bilden. Satzglieder sind Bestandteile eines Satzes, die jeweils **nur als Ganzes verschoben werden können**. Jedes Satzglied hat im Satz eine unterschiedliche Funktion.

Ein **einfacher Hauptsatz** besteht aus dem **Subjekt** (Satzgegenstand) und dem **Prädikat** (Satzaussage):

Beispiel: *Das Fahrrad fährt.*

Das Subjekt bezeichnet eine Person oder einen Gegenstand und steht immer im ersten Fall (Nominativ). Es wird durch die Fragewörter *wer* oder *was* erfragt. Das Subjekt ist entweder ein Nomen (Substantiv) oder ein Pronomen.

Das Prädikat besteht mindestens aus einem gebeugten (finiten) Verb. Es enthält aber zusätzlich oft noch ein Hilfsverb (*‚sein'* oder *‚haben'*).

Das Prädikat sagt aus,

- was das Subjekt tut: *Das Fahrrad fährt.*
- was mit dem Subjekt getan wird: *Das Fahrrad wird repariert.*
- was das Subjekt ist: *Das Fahrrad ist ein Mountainbike.*
- wie das Subjekt ist: *Das Fahrrad ist* grün.

Pronomen (Fürwort):
eine Wortart, die ein Nomen (Substantiv) im Satz vertreten kann (siehe auch Seite 26).
Beispiel:
***Die Meisterin** kommt.*
***Sie** kommt.*

Die Aussagen eines einfachen Hauptsatzes können ergänzt oder vervollständigt werden durch: Objekte (Satzergänzungen).

Beispiel: *Das Fahrrad erhält eine neue Lackierung.*

Ein Satz kann unterschiedliche Objekte enthalten. Diese können in verschiedenen Fällen stehen.

2. Fall (Genitiv)	*Das Fahrrad bedarf der Reinigung.* (Wessen bedarf das Fahrrad?)
3. Fall (Dativ)	*Das Fahrrad gehört der Frau.* (Wem gehört das Fahrrad?)
4. Fall (Akkusativ)	*Das Fahrrad braucht eine Reparatur.* (Wen oder was braucht das Fahrrad?)

Hinweis
Es gibt auch Sätze, in denen es so aussieht, als ob das Objekt im 1. Fall (Nominativ) steht. Hier handelt es sich aber nicht um ein Objekt, sondern um ein sogenanntes Prädikatsnomen oder Prädikativ, das zusammen mit einem gebeugten Verb das Prädikat bildet.
Beispiele:
- Das Fahrrad ist ein Verkehrsmittel.
- Sie wird Ärztin.
- Herr Müller bleibt ein guter Fußballer.

Die Aussagen des einfachen Hauptsatzes können außerdem ergänzt werden durch:

adverbiale Bestimmungen (Umstandsbestimmungen):

Beispiel: *Das Fahrrad fährt auf dem Radweg.*

Adverbiale Bestimmungen benennen die Umstände, unter denen etwas geschieht. Nach ihrer inhaltlichen Bedeutung unterscheidet man verschiedene adverbiale Bestimmungen. Beim Bestimmen, um welche adverbiale Bestimmung es sich handelt, helfen Ihnen die hinter den Sätzen in Klammern aufgeführten Fragewörter und Fragen:

- Temporale Bestimmung (Zeit):
  Beispiel: *Das Fahrrad steht nachts im Keller.*
  (Wann?)
- Lokale Bestimmung (Ort):
  Beispiel: *Das Fahrrad steht nachts im Keller.*
  (Wo?)
- Modale Bestimmung (Art und Weise):
  Beispiel: *Das Fahrrad fährt schnell.*
  (Wie?)
- Kausale Bestimmung (Grund):
  Beispiel: *Das Fahrrad fährt aufgrund der defekten Schaltung nur langsam.*
  (Warum?)
- Instrumentalbestimmung (Mittel):
  Beispiel: *Mithilfe eines Elektromotors fährt das Fahrrad schneller.*
  (Womit? Wodurch? Mit welchem Mittel/Werkzeug/Hilfsmittel?)
- Finalbestimmung (Zweck):
  Beispiel: *Zwecks besserer Sicherung wurde das Fahrrad angeschlossen.*
  (Mit welchem Zweck? Wozu? Zu welchem Ziel? Mit welcher Absicht?)
- Konditionalbestimmung (Bedingung):
  Beispiel: *Bei schönem Wetter fahre ich morgen mit dem Fahrrad.*
  (Unter welcher Bedingung?)
- Konsekutivbestimmung (Folge):
  Beispiel: *Die hohe Geschwindigkeit brachte das Fahrrad zum Schlingern.*
  (Mit welcher Folge? Mit welcher Wirkung?)
- Konzessivbestimmung (Gegengrund):
  Beispiel: *Trotz der Reifenpanne rollte das Fahrrad weiter.*
  (Trotz welchen Umstandes?)
- Adversativbestimmung (Gegensatz):
  Beispiel: *Anstatt zu bremsen, rollte das Fahrrad auf die Kreuzung.*
  (Anstatt was?)

Hinweis
Ein **Partizip** ist eine infinite Verbform. Die Bezeichnung deutet auf die Teilhabe (Partizipation) an den Eigenschaften sowohl von Adjektiven als auch von Verben hin. Ähnliches bringt die deutsche Bezeichnung **Mittelwort** zum Ausdruck, weil das Partizip gleichsam in der Mitte zwischen Verb und Adjektiv steht. Das Partizip I dient im Satz zur Verwendung eines Verbs als **Adjektiv** oder **Adverb**.

Partizip Präsens (auch Partizip I oder Mittelwort der Gegenwart):
Bildung: mit Endung *-end* gebildet, bei Verben auf *-ern* und *-eln* fällt das *e* der Endung weg (*sprechend*, *einladend*, *ändernd*, *wechselnd*)
Beispiele:
- *das* ***singende*** *Mädchen; das* ***fahrende*** *Auto;*
- *das Beispiel ist* ***zutreffend****;*
- *der Trainer geht* ***schreiend*** *vom Platz.*

Partizip Perfekt (auch Partizip II): siehe Seite 33

Satzglieder können ergänzt und genauer bestimmt werden durch:

Attribute (Beifügungen).

Beispiel: Das grüne Fahrrad benötigt eine umfangreiche Reparatur in der neuen Fachwerkstatt.

Attribute sind keine selbstständigen Satzglieder. Sie sind nur Teile von Satzgliedern. Attribute können sein:
- Adjektive: *der kleine Hund; die dicke Katze.*
- Partizipien Präsens: *der gestresste Mann; die bemalte Wand.*
- Substantive im Genitiv: *der Hut der Frau; die Freude des Kindes.*
- Substantive mit Präposition: *der Ring aus Silber; die Suppe mit Kräutern.*

Das Prädikat kann als einziges Satzglied nicht durch Attribute ergänzt werden.

Umstellprobe

Die Satzglieder sind verhältnismäßig selbstständige Teile im Satz. Ihre Selbstständigkeit erkennt man daran, dass sie im Satz verschoben werden können – sie lassen sich umstellen.
Die Umstellprobe ist somit eine zuverlässige Methode, um herauszufinden, ob es sich bei einem Wort oder einer Wortgruppe um ein Satzglied handelt oder nicht.
Die einzige Ausnahme bildet das Prädikat, denn seine Stellung im Satz steht fest.

Vertauschen Sie also die einzelnen Teile eines Satzes so, dass die wesentliche Satzaussage erhalten bleibt. Alles, was sich als ganze Einheit umstellen lässt, kann als Satzglied aufgefasst werden. Der Sinn des Satzes wird sich dabei allerdings etwas verändern, da die erste Position im Satz das betreffende Satzglied betont.

Beispiel:
- Das grüne Fahrrad / benötigt / unbedingt / eine umfangreiche Reparatur / in der neuen Fachwerkstatt.
- Unbedingt / benötigt / das grüne Fahrrad / eine umfangreiche Reparatur / in der neuen Fachwerkstatt.
- Eine umfangreiche Reparatur / benötigt / das grüne Fahrrad / unbedingt / in der neuen Fachwerkstatt.
- In der neuen Fachwerkstatt / benötigt / das grüne Fahrrad / unbedingt / eine umfangreiche Reparatur.

Damit ist klar, welche Wörter oder Wortgruppen einzelne Satzglieder sind. Es ist ebenso offensichtlich, dass einzelne Wörter wie „umfangreiche", „neuen" oder „grüne" keine eigenständigen Satzglieder sind, sondern nur Attribute.

In einem weiteren Schritt können die Satzglieder auch noch genau bestimmt werden. Dazu nutzt man Fragen und Fragewörter:

- **Wer** oder **was** benötigt unbedingt eine Reparatur in der neuen Fachwerkstatt?
  „das grüne Fahrrad" = Subjekt
- **Was tut** das grüne Fahrrad?
  es „benötigt" etwas = Prädikat
- **Wen** oder **was** benötigt das grüne Fahrrad?
  „eine umfangreiche Reparatur" = Akkusativobjekt
- **Wo** benötigt das grüne Fahrrad eine umfangreiche Reparatur?
  „in der neuen Fachwerkstatt" = lokale Bestimmung
- **Wie** benötigt das grüne Fahrrad eine umfangreiche Reparatur?
  „unbedingt" = modale Bestimmung

Sätze für Aufgabe 1:

a) Nach erfolgreichem Schulabschluss kann jeder Jugendliche eine Berufsausbildung beginnen.
b) In dieser Ausbildung werden seine fachlichen Fertigkeiten und Kenntnisse für den Beruf gebildet.
c) Er erlernt das theoretische Wissen in der Berufsschule.
d) Praktische Fähigkeiten und Kenntnisse werden im Ausbildungsbetrieb vermittelt.
e) Den Abschluss der Ausbildung bildet die Prüfung.
f) Sein Wissen muss der Auszubildende jetzt beweisen.

Wörter für Aufgabe 2:

a) Satz / sinnvoll / einen / ergeben / Wörter / aneinander / gereiht
b) Prädikat / enthalten / Satz / und / ein / jeder / Subjekt / ein
c) werden / Bestimmung / einfache / Satz / und / Objekte / durch / können ergänzen / adverbiale / der
d) Handlung / werden / die / Satz / durch / benennen / Prädikat / einem / in / das

Aufgaben

1. Bestimmen Sie die einzelnen Satzglieder der Sätze a) bis f) des oberen Kastens. Schreiben Sie dazu die Sätze ab und nutzen Sie die Umstellprobe.

2. a) Bilden Sie aus den Wörtern des unteren Kastens Sätze. Beachten Sie, dass einige Wörter gebeugt werden müssen.
   b) Bestimmen Sie die Satzglieder der entstandenen Sätze.

2.5.2 Der zusammengesetzte Satz

Indem zwei oder mehr Teilsätze kombiniert werden, entsteht ein zusammengesetzter Satz. Ein zusammengesetzter Satz kann aus

Koordination: Nebenordnung

- mehreren nebengeordneten und gleichwertigen Hauptsätzen bestehen (Koordination): Hauptsatz + Hauptsatz = **Satzverbindung**.

> **Beispiel:** *Es ist Zeit, ich fahre jetzt los.*
> *Ich saß im Flugzeug und ich konnte alles sehen.*
> *Wir hatten sie eingeladen, aber sie war verreist.*

Subordination: Unterordnung

- mindestens einem Hauptsatz und mehreren untergeordneten Nebensätzen bestehen (Subordination): Hauptsatz + Nebensatz = **Satzgefüge**.

> **Beispiel:** *Ich wohne in der Straße, die am Stadion endet.*
> *Der Kommissar glaubte, dass er den Täter kennen würde.*

Einen Hauptsatz kann man daran erkennen, dass er immer auch alleine stehen könnte. Ein Nebensatz wirkt dagegen immer unvollständig, wenn man ihn alleine stellt. Außerdem ist die Stellung des gebeugten Verbs im Satz ein Anzeichen dafür, ob es sich um einen Haupt- oder Nebensatz handelt:

- Hauptsatz → gebeugtes Verb an **zweiter** Stelle.
- Nebensatz → gebeugtes Verb an **letzter** Stelle.

Beispiele:

Hauptsatz			Nebensatz		
Die Geschäftsführerin	**lobte**	Frau Meyer,	die	den Kuchen	gebacken **hatte.**
Satzglied Subjekt	Satzglied Prädikat, gebeugtes Verb	Satzglied Objekt	Satzglied Subjekt, Einleitewort: Relativpronomen	Satzglied Objekt	Satzglied Prädikat, „hatte" = gebeugtes Verb

Ein Nebensatz kann nach oder vor dem Hauptsatz stehen und wird immer durch ein Komma von diesem abgetrennt.

Folgt der Hauptsatz dem Nebensatz, steht das gebeugte Verb des Hauptsatzes an erster Stelle im Hauptsatz, da der Nebensatz die erste Stelle einnimmt.

Nebensatz				Hauptsatz		
Obwohl	der Verkäufer	pünktlich	**kam,**	**verkaufte**	er	wenig.
Einleitewort: unterordnende Konjunktion	Satzglied Subjekt	Adverbialbestimmung	Satzglied Prädikat, gebeugtes Verb	Satzglied Prädikat, gebeugtes Verb	Satzglied Subjekt	Adverbialbestimmung

In der Regel wird ein Nebensatz durch ein Einleitewort eingeleitet. Einleitewörter können sein:

- **unterordnende Konjunktionen:** als, als dass, als ob, anstatt, außer dass, bevor, bis, da, damit, dass, ehe, falls, gleichwie, indem, indes, indessen, insoweit, je, nachdem, ob, obschon, obwohl, seit, seitdem, sodass, sofern, solange, sooft, während, weil, wenn, wenngleich, wie, wie wenn, wiewohl, wo, zumal u. a.
- **Relativpronomen:** der, die, das, welche, welcher, welches, wer, was.
- **Relativadverbien:** wo, wohin, woher u. a.

Der Relativsatz

Der Relativsatz ist ein Nebensatz, der mit einem Relativpronomen oder Relativadverb eingeleitet wird.
Relativsätze sind meist sogenannte Attributsätze. Das heißt, dass sie ein Satzglied des Hauptsatzes oder den gesamten Hauptsatz näher bestimmen. Ein Relativsatz kann sich allerdings nicht auf das Satzglied *Prädikat* beziehen.

relativ: hier: sich auf etwas beziehend

Hinweis
Relativsätze werden immer durch ein Komma abgetrennt.

Beispiele:

- ***Der Friseur**, der gerade eingestellt wurde, schneidet der Kundin im Salon die Haare.*
  (Das **Subjekt** wird näher bestimmt.)
- *Der Friseur schneidet **der Kundin**, die bereits etwas älter ist, im Salon die Haare.*
  (Das **Dativobjekt** wird näher bestimmt.)
- *Der Friseur schneidet der Kundin im Salon **die Haare**, die frisch gewaschen sind.*
  (Das **Akkusativobjekt** wird näher bestimmt.)
- *Der Friseur schneidet der Kundin **im Salon**, der sehr bekannt ist, die Haare.*
  (Die **adverbiale Bestimmung** wird näher bestimmt.)
- ***Der Friseur schneidet der Kundin im Salon die Haare**, was seine Haupttätigkeit ist.*
  (Der **gesamte Hauptsatz** wird näher bestimmt.)

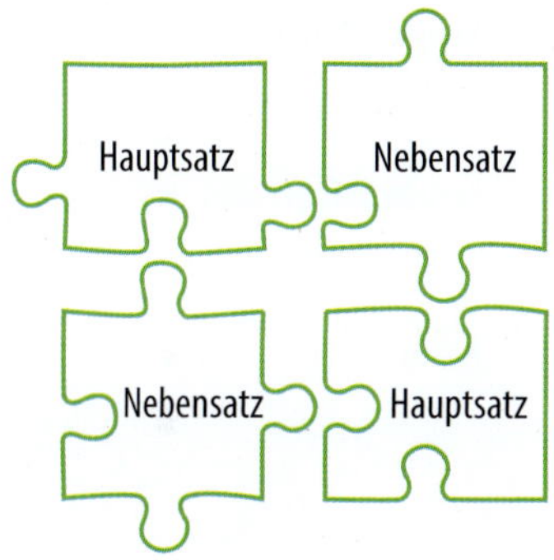

Wie die Beispielsätze zeigen, steht ein Relativsatz häufig direkt hinter dem Satzglied, auf das er sich bezieht.

Sätze zu den Aufgaben:

a) Die Zeit, die wir im Praktikum verbrachten, hatte mir in der Ausbildung, die anspruchsvoll war, sehr geholfen.

b) Er kam den weiten Weg aus dem Nachbarort gelaufen, er trug eine schwere Tasche und er sah müde aus.

c) Obwohl wir nicht wussten, wer siegen würde, schalteten wir den Fernseher aus.

d) Dass es nicht auf die Hautfarbe oder auf die Religion ankam, war für sie eine neue Erfahrung.

e) Sie gehen am besten geradeaus, dann biegen Sie links ab und schon stehen Sie vor dem Reichstagsgebäude.

Aufgaben

1. Bestimmen Sie bei den Sätzen im Kasten die Haupt- und Nebensätze. Begründen Sie ihre Antwort.
2. Bestimmen Sie bei den Sätzen im Kasten, ob es sich jeweils um ein Satzgefüge oder um eine Satzverbindung handelt. Begründen Sie ihre Antwort.
3. Bilden Sie fünf Satzgefüge. Nutzen Sie dazu die links aufgeführten unterordnenden Konjunktionen.
4. Bilden Sie fünf Satzgefüge mit Relativsätzen. Bestimmen Sie die Funktion jedes der von Ihnen gebildeten Relativsätze (= was er näher bestimmt).

2.5.3 Kleine Bausteine des Satzes – die Wörter

flektierbar: kann gebeugt werden, kann also dekliniert oder konjugiert werden

Flexion: Beugung; Änderung der Gestalt eines Wortes

Deklination: Beugung von Substantiven, Artikeln, Numeralien und Pronomen

Konjugation: Beugung von Verben

komparierbar: kann gesteigert werden

Kasus: Fall

Die Grammatik beschäftigt sich vor allem mit Sätzen und Wörtern. Dass Sätze nach bestimmten Regeln aus Wörtern zusammengesetzt sind, wurde bereits im Kapitel 2.5.1 auf Seite 20 besprochen. Doch was ist ein Wort?

- Ein Wort ist die *kleinste Einheit eines Satzes.*
- In der *gesprochenen* deutschen Sprache ist ein Wort eine *Lautfolge*, die sich durch Pausen von anderen Wörtern abhebt.
- In der *geschriebenen* deutschen Sprache ist ein Wort eine *Buchstabengruppe* zwischen zwei Trennzeichen. Diese Trennzeichen sind meistens Leerzeichen.
- Ein Wort ist ebenso eine *kleine sprachliche Einheit*, die sich meist auf Gegenstände oder Erscheinungen der außersprachlichen, also der eigentlichen Wirklichkeit bezieht. Es gibt aber auch Wörter, die vor allem eine grammatische Bedeutung haben. Beispiel: In dem Satz „Das Fahrrad fährt auf der Straße" tragen die Wörter „das", „auf" und „der" eine grammatische Bedeutung. Sie sind notwendig, damit der Satz grammatisch korrekt ist.

Menschen bemerkten bereits vor langer Zeit, dass Wörter aufgrund unterschiedlicher Eigenschaften in Gruppen eingeteilt werden können. So wurden in Indien bereits im 5. Jahrhundert vor unserer Zeitrechnung Wörter in **Wortarten** eingeordnet.

Übersicht über die Wortarten:

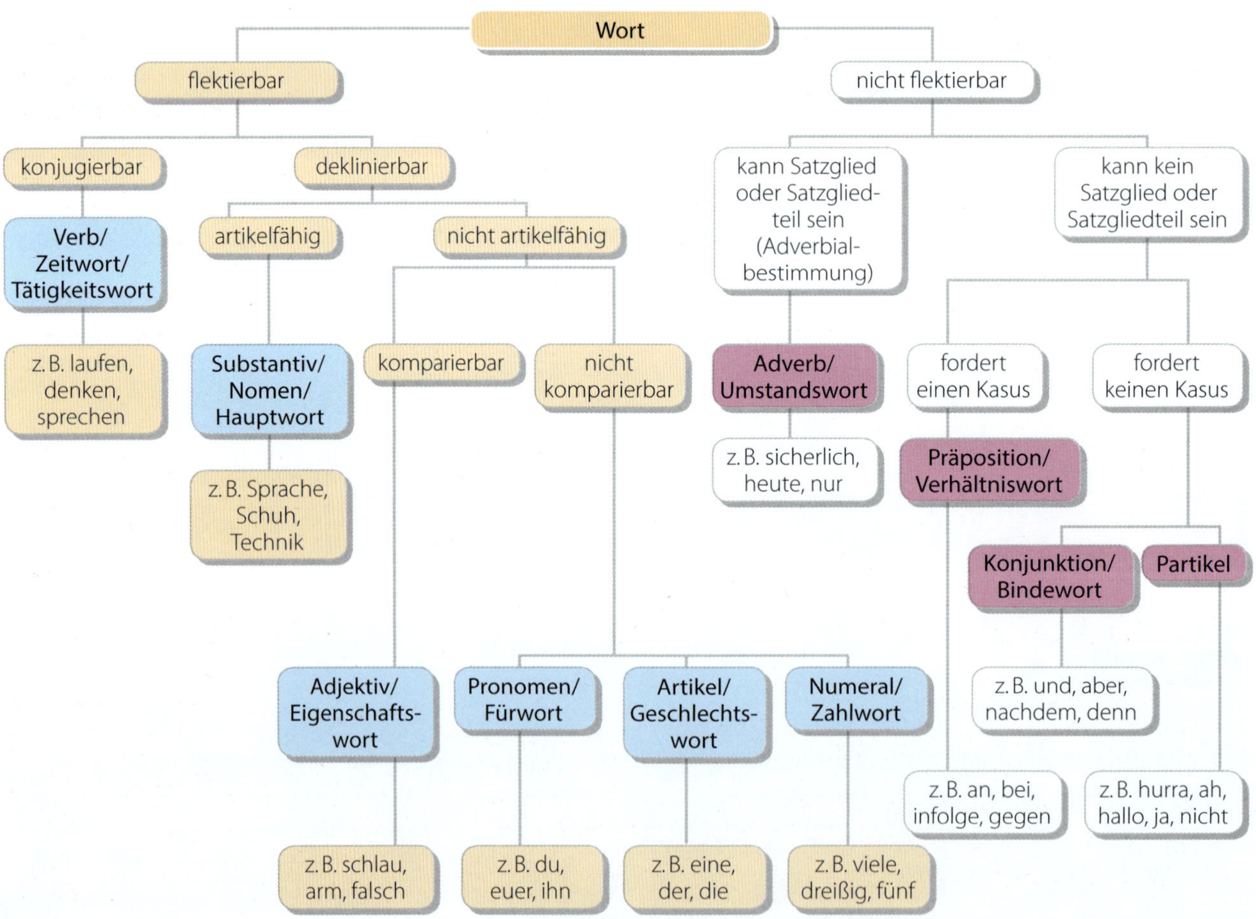

Schwarzbuch: PIAAC-Test
von Dietmar Wischmeyer

Der äußerst bescheidene Bildungsgrad unserer Nachzucht war ja längst bekannt, sind halt doof die Blagen, aber immerhin nicht mehr so viel wie früher. Jetzt stellt sich raus, dass auch die reiferen Jahrgänge im internationalen Vergleich übers Mittelmaß nicht hinauslangen.

Prima abgerichtete Japaner brillieren nicht nur im Wesenstest, sondern auch im Rechnungswesen und lesen können sie zudem noch besser als die Blödköppe hierzulande. Die japanische Schrift besteht aus drei parallelen Systemen, wovon allein das Kanji 40 000 Zeichen hat, derer 3000 vom Schulabgänger zu beherrschen sind. Da erscheint es nicht gerade unverschämt, wenn man von dem indigenen Pöbel bei uns verlangt, die schlappen 26 Buchstaben des hiesigen Alphabets in Reih und Glied vortragen zu können.

Ein Segen für den Deutschen, dass Huhn und Border Collie außerhalb der Bewertung laufen, sonst säh's noch finsterer aus. Unter den Europäern ist es allein der Finne, der die Fackel des Abendlandes emporhält. Das Schlusslicht weltweit bilden ausgerechnet die alten Kulturnationen Spanien und Italien. Dass dort niemand rechnen kann, das wussten wir spätestens seit der Eurokrise, aber beim Lesen scheint man auch nicht groß übers Buchstabenraten hinauszuwachsen.

Woran liegt's, dass die Bevölkerung in fast ganz Europa und eben auch bei uns kulturell den Rückwärtsgang eingelegt hat? Nun, wer in den letzten Jahren das Pech hatte, eine Schule von innen zu sehen, der ahnt, dass in diesen Bunkern jegliche Neugier auf Bildung und Wissen so nachhaltig ausgerottet wird, dass der Erwachsene froh ist, die Knöpfe seiner Fernbedienung richtig ablesen zu können. Dazu passt auch, dass in kaum einem anderen Industrieland der Lehrer einen so erbärmlichen Ruf genießt wie in Dschörmeni.

Vor diesem Hintergrund liest sich das ständig wiederholte Wahlkampf-Mantra, man müsse mehr Geld in die Bildung stecken, wie das, was es ist: undurchdachte Kinderkacke. Man kann auch iPads in den Schimpansenkäfig hängen, wer weiß vielleicht kriegt Cheetah dann den Nobelpreis und bleibt sogar in Deutschland wohnen.

Schwarzbuch: eine Sammlung von Negativbeispielen aus der Sicht einer Autorin oder eines Autors, die als Buch, Dokument oder Website veröffentlicht wird

PIAAC: ein Test, mit dem Alltagsfertigkeiten Erwachsener untersucht werden

Blage, die: (*ungezogenes*) Kind

brillieren: hervorragen

Kanji: japanische Schriftzeichen

indigen: eingeboren, einheimisch

Pöbel: abwertend für ungebildete, unkultivierte Menschen (der gesellschaftlichen Unterschicht)

Border Collie: eine Hunderasse aus Großbritannien

Mantra: eine im Buddhismus und Hinduismus verwendete magische Formel bzw. eine Art Gebet

Cheetah: Name des Schimpansen aus dem amerikanischen Film „Tarzan"

Aufgaben

1. Suchen Sie für jede Wortart, die Sie links in der Übersicht finden, jeweils drei weitere Beispiele.
2. a) Bestimmen Sie die jeweilige Wortart der unterstrichenen Wörter des Textes.
   b) Begründen Sie Ihre Entscheidungen mit Hilfe der Übersicht auf der linken Seite.
3. Versuchen Sie, die Kernaussage des Textes in zwei bis drei Sätzen zusammenzufassen: Was möchte der Autor zum Ausdruck bringen?

2.5.4 Das Substantiv

Hinweis
Die Wortart Substantiv wird auch Dingwort, Gegenstandswort, Hauptwort, Namenwort, Nennwort oder Nomen genannt.

Hinweis
Das Genus entspricht in der deutschen Sprache nicht immer dem biologischen Geschlecht (z. B.: das Mädchen). Siehe auch Seite 154.

Um zu wissen, ob ein Wort im Deutschen großgeschrieben wird, muss man erkennen, ob es sich um ein Substantiv handelt. Dafür können Ihnen die folgenden Informationen hilfreich sein.

Substantive können sehr Unterschiedliches bezeichnen:

- Dinge oder Sachen (z. B. das Haus, der Park),
- Menschen, Tiere, Pflanzen und Teile dieser Lebewesen (der Ast, das Ohr),
- Situationen (z. B. die Diskussion, das Fest, das Konzert),
- Vorgänge (z. B. der Vulkanausbruch, die Absperrung),
- Institutionen und Organisationen (z. B. der Staat, der Verein),
- Gefühle und Zustände (z. B. die Freiheit, die Liebe),
- und mehr.

Trotz dieser sehr unterschiedlichen Bezüge, besitzt die Wortart gemeinsame grammatische Merkmale. Ein Substantiv …

grammatische Merkmale →

- **ist artikelfähig.** Am Artikel erkennt man das Genus des Substantivs, also sein grammatisches Geschlecht. Jedes Substantiv hat ein festes grammatisches Geschlecht: Femininum (weiblich, Artikel = die), Maskulinum (männlich, Artikel = der) oder Neutrum (sächlich, Artikel = das).
- **ist deklinierbar.** Es steht somit im Singular (in der Einzahl) oder im Plural (in der Mehrzahl), das heißt: in einem bestimmten Numerus. Weiterhin steht es in einem der vier grammatischen Fälle, also in einem Kasus.
- **ist nicht komparierbar.** Das bedeutet, dass ein Substantiv nicht gesteigert werden kann.

orthografische Merkmale →

- wird in der deutschen Schriftsprache **großgeschrieben** (siehe hierzu Seite 52).

syntaktische Merkmale →

- findet im Satzbau Verwendung:
  - als Satzglied (Subjekt oder Objekt),
  - oder als Satzgliedteil (Genitivattribut oder präpositionales Attribut).

Wie Substantive dekliniert (gebeugt) werden, zeigt die folgende Tabelle.

	Kasus/Fall	feminin/weiblich	maskulin/männlich	neutral/sächlich
Einzahl (Singular)	Nominativ/1. Fall Wer/Was?	die/eine Seite die/eine Arbeit	der/ein Hund der/ein Gast	das/ein Buch das/ein Auto
	Genitiv/2. Fall Wessen?	der/einer Seite der/einer Arbeit	des/eines Hundes des/eines Gastes	des/eines Buches des/eines Autos
	Dativ/3. Fall Wem?	der/einer Seite der/einer Arbeit	dem/einem Hund dem/einem Gast	dem/einem Buch dem/einem Auto
	Akkusativ/4. Fall Wen/Was?	die/eine Seite die/eine Arbeit	den/einen Hund den/einen Gast	das/ein Buch das/ein Auto
Mehrzahl (Plural)	Nominativ/1. Fall Wer/Was?	die Seiten die Arbeiten	die Hunde die Gäste	die Bücher die Autos
	Genitiv/ 2. Fall Wessen?	der Seiten der Arbeiten	der Hunde der Gäste	der Bücher der Autos
	Dativ/ 3. Fall Wem?	den Seiten den Arbeiten	den Hunden den Gästen	den Büchern den Autos
	Akkusativ/4. Fall Wen/Was?	die Seiten die Arbeiten	die Hunde die Gäste	die Bücher die Autos

Da grammatisch falsche Formulierungen von Hörern oder Lesern besonders schnell als Fehler erkannt werden, ist es sehr wichtig, jeweils den richtigen Kasus zu verwenden.

ich habe ein problem mit umkleidekabinen. nicht nur, weil ich einmal mit einer modisch zurückhaltenden damenhandtasche vor einer umkleidekabine wartend meine ex-flamme mit ihrem neuen freund getroffen habe, die sich nach einem blick auf die damenhandtasche erkundigte, mit wem ich denn hier so unterwegs sei. ich antwortete wahrheitsgemäß, dass ich mit meiner mutter hier sei (der ich geburtstagshalber eine strickjacke verehren wollte), worauf ich die spitze replik „ach! immer noch ... mit der mutti?" erntete.

auch das innere von umkleidekabinen behagt mir nicht. Von allen seiten diese spiegel. ich will aber nicht wissen, wie ich von hinten aussehe. ich habe schon genug damit zu tun, von vorne gut auszusehen. aber diese umkleidekabinen mit den rückspiegelecken lassen einem keine wahl. nur mal schnell ein t-shirt anprobieren, und schon leuchtet einem die hinterhauptlichtung entgegen – die frisch rasierte fasson im nacken sieht aus wie ein mähstreifen zwischen hinterkopfhaar und rückenfell. [...]

(nach: Stefan Schwarz: Nicht alles sinkt; in: Das Magazin, Heft 09/2011)

Replik: hier: Antwort

Fasson: hier: Frisur

„Was du heute kannst besorgen, das verschiebe nicht auf morgen"

[...]

Wer auch immer sich diese gereimte Ermahnung ausgedacht hat: [ein Computer] mit [ein Internetzugang] besaß er nicht. Dafür aber einen überschaubaren Betrieb, vielleicht ein kleines Gasthaus im Wald oder eine einsam gelegene Mühle inklusive [einige Knechte und Mägde], die er mit [dieser Spruch] auf Trab hielt. Damals gab es sie noch, die [tägliche Routinen], die stur abgearbeitet werden mussten. Und bei Sonnenaufgang ging alles wieder von vorne los. Unter [solche Umstände] lag [das Sprichwort] goldrichtig. Denn die Gegenposition – in den Worten fauler Leute: „Morgen, morgen, nur nicht heute" – bedeutete ja eine Art Kreditaufnahme: Die heutige Zeitnot wird in [die Zukunft] geschaufelt und macht dadurch alles immer schlimmer.

(nach: Jürgen Rutenberg: Was du heute kannst besorgen, das verschiebe nicht auf morgen; in: Zeitmagazin, Nr. 47/2011)

Hinweis

Der Titel des Buches „Der Dativ ist dem Genitiv sein Tod." müsste eigentlich korrekt lauten: „Der Dativ ist der Tod des Genitivs." Damit spielt der Autor Bastian Sick auf die falsche Verwendung des Dativs und des Genitivs an. Auch Sprachwissenschaftler haben festgestellt, dass diese beiden Fälle häufig falsch verwendet werden:

falsch	richtig
nahe des Hauses	nahe dem Haus
wegen dem Umbau	wegen des Umbaus
gemäß des Vertrages	gemäß dem Vertrag
mittels einem Auto	mittels eines Autos
statt dem Vater kam der Sohn	statt des Vaters kam der Sohn
entsprechend des Gesetztes	entsprechend dem Gesetz
dank dem Wetter	dank des Wetters

Aufgaben

1. Im oberen Text sind alle Substantive kleingeschrieben. Notieren Sie sich alle 26 Substantive dieses Textes und bestimmen Sie auch deren jeweiligen Kasus.
2. Setzen Sie im unteren Text mündlich die Substantive bzw. Wortgruppen in den richtigen Kasus. Benennen Sie den Kasus auch.
3. Deklinieren Sie jeweils ein feminines, ein maskulines sowie ein neutrales Substantiv Ihrer Wahl in jedem Kasus wie auch im Singular und Plural.

2.5.5 Wortbildung von Substantiven

In der deutschen Sprache können Substantive gebildet werden, indem:

- mindestens zwei Wörter zu einem Substantiv zusammengesetzt werden (Kompositum) oder
- ein Wort einer anderen Wortart zu einem Substantiv umgewandelt wird (Substantivierung).

Zusammensetzungen (Komposita)

In einer Zusammensetzung bestimmt das letzte Substantiv das Geschlecht (Genus) und die Zählform (Numerus).

Substantiv und Substantiv	
das Haus + der Bau	der Hausbau
das Haus + der Bau + die Finanzierung	die Hausbaufinanzierung
Verb und Substantiv	
fahren + das Rad	das Fahrrad
schreiben + das Programm	das Schreibprogramm
Adjektiv und Substantiv	
schnell + der Kochtopf	der Schnellkochtopf
fest + der Preis	der Festpreis
Adverb und Substantiv	
rechts + die Kurve	die Rechtskurve
nicht + der Schwimmer	der Nichtschwimmer

[…] Einige deutsche Wörter sind so lang, dass sie eine Perspektive aufweisen. Man beachte folgende Beispiele:

- Freundschaftsbezeugungen.
- Dilettantenaufdringlichkeiten.
- Stadtverordnetenversammlungen.

Diese Dinger sind keine Wörter, sie sind alphabetische Prozessionen. Und sie sind nicht selten; […]
Ich interessiere mich sehr für solche Kuriositäten. Wenn ich auf eine gute stoße, stopfe ich sie aus und stelle sie in mein Museum. Auf diese Weise habe ich eine recht wertvolle Sammlung geschaffen. […]
Hier folgen einige Exemplare, die ich kürzlich bei der Versteigerung der Habe eines bankrotten Nippesjägers gekauft habe:
Generalstaatsverordnetenversammlungen.
Altertumswissenschaften.
Kinderbewahrungsanstalten.
Unabhängigkeitserklärungen.
Wiederherstellungsbestrebungen.
Waffenstillstandsunterhandlungen.

(aus: Mark Twain: Bummel durch Europa. Aufbau-Verlag Berlin und Weimar, 1. Aufl., 1984, S. 302)

Komposita: Mehrzahl von Kompositum (= Zusammensetzung)

Hinweis
Bei einigen Zusammensetzungen (Komposita) werden **Fugenzeichen** eingefügt. Das sind Verbindungslaute zwischen den beiden Wortteilen, meist **-e**, **-(e)s**, **-(e)n** oder **-er**. Häufig wird das Fugen-s gebraucht. Meistens dienen die Fugenzeichen der Aussprache. Einige ausgewählte Beispiele:

- die Hund**e**hütte,
- der Geburt**s**tag,
- das Arbeit**s**ministerium,
- die Straße**n**bahn.

Prozession: ein religiöses Ritual, bei dem ein feierlicher Umzug gemacht wird

Kuriosität: Personen, Tiere, Gegenstände, Situationen oder Zustände, die wunderlich, komisch oder skurril wirken

Mark Twain (1835-1910): ein amerikanischer Schriftsteller, der vor allem als Autor der Bücher über die Abenteuer von Tom Sawyer und Huckleberry Finn bekannt ist.

Substantivierung

In der deutschen Sprache können aus anderen Wortarten Substantive entstehen – dies nennt man Substantivierung. Durch Substantivierung erscheint ein Wort sachlicher, da es unabhängig von einer konkreten handelnden Person wird. Texte mit vielen Substantivierungen klingen aber häufig sehr gestelzt und bürokratisch (Nominalstil).

Aus einem **Verb** kann ein Substantiv werden, indem dem Infinitiv des Verbs ein Artikel vorangestellt wird, z. B.:

- *Sie liest heute schon das fünfte Buch. Ihr fällt das* ***Lesen*** *leicht.*
- *Er läuft etwas unsicher. Er musste nach dem Unfall das* ***Laufen*** *neu lernen.*

Des Weiteren kann ein Verb durch die Nachsilbe *-ung* zum Substantiv werden:

- *Die Fahrzeuge wurden umgeleitet. Die* ***Umleitung*** *dauert noch an.*
- *In der Stadt erhebt sich ein Hügel. Die* ***Erhebung*** *ist 20 m hoch.*

Aus einem **Partizip** – einer Form des Infinitivs des Verbs – kann ebenso ein Substantiv werden, indem hier ein Artikel vorangestellt wird, z. B.:

- *Er hörte schreibend der Musik zu. Der* ***Schreibende*** *saß neben dem Radio.*
- *Ich hatte die gekauften Dinge mitgebracht. Das* ***Gekaufte*** *stellte ich auf den Tisch.*

Auch aus **Adjektiven** können Substantive gebildet werden, indem man ihnen einen Artikel voranstellt, z. B.:

- schön – *Er liebt das* ***Schöne****.*
- klug – *Sie verehrte den* ***Klugen****.*

Adjektive können außerdem durch die Nachsilben *-heit* und *-keit* zu Substantiven werden.

- schön – *Die* ***Schönheit*** *des Bildes beeindruckte sie.*
- sparsam – *Ihre* ***Sparsamkeit*** *war eigentlich Geiz.*

Wenn ein Wort substantiviert wird, bekommt es dieselben Eigenschaften wie jedes andere Substantiv. Das heißt: Es besitzt ein grammatisches Geschlecht (Genus) und eine Zählform (Numerus), kann gebeugt werden, ist artikelfähig und kann durch ein adjektivisches Attribut begleitet werden.

	Einzahl (Singular)	Mehrzahl (Plural)
Nominativ	**Der Schreibende** sitzt am Tisch.	**Die Schreibenden** sind in der Prüfung.
Genitiv	Der Stift **des Schreibenden** kratzt auf dem Papier.	Die Aufgaben **der Schreibenden** sind alle gleich.
Dativ	Der Tisch gehört **dem Schreibenden.**	**Den Schreibenden** wird die Zeit knapp.
Akkusativ	Man sieht **den Schreibenden** sitzen.	Man kann **die Schreibenden** sehen.

Partizip: siehe Seite 22

Hinweis

In **Zusammensetzungen** aus Aneinanderreihungen und Wortgruppen werden die einzelnen Bestandteile durch Bindestriche voneinander getrennt, *z. B.: das In-Kraft-Treten, die Mund-zu-Mund-Beatmung, die Mehrzweck-Küchenmaschine.* Verwendet man erweiterte Infinitive als Substantive, die aus mehr als zwei Teilen bestehen, so trennt man die einzelnen Wortteile ebenso durch Bindestriche., *z. B.: Das ist zum Aus-der-Haut-Fahren.* Das erste Wort so einer Zusammensetzung schreibt man groß, auch wenn es kein Substantiv ist, *z. B.: das Auf-der-faulen-Haut-Liegen.*

Tipp

Die Wörter „alles“, „etwas“, „nichts“, „viel“, „manches“ und „wenig“ weisen darauf hin, dass das folgende Wort ein Substantiv ist, z. B.: *viel Schönes, alles Gute, etwas Schlimmes, manches Kostbare, nichts Konkretes, wenig Brauchbares.*

Aufgaben

1. a) Bestimmen Sie das grammatische Geschlecht (Genus) der folgenden Zusammensetzungen.
   b) Erklären Sie, was jede der Zusammensetzungen bedeutet.
   - *Nummernschildbedruckungsmaschine,*
   - *Roggenvollkornbrotmehlzulieferer,*
   - *Schifffahrtskapitänsmützenmaterialhersteller.*
2. Lesen Sie den Textausschnitt von Mark Twain.
   a) Nennen Sie, was Twain an der deutschen Sprache kritisiert.
   b) Formulieren Sie kurze Wortgruppen, die jedes der von Twain aufgeführten Zusammensetzungen ersetzen könnten, z. B.: Waffenstillstandsunterhandlungen – Unterhandlungen für einen Stillstand der Waffen.

2.5.6 Die Zeitformen des Verbs

Das Verb ist neben dem Substantiv, dem Adjektiv, dem Pronomen usw. eine eigene Wortart. Es wird

- klein geschrieben und
- kann gebeugt werden (ist konjugierbar).

Das Verb wird auch als **Tätigkeitswort** bezeichnet, weil es Handlungen oder Geschehen ausdrückt (z. B.: *liefern, prüfen, transportieren, schreiben, rechnen*).

Außerdem nennt man es auch **Zeitwort**, weil es durch seine jeweilige Form zeigen kann, ob eine Handlung oder ein Geschehen in der Vergangenheit, Gegenwart oder Zukunft stattfindet.
Die folgenden Zeitformen des Verbs sind in der deutschen Sprache möglich:

starke Verben:
Die starken Verben sind durch einen Wechsel des Stammvokals gekennzeichnet.
Beispiel:
*spr**e**chen – spr**a**ch – gespr**o**chen*
oder
*tr**e**ffen – tr**a**f – getr**o**ffen*

schwache Verben:
Die Stammformen eines schwachen Verbs werden durch Anfügen der Nachsilben *-te* bzw. *-t* sowie der Vorsilbe *ge-* an den Wortstamm gebildet. Der Wortstamm bleibt unverändert.
Beispiel:
*frag**te** – **ge**frag**t***
fragen – fragte – gefragt (Wortstamm -frag-)
Die Vorsilbe *ge-* wird nicht angefügt, wenn Verben bereits eine untrennbare Vorsilbe haben, sowie bei Verben auf *-ieren (z. B. spazieren).*

Vergangenheit (Präteritum)

Das Präteritum stellt eine vergangene Handlung oder ein vergangenes Geschehen dar. Es wird vor allem in geschriebener Sprache in Berichten und Erzählungen verwendet.

Beispiel: *Gestern bekam ich von meinem Vater Geld für den Führerschein.*

Bildung der Vergangenheit:

- schwaches Verb: Verbstamm + Endung „-te" + Personalendung
- starkes Verb: Vokal im Stamm ändert sich + Personalendung (diese Formen müssen gelernt werden)

Person	starkes Verb	schwaches Verb
ich	bekam	prüfte
du	bekamst	prüftest
er/sie/es	bekam	prüfte
wir	bekamen	prüften
ihr	bekamt	prüftet
sie	bekamen	prüften

Vollendete Vergangenheit (Plusquamperfekt)

Das Plusquamperfekt drückt aus, dass etwas in der Vergangenheit geschehen war und auch in der Vergangenheit abgeschlossen (vollendet) wurde.

Beispiel:
Ich hatte von meinem Vater Geld für den Führerschein bekommen, aber die Prüfung bestand ich nicht.

Hinweis
Das Plusquamperfekt nutzt man auch, um darzustellen, dass in der Vergangenheit eine Handlung vor einer anderen passiert ist.

Bildung der vollendeten Vergangenheit:

Präteritum-Form von *sein* oder *haben* + Partizip Perfekt

- sein: z. B.: Ich *war* gelaufen.
- haben: z. B.: Er *hatte* gekocht.

Person	starkes Verb	schwaches Verb
ich	hatte bekommen	hatte geprüft
du	hattest bekommen	hattest geprüft
er/sie/es	hatte bekommen	hatte geprüft
wir	hatten bekommen	hatten geprüft
ihr	hattet bekommen	hattet geprüft
sie	hatten bekommen	hatten geprüft

Gegenwart (Präsens)

Das Präsens drückt aus, dass sich etwas gerade jetzt zu diesem Zeitpunkt ereignet.

Beispiel: *Ich <u>bekomme</u> das Geld für die heutige Fahrstunde von meinem Vater.*

Bildung der Gegenwart:

- Verbstamm + Personalendung
- („sein" und „haben" sind unregelmäßig)

Person	starkes Verb	schwaches Verb
ich	bekomme	prüfe
du	bekommst	prüfst
er/sie/es	bekommt	prüft
wir	bekommen	prüfen
ihr	bekommt	prüft
sie	bekommen	prüfen

Partizip Perfekt (auch Partizip II oder Mittelwort der Vergangenheit):

- dient zur Verwendung eines Verbs im Passiv als Adjektiv oder Adverb,
- zur Bildung von zusammengesetzten Zeitformen im Aktiv wie Perfekt, Plusquamperfekt, Futur II,
- zur Bildung sämtlicher zusammengesetzter Zeitformen im Passiv.

Bildung:

- regelmäßiges Partizip Perfekt: Vorsilbe ge- + Präsensstamm + Endung -t oder -et (**ge**rede**t**, **ge**schau**t**),
- unregelmäßiges Partizip Perfekt: Vorsilbe ge + Perfektstamm + Endung -en (**ge**gang**en**, **ge**schrieb**en**).

Beispiele:

- das gesungene Lied – das gefahrene Auto
- ich habe getragen (Perfekt Aktiv) – ich werde getragen (Präsens Passiv)

<u>Hinweis:</u>

Mit dem Präsens können auch Handlungen dargestellt werden, die für die Zukunft festgelegt oder vereinbart sind.

Vollendete Gegenwart (Perfekt)

Das Perfekt bezeichnet eine Handlung oder ein Geschehen, die oder das eigentlich bereits passiert ist (vollendet ist), aber in der Gegenwart noch Bedeutung hat.
In der gesprochenen Sprache wird das Perfekt häufig anstatt des Präteritums verwendet.

Beispiel: *Ich habe den Führerschein noch nicht bekommen. Ich muss jetzt weitere Fahrstunden nehmen.*

Bildung der Vollendeten Gegenwart:

Präsens-Form von *sein* oder *haben* + Partizip II

Person	starkes Verb	schwaches Verb
ich	habe bekommen	habe geprüft
du	hast bekommen	hast geprüft
er/sie/es	hat bekommen	hat geprüft
wir	haben bekommen	haben geprüft
ihr	habt bekommen	habt geprüft
sie	haben bekommen	haben geprüft

Zukunft (Futur I)

Das Futur I wird genutzt, wenn man ausdrücken will, dass etwas in der Zukunft geschehen wird.

Beispiel: *Ich werde noch in diesem Monat den Führerschein bekommen.*

Bildung der Zukunft:

Hilfsverb *werden* in der jeweiligen Person + Infinitiv des Verbs

Person	starkes Verb	schwaches Verb
ich	werde bekommen	werde prüfen
du	wirst bekommen	wirst prüfen
er/sie/es	wird bekommen	wird prüfen
wir	werden bekommen	werden prüfen
ihr	werdet bekommen	werdet prüfen
sie	werden bekommen	werden prüfen

Vollendete Zukunft (Futur II)

Das Futur II bezeichnet eine Handlung, von der man annimmt, dass sie zu einem bestimmten Zeitpunkt in der Zukunft abgeschlossen (vollendet) sein wird.

Beispiel: *Zu meinem Geburtstag werde ich den Führerschein schon bekommen haben.*

Bildung der Vollendeten Zukunft:

Hilfsverb *werden* in der jeweiligen Person + *Partizip II* + ungebeugtes Hilfsverb *sein* oder *haben*

Person	starkes Verb	schwaches Verb
ich	werde bekommen haben	werde geprüft haben
du	wirst bekommen haben	wirst geprüft haben
er/sie/es	wird bekommen haben	wird geprüft haben
wir	werden bekommen haben	werden geprüft haben
ihr	werdet bekommen haben	werdet geprüft haben
sie	werden bekommen haben	werden geprüft haben

Wortkasten

nach dem Schulabschluss – arbeiten – in einem Supermarkt, anspruchslose Arbeit – verrichten, wenig Geld – bekommen, beschließen – Ausbildung – absolvieren, Ausbildung als … – beginnen – Herbst 20.., heute – berufsspezifisches Wissen – lernen – Schule – Praktikum, nach Abschluss – Ausbildung – guter Job – bewerben, mehr Geld – verdienen, Familie – gründen, große Wohnung – wohnen

Aufgaben

1. a) Erstellen Sie eine Tabelle für je ein schwaches und ein starkes Verb.
   b) Konjugieren (beugen) Sie in dieser Tabelle die Verben im Perfekt und im Futur II.
2. a) Formulieren Sie aus den Wörtern im Wortkasten einen sinnvollen Text, in dem jede Zeitform mindestens einmal genutzt wird. Sie können zusätzlich auch weitere Wörter verwenden.
   b) Unterstreichen Sie in Ihrem Text die Verben und bestimmen Sie die verwendeten Zeitformen.

2.5.7 Die Aussageweisen des Verbs – der Modus

Indem man die Form eines Verbs verändert, erzielt man unterschiedliche Wirkungen. So kann man z. B. durch die unterschiedlichen Zeitformen eine Handlung im Text in der Vergangenheit, Gegenwart oder Zukunft stattfinden lassen.
Durch die Form eines Verbs kann aber auch erreicht werden, dass eine Handlung oder Tätigkeit …

B	… eine Aufforderung oder ein Befehl ist (**Befehlsform** oder Imperativ).
W	… so wirkt, als ob sie tatsächlich stattfindet (**Wirklichkeitsform** oder Indikativ).
M	… als Wunsch oder Möglichkeit erscheint (**Möglichkeitsform** oder Konjunktiv).

Diese drei Aussageformen oder Aussageweisen des Verbs nennt man Modi (Mehrzahl von Modus).

Die **Befehlsform (Imperativ)** wird z. B.
- bei der Bundeswehr genutzt: *„Marschieren Sie die befohlene Strecke!"*
- im Sport verwendet: *„Spring endlich!"*
- in der Schule gebraucht: *„Hört zu!"*
- im Gericht angewendet: *„Gestehen Sie, Angeklagter!"*

Verben in der Befehlsform können nur in der Gegenwart und in der 2. Person Einzahl und der 2. Person Mehrzahl verwendet werden.

Hinweis
Normalerweise werden die Befehlsformen ohne Personalpronomen verwendet. Eine Ausnahme bildet die Höflichkeitsform „Sie".

Die **Wirklichkeitsform (Indikativ)** ist die normale Form des Verbs und wird in vielerlei Situationen verwendet. Sie kann eine tatsächliche Begebenheit oder Allgemeingültiges darstellen. Sie wird mitunter aber auch genutzt, um Ausgedachtes als wirklich erscheinen zu lassen.
- wirklicher Zustand: *Du kamst eine Stunde zu spät.*
- Allgemeingültiges: *Die Würde des Menschen ist unantastbar.*
- Ausgedachtes: *Die Rente wird für alle sicher sein.*

Verben in der Wirklichkeitsform können in allen sechs Zeitformen und allen sechs Personen verwendet werden.

direkte Rede und indirekte Rede:
siehe Seite 103 und Seite 168

Die **Möglichkeitsform (Konjunktiv)** wird in zwei Varianten verwendet: Konjunktiv I und Konjunktiv II.

Konjunktiv I

Der Konjunktiv I drückt einen Wunsch oder eine Möglichkeit aus. Er wird ebenso in der indirekten Rede verwendet. Man nutzt ihn aber auch in Gebrauchsanleitungen und Kochrezepten.
- Wunsch: *Paula hoffte, sie gehe bald auf eine andere Schule.*
- Möglichkeit: *Es ist möglich, dass Maja den Schlüssel wiederfinde.*
- Indirekte Rede: *Marc sagte, dass er morgen komme.*
- Kochrezept: *Man nehme einen Teebeutel und eine Tasse kochendes Wasser.*

Der Konjunktiv I wird aus der Gegenwart (Präsens) der Wirklichkeitsform des jeweiligen Verbs gebildet.

Grundform	Präsens der Wirklichkeitsform	Konjunktiv I
laufen	er läuft	er laufe
rechnen	sie rechnet	sie rechne
schwimmen	du schwimmst	du schwimmest
sitzen	ihr sitzt	ihr sitzet

Hinweis:
Bildet man aus einem starken Verb den Konjunktiv II, verändert sich der Vokal (Selbstlaut) aus dem Präteritum der Wirklichkeitsform in einen Umlaut:

Präteritum der Wirklichkeitsform	Konjunktiv II
er bog	er böge
wir dachten	wir dächten
ihr gewannt	ihr gewännet

Konjunktiv II

Mit dem Konjunktiv II drückt man eine gedankliche Vorstellung aus.

- *Albert dachte, er bekäme den Nobelpreis.*
- *Sie meint, dass sie Weltrekord gelaufen wäre.*

Der Konjunktiv II wird aus der Vergangenheit (Präteritum) der Wirklichkeitsform des jeweiligen Verbs gebildet.
Wenn es nicht deutlich wird, ob der Konjunktiv II benutzt wird, oder das Verb sehr ungewöhnlich klingt, gebraucht man die Würde-Form.

- *Die Ware überschwemmte den Markt. Die Ware würde den Markt überschwemmen.* („überschwemmte" könnte auch die Wirklichkeitsform im Präteritum sein.)
- *Unter schlechten Bedingungen flöhe sie aus dem Land. Unter schlechten Bedingungen würde sie aus dem Land fliehen.* („flöhe" klingt zu gekünstelt, daher ist hier die Würde-Form besser.)

Hinweis:
Klingt der Konjunktiv II sehr altertümlich wie bei „er kröche durch das Fenster" oder „es hälfe niemandem", so ist es besser, wenn man im alltäglichen Gebrauch die *Würde-*Form nutzt: *„Er würde durch das Fenster kriechen."*; *„Es würde niemandem helfen."*

Grundform	Präteritum der Wirklichkeitsform	Konjunktiv II	Würde-Form
bleiben	er blieb	er bliebe	er würde bleiben
klingen	es klang	es klänge	es würde klingen
nehmen	wir nahmen	wir nähmen	wir würden nehmen
schwimmen	ihr schwammt	ihr schwämmet	ihr würdet schwimmen

Aufgaben

1. Entscheiden Sie bei den folgenden Sätzen, um welchen Modus es sich jeweils handelt:
   a) *Frau Klump meint, sie sehe sehr schön aus.*
   b) *Paul, lies endlich dein Buch!*
   c) *Niemand bemerkte, dass Lisa den Raum verlassen hatte.*
   d) *Gestern regnete es sehr stark und morgen wird es wieder regnen.*
   e) *Einer trage des anderen Last.*
   f) *Hören Sie her!*
   g) *Kristina dachte, Turgut wäre der beste Rapper.*
2. Schreiben Sie die folgenden Sätze auf und setzen Sie das jeweilige Verb im Konjunktiv I ein.
   a) *[mögen] die Macht mit dir sein.*
   b) *Abdallah meint, er (lieben) die deutsche Sprache.*
   c) *Angelina hat geträumt, sie (sein) eine talentierte Schauspielerin.*
3. Wandeln Sie die folgenden Sätze von der direkten in die indirekte Rede um. Nutzen Sie den Konjunktiv I und wenn notwendig den Konjunktiv II.
   a) *Die Lehrerin meinte: „Die Hinweise brauchen wir wirklich."*
   b) *Der Trainer denkt: „Die Stürmerin muss offensiver spielen."*
   c) *Die Polizisten hatten erklärt: „Hier kommt niemand durch."*
4. Schreiben Sie eine kurze Geschichte, in der Sie die drei Modi korrekt verwenden. Beginnen Sie die Geschichte mit den folgenden Sätzen: *Am letzten Wochenende war Pepe zu einer Party eingeladen. Seine Freundin Sabrina feierte in einem Club ihren Geburtstag. Nachdem er sich eine Cola geholt hatte, sprach ihn auf einmal Florian an …*

2.5.8 Das Adjektiv

Adjektive beschreiben Eigenschaften. Sie können sagen, **wie** etwas ist:
- Ihre Haare sind (**wie?**) *blond*. Ihre Lippen sind (**wie?**) *schmal*.

Adjektive können aber auch sagen, **was** für Dinge jemand hat:
- Sie hat (**was** für Haare?) *blonde* Haare. Sie hat (**was** für Lippen?) *schmale* Lippen.

Das Adjektiv wird daher auch als Eigenschaftswort oder Wiewort bezeichnet.
Es bestimmt die Art, die Eigenschaft oder den Zustand einer Person oder Sache.

Hinweis:
Die Steigerung ist eigentlich ein Vergleich zwischen zwei oder mehreren Dingen oder Personen.

Die Steigerung des Adjektivs

Adjektive können gesteigert werden. Die Steigerung umfasst drei Stufen:

	Grundstufe (der Positiv)	Steigerungsstufe (der Komparativ)	Höchststufe (der Superlativ)
Beispiel	breit	breiter	am breitesten

deklinieren:
Ein Wort in die vier Fälle setzen.

Die Beugung des Adjektivs (Deklination)

Auch das Adjektiv kann wie das Substantiv dekliniert werden. Es richtet sich hierbei in Geschlecht, Zahl und Fall nach dem dazugehörigen Substantiv.

		männlich	weiblich	sächlich
Einzahl (Singular)	1. Fall, Nominativ: Wer/Was?	der graue Bart	die schmale Nase	das große Ohr
	2. Fall, Genitiv: Wessen?	des grauen Barts	der schmalen Nase	des großen Ohres
	3. Fall, Dativ: Wem?	dem grauen Bart	der schmalen Nase	dem großen Ohr
	4. Fall, Akkusativ: Wen/Was?	den grauen Bart	die schmale Nase	das große Ohr
Mehrzahl (Plural)	1. Fall, Nominativ: Wer/Was?	die grauen Bärte	die schmale Nase	die großen Ohren
	2. Fall, Genitiv: Wessen?	der grauen Bärte	der schmalen Nase	der großen Ohren
	3. Fall, Dativ: Wem?	den grauen Bärten	den schmalen Nasen	den großen Ohren
	4. Fall, Akkusativ: Wen/Was?	die grauen Bärte	die schmalen Nasen	die großen Ohren

Wortbildung bei Adjektiven

Substantive, Verben und Adverbien können zu Adjektiven umgewandelt werden. Dies erfolgt durch das Voranstellen einer Vorsilbe oder durch das Anfügen einer Nachsilbe. Diese Umwandlung bezeichnet man als **Ableitung**.

Beispiel:	Substantiv:	*sündhaft (Sünde), sprachlos (Sprache), städtisch (Stadt)*
	Verb:	*reparierbar (reparieren), sparsam (sparen)*
	Adverb:	*gestrig (gestern), jetzig (jetzt)*

Häufig werden folgende Nach- und Vorsilben genutzt:

Nachsilben	Beispiele
-bar	erkennbar, verwertbar, nutzbar, erregbar
-haft	schmerzhaft, frühlingshaft, sündhaft, sprunghaft
-ig	trübsinnig, merkwürdig, beständig, vorrätig
-lich	erbärmlich, lieblich, ängstlich, herzlich, rötlich
-los	lieblos, interesselos, fassungslos, sprachlos

Vorsilben	Beispiele
erz-	erzkatholisch, erzreaktionär, erzkonservativ
miss-	missverständlich, missgünstig, missmutig

Neue Adjektive können auch durch **Zusammensetzungen** (Komposition) gebildet werden. Dabei werden Wörter verschiedener Wortarten zu einem bereits bestehenden Adjektiv hinzugefügt. Das Adjektiv tritt dabei immer als letzter Wortbestandteil auf.

Substantiv + Adjektiv	frühlingsfrisch, kristallklar, sinnvoll, wetterfest, honiggelb
Verb + Adjektiv	druckfrisch, schreibfaul, wissbegirerig
Adjektiv + Adjektiv	bitterkalt, hellgrün, nasskalt, altklug

Der erste Wortteil bei einer Zusammensetzung wird **Bestimmungswort** genannt. Das Bestimmungswort bestimmt den zweiten Wortteil in seiner Bedeutung näher. Z. B. kann durch das Bestimmungswort:

der Zweck näher benannt werden:	wasserdicht, kochfest
ein Maß genauer bestimmt werden:	kilometerweit, zentimeternah
die Intensität dargestellt werden:	dunkelrot, hellgelb, hellwach, hochschwanger
eine Ähnlichkeit angeführt werden:	grasgrün, staubtrocken
ein örtlicher Bezug hergestellt werden:	stadtnah, weltberühmt
etwas Fehlendes angegeben werden:	bedingungslos, fehlerlos, lieblos

Hinweis:
Bei **Fremdwörtern** werden die folgenden Nachsilben genutzt:
-abel: blamabel, komfortabel
-ibel: sensibel, penibel
-al: rational, floral
-ell: maschinell, partiell
-ant: markant, provokant
-ent: präsent, kohärent
-ar: koronar, solar
-är: singulär, stationär
-esk: pittoresk, kafkaesk
-iv: kreativ, subversiv
-oid: faschistoid, vulkanoid
-os: famos, grandios
-ös: skandalös, porös

Hinweis:
Einige Bestimmungswörter werden wie Vorsilben in Ableitungen verwendet. Meist dienen sie zur Bildung von gesteigerten Adjektivformen, z. B.:
bitter-: bitterböse, bitterernst,
grund-: grundzufrieden, grundanständig,
hoch-: hochbegabt, hochoffiziell,
ober-: obercool, oberschlau,
stink-: stinkreich, stinkfaul.

Aufgaben

1. Bilden Sie Adjektive zu den folgenden Wörtern: *Herz, Stress, Liebe, Masse, Fett.*
2. Bilden Sie mit jedem zu Aufgabe 1. gebildeten Wort einen sinnvollen Satz. Erklären Sie außerdem die Bedeutung der von Ihnen gebildeten Wörter.
3. Erklären Sie die unterschiedlichen Bedeutungen der Wörter:
   - *herzhaft – herzlich,*
   - *zart – zärtlich,*
   - *merkwürdig – merklich,*
   - *gläsern – glasig.*

2.5.9 Das Adverb

Das Adverb bezeichnet die näheren Umstände einer Tätigkeit, eines Vorgangs, Geschehens, Ereignisses oder Zustands.

Adverb: auch Umstandswort oder Nebenwort. Die Bezeichnung stammt vom lateinischen *ad verbum* und bedeutet „beim Verb". Die Mehrzahl lautet: Adverbien.

Adjektiv: siehe Seite 38

Beispiel: *Der Fahrer saß bei dem Unfall allein im Auto.*
Stell den Stuhl bitte hierhin.
Trotzdem ging sie jetzt vorwärts.

Im Gegensatz zu Adjektiven werden Adverbien nicht gebeugt (flektiert) und sind nicht steigerungsfähig. Es gibt jedoch wenige Ausnahmen. Folgende Adverbien können gesteigert werden:

bald	eher	am ehesten
wohl	wohler	am wohlsten
gern	lieber	am liebsten
oft	öfter	am häufigsten

Auch ist es nicht immer einfach, zwischen Adjektiv und Adverb zu unterscheiden. Mithilfe der **Einsetzprobe** kann man jedoch feststellen, ob es sich bei einem Wort um ein Adjektiv oder um ein Adverb handelt:

Gebrauch eines Adjektivs	Gebrauch eines Adverbs
Das in der Garage stehende Auto ist **teuer**.	Das Auto fährt **bergauf**.

- **Adjektive** lassen sich zwischen Artikel und Substantiv einsetzen:
  Beispiel: *Das Auto ist teuer. – das teure Auto*
- **Adverbien** können **nicht** zwischen Artikel und Substantiv stehen:
  Beispiel: *Das Auto fährt bergauf. – das bergaufe Auto (nicht korrekt)*

Adverbien können unterschieden werden in:

Lokaladverb Beispiel: *Wir sind dorthin gefahren.*	bestimmt den Ort einer Handlung	Wo? Woher? Wohin?	bergab, bergauf, dort, dorthin, heim, hier, hinein, hinten, irgendwo, nebenan, nirgends, obenauf, rechts, überall, weg usw.
Temporaladverb Beispiel: *Wir sind gestern gefahren.*	bestimmt die Zeit einer Handlung	Wann? Seit wann? Bis wann? Wie lange?	beizeiten, bisher, bislang, danach, einst, heute, immer, jetzt, morgen, neulich, noch, seinerzeit, stets, wöchentlich, zeitlebens usw.
Modaladverb Beispiel: *Wir sind anders gefahren.*	bestimmt die Art und Weise einer Handlung	Wie? Wie sehr?	beinahe, blindlings, genug, gern, heftig, kaum, kopfüber, kurzerhand, sehr, sogar, sonst, teilweise, umsonst, vergebens, vielleicht usw.
Kausaladverb Beispiel: *Wir sind vorsichtshalber gefahren.*	bestimmt den Grund einer Handlung	Warum? Weshalb?	daher, darum, deshalb, deswegen, folglich, krankheitshalber, trotzdem, vorsichtshalber usw.

Obwohl die Bezeichnung „Adverb“ darauf hinweist, dass diese Wortart bei einem Verb steht, kann ein Adverb auch mit einem Adjektiv, mit einem anderen Adverb und mit einem Substantiv verbunden werden.
Ebenso kann ein Adverb im Satz unterschiedlich verwendet werden:

mit einem Verb:	Wir werden dort stehen.
mit einem Adjektiv:	Dies ist ein besonders schönes Exemplar.
mit einem Adverb:	Sehr bald wird es regnen.
mit einem Substantiv:	Das Haus dort gehört Herrn Tunc.
als adverbiale Bestimmung:	*Ich denke oft an die Zukunft.*
als Attribut:	*Das Auto dort fährt zu schnell.*

Neben den bisher erwähnten Adverbien gibt es außerdem **Frageadverbien** (Interrogativadverbien). Diese Adverbien sind Fragewörter, die nach den Umständen dessen fragen, was im Satz ausgeführt wird. Sie fragen also nach Ort, Zeit, Ursache, Zweck sowie Art und Weise (wo, wann, warum, wieso, weshalb, wie). Interrogativadverbien leiten ein:

- Fragesätze: *Wieso schreist du so? Wo wohnt sie?*
- Relativsätze: Ich versuche mich zu erinnern, *warum* sie das tat. Sie wusste, *wie* er reagieren würde.

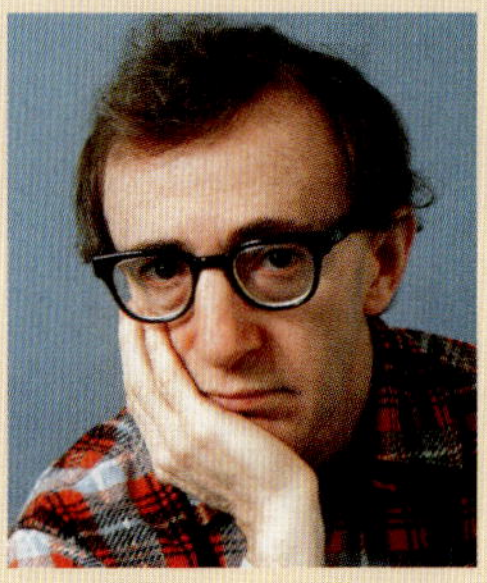

Woody Allen
(*1935 in New York): Komiker, Filmregisseur, Autor, Schauspieler und Jazzmusiker.

Relativsatz: siehe Seite 25

postum: nach jemandes Tod erschienen (z. B. ein Roman)

Das Folgende sind Auszüge aus Woody Allens bisher geheimen persönlichem Tagebuch, das postum oder nach seinem Tode veröffentlicht werden soll, je nachdem, was eher eintritt. […]
Überlegung: Warum tötet der Mensch? Er tötet, um zu essen. Und nicht bloß, um zu essen: Oft muss es auch was zu trinken sein. […]

Schon wieder habe ich versucht, Selbstmord zu begehen – diesmal, indem ich mir die Nase anfeuchtete und sie in die Steckdose steckte. Unglücklicherweise gab's einen Kurzschluss in der Leitung, und ich flog bloß gegen den Kühlschrank. Weiterhin von Todesgedanken gequält, grüble ich fortwährend nach. Ich frage mich beständig, ob es ein Leben nach dem Tode gibt, und wenn es eins gibt, werden sie in der Lage sein, einen Zwanziger zu wechseln? […]
Zweifel plagen mich. Was ist, wenn alles bloß Illusion ist und nichts existiert? In dem Fall habe ich entschieden zu viel für meinen Teppich bezahlt. Wenn Gott mir doch irgendein klares Zeichen geben würde! Wie zum Beispiel, bei einer Schweizer Bank eine großzügige Einzahlung auf meinen Namen zu machen. […]

(aus: Woody Allen: Ohne Leit kein Freud. Rowohlt Taschenbuch Verlag, Reinbek bei Hamburg, S. 9–11)

Aufgaben

1. a) Prüfen Sie im oben stehenden Text, welche Wörter Adverbien sind. Testen Sie also: Sind sie jeweils steigerungsfähig und können sie zwischen Artikel und Substantiv stehen?
   b) Schreiben Sie die Adverbien heraus.
2. Benennen Sie Textstellen, die verdeutlichen dass der obige Text nicht ernst gemeint ist.
3. a) Tragen Sie in Ihrer Klasse zusammen, warum manche Menschen Tagebücher schreiben.
   b) Schreiben Sie selbst einen Tagebucheintrag über Ihren gestrigen Tag. Verwenden Sie mindestens jeweils ein Lokal-, ein Temporal, ein Modal- und ein Kausaladverb.

2.5.10 Sinnverwandte Wörter und Wortfelder

Tipp
Schreibprogramme bieten mit der Funktion „Thesaurus" eine Möglichkeit, schnell ein Synonym zu finden. Außerdem bieten verschieden Internetseiten Sammlungen von Synonymen an.

Beispiel für ein Wortfeld:
sagen – andeuten, angeben, ausdrücken, aussprechen, äußern, behaupten, bekennen, bemerken, berichten, dazwischenrufen, dazwischenwerfen, entschlüpfen, erklären, erläutern, erteilen, erwähnen, erzählen, formulieren, geltend machen, gestehen, informieren, mitteilen, offenbaren, plappern, plaudern, quasseln, räsonieren, reden, schildern, schwatzen, schwätzen, sprechen, unterhalten, vermerken, versichern, vorbringen, zugeben.

Ein **Wort** ist eine Folge von Lauten und/oder Buchstaben. Es kann z. B. eine Sache, einen Sachverhalt, einen Vorgang ein Lebewesen oder etwas anderes bezeichnen. Beispielsweise verweist das deutsche Wort ‚Tisch', also die Folge der Buchstaben T-i-s-c-h, auf einen Gegenstand, der aus einer Platte besteht, die auf drei oder vier Beinen steht.

Wir können uns mit unterschiedlichen Menschen über einen Tisch unterhalten, obwohl jeder von uns bisher ganz unterschiedliche Tische gesehen hat. Unsere Vorstellung von einem Tisch ähnelt sich aber, so dass wir von etwas Gleichem sprechen. Diese gemeinsame Vorstellung von etwas macht Kommunikation erst möglich. Man nennt diese Vorstellung **Begriff.**

Obwohl sich die Wörter unterscheiden, kann ein Begriff auch über Sprachgrenzen hinweg derselbe sein. So besteht das englische Wort *‚table'* aus einer anderen Buchstaben- und Lautfolge als das deutsche Wort *‚Tisch'*. Es bezieht sich aber auf den gleichen Begriff und bezeichnet denselben Gegenstand (siehe hierzu auch Seite 11).

Auch innerhalb einer Sprache kann es vorkommen, dass zwei oder mehr Wörter sich auf denselben oder einen gleichen Begriff beziehen. So bezeichnen z. B. die Wörter *‚Kopf'* oder *‚Haupt'* denselben Körperteil des Menschen. Wenn es für einen Begriff mehrere Wörter gibt, dann nennt man die Wörter **Synonyme**. Das bedeutet, dass diese Wörter eine gleiche oder ähnliche Bedeutung haben.

Beispiel: *rennen, laufen, sprinten*
Auto, Karre, Wagen, Schlitten, Karosse

Die Gruppe der Synonyme eines Begriffes wird als **Wortfeld** bezeichnet. Ob Wörter zu einem gemeinsamen Wortfeld gehören, also ob sie Synonyme sind, kann man testen, indem man die Wörter füreinander in Sätze einsetzt. Wenn sich die Bedeutung der Sätze nicht wesentlich ändert, gehören die getesteten Wörter zu einem Wortfeld.

Beispiel: *Immer, wenn sie es besonders eilig hatte, sprang ihr Auto (ihre Karre, ihr Wagen, ihr Schlitten, ihre Karosse) nicht an.*
Dann lief (rannte, sprintete) sie, um den nächsten Bus noch zu bekommen.

Einen **guten Sprachstil** erkennt man unter anderem daran, dass Schreibende oder Sprechende passende Synonyme wählen. Häufig unterscheiden sich Synonyme im Detail, obwohl sie grundsätzlich eine gleiche Bedeutung besitzen. So kann durch die Wahl eines Synonyms z. B. eine Wertung ausgedrückt werden.

Beispiel: *Mund – Maul, Schnauze, Klappe, Fresse, Gosche*

Manche Synonyme passen nur zu einer bestimmten Stilebene.
Bei Kreditverhandlungen in einer Bank kann der Angestellte zum Beispiel sagen: *„Wir überweisen Ihnen das Geld."* Es würde jedoch unpassend erscheinen, wenn er sagen würde: *„Wir überweisen Ihnen die Piepen."*

In vielen Berufsrichtungen gibt es Fachsprachen, die in der Regel nur von den Fachleuten gesprochen werden. Diese nutzen eigene Synomyme.

Beispiel: *Medizin: Blutader – Vene*
Klempnerei: Wasseruhr – Wasserzähler

In den verschiedenen Regionen Deutschlands werden bei einigen Wörtern ebenfalls Synonyme verwendet.

Beispiel: *Brötchen – Weckle – Semmel – Schrippe – Rundstück*
Fleischerei – Fleischerladen – Fleischhauerei – Schlachterei – Schlächterei – Selcherei

Synonyme können auch gebraucht werden, um die Wirklichkeit zu verschleiern. Ein solches Synonym nennt man **Euphemismus**. Häufig werden Euphemismen in der Politik verwendet.

Beispiel: *Müllkippe – Entsorgungspark*
Angriff – Präventivschlag
sterben – dahinscheiden

Lieber Herr Zonski,

als langjährige Kunden Ihrer Firma waren wir bisher mit Ihrem Schaffen echt voll zufrieden. Bislang gab es für uns auch noch in keinem Augenblick einen Grund, eine Ihrer Verrichtungen zu bemäkeln. Umso mehr finden wir es blöd, dass Ihr letzter Pfusch in unserem Haus unsere Erwartungen nicht bewahrheiten konnte. Sie haben am 13. Dezember 20.. unsere Heizung heil gemacht und derweilen auch einen Heizkörper aufgemöbelt. Dieser Heizkörper lässt Wasser. Dieser Defekt ist nicht hinnehmbar.
Wir fordern Sie auf, diesen Schaden umgehend zu beheben.

Mit lieben Grüßen

Hinweis:
Ein Wort kann auch mehrere unterschiedliche Begriffe bezeichnen. Ist diese Wortgleichheit im Laufe der Sprachgeschichte zufällig entstanden, spricht man von **Homonymie**:
Beispiele:
- *der Ball* (Spielgerät)
- *der Ball* (Feier mit Tanz)
- *der Kiefer* (Teil des Schädels)
- *die Kiefer* (Nadelbaum)
- *das Tor* (breite Einfahrt)
- *der Tor* (Narr)

Zwei oder mehrere Wörter können auch gleich geschrieben, aber unterschiedlich ausgesprochen werden.
Beispiele:
- *modern* (fortschrittlich oder der neuesten Mode entsprechend)
- *modern* (verwesen)

Zwei oder mehrere Wörter können gleich gesprochen, aber unterschiedlich geschrieben. werden.
Beispiele:
- *Wende* (Umkehr)
- *Wände* (trennende vertikale Flächen, z. B. Mauern)

Euphemismus: Ausdruck, der etwas beschönigend, mildernd oder in verschleiernder Absicht benennt.
Siehe hierzu auch Seite 182.

Aufgaben

1. a) Sie erhalten von einer Kollegin den oben stehenden Text zur Überprüfung, bevor er verschickt wird. Schreiben Sie den Text neu und ersetzen Sie die Wörter, die Ihrer Meinung nach nicht in den Text passen, durch passende Synonyme.
   b) Vergleichen Sie in der Klasse Ihre Texte. Begründen Sie, warum Sie genau diese Wörter durch Synonyme ersetzt haben.
2. Schreiben Sie alle Wörter des Wortfeldes zu *‚gehen'* auf. Vergleichen Sie mit Ihren Mitschülern, wer die meisten Synonyme gefunden hat.

2.6 Rechtschreibung – gleiche Regeln für alle

Unter Rechtschreibung (oder Orthografie) versteht man die allgemein übliche Schreibung der Wörter einer Sprache. Eine davon abweichende Schreibung wird als Rechtschreibfehler bezeichnet.
Zur Rechtschreibung gehört auch die Zeichensetzung (Interpunktion). Unter Zeichensetzung versteht man

- das Setzen von Satzzeichen in Sätzen, um Satzstrukturen zu verdeutlichen, sowie
- das Setzen von Wortzeichen in Wörtern, um Wortstrukturen zu verdeutlichen.

Auch die Zeichensetzung folgt festgelegten Zeichensetzungsregeln (Interpunktionsregeln).

Satzzeichen: Sonderzeichen einer Schrift, die der Strukturierung und auch der Sinngebung des Satzbaus dienen. Beispiele sind Punkt (.), Komma (,), Semikolon (;), Doppelpunkt (:), Fragezeichen (?), Ausrufezeichen (!), Anführungszeichen („“).

Wortzeichen: Sonderzeichen, die innerhalb einzelner Wörter zum Einsatz kommen. Beispiele sind der Apostroph (’), der Bindestrich (-) oder der Trennstrich (-).

2.6.1 Schreibung der s-Laute: s, ss oder ß?

Eine sehr häufige Fehlerquelle in der Rechtschreibung stellt die Schreibung der s-Laute dar. Um hier Rechtschreibfehler zu vermeiden, muss man wissen, dass im Deutschen

- zwischen dem stimmhaften (*hier hört man ein Summen bei der Aussprache, z. B. Sonne*) und dem stimmlosen s-Laut (*hier hört man ein Zischen, z. B.: Moos*) unterschieden wird,
- ein Vokal kurz oder lang ausgesprochen wird.

Vokale (Selbstlaute): a, e, i, o, u, und die Umlaute ä, ö, ü

Konsonanten (Mitlaute) sind alle übrigen Laute: b, c, d, f, g usw.

Grundregeln:

- Ein stimmhaftes „s“ wird in der Wortmitte und am Wortanfang als s geschrieben. **Beispiele:** *Nase, Hase, reisen, Suppe, Sirup, Salz.*
- Ein stimmloses „s“ wird am Wortanfang vor *p* und *t* sowie vor einem Konsonanten als **s** geschrieben. **Beispiele:** *Spannung, Spinne, Durst, Wurst.*
- Ein stimmloses „s“ wird nach einem langen Vokal oder einem Doppelvokal (z. B. au, ei) als **ß** geschrieben. **Beispiele:** *Gruß, Maß, Fleiß, außer.*
- Ein stimmloses „s“ wird nach kurzem Vokal als **ss** geschrieben. **Beispiele:** *Fluss, hassen, essen.*
- Die Nachsilbe *-nis* wird immer mit **s** geschrieben, die Vor- und Nachsilbe *Miss-/-miss* hingegen immer mit **ss**. **Beispiele:** *Gleichnis, Missverständnis.*

Hinweis

Bei manchen Wörtern wechselt je nach Beugung und bei der Bildung neuer Wörter die Länge oder Kürze des Selbstlautes. Hier passt sich die Rechtschreibung dann an:

- *genießen,*
- *sie genoss,*
- *der Genuss.*

Hallo Nico!

Der Schiedsrichter lie■ vor dem Spiel die Seiten wählen, da■ führte dazu, da■ wir zuerst gegen den Wind spielen mu■ten. Da■ kostete uns viel Kraft, soda■ die Gegner bald das erste Tor scho■en. In der zweiten Halbzeit hatten wir ein bi■chen mehr Glück. Uns gelangen gute und weite Pä■e. Unser Linksau■en war au■erdem gut in Form, so da■ die Gegner wei■ und bla■ zu werden schienen. Bei uns folgte Schu■ auf Schu■ und Tor auf Tor. Mit gro■em Verdru■ verlie■ die gegnerische Elf zum Schlu■ den Ra■en. Da■ da■ da■ tollste Spiel war, da■ ich in der letzte Zeit erlebt habe, da■ kannst Du Dir denken.

Viele Grü■e, Emil

Hinweis

Ein Standardwerk für die richtige Rechtschreibung ist im Deutschen zum Beispiel der Duden.

Das oder *dass*?

das →	als Geschlechtswort (Artikel) wird mit einfachem s geschrieben: ***das** Haus, **das** Verständnis, **das** Schminken.*
das →	als hinweisendes Fürwort (Demonstrativpronomen) wird mit einfachem s geschrieben: *Kannst du **das** erklären? **Das** ist doch nicht möglich.*
das →	als bezügliches Fürwort (Relativpronomen) wird mit einfachem s geschrieben: *Ich habe das Buch gelesen, **das** du mir gegeben hast.*
dass →	als Bindewort (Konjunktion) wird mit ss geschrieben: Er versprach, ***dass*** er mit ins Kino kommt. ***Dass*** er mit ins Kino kommt, hat er versprochen.

Hinweis
Nur dann, wenn es sich um ein Bindewort (Konjunktion) handelt, wird ***dass*** mit Doppel-s geschrieben.

Woran erkennt man ein Bindewort?

Ein Bindewort leitet immer einen Nebensatz ein. Es werden zwei Fälle unterschieden:

1. Der dass-Satz ist von einem Verb abhängig:
   *Ich glaube, **dass**...; Ich sehe, **dass**...; Er weiß, **dass** wir siegen. **Dass** wir siegen, weiß er.*
2. Der dass-Satz steht für das Subjekt oder ein Objekt des Hauptsatzes:
   ***Dass** die Nationalmannschaft gewinnt (= Subjekt), war der Wunsch der Fans.*
   *Gibst du zu, **dass** du gelogen hast (= Objekt)?*

Wenn hingegen ein bezügliches Fürwort einen Nebensatz (Relativsatz) einleitet, wird ***‚das'*** verwendet. Dies ist immer dann der Fall, wenn der Nebensatz von einem Substantiv abhängig ist, das durch den Nebensatz näher beschrieben wird. Dies erkennt man daran, dass man das Wort **das** durch das Wort **welches** ersetzen kann.

*Das Buch liegt in dem **Regal**, das/welches du gebaut hast.*
*Das **Buch**, das/welches du neu gekauft hast, liegt im Regal.*

Hinweis
Ein Hauptsatz (HS) enthält in der Regel die Grundbausteine eines Satzes: Subjekt, Prädikat und Objekt (siehe Seite 20). Der Nebensatz ist eine Satzergänzung und erläutert einen Bestandteil des Hauptsatzes näher.

Achtung
Wenn ***dass*** einen Nebensatz einleitet, kann es nicht durch das Wort ***welches*** ausgetauscht werden! Wenn das Wort ***das*** einen Relativsatz einleitet, kann es durch das Wort ***welches*** ausgetauscht werden!

Wortkasten
Kommi■ar, Geheimni■, Gru■, Gan■, Ha■, Kriminali■t, Pa■, Pul■, Ma■, Prei■, hei■, Zeugni■, Bi■, Flo■, Globu■, Atla■, Mi■stand, Bu■, bi■chen, flie■t, mu■te, Genu■, so da■, Su■anne, Wie■e

Aufgaben

1. a) Notieren Sie die Wörter aus dem Wortkasten in richtiger Schreibweise.
   b) Ordnen Sie den Wörtern je nach der zu verwendenden Regel die Ziffern 1 bis 4 zu: stimmhaftes s (1), stimmloses s nach kurzem Vokal (2), stimmloses s nach langem Vokal (3), Ausnahme (4).
2. a) Schreiben Sie den Brief auf der linken Seite ab und setzten Sie die richtigen s-Laute ein.
   b) Unterstreichen Sie *das/dass* und begründen Sie die Schreibung mit *s* oder *ss*.
   c) Begründen Sie, welchen Satz man aufgrund der Häufung von *das/dass* stilistisch verbessern sollte und schreiben Sie eine bessere Version auf.

2.6.2 Das Komma – wichtige Regeln kurzgefasst

Das Komma ist ein Satzzeichen, das hilft, Sätze, Teilsätze und Satzgefüge zu strukturieren. Es erleichtert so das Lesen und kann sogar über den Sinn eines Satzes entscheiden.

Satzzeichen: siehe hierzu Seite 44

Satzgefüge: ein zusammengesetzter Satz, der aus mindestens einem Hauptsatz und einem oder mehreren Nebensätzen (auch Gliedsätze genannt) gebildet wird. Siehe hierzu auch Seite 24.

Haupt- und Nebensatz: siehe hierzu Seite 24

Hinweis
Gleichrangige Teilsätze können sein:
- Hauptsatz + Hauptsatz usw.,
- Nebensatz + Nebensatz usw.

❶ Aneinandergereihte Sätze und Satzgefüge

- Hauptsätze, die ohne Bindewort (Konjunktion) aneinandergereiht sind, werden durch ein Komma getrennt.
  Beispiel: *Du kannst schon vorgehen, wir kommen später nach!*
- Haupt- und Nebensatz werden immer durch ein Komma getrennt.
  Beispiel: *Wir sollten den Ausflug verschieben, weil es heute regnet.*
  Weil es heute regnet, sollten wir den Ausflug verschieben.
- Nebensätze verschiedenen Grades werden durch ein Komma getrennt.
  Beispiel: *Sie war nicht in der Lage, die Botschaft zu entschlüsseln, die Echnaton ihr übergab.*
- Eingeschobene Nebensätze werden durch Kommas abgetrennt.
  Beispiel: *Die Musik, die er gerne hörte, gefiel ihr nicht.*

  Achtung: Gleichrangige Teilsätze, die mit den Bindewörtern ***und*** oder ***oder*** verbunden sind, werden in der Regel nicht durch ein Komma getrennt. Es kann aber ein Komma gesetzt werden, um die Gliederung des Satzes hervorzuheben.

  Beispiel: *Carlo kam am frühen Morgen(,) und Martha ging am späten Abend.*
  Rita liebte es, am späten Nachmittag aufzustehen(,) und ins Kino zu gehen(,) oder einfach liegenzubleiben.

❷ Infinitivsätze

Der Infinitiv mit zu wird durch ein Komma vom Hauptsatz abgetrennt, wenn er

- durch ***um, ohne, (an)statt, außer*** oder ***als*** eingeleitet wird.
  Beispiel: *Diesen Zug solltest du erreichen, **um** pünktlich zu sein.*
  *Sprich ruhiger, **anstatt** zu schreien.*
- von einem Substantiv abhängig ist.
  Beispiel: *Es ist deine Aufgabe, das Zimmer aufzuräumen.*
- durch ein *hinweisendes* Wort angekündigt wird oder auf ihn rückverwiesen wird.
  Beispiel: *Denk daran, das Zimmer aufzuräumen.*
  Das Zimmer aufzuräumen, daran denke bitte.
- Sind mehrere Infinitive mit zu ohne Bindewort aneinandergereiht, werden sie durch Kommas voneinander getrennt.
  Beispiel: *Wir müssen darauf achten, Wasser zu sparen, die Heizung zu drosseln, die Computer auszuschalten.*

  Achtung: Es muss kein Komma gesetzt werden, wenn es sich um einen einfachen Infinitiv handelt. Das Komma kann gesetzt werden, um die Gliederung des Satzes deutlich zu machen.

einfacher Infinitiv: setzt sich nur aus dem Infinitiv des Verbs und „zu" zusammen: *zu laufen, zu kaufen, zu freuen*

Beispiel: *Denk daran(,) aufzuräumen.*
Es ist deine Aufgabe(,) aufzuräumen.
Seine Bedenken (,) zu versagen(,) waren unbegründet.

Hinweis zu (,)
Wenn das Komma in den Beispielsätzen in runden Klammern steht, dann bedeutet dies, dass es gesetzt werden kann, aber nicht gesetzt werden muss.

❸ Wortgruppe mit Partizip
Das Komma bei einer Wortgruppe mit Partizip ist freigestellt. Es kann gesetzt werden, um die Satzgliederung zu verdeutlichen.
Beispiel: *Sie aß(,) auf die Werbung starrend(,) noch einen Cheeseburger.*

Achtung: In den folgenden Fällen **muss** ein Komma gesetzt werden:

- Immer dann, wenn die Wortgruppe mit Partizip *angekündigt* oder *wieder aufgenommen* wird.
  Beispiel: *Genau auf diese Art, mit viel Käse belegt, mochte er Cheeseburger besonders gerne.*
  Dabei laut schreiend, so starrte er uns an.
- Immer dann, wenn die Wortgruppe einem *Substantiv* oder *Pronomen* (Fürwort) nachgestellt wird und als Zusatz oder Erläuterung verstanden werden soll.
  Beispiel: *Der Trainer, lauthals brüllend, trieb die Mannschaft an.*
  Sie, langsam kauend, aß den ganzen Cheeseburger auf.

Hinweis
Ein **Partizip** wird durch Anhängen eines „-d" an die Grundform eines Verbs gebildet. Durch das „-d" bekommt die Verbform (Tätigkeitswort) die Bedeutung eines Adjektivs (Eigenschaftswort). Das Partizip ist ein Mittelding zwischen Adjektiv und Verb.
Beispiel:
- Grundform: *lachen;*
- Partizip: *lachend.*
- Grundform: *weinen;*
- Partizip: *weinend.*

Weitere Information zu Partizipien finden Sie auf den Seiten 22 und 33.

❹ Aufzählungen
Gleichrangige Wörter oder Wortgruppen werden immer dann, wenn sie nicht durch Bindewörter verbunden sind, durch Kommas getrennt.
Beispiel: *Für ihn waren gebildet sein, schön sein, reich sein die Vorraussetzungen für Anerkennung.*
Ich kam, sah, siegte.
Sie ist ein hübsches, freundliches, intelligentes Mädchen.

❺ Zusätze und Nachträge
Einschübe und nachgestellte Erläuterungen werden durch Kommasetzung verdeutlicht.
Beispiel: *Julia, meine Freundin, brauchte dafür fast eine Stunde, wie immer.*
Die Stunde wird am Montag, dem 1. April, nachgeholt.

Aufgaben

1. Finden Sie zu den Regeln ❶ bis ❺ jeweils zwei weitere Beispielsätze und begründen Sie, warum in diesen Sätzen Kommas gesetzt werden müssen oder eben nicht.
2. Bilden Sie fünf Satzgefüge mit einem *Infinitiv mit zu* und begründen Sie, ob ein Komma gesetzt werden muss oder nicht.

❻ Bindewörter (Konjunktionen)

Beim Setzen von Kommas bei Bindewörtern muss man etwas aufpassen. Es gibt grundsätzlich:

- Bindewörter, die ohne Komma verwendet werden (also anstatt eines Kommas) und
- Bindewörter, die ein Komma benötigen.

In folgenden Fällen wird **kein Komma gesetzt**:

- Immer dann, wenn gleichrangige Wörter oder Wortgruppen durch die folgenden Bindewörter verbunden werden: ***und, oder, beziehungsweise, entweder – oder, nicht – noch, sowie, sowohl – als/wie auch, weder – noch, wie.***
  Beispiel: *Du musst dich **entweder** für uns **oder** gegen uns entscheiden.*
  *Ich kenne **weder** das eine **noch** das andere.*

- Immer dann, wenn durch die vergleichenden Bindewörter ***als*** oder ***wie*** nur Wörter oder Wortgruppen verbunden werden.
  Beispiel: *Ich bin besser **als** du.*
  *Die Bücher verkaufen sich **wie** warme Semmeln.*

In folgenden Fällen **muss ein Komma gesetzt werden**:

- Bei Bindewörtern zwischen gleichrangigen Wörtern und Wortgruppen, die einen Gegensatz oder eine Bekräftigung ausdrücken, wie z. B.: *aber, jedoch/doch, nicht, sondern, vielmehr.*
  Beispiel: *Heute habe ich keine Zeit, aber morgen.*
  Ihr Vater ist nicht so streng, vielmehr sehr besorgt.
  Amir kam zu spät, nicht Paula.

- Bei bestimmten **Kombinationen aus Bindewörtern** wie z. B.: *nicht ..., sondern; je ..., desto; zum einen ..., zum anderen; teils ..., teils; einerseits ..., andererseits; ob ..., ob; zwar ..., aber; halb ..., halb.*
  Beispiel: *Nicht nur Glück, sondern auch Können ist gefragt.*
  Das Auto ist zwar schön, aber auch sehr teuer.

Hinweis
Leiten die vergleichenden Bindewörter ***als*** oder ***wie*** einen Nebensatz ein, muss ein Komma gesetzt werden (siehe Seite 46).
Beispiel: *Ich bin besser, als du denkst.*

❼ Anreden und Ausrufe

- Die Anrede wird vom übrigen Satz durch ein Komma abgetrennt.
  Beispiel: *Luisa, lass den Quatsch!*
  Diese Aussage, meine Liebe, bestätige ich niemals.

  In Briefen wird die Anrede durch ein Komma abgetrennt.
  Beispiel: *Sehr geehrte Damen und Herren,*
  mit diesem Schreiben erhalten Sie ...

- Hervorgehobene Ausrufe und Bekräftigungen werden durch ein Komma abgetrennt.
  Beispiel: *Igitt, wie eklig!*
  Ach, Frau Rauper-Wumme ist pünktlich!
  Nein, ich komme nicht!

Hinweis
Sollen Ausrufe und Bekräftigungen nicht hervorgehoben werden, entfällt das Komma.
Beispiel: *Igitt wie eklig!*
Nein ich komme nicht!

Gleiches gilt für das Wort *bitte:* Nur dann, wenn es besonders hervorgehoben werden soll, steht es mit Komma.
Beispiel: *Bitte(,) melden Sie sich umgehend schriftlich.*

8 Datums-, Wohnungs- und Literaturangaben
Bestehen Datums- und Zeitangaben, Wohnungsangaben oder Literaturangaben aus mehreren Teilen, werden sie durch Kommas gegliedert. Das Komma vor der Weiterführung des eigentlichen Satzes ist freigestellt.
Beispiel: *Die Klassensprecherwahl findet am Montag, den 3. April, um 9:00 Uhr (,) im Klassenraum statt.*
Herr Brom aus Hamburg, Reeperbahn 20(,) kommt morgen.
Er zitierte genüsslich aus Bukowski, Band 2, Seite 34.

9 Komma bei direkter (wörtlicher) Rede
Folgt nach dem Satz in Anführungszeichen der Begleitsatz oder ein Teil von ihm, so wird nach den abschließenden Anführungszeichen ein Komma gesetzt.
Beispiel: *„Iss schön auf, du Schnösel!", befahl Rolf Hardinger.*
Sascha rief: „Warum sollte ich?", und schaute wütend auf.
„Ich würg mir das nicht rein", dachte er.

Ist der Begleitsatz in den Satz mit der wörtlichen Rede eingeschoben, so wird er von zwei Kommas eingeschlossen.
Beispiel: *„Ich esse das Zeug nicht", maulte Sascha, „egal womit Sie drohen!".*

einfacher Infinitiv: setzt sich nur aus dem Infinitiv des Verbs und „zu" zusammen: *zu laufen, zu kaufen, zu freuen*

Wie verändert sich der Sinn durch das Komma?
Beispiel 1: *Julia, meine Freundin und Amir kommen mit ins Kino.*
Julia, meine Freundin, und Amir kommen mit ins Kino.
Beispiel 2: Richterspruch aus dem Mittelalter:
„Begnadigen, nicht köpfen!"
„Begnadigen nicht, köpfen!"

Dumm gelaufen!
Robert empfand den Aufprall als stumpfen Schlag kümmerte sich aber nicht um den Schmerz. Er war ein cooler Typ und es waren einfach zu viele Leute da die sein Missgeschick wahrgenommen hatten. Er tat so als wäre nichts geschehen. „Verdammter Laternenpfahl" fluchte er als er weiterging. Er hatte sich zu früh umgedreht frech gepfiffen mit den Augen gezwinkert obwohl er wusste dass sein Verhalten oft missbilligt wurde. Nein und jetzt das! „Eine dicke fette Beule wird das werden wahrscheinlich richtig schön blau" dachte er.

Aufgaben

1. Finden Sie zu den Regeln 6 bis 9 jeweils zwei weitere Beispielsätze und begründen Sie, warum in diesen Sätzen Kommas gesetzt werden müssen oder eben nicht.
2. Lesen Sie die Beispiele 1 und 2 im oberen Textkasten durch und erläutern Sie, wie sich der Sinn der Sätze durch das jeweilige Komma ändert.
3. Versuchen Sie, alle fehlenden Kommas im Text „Dumm gelaufen!" zu setzen und begründen Sie Ihre Entscheidung.

2.6.3 Die Schreibung der Straßennamen

Straßennamen bestehen aus einem Grundwort und mindestens einem Bestimmungswort. **Grundwörter** machen erkennbar, dass es sich um einen Straßennamen handelt.

Beispiel: *-allee, -anger, -brücke, -chaussee, -damm, -feld, -friedhof, -garten, -gasse, -graben, -kirchhof, -landstraße, -markt, -platz, -promenade, -ring, -steg, -straße, -tor, -ufer, -weg usw.*

Bestimmungswörter geben den Grundwörtern einen Namen:

Beispiel: *Goethe-, Neu-, Freiherr-vom-Stein-, Berliner, Lange usw.*

Regeln:

1. Straßennamen werden zusammengeschrieben bei ungebeugtem Bestimmungswort:
   Beispiel: *Altmarkt, Hochsteg, Langgraben, Steilstraße, Brunnenanger, Kästnergasse, Martinsplatz, Orchideendamm, Sternwartengasse*

2. Bei gebeugtem Bestimmungswort werden Straßennamen getrennt geschrieben:
   Beispiel: *Hamburger Straße, Neue Gasse, Alter Markt*

   Ergänzung: Tritt vor einen Straßennamen wie unter 1 ein gebeugtes Adjektiv, so wird ebenso getrennt geschrieben:
   Beispiel: *Lange Altstraße, Alter Neumarkt, Großer Martinsplatz*

3. Alle Teile von Straßennamen werden groß geschrieben, außer *Artikel*:
   Beispiel: *Unter den Linden, Auf dem Langen Damm, Am Bahnhof*

4. Bei zwei Substantiven als Bestimmungswörtern, z. B. Vorname – Familienname oder Titel – Familienname, werden die Teile von Straßennamen durch Bindestrich verbunden:
   Beispiel: *Dietrich-von-Bern-Ring, Friedrich-Schiller-Platz*

   Ergänzung: Die Präpositionen als Teil von Namen (z. B. von, vom, zu) werden, wie im Namen selbst, klein geschrieben:
   Beispiel: *Freiherr-vom-Stein-Straße, Johann-Wolfgang-von-Goethe-Weg*

Hinweis
Beim Schreiben von Bewerbungen (siehe auch Seite 293) kommt es immer wieder zur Falschschreibung von Straßennamen. Da aber auch diese Details Auswirkungen auf den Erfolg von Bewerbungen haben können, ist es wichtig die Regeln zu kennen.

Richtig oder falsch geschrieben?
Goldammerweg, Pastor Niemöllerstraße, Lübeckerstraße, Neu Markt, Neue Maastrichter Straße, An-der-Alten-Post, Am Bahn Damm, Große Ralf Twiete, Schumann Straße, Kölnstraße, Auf Der Heide, Zur Alten Festung, Kurzer Weg

Wörterkasten
Allee Berg Busch Feld Garten Gasse Hof Park Platz Ring Straße Tor Wall Weg Goethe Hamburg Kastanie Kolumbus Konrad Adenauer Mozart Nelken Schiller Stein Wilhelm Busch am an den grün klein groß zum zur

2.6.4 Der Apostroph – Auslassungen in Wörtern kennzeichnen

Das Auslassungszeichen (oder auch der Apostroph) gehört zu den Wortzeichen und kennzeichnet in der deutschen Sprache Auslassungen in Wörtern.

Wortzeichen:
siehe Seite 44

Regeln:
Der Apostroph wird verwendet

❶ bei Auslassungen, wenn die verkürzten Wörter sonst schwer lesbar oder missverständlich wären. Meistens ist dies in Gedichten der Fall oder wenn gesprochene Sprache ins Schriftliche übertragen wird.
Beispiel: *Dass sie es wage, daran zweifl' ich nicht. – … daran zweifle ich nicht.*
Wie ist's dir ergangen? – Wie ist es dir ergangen?
Hast du mal 'nen Euro? – Hast du mal einen Euro?

❷ bei Auslassungen im Wortinneren.
Beispiel: *Ku'damm – Kurfürstendamm; D'dorf – Düsseldorf, Z'fassung – Zusammenfassung*

❸ zur Kennzeichnung des Genitivs von Namen, die im Nominativ mit *-s, -ss, -ß, -tz, -z* oder *-x* enden und keinen Artikel, besitzanzeigendes Fürwort oder Ähnliches bei sich haben.
Beispiel: *Cornelius' Schwester (aber: die Schwester des Cornelius), Ringelnatz' Gedichte (aber: die Gedichte von Ringelnatz)*

❹ zur Verdeutlichung der Grundform eines Personennamens.
Beispiel: *Grimm'sche Märchen; Wumme'sches Prinzip; Andrea's Freundin (= die Freundin von Andrea, nicht von Andreas)*

Aber:
Ein Apostroph wird **nicht** verwendet bei

❺ Verbindungen zwischen Präposition und bestimmtem Artikel.
Beispiel: *ins (in das) Kino gehen, ans (an das) Meer fahren, vom (von dem) Pferd fallen*

❻ bei Pluralformen (Mehrzahl) auf s. (Das gilt auch für Abkürzungen.)
Beispiel: *Kinos, Machos, Bambinos, Jeans, PCs, Videos, CDs, samstags, Handys, Omas, Snacks*

❼ Genitivformen auf s.
Beispiel: *Mandys Schuhe, Sachsens Gärten, Großvaters Bücher, Omas Rezepte, Osnabrücks größtes Fitnessstudio*

Aufgaben

1. Die Straßennamen im oberen Kasten auf der linken Seite sind teilweise falsch geschrieben. Notieren Sie die falsch geschriebenen Straßennamen in der richtigen Schreibweise und begründen Sie Ihre Entscheidung.
2. Erfinden Sie mit den Wörtern des Wörterkastens möglichst viele neue Straßennamen. Sie können dabei zur Erleichterung der Aussprache ein „n" oder ein „s" einfügen.
3. Betrachten Sie die Webeanzeigen rechts. Erklären Sie, was hier nicht stimmt.

2.6.5 Die Groß- und Kleinschreibung

Besonders in Geschäftsbriefen und geschäftlichen E-Mails ist es wichtig, keine rechtschreiblichen Fehler zu machen. Häufig verliert man bei einer schlechten Rechtschreibung an Ansehen und Respekt bei Geschäftspartnern.

Die Rechtschreibung der deutschen Sprache ist im Vergleich zu vielen anderen Sprachen kompliziert. Ein Problem scheint die Frage zu sein: Wann schreibe ich ein Wort groß und wann klein? Doch das ist gar nicht so schwer.

Die meisten Wörter werden kleingeschrieben. Für die Großschreibung müssen folgende Regeln beachtet werden:

❶ Jeder Satzanfang wird großgeschrieben.
Beispiel: *Der Mann ist alt, die Frau scheint jung zu sein.*

❷ Folgt nach einem Doppelpunkt ein vollständiger Satz, wird sein erstes Wort großgeschrieben.
Beispiel: *Vergiss nicht: Zuerst musst du die Kupplung treten und erst danach den Gang einlegen.*

❸ Das erste Wort einer Überschrift oder eines Film- oder Buchtitels wird großgeschrieben.
Beispiel: *Die Tribute von Panem*

❹ Das erste Wort eines Straßennamens wird großgeschrieben.
Beispiel: *Unter den Linden, Zur alten Mühle, Große Friedhofsgasse*

❺ Alle Namen werden großgeschrieben.
Beispiel: *Paula Schröder, Frau Suwlakis, Deutsches Theater, Volksparkstadion*

❻ Die Höflichkeitsanrede „Sie" und das dazugehörige Possessivpronomen (besitzanzeigende Fürwort) „Ihr" werden großgeschrieben. Die vertrauliche Anrede „du“ und „ihr“ und die dazugehörigen „dein“ und „euer“ können groß- und kleingeschrieben werden.
Beispiel: *Sehr geehrte Frau Wilke, Sie wissen, dass Sie Ihr Auto nicht auf meinem Parkplatz parken dürfen.*

❼ Alle Substantive werden großgeschrieben (siehe auch Seite 28). Substantive erkennt man daran, dass vor ihnen bestimmte *(der, die, das, den, dem, des)* oder unbestimmte *(ein, eine, einen, einem, eines, einer)* Artikel stehen können.
Beispiel: *der Apfel, die Sonne, das Leben, sie hörte den Motor, er ist dem Wahnsinn nah, die Harke des Gärtners, ein Mensch, eine Herausforderung, ein Mädchen, einen Baum fällen, einem Kranken helfen, die Beute eines Diebes, der Eingang einer Bar.*

stahlrohr 4.0-metallbau
herr terence okumafi
lübecker straße 39
12345 großzootzen

ihr zeichen: to
ihre nachricht vom: 13.12.20 . .
unser zeichen: bh
bearbeiter: björn hartmann
telefon/fax: 0123 5678-0/-22
web: www.kramland.de
e-mail: info@kramland.de
datum: 18.12.20 . .

angebot
ihr schreiben/ihre anfrage vom 13.12.20 . .

sehr geehrter herr okumafi,

vielen dank für ihre anfrage. sie interessieren sich für einen stanzautomaten der neuesten generation?
dann sind sie bei uns genau richtig. zum jahresende haben wir für unsere kunden zwei besonders preiswerte maschinen im angebot:

bezeichnung	leistung (presskraft)	Preis
stanzking 5000	200t (servoantrieb)	110.246,00 eur
stanzking 5010	presskraft 400t	150.550,00 eur

für die installation in ihrer firma berechnen wir eine pauschale von 3420,– euro pro maschine.
unsere preise verstehen sich exklusive der mehrwertsteuer von 19 %. die auslieferung erfolgt frei haus. die kosten für die verpackung tragen wir.
in der regel liefern wir innerhalb deutschlands in maximal 16 wochen an den von ihnen gewünschten ort.
bei einer zahlung innerhalb von 14 tagen ab rechnungslegung gewähren wir ihnen 3 % skonto.

wir haben allerdings noch weitere interessante angebote für sie. schauen sie einfach in unseren online-katalog. hier erwarten sie weitere maschinen verschiedener preisklassen, zubehör und genaue technische details.
unsere mitarbeiter_innen beraten sie gern – auch vor ort. rufen sie einfach an von montags bis freitags zwischen 7.00 und 20.00 uhr unter der telefonnummer 030 1234-56.
wir hoffen, dass sie sich für unsere produkte entscheiden, und freuen uns auf ihren auftrag.
sie werden ihre entscheidung für uns als ihren zuverlässigen partner nicht bereuen.

mit freundlichen grüßen

björn hartmann
verkauf

anlagen
preisliste

Aufgaben

1. In dem Geschäftsbrief wurde auf die Großschreibung verzichtet. Schreiben Sie den Brief mit korrekter Großschreibung auf.
2. Schreiben Sie als Antwort auf den Brief eine korrekte Bestellung einer Maschine in Form eines Geschäftsbriefes nach DIN 5008 (siehe hierzu Seite 136).

Anschauen – Aneignen – Anwenden

Wo kann ich das Gelernte im Alltag, in der Ausbildung und im Beruf anwenden? Die folgende Mindmap gibt Ihnen erste Anhaltspunkte.

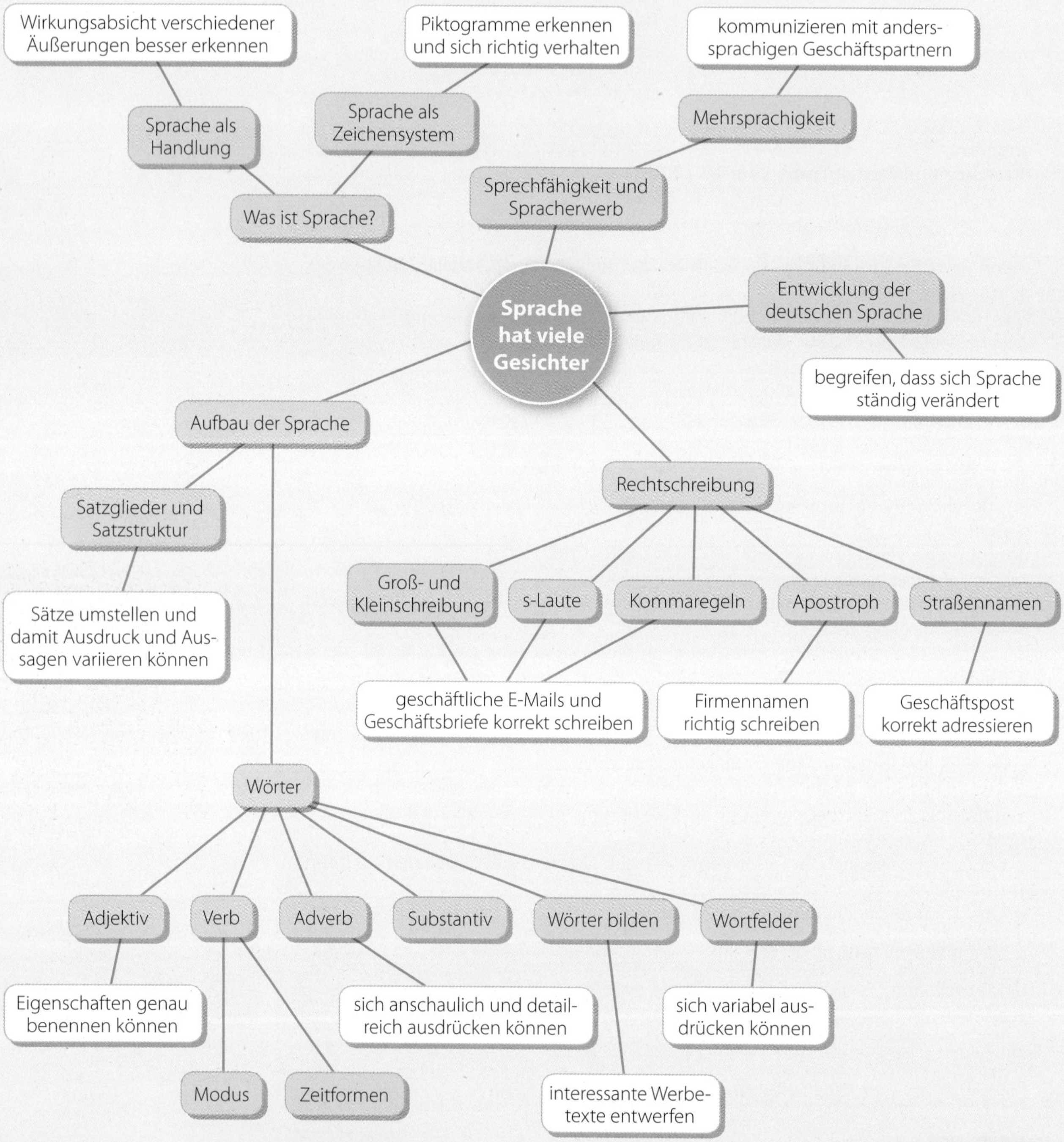

Aufgabe

Finden Sie weitere Anlässe (weiße Endpunkte der Verzweigung), um das Gelernte (farbige Verzweigungspunkte) anzuwenden.

KOMMUNIKATION IM PRIVATEN UND BERUFLICHEN ALLTAG

3

3.1 Was ist Kommunikation?

Sich mitzuteilen, Erfahrungen, Eindrücke und Gefühle auszutauschen ist ein menschliches Grundbedürfnis.
Solch ein Austausch von Informationen kann auf ganz unterschiedliche Art und Weise erfolgen und wird ganz allgemein als **Kommunikation** bezeichnet.
Das Wort **Kommunikation** lässt sich am einfachsten mit **Austausch, Verständigung** oder **Wissensvermittlung** übersetzen.

3.1.1 In unterschiedlichen Situationen kommunizieren

Die folgenden Bilder zeigen ganz unterschiedliche Situationen, in denen kommuniziert wird.

Kommunikationssituationen meistern

Die menschliche Kommunikation ist ein viel komplexerer Vorgang, als es auf den ersten Blick erscheint. Ob sie gelingt, ist von einer ganzen Reihe von Faktoren abhängig. Dabei kommt es im Wesentlichen immer darauf an,

- wer mit wem spricht (Kommunikationspartner),
- in welcher Situation miteinander gesprochen wird (Kommunikationssituation) und
- auf welche Art miteinander gesprochen wird (Kommunikationskompetenz).

Kompetenz: Fähigkeit, Fertigkeit

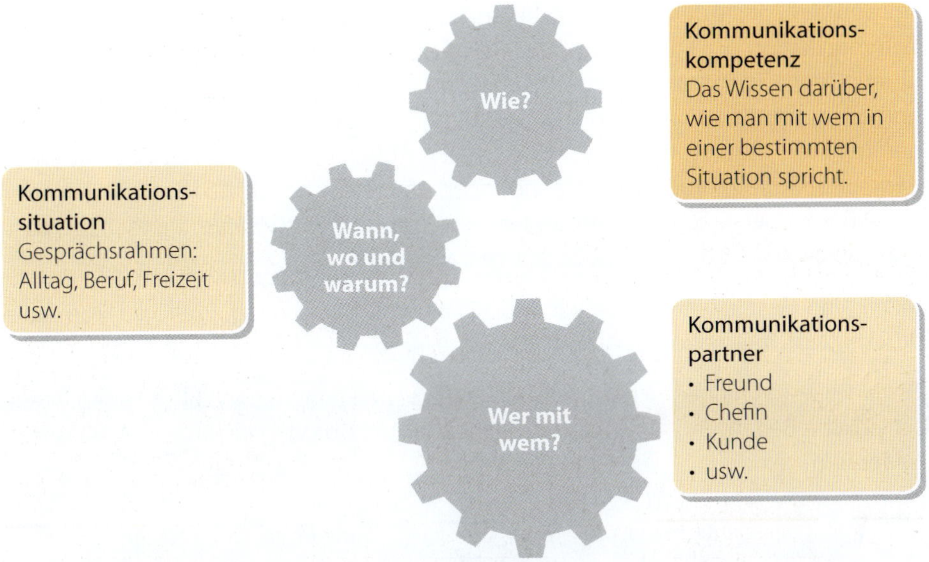

So spricht man mit einer Freundin oder einem Freund ganz anders, je nachdem, ob man sich nur unterhält oder einen Streit beheben will. Auch im Gespräch mit einem Vorgesetzten, zum Beispiel dem Meister, wählt man eine andere Form für ein Gespräch. Ebenso verhält man sich in verschiedenen Situationen unterschiedlich, je nachdem, ob man eine Person auf der Straße nach dem Weg fragt oder aber ein Verkaufsgespräch mit einem Kunden führt.

Aufgaben

1. a) Überlegen Sie, worin sich die in den Bildern dargestellten Situationen gleichen.
   b) Stellen Sie fest, welche Unterschiede zwischen den einzelnen Kommunikationssituationen bestehen.
   c) Beschreiben Sie, wie in der jeweiligen Situation angemessen gesprochen werden sollte.
2. Nennen und notieren Sie weitere typische Kommunikationssituationen, die Ihnen aus Ihrem beruflichen oder privaten Alltag vertraut sind.

3.1.2 Formen der Kommunikation

Grundsätzlich lassen sich zwei Arten von Kommunikation unterscheiden, über die Menschen etwas von sich mitteilen:

- die **verbale** (sprachliche) Kommunikation.
- die **nonverbale** (nichtsprachliche) Kommunikation (Körpersprache).

Mimik: bezeichnet die sichtbaren Bewegungen der Gesichtsoberfläche

Gestik: kommunikative Bewegungen insbesondere der Arme, Hände und des Kopfs

Hinweis
Weitere Informationen zur Körpersprache finden Sie auf Seite 304.

Nonverbale Kommunikation

Nonverbale Signale der Körpersprache sind ein wichtiger Bestandteil der menschlichen Kommunikation. Sie können für sich alleine stehen oder die verbale Kommunikation unterstützen. Zu ihr zählen Mimik, Gestik und Körperhaltung. Aber auch Blickkontakt und ebenso Artikulation, Betonung, Lautstärke, Sprechtempo sowie Lachen oder Stöhnen gehören dazu. Nonverbale Signale geben Aufschluss über Gemütsbewegungen, denn unser Körper drückt alle Empfindungen und Wünsche aus, ob wir es wollen oder nicht. Die Körpersprache ergänzt und unterstützt meist das Gesagte. Man schätzt, dass mehr als 65 % der Kommunikation nonverbal erfolgt.

Mimik und Gestik, die Gefühle wie Glück, Furcht, Überraschung, Ekel oder Zorn ausdrücken, sind international und kulturübergreifend.

Einzelne Gesten hingegen haben oftmals in anderen Ländern und Kulturkreisen unterschiedliche Bedeutung. Dies zu wissen, kann im Urlaub oder auf einer Geschäftsreise bedeutsam sein.

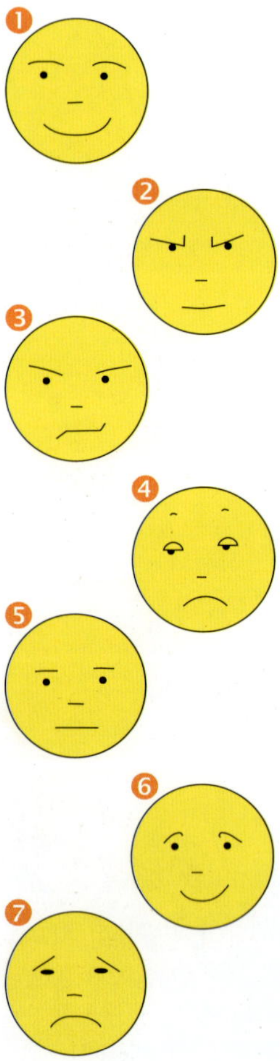

	**Deutschland:** „Zugehörigkeit zur Metal- bzw. Rockmusikszene"	**Texas:** „Hi (= hallo)"	**Südeuropa:** „Deine Frau geht fremd."	**Nepal:** „Ich geh pinkeln." (Hand nach unten gehalten)
	**Europa:** „Alles prima!"	**Europa:** „Ich möchte mitfahren."	**Australien:** „Verpiss dich!"	**Japan:** „fünf"
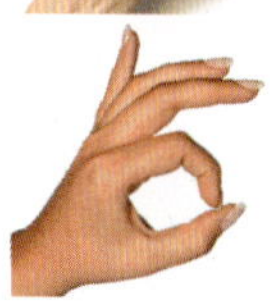	**USA, Nordeuropa:** „okay, gut"	**Italien:** „Arschloch"	**Japan:** „Geld"	**Südamerika:** „perfekt"

Oft wird behauptet, für den ersten Eindruck gäbe es keine zweite Chance. Über diesen ersten Eindruck entscheidet überwiegend die Körpersprache. Ein Handschlag kann Auskunft über Selbstvertrauen, Stärke und Dynamik geben. Auch Augen, Hände, Arme, das Fingerspiel oder der Mund sagen etwas über uns aus. Ebenso die Beinstellung im Stand oder im Sitzen, aber auch der Gang eines Menschen ist Ausdruck von Charakter und Gefühlen. Diese Sprache zu deuten, kann in vielen beruflichen und privaten Situationen hilfreich sein. (Siehe hierzu auch Kapitel 10.5 auf Seite 304.)

Verbale Kommunikation

Die verbale Kommunikation ist die sprachgebundene Kommunikation. Sie erfolgt über Worte, Zeichen oder sonstige Informationsträger.

Sprachliche Kommunikation kann sowohl in mündlicher wie auch in schriftlicher Form erfolgen. In alltäglichen und beruflichen Situationen bedienen wir uns der Sprache, um auf effektive Weise Informationen auszutauschen. In der Regel streben wir eine erfolgreiche Kommunikation an. Sie erleichtert die Zusammenarbeit im Betrieb, den Umgang beispielsweise mit Kunden oder Patienten sowie das Herstellen und Gestalten persönlicher Beziehungen.

Die Formen der verbalen Kommunikation können der mündlichen oder schriftlichen Kommunikation zugeordnet werden.

mündliche Kommunikation	schriftliche Kommunikation
Vorstellungsgespräch	Geschäftsbrief
Telefonat	Kundenangebot
Konfliktgespräch	Hausmitteilung
Vortrag/Präsentation	E-Mail
Verkaufsgespräch	Bewerbungsschreiben
Unterhaltung	Anzeige
Verhandlung	Brief
Mitarbeiterbesprechung	Notiz
usw.	usw.

Aufgaben

1. Machen Sie den Test. Ordnen Sie den Gesichtsausdrücken auf den Bildern ❶ bis ❼ möglichst treffende Adjektive (Eigenschaftswörter, siehe Seite 38 und 119) zu. Vergleichen Sie die Ergebnisse in der Klasse.
2. Beurteilen Sie: Worum könnte es in dieser Kommunikationssituation auf dem Foto rechts gehen?
   a) Deuten Sie die Körpersprache und notieren Sie das Thema.
   b) Entwerfen Sie auf der Grundlage Ihrer Annahme einen kurzen Dialog.
   c) Lesen oder spielen Sie Ihr Ergebnis der Klasse vor.
3. Ordnen Sie die Beispiele schriftlicher Kommunikation in der Tabelle den Bereichen alltägliche und berufliche Kommunikation zu.
4. Die Handgesten sind nur Beispiele. Tragen Sie in Ihrer Klasse weitere, Ihnen geläufige zusammen und erläutern Sie deren Bedeutung. Recherchieren Sie hierzu gegebenenfalls auch im Internet

3.1.3 Wie funktioniert Kommunikation?

In der zwischenmenschlichen Kommunikation ausgesendete und empfangene Informationen sind Einheiten, die als „Nachricht" verstanden werden. Es gibt immer mindestens zwei Teilnehmer am **Kommunikationsprozess:** Einen „Sender" und einen „Empfänger". Der Sender übermittelt durch sprachliche und nichtsprachliche Signale eine Nachricht. Der Empfänger empfängt diese Nachricht, indem er zuhört und gegebenenfalls auch zusieht.

In der Realität ist der Kommunikationsprozess jedoch wesentlich komplexer, denn er wird durch eine Vielzahl von Faktoren beeinflusst, die darüber entscheiden, ob die Kommunikation gelingt oder nicht.

Friedemann Schulz von Thun (*1944): deutscher Psychologe und Kommunikationswissenschaftler. Bekannt wurde er durch das Buch *Miteinander reden*. Als Professor der Psychologie an der Universität Hamburg erforschte er die Psychologie der zwischenmenschlichen Kommunikation.

Durch Faktoren wie zum Beispiel Lärm, Sprach- und Sprechbarrieren, Zeitdruck oder unterschiedlichen Wissensstand können Missverständnisse auftreten. Sie können aber auch dann entstehen, wenn eine Nachricht anders gemeint ist, als sie verstanden wird.

Mit seinem **Vier-Seiten-Modell** versucht der Wissenschaftler Friedemann Schulz von Thun zu klären, warum Kommunikation eigentlich nie eindeutig ist.

Er geht davon aus, dass jede Äußerung – ob gewollt oder nicht – vier Botschaften zugleich enthält:

- die **Sachinformation:** Worüber ich informiere.
- die **Selbstkundgabe:** Was ich von mir zu erkennen gebe.
- den **Beziehungshinweis:** Was ich von jemandem halte und wie ich zu ihm stehe.
- einen **Appell:** Was ich erreichen möchte.

Vier-Seiten-Modell: Ein von Friedemann Schulz von Thun entwickeltes Kommunikationsmodell. Es ist eines von vielen Modellen, die beabsichtigen, den in der Realität sehr komplexen Vorgang der Kommunikation einfach darzustellen.

Ein Beispiel:
Wenn der Meister zur Auszubildenden sagt: „Dein Ausbildungsheft ist mangelhaft.“, kann dies ganz Unterschiedliches bedeuten:
- Der Meister informiert die Auszubildende. (Sachinformation)
- Der Meister möchte ausdrücken, dass er sich ärgert oder sorgt. (Selbstkundgabe)
- Der Meister mag die Auszubildende nicht und nörgelt an ihr herum. (Beziehungshinweis)
- Der Meister fordert die Auszubildende auf, ihr Heft ordentlich zu führen. (Appell)

Welche dieser Botschaften der Meister mit seiner Nachricht aussenden wollte und welche Botschaft die Auszubildende versteht, ergibt sich neben den bereits aufgeführten Faktoren auch aus
- der aktuellen Situation,
- dem Gesamtzusammenhang (Vorerfahrung, Beziehung: Meister-Lehrling usw.),
- der begleitenden Mimik, Gestik und Körperhaltung.

Als erfolgreich gilt die Kommunikation, wenn Gesagtes und Verstandenes übereinstimmen. Um dies zu überprüfen, empfiehlt es sich, sich zu vergewissern. Am effektivsten ist es, eine Rückfrage zu stellen, z. B.:
- Meinen/glauben Sie, ich sei unordentlich?
- Wenn ich Sie richtig verstanden habe, sollte ich ordentlicher schreiben?

Wollen Sie telefonisch geweckt werden?

Brauchen Sie einen Arzt?

Gönnen Sie sich erstmal eine Pause.

Na, haben Sie ausgeschlafen?

Sie arbeiten aber sehr entspannt.

Aufgabe

1. a) Überprüfen Sie, welche unterschiedlichen Aussagen die Äußerungen rechts in den Sprechblasen nach dem Vier-Seiten-Modell bereithalten.
   b) Finden Sie heraus, inwieweit sich durch den Einsatz von Mimik, Gestik und Stimmeinsatz die Aussagen verändern können.

3.1.4 Verstand und Gefühle – das Eisbergmodell

Auf den vorhergehenden Seiten haben Sie erfahren, dass Kommunikation ein komplexer Prozess ist:

- Man sollte in Gesprächen nicht nur auf verbale und nonverbale Kommunikation achten (siehe Seite 58), sondern auch wissen, dass
- das, was jemand sagt, immer mehrere Botschaften gleichzeitig enthält.

Verbale und nonverbale Kommunikation hängen eng zusammen und können einen entscheidenden Einfluss darauf haben, wie eine Botschaft verstanden wird.

Hierfür ist es wichtig zu wissen, dass ein Gespräch immer auf zwei Ebenen abläuft:

- auf der Sachebene und
- auf der Gefühls- oder Beziehungsebene.

Wie so etwas funktioniert, lässt sich gut anhand des sogenannten Eisbergmodells zeigen. Es besagt, dass die Kommunikation des Menschen wie ein Eisberg aufgebaut ist.

Eisberg

oberhalb des Wassers ungefähr 20 %

unterhalb des Wassers ungefähr 80 %

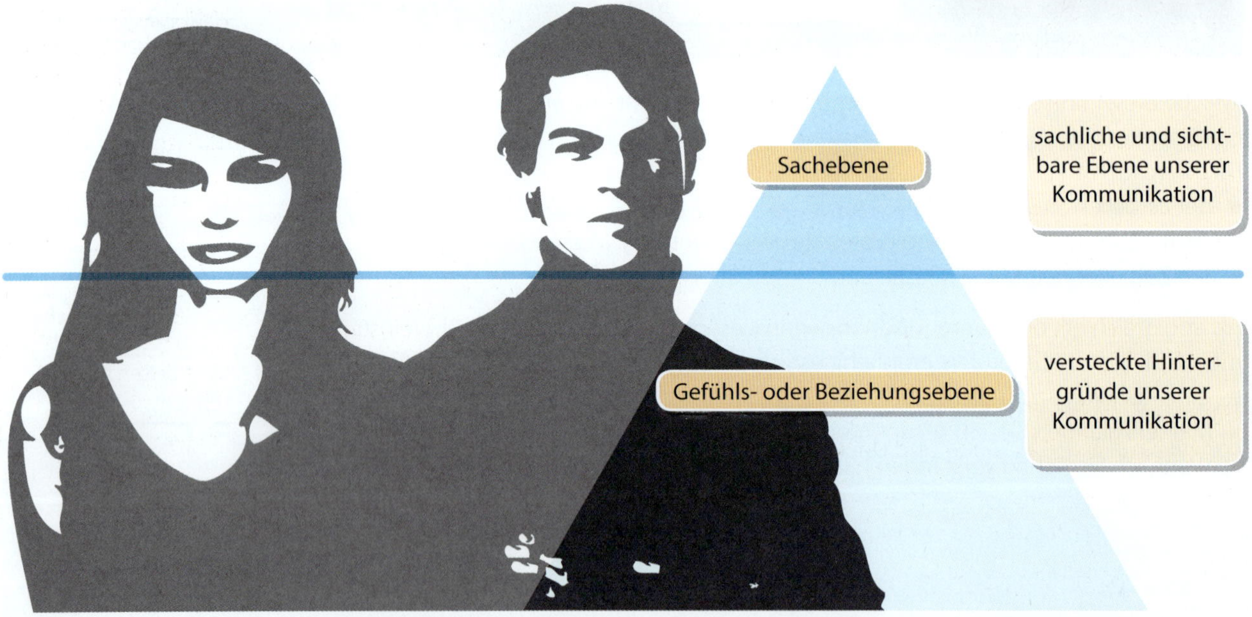

Das Eisbergmodell geht davon aus, dass nur ein kleiner Teil unserer Kommunikation sichtbar ist – die Spitze des Eisbergs. Hier werden für alle offen sichtbar und auf sachliche Weise zum Beispiel Themen besprochen, Forderungen gestellt, Vereinbarungen getroffen oder Beobachtungen dargelegt. Unter der Oberfläche des Eisbergs gibt es jedoch eine Vielzahl denkbarer versteckter Hintergründe unserer Kommunikation.

Beispiele hierfür sind: Ängste, Interessen, Gefühle, Werte, positive und negative Erfahrungen, Einstellungen, Ver- und Misstrauen, verdrängte Konflikte. Diese versteckten Hintergründe in der Kommunikation können zu Missverständnissen führen und so auch zum Entstehen von Konflikten beitragen.

Stimmt die Beziehungsebene nicht, kommt man auf der Sachebene nur schwer auf einen gemeinsamen Nenner.

Das kann zum Beispiel dann der Fall sein, wenn man während eines Gesprächs ganz unterschiedliche Erwartungen hat oder eine andere Person und deren Anliegen von vornherein ablehnt. Oft spielt auch die gemeinsame Erfahrung, die man bislang miteinander gemacht hat, eine Rolle dabei, ob man sich genau versteht oder nicht.

Was man hört

Wie Sie bereits auf Seite 60 erfahren haben, kann eine Nachricht bis zu vier Botschaften enthalten. Dieses Vier-Seiten-Modell wird auch Vier-Ohren-Modell genannt, weil wir bildlich gesprochen mit vier Ohren hören müssen, um eine Nachricht vollständig zu erfassen.

Beispiel:
Eine Kundin kommt aufgeregt auf Sie zu und berichtet: „Mir wurde bereits zum zweiten Mal das falsche Produkt verkauft. Ich habe dies aber erst zu Hause festgestellt und musste schon wieder den weiten Weg ins Geschäft zurücklegen."

Sach-Ohr: Wie ist der Sachverhalt zu verstehen? Z. B.: „Aha, die Kundin ist falsch beraten worden."

Appell-Ohr: Was will sie bei mir erreichen? Z. B.: „Sie will das richtige Produkt."

Beziehungs-Ohr: Wie steht sie zu mir, was hält sie von mir? Z. B.: „Dass sie sich jetzt an mich wendet, zeigt, dass sie mir eine gute Beratung zutraut."

Selbstkundgabe-Ohr: Was ist sie für eine Kundin, was geht aktuell in ihr vor? Z. B.: „Oh, sie ist verärgert!"

Das Beispiel zeigt, dass das, was jemand versteht, immer in seinem Kopf entsteht und von vielen Vorbedingungen und Umständen abhängig ist.

Darum ist es wichtig, seinem Gegenüber genau zuzuhören. Dies tut man, indem man aktiv zuhört. Hierfür muss man seinem Gesprächspartner eine positive innere Grundhaltung gegenüber einnehmen.

Hinweis
Unterschiedliche Erwartungen oder Einstellungen können insbesondere in Beratungs- und Konfliktgesprächen dazu führen, dass es zu keiner Verständigung kommt (siehe hierzu die Seiten 76 und 80). Aber auch ein Verkaufsgespräch kann scheitern, wenn die Beziehungsebene nicht stimmt (siehe Seite 79).

aktives Zuhören: Beim aktiven Zuhören versucht man, sich in sein Gegenüber einzufühlen, um dann mit eigenen Worten wiedergeben zu können, was man sachlich und gefühlsmäßig verstanden hat. Dies ermöglicht, herauszufinden, ob man wirklich von der gleichen Sache spricht. Voraussetzung für das Aktive Zuhören sind ein echtes Interesse und die Bereitschaft, auch zuzuhören.
Siehe hierzu auch Seite 84.

Situation:
Die Ausbildungsleiterin sagt zum Auszubildenden: „Du kommst ständig zu spät!"

Aufgaben

1. Lesen Sie das Beispiel durch und ordnen Sie das, was die Kundin sagt und möglicherweise fühlt, den Ebenen des Eisbergs zu.
2. Zeigen Sie anhand der vier Ohren, welche Botschaften der Auszubildende in der Situation rechts am Rand auf welche Art wahrnimmt.

3.1.5 Kommunikationsstörungen

Man spricht immer dann von einer Kommunikationsstörung, wenn die Verständigung beeinträchtigt ist. Kommunikationsstörungen können in allen Bereichen des Lebens auftreten. Die an der Kommunikation Beteiligten erreichen in einem solchen Fall ihr Ziel nicht und die gewünschte oder beabsichtigte Wirkung bleibt aus. Die Auswirkungen einer solchen Störung können ganz unterschiedlich ausfallen: Es können individuelle oder soziale Probleme auftreten und sogar ein Streit oder ein Konflikt ausbrechen.

Jedes an der Kommunikation beteiligte Element (Sender, Kanal, Empfänger) ist „störanfällig". Sowohl die Persönlichkeitsmerkmale der Kommunikationsteilnehmer, deren Beziehung zueinander, ihr Sprech- und Sprachvermögen, aber ebenso Kommunikationsmedien und -mittel selbst können Störungen verursachen.

Mögliche **Störgrößen** in der Kommunikation können sein:

- Verwendung falscher oder nicht eindeutiger Begriffe und Gesten
- Betonung
- Dialekt
- Akzent
- Geräuschkulisse
- Ablenkung
- Sichtbehinderung
- Verhören
- Fehlinterpretation
- Widerspruch zwischen verbalen und nonverbalen Signalen
- Stress, Hektik
- Emotionalität
- Sprachvermögen
- Unkonzentriertheit/Krankheiten
- unverständliche Fachsprache
- Desinteresse
- persönliche Probleme
- komplizierter oder falscher Satzbau
- Schweigen
- Verletzung von Regeln und Missachtung von Rollen

Eine häufige Ursache für Kommunikationsstörungen besteht darin, dass der Empfänger einer Nachricht sie mit einem anderen Ohr aufnimmt, als dies vom Sender beabsichtigt ist (vergleiche Seite 63).

❶ Text zu Aufgabe 1:

Lisa wird von ihrer Abteilungsleiterin aufgefordert, am Freitag Überstunden zu machen, damit die Unterlagen für eine wichtige Tagung zusammengestellt werden können. Lisa glaubt, dass die Unterlagen erst am Mittwoch der kommenden Woche benötigt werden, da dann die Tagung stattfinden soll, und interpretiert die Forderung ihrer Abteilungsleiterin als Versuch, ihre Wichtigkeit unter Beweis zu stellen. Lisa verweist auf die tarifliche Arbeitszeit und lehnt es ab, die Materialien in Überstunden am Freitag zusammenzustellen. Was sie jedoch nicht wusste: Der Termin für die Tagung hatte sich verschoben, findet bereits am Samstag statt und ihre Abteilungsleiterin benötigt die Unterlagen äußerst dringend.

❷ Text zu Aufgabe 3

Hans: „Wie reagierst du eigentlich, wenn deine Chefin will, dass du unangekündigte Überstunden machst?"

Hamid: „Erst gestern haben wir noch einen Notfall reingekriegt, ich war erst nach 22.00 Uhr zu Hause. Kino konnte ich dann vergessen."

Hans: „Ich sage meistens nichts, ärgere mich aber oft. Eine Lösung ist das nicht."

Aufgaben

1. Zeichnen Sie eine Tabelle und ordnen Sie die möglichen, links aufgeführten Störgrößen den Bereichen Sender, Empfänger oder Kanal zu.
2. Lesen Sie Text ❶ aufmerksam durch. Notieren Sie Ursache und mögliche Auswirkungen der Kommunikationsstörung.
3. Beschreiben Sie die im zweiten Beispiel auftretende Kommunikationsstörung zwischen Hans und Hamid.
4. Notieren Sie, welche Störungen in der oben dargestellten Kommunikationskette beim Kauf des T-Shirts aufgetreten sind. Diskutieren Sie, wie diese Störungen hätten vermieden werden können.
5. Unterbreiten Sie Vorschläge, wie Kommunikationsstörungen verhindert werden können. Gestalten Sie hierzu ein Plakat.

3.1.6 Sprachebenen

Samir: Meine Lehrerin hat mir zu verstehen gegeben, dass es gegebenenfalls durchaus möglich ist, auch unter Berücksichtigung meines ausbaufähigen Engagements im Unterricht und einer kontinuierlichen Teilnahme an den schulischen Unterweisungen, die Zwischenprüfungen bei höchstem Einsatz eventuell zu meistern.

Chefin Helga Müller: Soll das heißen, du fliegst durch, weil du im Unterricht pennst oder gar nicht drinsitzt?

Samir: Diese Formulierung hat sie nicht geruht zu wählen, jedoch waren ihre Worte von Sorge und Anteilnahme geprägt. Ich würde sagen, eine zu pauschale Betrachtung der Situation wird den auf mich zukommenden Problemen nicht in vollem Maße gerecht. Bei genauer Analyse der Lage muss ich feststellen, dass die Gestaltung meiner privaten Beziehungen, die Entfaltung meiner Persönlichkeit und die Sorge um meine ästhetische Ausstrahlung mich viel Zeit kostet und mich regelmäßig in materielle Konflikte bringt, wodurch die erfolgreiche Gestaltung meines beruflichen Werdegangs beeinträchtigt wird.

Helga Müller: Du willst mehr Geld für den Frisör und so?

[…]

Fachsprache: eine für ein bestimmtes Fachgebiet oder für eine bestimmte Branche geltende Sprache. Sie unterscheidet sich vor allem durch Fachausdrücke und Fremdwörter (Fachvokabular) von der allgemeinen Sprache. Die Fachbegriffe und Fremdwörter sind außerhalb des Fachgebietes entweder sehr ungebräuchlich oder haben eine andere Bedeutung.
Da Experten eines bestimmten Fachgebietes in der Regel von Laien nicht richtig verstanden werden, wird ihre Fachsprache auch als *Fachjargon* oder auch als *Fachchinesisch* bezeichnet – wobei „Chinesisch" hier „unverständlich" bedeutet. Siehe hierzu auch Seite 69.

Hinweis
Zur Entstehung der deutschen Sprache siehe Seite 18.

Die Sprache als Verständigungsmittel wird nicht von allen Menschen in allen Situationen gleich verwendet. Es gibt verschiedene Sprachformen verschiedener Menschengruppen und verschiedene Sprachebenen. Bei den **Sprachformen** kann man regionale Mundarten (Dialekte) bis hin zur Hochsprache, die als weiträumiges Verständigungsmittel dient, unterscheiden. Entsprechend unterschiedlich sind Aussprache, Wortschatz, Satzbau und Grammatik.

Vom 16. Jahrhundert an verbreitete sich, auch mittels Luthers Bibelübersetzung, die deutsche Hochsprache im gesamten deutschen Sprachraum. Sie war eigentlich eine künstliche Sprache, die ihren Ursprung in den Mundarten hatte. Heutzutage ist die Hochsprache die deutsche Allgemeinsprache.

Von **Sprachebene** spricht man, wenn man je nach Anlass eine bestimmte Sprachform verwendet. Das heißt, dass jeder je nach Situation auswählen kann, ob beim Sprechen mehr oder weniger die Hochsprache verwendet wird.

Welche sprachliche Ebene man verwendet, wird unter anderem bestimmt durch
- die Situation, in der Kommunikation stattfindet (z. B. privat oder beruflich),
- das Verhältnis zwischen den Kommunizierenden (z. B. familiär, übergeordnet, untergeordnet),
- die Beteiligten am Kommunikationsgeschehen (Kinder, Jugendliche, Eltern, Lehrer, Vertreter von Behörden usw.),
- den Bekanntheitsgrad zwischen den Kommunizierenden (z. B. fremd, bekannt, befreundet),
- das Sprach- und Sprechvermögen der jeweiligen Personen (Bildungsstand, Dialektgebundenheit usw.).

Man unterscheidet folgende Sprachebenen:

Hochsprache (auch Standardsprache, Schriftsprache)	Umgangssprache (auch Alltagssprache)	Gruppensprache (auch Jargon)
normgerecht, umfangreicher und abwechslungsreicher Wortschatz und Satzbau überwiegend in schriftlicher Kommunikation und zu offiziellen mündlichen Kommunikationsanlässen	einfacher, zwangloser (lockerer), schlichter Wortschatz und Satzbau auch grob, derb oder dialektgefärbt meist mündlich, eher im privaten Bereich	erschließt sich in vollem Umfang nur Mitgliedern einer Gruppe (Hacker, Ärzte, Jugendliche, Chatter usw.) verkürzter, selbstkreierter, nicht genormter Wortschatz und Satzbau mündlich, wie schriftlich, privat, auch dienstlich
❶ **Beispiel:** *„Guten Tag Herr Meyer, ich hoffe, es geht Ihnen gut!"*	❷ **Beispiel:** *„Moin, mein Lieber, ich hoffe, es geht gut!"*	❸ **Beispiel:** *„Hey Digger, was geht?"*

Hinweis
Gruppensprachen unterscheiden sich von der Umgangssprache und der Hochsprache u. a. dadurch, dass ihre Begriffe etwas eindeutig bezeichnen, aber in der Regel nur innerhalb der jeweiligen Gruppe verständlich sind oder verwendet werden. In dieser Hinsicht bildet auch jede **Fachsprache** eine Gruppensprache, nämlich die der Gruppe der jeweiligen Fachleute. Auch die Grammatik und die Betonung können sich unterscheiden.

Ansagen auf dem Anrufbeantworter:

1. Ich heb nich ab, weil: nich da, Hände voll, Nase voll … Sag was oder lass es.

2. Nett, dass du anklingelst. Oh, … da fällt mir ein, ich bin ja gar nicht zu Hause. Versuchs später noch mal. Das Übliche: Sprich mir was aufs Band.

3. Leider können wir Ihren Anruf nicht persönlich entgegennehmen. Bitte hinterlassen Sie nach dem Signalton eine Nachricht mit Namen und Telefonnummer. Sie werden umgehend zurückgerufen.

4. Krass du, was geht ab, Alter? Gib durch die Message.

Aufgaben

1. a) Lesen Sie den Auszug aus dem Gespräch zwischen Samir und seiner Chefin erneut.
   b) Überlegen Sie, was an diesem Gespräch ungewöhnlich ist und notieren Sie Ihre Überlegungen stichpunktartig.
   c) Schreiben Sie das Gespräch um, sodass es auf einer Ihrer Meinung nach angemessenen Sprachebene stattfindet.
2. Formulieren Sie selbst einen einzelnen Satz Ihrer Wahl auf den unterschiedlichen Sprachebenen. Verwenden Sie hierzu entsprechende Wörter und den jeweilig möglichen Satzbau. Hilfe finden Sie auch auf Seite 42 zum Thema Wortfelder.
3. a) Ordnen Sie die einzelnen Ansagen auf dem Anrufbeantworter den Sprachebenen zu.
   b) Beurteilen Sie, welche Ansage auf einem Anrufbeantworter angemessen ist. Begründen Sie Ihre Entscheidung.
   c) Notieren Sie selbst drei kurze Texte für den Anrufbeantworter. Wählen Sie jeweils eine andere Sprachebene und legen Sie fest, an wen sich die Ansage richtet (Freunde; alle, die anrufen usw.).

3.1.7 Sprache verändert sich – Sprachwandel und Sprachformen

Bastian Sick (*1965): ein deutscher Journalist, Autor und Entertainer.

Kolumne:
siehe Seite 308

Hinweis
Viele Wörter sind aus anderen Sprachen in das Deutsche gelangt. So z. B. aus dem
- Indischen: z. B. Arier, Bungalow,
- Polnischen: z. B. Gurke, Peitsche,
- Holländischen: z. B. Matrose, Matjes,
- Italienischen: z. B. Graffiti, Pizza.

Oder Wörter sind von einer Sprache über eine oder mehrere andere Sprachen Teil der deutsche Sprache geworden: z. B. das Wort Kiosk. Es kommt eigentlich aus dem Persischen, wurde zum türkischen Wort *Köşk* (Gartenpavillon). *Köşk* wurde zum italienischen *chiosko* und zum französischen *kiosque,* und von dort wiederum als deutsches Wort „Kiosk“ entlehnt.

Sprachwandel: die Veränderung oder Entwicklung einer Sprache. Siehe auch Seite 18.

Safran, öffne dich! (Auszug)

von Bastian Sick

Sofa, Matratze, Kaffee und Zucker – ohne das Arabische wäre die deutsche Gemütlichkeit nur halb so gemütlich. Auch im Gewürzregal sähe es ziemlich trostlos aus. Ohne das Arabische hätten wir nicht mal Alkohol! Und keine Null. Und schon gar nicht alle Tassen im Schrank!

[…] Erstaunlich viele Wörter, die seit Jahrhunderten fester Bestandteil unserer Sprache sind, haben ihren Ursprung im Arabischen. Und dabei handelt es sich längst nicht nur um so offensichtlich orientalische Wörter wie Sultan und Harem, Kadi und Koran, Minarett und Moschee oder Arabeske und Scheich. Vielen Begriffen sieht – genauer: hört man ihre arabische Herkunft nicht an. […]

Mein ehemaliger Deutschlehrer schenkte mir zur Vorbereitung meiner Reise ein aufschlussreiches Büchlein mit dem Titel „Von Algebra bis Zucker – Arabische Wörter im Deutschen“. […]

Weitere Wörter arabischen Ursprungs sind Admiral und Arsenal, Baldachin (abgeleitet vom Namen der Stadt Bagdad, die im frühen Mittelalter bei uns noch Baldach genannt wurde), Elixier, Estragon, Giraffe, Jasmin, Magazin, Matratze, Safran, Schach und natürlich Sofa. Immer, wenn etwas besonders bequem und plüschig oder wohlriechend und schmackhaft ist, besteht eine große Chance, dass es aus dem Orient stammt.

Und nicht zu vergessen das Wort Alkohol. Auch das stammt aus dem Arabischen. Ausgerechnet Alkohol, werden Sie denken, der im Islam doch gar nicht erlaubt ist. Ursprünglich aber hatte das Wort eine ganz andere Bedeutung. Es bezeichnete ein Pulver für Augen, das als Medizin zur Behandlung von Augenkrankheiten und später auch zum Schminken verwendet wurde – ähnlich dem indischen Kayal. Im Laufe der Jahrhunderte wandelte sich die Bedeutung von „feines Pulver“ über „feine Essenz“ bis hin zum „Feinsten des Weines“, zum Weingeist also, der durch Destillation gewonnenen Essenz aus dem edlen Rebensaft. Erst in dieser veränderten Bedeutung erlangte das Wort Alkohol, das bis dahin nur Alchimisten, Quacksalbern und Ärzten bekannt war, weltweite Berühmtheit. […]

Und noch ein weiteres Genussmittel stammt aus dem Orient, und zwar ein ganz wichtiges, ohne das die Welt schon lange aufgehört hätte, sich zu drehen. Und ohne das keine meiner Kolumnen je fertig geworden wäre: der Kaffee. Die Araber kannten ihn schon lange vor den Türken und nannten ihn *qahwa*. Wenn man Kaffee in einer Tasse serviert, hat man gleich zwei arabische Wunder vor sich; denn auch das Wort Tasse haben wir aus dem Arabischen übernommen. […]

Die deutsche Sprache ist – wie viele andere Sprachen auch – ständigen Einflüssen und Veränderungen unterworfen. Sie wandelt sich ständig. Zu diesem Wandel gehört auch, dass neue Wörter auftauchen, aber ebenso, dass manche Wörter und ihre Bedeutung verblassen. So weiß heutzutage kaum noch jemand, was das Wort „Kegel" in dem gängigen Spruch *„mit Kind und Kegel verreisen"* wirklich bedeutet. „Kegel" stammt noch aus dem Mittelalter und trägt die Bedeutung „uneheliches Kind". Insgesamt bedeutet die Redewendung aber, dass man mit allem, was man besitzt, irgendwo hin- oder ankommt.

Neue Wörter, die beispielsweise auch im Duden aufgenommen wurden, sind hingegen: *Energiewende, CO_2-Fußabdruck, Schuldenbremse, Körperscanner, Biomarker, E-Zigarette, E-Book-Reader.*

Lehnwörter aus anderen Sprachen

Bis 1900 war es sehr modern, Wörter aus dem Französischen zu verwenden. Heutzutage ist das Englische modern. Gleichzeitig ist es auch eine der heutigen Verkehrssprachen. Darum werden besonders viele Wörter aus dem Englischen entlehnt. Wird ein Fremdwort vom Englischen ins Deutsche übernommen, wird ein solches Lehnwort als Anglizismus bezeichnet. Typische Beispiele für solche Anglizismen sind: *Laptop, Computer, TV, Hobby.* Solche Wörter können Neues benennen oder – als Teil einer Fachsprache – Dinge oder Sachverhalte zusammenfassend bezeichnen.
Wenn jemand in die gesprochene oder geschriebene Sprache übermäßig viele englische Wörter einbaut, sagt man etwas abwertend Denglisch dazu. „Denglisch" ist ein Kofferwort, das sich aus „**D**eutsch" und „**Englisch**" zusammensetzt.

Beispiel: „Das ist eine *stylishe* Jacke." Statt: „Das ist eine schicke, moderne Jacke."

Jargon, Fachchinesisch und Denglisch

Gruppen können sich von anderen Menschen abgrenzen, indem sie besonders viele spezielle Ausdrücke verwenden, die nur Gruppenmitglieder verstehen. Dann sagt man, dass diese Gruppe einen Jargon spricht (z. B. Gangstersprache, Hip-Hop-Szene usw.).

Auch jemand aus einer Berufsgruppe (z. B. Ärzte) kann beim Sprechen viele Fachbegriffe benutzen, sodass jemand Außenstehendes nichts mehr versteht. Man sagt dann, dass diese Person Fachjargon spricht, oder etwas abwertend: Die Person spricht Fachchinesisch.

Auch „Denglisch" kann wie Fachchinesisch sein, sodass jemand Außenstehendes nicht genau versteht, worum es eigentlich geht. Es wird oft auch dafür verwendet, jemanden mit Floskeln zu beeindrucken, um Weltgewandtheit und ein allgemeines Modern-Sein zu zeigen.

Jugendsprache

Damit sind die besonderen Sprechweisen von ganz unterschiedlichen Gruppen von Jugendlichen gemeint. Sie dient auch dazu, sich von den Erwachsenen abzugrenzen und seinen eigenen Platz in der Welt zu finden. Jugendsprache hat es zu allen Zeiten gegeben. In der Regel sind beliebte Wörter und Sprechweisen aber sehr kurzlebig und in jeder Generation gibt es neue Wörter und Sprechweisen.

Modewort: ein Wort (oder eine Redewendung), das zeitweise häufig gebraucht wird, also „in Mode" ist, nachher jedoch kaum noch üblich ist; z. B. *etwas wuppen*

Lehnwort: ein Wort, das aus einer anderen Sprache übernommen *(entlehnt)* wurde

Verkehrssprache (auch *Lingua franca*): eine Sprache, die weit verbreitet ist und so Menschen verschiedener Sprachgemeinschaften den Verkehr (z. B. Handel, Diplomatie, Wissenschaft) ermöglicht. In Mittelalter war beispielsweise das Latein die Verkehrssprache in Europa.

Anglizismus, der: aus dem Englischen stammendes Fremdwort; Mehrzahl: Anglizismen

Kofferwort: ein Kunstwort, das aus mindestens zwei Wortteilen besteht, die zu einem neuen Begriff verschmolzen sind, z. B.:
- Teuro (**teu**er + Eu**ro**)
- jein (**j**a + n**ein**)

Fachsprache:
siehe auch Seite 66

Hinweis
Viele Unternehmen setzen Anglizismen in Stellenangeboten ein. Kritiker vermuten, dass Arbeitsplätze dadurch aufgewertet werden sollen, z. B. *Facility-Manager* statt Hausmeister.

Aufgaben

1. a) Nennen Sie typische Wörter und Sprüche, die zurzeit angesagt sind.
   b) Versuchen Sie, diese Wörter in die Standardsprache (siehe hierzu Seite 67) zu übersetzen.
   c) Suchen Sie Wörter heraus, die sich nicht einfach 1-zu-1 ins Standarddeutsche übersetzen lassen und nennen Sie mögliche Gründe dafür, warum dies so ist.

Die richtige Sprachform und -ebene wählen

Wie auf den vorhergehenden Seiten dargestellt, werden in Gesprächen bestimmte Sprachebenen gewählt, um mit den Beteiligten in einer angemessenen Form zu kommunizieren. Die Wahl der Sprachebene hat einen entscheidenden Einfluss darauf, ob ein Gespräch als angemessen empfunden wird. Der falsche Einsatz einer Sprachebene und des damit verbundenen Verhaltens kann schnell dazu führen, dass die Kommunikation misslingt, da die Beteiligten beispielsweise nicht mehr auf Augenhöhe miteinander kommunizieren.

Max Goldt
(*1958): ein deutscher Schriftsteller und Musiker. Seine Texte zeichnen sich allesamt durch Wortwitz, hohe sprachliche Eleganz und die Kunst der Abschweifung aus.

Monolog des morganatischen Maurers (1984)

Max Goldt

Hier ist meine Familie:
Tante, eine Lyrikerin.
Schwester. Sie ist Mystikerin.
Und dort Mutter. Sie ist Sopranistin.
Und schließlich Vater: Er ist Dramatiker.

Ich bin Maurer. Ich arbeite auf einer Baustelle. Ich muss sagen, ich liebe meine Arbeit. Stein um Stein zusammenzufügen, zu betrachten, wie durch meiner Hände formendes Wirken allmählich eine Heimstatt heranwächst; eine Heimstatt für ein junges Glück vielleicht, welches sich im Stadtpark beim füttern der Schwäne traf, nur scheinbar zufällig; denn alles ist Fügung, es gibt keinen Zufall. Vielleicht aber auch für Großmama und Großpapa, die sich nach entbehrungsreichem Leben eine letzte sonnige Bleibe zu finden anschicken. Oftmals harre ich, mit meiner Maurerkelle in der Hand, minutenlang aus, ins Weite schauend; und der Kreislauf des Lebens wickelt sich vor mir ab: Geburt, Heirat, Tod – Geburt, Heirat, Tod – all dies wird sich immer wieder von neuem in dem durch dies mein Schaffen und Tun entstehenden Hause ereignen.

Nur eines bereitet mir, bisweilen zumindest, doch Sorgen. Leider finde ich nicht leicht Anschluss an meine Kollegen. Nicht, dass man mich schneidet, nein, das nicht, doch beschränkt man die Kommunikation mit mir auf das Unterbreiten von zur Verrichtung der Arbeit notwendigsten Informationen. Gern, ja sehr gern gar, würde ich mit den anderen Arbeitern in der Pause im Baustellenwagen plaudernd einen trockenen Martini einnehmen. Aber wenn ich komme, sitzen Sie schon alle da und trinken Bier, und keiner bietet mir einen Sitzplatz an, so dass ich allein, neben ihnen stehend und schweigend meinen Martini trinken muss.

Neulich fügte man mir eine kleine, ja sicher nur scherzhaft gemeinte Boshaftigkeit zu: Einer der Arbeiter versteckte meine Kühltasche, in der ich das Eis für meinen Martini aufzubewahren pflege; und so musste ich auf meinen Pausendrink verzichten.

Die anderen tranken ihr Bier als ob nichts geschehen wäre.

Unlängst wurde mir doch alles ein wenig schwer, und ich suchte Trost bei einem älteren Kollegen; fing ihn auf dem Heimweg ab, nahm ihn bei den Händen und sprach über mich und meine Familie. Ich habe, glaube ich, auch ein wenig geweint. Doch er starrte mich nur unverwandt an und lief fort.

(siehe nächste Seite →)

Monolog: Selbstgespräch

morganatisch: nicht standesgemäß

Lyrikerin: Dichterin

Mystikerin: eine Frau, die sich von Gott berufen fühlt oder göttliche Visionen hat und z. B. glaubt, durch die Wirkkraft ihrer Seele Einfluss auf den Gang des Weltgeschehens zu haben

Sopranistin: Der Sopran ist die höchste menschliche Stimmlage. Eine Sängerin dieser Stimmlage wird *Sopranistin* genannt.

Dramatiker: ein Schriftsteller, der Theaterstücke (Dramen) verfasst

Dennoch möchte ich mich nicht beklagen. Ich habe ja meine Familie:
Tante, eine Lyrikerin.
Schwester. Sie ist Mystikerin.
Und dort Mutter. Sie ist Sopranistin.
Und schließlich Vater: Er ist Dramatiker.
Ich bin Maurer. Ich arbeite auf einer Baustelle …

innerer Monolog: eine Erzählform, die oft zur Vermittlung von Gedankenvorgängen gebraucht wird. Ein innerer Monolog besteht aus direkter Rede, die aber entweder nicht ausgesprochen oder von Außenstehenden nicht bemerkt wird. Alle Leser bekommen aber mit, was die Figur nur zu sich selbst sagt.

Ein Witz:

In der Schule soll Klein-Erna die Geschichte vom ersten Sündenfall erzählen. „Und die Schlange gab Eva den schönen Apfel und Eva tat von dem Apfel essen."
„Aß!", korrigiert die Lehrerin, „Los, noch einmal!"
„Und die Schlange gab Eva den schönen Apfel und Eva tat von dem Apfel essen."
„Eva aß!", sagt die Lehrerin, „Los, noch mal!"
„Und die Schlange gab Eva den schönen Apfel und Eva, das Aas, tat von dem Apfel essen."

Der Schlagersänger und Unternehmensberater Horst Becher:

„Meine Damen und Herren, wenn ich mir den Betrieb hier so ansehe, dann stelle ich fest, dass der Flow fehlt. Das Ganze ist nicht mehr contemporary. Hier fehlt der modern Spirit. Alles erscheint so hand-knitted! Was in anderen Unternehmen old-fashioned wirkt, das macht hier eine Permanent-Impression. Darum: Geben Sie dem Flow eine Chance. Und wenn Sie sich jetzt fragen: „Ja wie denn?", dann sage ich Ihnen: Reactive Change ist possible! Hier geht es nicht um eine Giving-Story, hier kommt Urban Selection ins Game! Ich fordere Sie auf: Werden Sie alle Urban Player! Sorgen Sie für Traffic!"

Aufgaben

1. a) Lesen Sie den Text von Max Goldt.
   b) Formulieren Sie umgangssprachliche Entsprechungen für folgende Textstellen: „durch meiner Hände formendes Wirken", „Heimstatt für ein junges Glück", „sich … eine letzte sonnige Bleibe zu finden anschicken".
   c) Notieren Sie weitere lyrische bzw. poetische Formulierungen des Erzählers und „übersetzen" Sie diese.
   d) Der Ich-Erzähler unterscheidet sich von seinen Angehörigen, aber auch von seinen Kollegen. Charakterisieren Sie ihn, indem Sie seine Eigenschaften benennen.
2. a) Benennen Sie, wodurch die Kommunikationsschwierigkeiten zwischen Klein-Erna und ihrer Lehrerin entstehen.
   b) Wenn Sie vergleichbare Witze kennen, dann erzählen Sie diese und erklären Sie, warum es zu Missverständnissen oder zu unangemessenem Verhalten kommt.
3. a) Beschreiben Sie, was an dem Text von Horst Becher besonders ist.
   b) Nennen Sie mögliche Gründe dafür, warum er so spricht.
   c) Übersetzen Sie den Text ins Hochdeutsche.

3.2 Formen der mündlichen Kommunikation – Gespräche führen

Gesprächsformen sind zum Beispiel:
- Vorstellungsgespräch
- Kundengespräch
- Verkaufsgespräch
- Reklamationsgespräch
- Beratungsgespräch
- Smalltalk
- Streitgespräch
- Schlichtungsgespräch

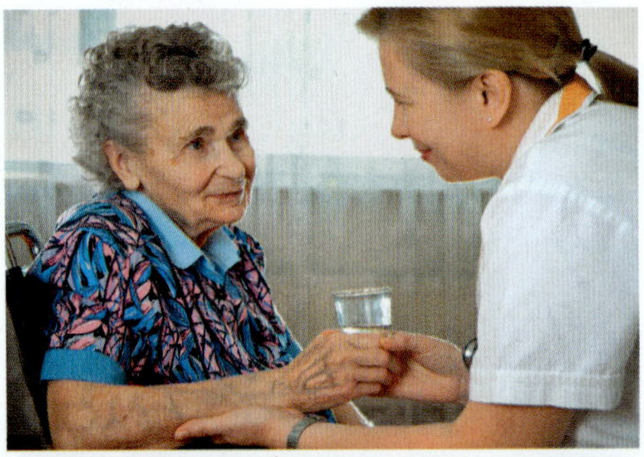

Dialog: eine zwischen zwei oder mehreren Personen geführte Rede

Unter dem Begriff **Gespräch** werden verschiedene, überwiegend mündliche Formen der Kommunikation zusammengefasst, die als Dialog erfolgen. Dazu zählen beispielsweise die unverbindliche Unterhaltung, die Diskussion, die Verhandlung, das Streitgespräch usw.

In verschiedenen beruflichen und privaten Situationen kommunizieren wir durch Gespräche.
Um hier erfolgreich zu sein und besonders um schwierige und heikle Situationen zu meistern, ist es wichtig, den Gesprächsverlauf bewusst mitzugestalten, Gesprächstechniken zu beherrschen und Regeln zu berücksichtigen.

Hinweis
Dem Gespräch entsprechen in der schriftlichen Form der Briefwechsel, das Chatten, der Austausch von E-Mails und SMS.

Der Verlauf eines Gesprächs lässt sich grob in drei Phasen mit den entsprechenden Hauptfunktionen unterteilen.

Anfangsphase, Gesprächseröffnung
Funktion: Emotionale Einstellung auf den Gesprächspartner
z. B.: *Guten Tag, wie geht es Ihnen …*

→

Hauptteil, Gesprächsmitte
Funktion: Fakten klären, Vereinbarungen treffen
z. B.: *Diese Angelegenheit ist sehr wichtig. Wir sollten das klären.*

→

Beendigungsphase
Funktion: positives Ende anstreben
z. B.: *Schön, dass wir diesen Punkt klären konnten! Jetzt wünsche ich noch einen schönen Abend.*

3.2.1 Smalltalk – einfach miteinander plaudern

Kennen Sie das auch? Sie stehen auf einer Party rum, kennen niemanden und fragen sich, was mache ich hier überhaupt? Oder Sie fahren im Zug, Bus oder Fahrstuhl – es herrscht betretene Stille. Sie treffen Ihre Nachbarn im Hof oder in einem Geschäft – was können Sie sagen, ohne aufdringlich zu sein oder sich unhöflich abzuwenden? Sie möchten jemanden kennenlernen oder werden unverhofft angesprochen. Wie reagieren Sie?

In der Regel werden Sie mit Ihrem Gegenüber ein wenig plaudern. Das nennt man Smalltalk. Ein Smalltalk kann zum Beispiel das Pausengespräch, das Stammtischgespräch oder der sogenannte Kaffeeklatsch sein. Dabei handelt es sich immer um ein möglichst ungezwungenes Gespräch zwischen Leuten, die sich nicht besonders gut oder gar nicht kennen, aber doch eine Unterhaltung führen wollen oder sollten.

Auch wenn die Themen unbedeutend und austauschbar sind, wird der Plauderei beziehungsweise dem Smalltalk eine wichtige Bedeutung zugemessen. Der Smalltalk dient der Auflockerung der Atmosphäre, ist ein Einstieg für das gegenseitige Kennenlernen, da durch ihn das Interesse am Gegenüber signalisiert werden kann. Vor allem verhindert er, dass ein peinliches Schweigen auftritt. Die angesprochenen Themen sind in der Regel sehr allgemein gehalten. Das schriftliche Gegenstück zum Smalltalk ist der **Chat**.

Smalltalk: bezeichnet ein Gespräch im Alltag, das spontan, zufällig, locker und in einem umgangssprachlichen Ton geführt wird. Man sagt auch Plauderei, im Dialekt unter anderem *Schwatzen, Plauschen, Schnacken* dazu. Alltagsgespräche sind die natürlichste Form der gesprochenen Sprache und finden in allen möglichen Situationen statt – z. B. beim Einkauf, im Treppenhaus, auf Partys usw. Wie jedes Gespräch hat auch der Smalltalk eine Anfangsphase, einen Hauptteil und eine Beendigungsphase.

Sprachebene: siehe Seite 67

Sind das geeignete Smalltalk-Themen?

Wetter, Auto, Frisör, Politik, Pickel, Talkshows, Mode, Schule, Berufsausbildung, Sexualität, Ängste, Krankheiten, Familie, Urlaub, Umweltkatastrophen, Computerspiele, Literatur, Theater, Körpergeruch, Tod

Aufgaben

1. a) Schätzen Sie ein, welches Anliegen die Personen auf den Fotos in der jeweiligen Kommunikationssituation vermutlich haben.
   b) Bestimmen Sie die jeweiligen Sprachebenen.
2. Berichten Sie von Ihren Erfahrungen mit dem Smalltalk. Welche Schwierigkeiten sehen Sie?
3. Begründen Sie, welche der Themen im Kasten Sie für geeignet oder ungeeignet halten, um in einem Smalltalk über sie zu sprechen.
4. a) Finden Sie geeignete Themen für ein Gespräch mit Ihrer Tischnachbarin bzw. Ihrem Tischnachbarn.
   b) Führen Sie folgenden Satz fort: Ein geeignetes Thema für den Smalltalk sollte …
   c) Stellen Sie sinnvolle Regeln für einen gelungenen Smalltalk auf.

3.2.2 Informieren und nachfragen – das Informationsgespräch

Das Informationsgespräch dient dazu, Informationen an andere Personen weiterzugeben oder durch gezielte Fragen Auskünfte zu erhalten.

Es zeichnet sich dadurch aus, dass es kurz und kompakt ist – ohne große Formalitäten. Es handelt sich um einen direkten, unkomplizierten und unverbindlichen Kontakt. Trotzdem sollte das Informationsgespräch immer höflich geführt werden.

Ironie: das Gegenteil von dem sagen, was man meint; siehe auch Seite 183

Sarkasmus: beißender, bitterer Spott und Hohn

Höflich kommunizieren bedeutet,

- geeignete Anredeformen verwenden *(Sie, Ihnen/du, dir)*,
- Begrüßungs- und Anredeformeln beherrschen und anwenden *(Entschuldigen Sie bitte, aber …)*,
- eine freundliche Atmosphäre schaffen und erhalten *(Wären Sie vielleicht so freundlich und …)*,
- Umgangsformen wahren *(Bitte, Danke usw.)*,
- rücksichtsvoll und zuvorkommend sein.

Als unhöflich gilt

- die Befehlsform zu verwenden,
- zu beleidigen,
- unangemessen ironisch oder sarkastisch zu sein,
- zu spotten,
- Forderungen oder Vorwürfe zu formulieren.

Situationen

1	Schichtwechsel im Pflegeheim: Frau S. berichtet Frau P., von der sie abgelöst wird, welche Anweisungen der Arzt bezüglich der Behandlung von Herrn M. gab.
2	Hannah erkundigt sich telefonisch in einer Zahnarztpraxis nach den Öffnungszeiten und vereinbart einen Termin.
3	Sie werden telefonisch kontaktiert. Eine Frau erkundigt sich nach Ihren Lesegewohnheiten und bietet Ihnen abschließend an, eine Fernsehzeitung zu testen.
4	Sie haben ein Vorstellungsgespräch.
5	Preisvergleich: Sie wollen sich über die Bedingungen verschiedener Fahrschulen zur Erlangung des Führerscheins informieren.
6	Sie werden nach dem Weg gefragt. (Siehe hierzu auch Seite 114.)

Fragetechnik

Unter **Fragetechnik** versteht man den Einsatz von *offenen* und *geschlossenen* Fragen zur gezielten Gesprächsführung und Informationsgewinnung.
Durch eine geschickte Auswahl der Frageform kann der Fragesteller den Verlauf eines Gesprächs lenken.

- **offene Frage:** Bei einer offenen Frage steht ein Fragewort am Anfang. Die Antwort kann nicht „Ja" oder „Nein" lauten, sondern es muss meist in einem ganzen Satz geantwortet werden.

> **Beispiel:** *„Wie komme ich zur nächsten Bushaltestelle?",*
> *„Wie wird Erdbeereis hergestellt?"*

- **geschlossene Frage:** Bei einer geschlossenen Frage steht das Verb (oder Hilfsverb) am Satzanfang. Die Antwort kann nur aus einem „Ja", „Nein" oder „Vielleicht" bestehen.

> **Beispiel:** *„Möchtest du dir die Hände waschen?", „Gefällt dir das neue Handy?"*

Fragearten

Zusätzlich zu offenen und geschlossenen Fragen lassen sich verschiedene Fragearten voneinander unterscheiden, die in verschiedenen Situationen weiterhelfen können.

- **Informationsfrage:** Mit dieser Frageart holen Sie leicht Informationen ein. Eine solche Frage beginnt immer mit „wie", „wann", „wo", „wer" oder „wie viel".

> **Beispiel:** *„Wo geht es hier zum Bahnhof?"*

- **Alternativfrage:** Mit einer Alternativfrage geben Sie einem Gesprächspartner die Wahl zwischen zwei Möglichkeiten.

> **Beispiel:** *„Wollen Sie den kürzesten oder den schöneren Weg gehen?"*

- **Gegenfrage:** Mit einer Gegenfrage reagieren Sie auf eine Frage und können so Zeit gewinnen – zum Beispiel dann, wenn Sie die Antwort nicht spontan wissen.

> **Beispiel:** *„Welchen Bahnhof meinen Sie?"*

- **Kontrollfrage:** Mit einer Kontrollfrage können Sie überprüfen, ob Sie und Ihr Gesprächspartner über den gleichen Sachverhalt sprechen.

> **Beispiel:** *„Sie wollen doch zum Nord-Bahnhof?"*

- **Ja-Fragen-Straße:** Diese Fragetechnik verwenden Sie, wenn Sie ein „Ja" als Antwort erreichen möchten. Dies schaffen Sie, indem Sie mehrere Ja-Fragen hintereinander stellen, bis Sie am Schluss eine Feststellung anbringen.

> **Beispiel:** *„Sehen Sie sich gerne fremde Städte an?", „Sie interessieren sich für Architektur?", „Dann sollten Sie den längeren Weg zum Bahnhof nehmen."*

Hinweis

Weitere Fragearten sind
- die **rhetorische Frage** (siehe hierzu Seite 185);
- die **Suggestivfrage**: Sie gibt einem Gesprächspartner wenig Raum für eine eigene Aussage und beeinflusst den Gesprächspartner. Der Befragte soll dabei durch die Art und Weise der Fragestellung so beeinflusst werden, dass er eine vorbestimmte, vom Fragesteller erwartete Antwort gibt. Der oder die Befragte soll mehr oder weniger von einer begründeten Antwort abgehalten werden.

  Beispiele:
  „Sie sind doch auch der Meinung ...?"
  „Das ist für Sie doch auch die beste Lösung, oder?"
  „Finden Sie das nicht auch wichtiger?"

Aufgaben

1. Wählen sie aus den Situationen ❶ bis ❻ eine aus und schreiben Sie einen kurzen Gesprächsverlauf auf.
2. Finden Sie je zwei höfliche Formulierungen, die geeignet sind, ein Informationsgespräch zu eröffnen und zu beenden.
   a) als Kunde/-in, Patient/-in,
   b) als Verkäufer/-in, Pfleger/-in.
3. Führen Sie ein Informationsgespräch zu einem selbstgewählten Thema, z. B. Fitness-Studio, Sportverein, Bewerbung, Praktikum. Notieren Sie zuvor Fragen, die Sie stellen könnten, um sich genau zu informieren.

3.2.3 Alles muss raus – Verkaufsgespräche führen

Das Verkaufsgespräch ist ein auf den Verkauf ausgerichtetes Gespräch zwischen einem Verkäufer und einem Kunden.

Smalltalk:
siehe Seite 73

Informationsgespräch:
siehe Seite 74

Beratungsgespräch:
siehe Seite 80

Aus der Sicht des Verkäufers geht es im Verkaufsgespräch darum, einen Kunden von den Vorzügen einer Ware zu überzeugen und ihn zum Kauf dieser Ware anzuregen.

Als Verkäufer bringen Sie durch einen strukturierten Gesprächsverlauf und gezielte Fragen die Wünsche eines Kunden in Erfahrung und beeinflussen ihn, um ihm ein entsprechendes Produkt zu verkaufen. Auch der Smalltalk ist meist ein wichtiger Bestandteil eines Verkaufsgesprächs – hier zahlen sich Humor und Schlagfertigkeit aus.

Aus der Perspektive des Kunden stellt sich so solch ein Gespräch aber eher als Informations- oder Beratungsgespräch dar.

Hinweis

Der erste Schritt in einem Gespräch ist immer die freundliche Begrüßung. Unser Verhalten wird zu ca. 80 % aus dem Unterbewusstsein gespeist (Eisbergmodell, siehe Seite 62). Daher haben eine freundliche Ansprache oder eine nette Geste immer eine bessere Wirkung – denn der Ton macht die Musik.

Da ein Verkaufsgespräch ein klares Ziel hat, nämlich die Wünsche des Kunden zu erkennen oder zu wecken, um sie dann zu erfüllen, sollte ein Verkäufer nicht einfach losplaudern. Sinnvoll ist es, gezielt und strukturiert vorzugehen.

Um in einem Verkaufsgespräch gezielt vorzugehen, sollte man es bewusst in verschiedene Phasen unterteilen. Orientiert man sich dann an den einzelnen Phasen, erleichtert dies die Gesprächsführung ungemein. Ein bekanntes Beispiel für die Unterteilung eines Gesprächs in Phasen ist die sogenannte **KAAPAV-Formel**. Die Abkürzung „KAAPAV" steht für „Kontakt", „Analyse", „Angebot", „Prüfung", „Abschluss" und schließlich „Verstärker".

Phase 1 **K**ontakt	**Ziel:** eine angenehme Gesprächsatmosphäre aufbauen • Begrüßen Sie den Kunden bzw. sprechen Sie ihn auf geeignete Weise an. • Bauen Sie mittels Smalltalk die Hemmschwelle ab und leiten Sie zum Kundenwunsch über.
Phase 2 **A**nalyse	**Ziel:** den Kundenwunsch ermitteln • Ermitteln Sie den Bedarf des Kunden. Verwenden Sie hierfür offene Fragen (siehe Seite 74). • Hören Sie aktiv zu und fassen Sie das Anliegen des Kunden zusammen.
Phase 3 **A**ngebot	**Ziel:** den Kunden überzeugen • Bieten Sie dem Kunden ein geeignetes Produkt an. • Machen Sie passende Alternativangebote. • Fassen Sie jetzt die Ergebnisse der Analysephase noch einmal zusammen. • Setzen Sie Verkaufshilfen ein (z. B. besondere Angebote).
Phase 4 **P**rüfung	**Ziel:** die Einstellung des Kunden zum Angebot prüfen • Nehmen Sie Einwände und Hinweise des Kunden positiv auf und klären Sie noch offene Fragen. • Überzeugen Sie den Kunden von Ihrem Angebot.
Phase 5 **A**bschluss	**Ziel:** eine Entscheidung des Kunden herbeiführen • Beachten Sie Kaufsignale des Kunden und erleichtern Sie ihm seine Entscheidung. • Bieten Sie ihm gegebenenfalls einen weiteren Termin an. • Verwenden Sie Formulierungen, die zu einem Abschluss führen.
Phase 6 **V**erstärker	**Ziel:** den Kunden in seiner Entscheidung bestärken • Bestätigen und verstärken Sie die Entscheidung des Kunden, indem Sie auf die Richtigkeit seiner Entscheidung hinweisen. • Finden Sie einen positiven Gesprächsabschluss.

Hinweis

Schon bei der Einleitungsfrage zeigt sich, wie wichtig es ist, die richtige Frageart zu verwenden: „Was darf ich für Sie tun?" ist besser als „Kann ich Ihnen helfen?".

Die erste Frage ist eine offene Frage und verlangt vom Gesprächspartner Informationen (siehe Seite 74).

Die zweite Frage ist eine geschlossene Frage und kann nur mit ‚Ja' oder ‚Nein' beantwortet werden. Mit einem ‚Nein' als Antwort wäre das Gespräch bereits beendet. Die wichtigste Aufgabe des Verkäufers ist es, das Gespräch zu führen und fortzuführen. Das bedeutet: Fragen stellen und Anregungen geben.

aktives Zuhören:
siehe Seite 84

Aufgaben

1. Führen Sie weitere Elemente auf, die Ihrer Meinung nach in einem Verkaufsgespräch wichtig sein könnten.
2. a) Planen Sie ein Rollenspiel. Bilden Sie hierzu Paare, wobei jeweils eine Person ein unschlüssiger Kunde und die andere ein Verkäufer bzw. eine Verkäuferin ist.
   b) Wählen Sie ein Ihnen bekanntes oder derzeit angesagtes Produkt, das Sie verkaufen wollen.
   c) Formulieren Sie eine Reihe offener Fragen, die an den Kunden gerichtet werden sollen. Planen Sie auch Smalltalk-Sequenzen mit ein.
   d) Führen Sie ein Verkaufsgespräch durch.

Auf der vorhergehenden Seite haben Sie gesehen, wie man während eines Verkaufsgesprächs planvoll und strukturiert vorgeht. Es gibt aber noch weitere Aspekte, die es zu beachten gilt, um den Erfolg von Verkaufsgesprächen zu steigern. So zum Beispiel:

Erfolgreich Verkaufsgespräche führen: Praxistipps für den Verkäufer/ die Verkäuferin

Mimik und Gestik: siehe Seite 58 und Seite 304

Körpersprache: siehe Seite 304

aktives Zuhören: siehe Seite 84

Mimik und Gestik immer positiv einsetzen

Ihre Körpersprache sagt viel über Sie und Ihr Verhältnis zum Kunden aus. Lächeln Sie den Kunden an und halten Sie Blickkontakt. Nehmen Sie eine offene Körperhaltung ein. Verschränken Sie die Arme grundsätzlich nicht vor der Brust. Schauen Sie niemals genervt, auch dann nicht, wenn ein Kunde ungewöhnliche Fragen stellt.

Aktiv zuhören und gezielt Fragen stellen

Hören Sie dem Kunden genau und aufmerksam zu, um so seine Wünsche zu erfahren (aktives Zuhören). Stellen Sie gezielte Fragen, um weitere Informationen zu erhalten und um dem Kunden zu vermitteln, dass Sie sich für dessen Belange interessieren. Hinweise zu Fragetechniken finden Sie auf Seite 74 und auf Seite 3.

Eine kundenorientierte Sprache verwenden: „Nutzensprache“

Ein Kunde will Leistungen kaufen, die ihm helfen, ein Problem zu lösen. Mit anderen Worten: Er kauft Nutzen. Vermeiden Sie darum grundsätzlich Ich-Botschaften (z. B.: *Ich verspreche Ihnen …; Ich biete Ihnen …*), sondern stellen Sie den Kunden in den Mittelpunkt des Gesprächs. Legen Sie dar, welche Vorteile (welchen Nutzen) er von Ihrem Angebot hat (z. B.: *Sie können Ihr Ergebnis sagenhaft verbessern! Sie sparen kostbare Zeit!*).

Pausen machen

Reden Sie nicht zu viel, sondern machen Sie auch mal eine Pause. Mit Pausen geben Sie dem Kunden Zeit zum Nachdenken. Gleichzeitig verleihen Pausen Ihren Aussagen mehr Wirkung und erhöhen die Spannung, was wiederum die Aufmerksamkeit steigert.

Beispiel für ein beginnendes Verkaufsgespräch

❶ *Ein älteres Ehepaar betritt ein Bettengeschäft, in dem drei Doppelbetten nebeneinander ausgestellt sind.*

Verkäuferin: „Einen schönen guten Tag. Kommen Sie herein. Was darf ich für Sie tun?“
Kunde: „Wir wollen uns erst einmal umsehen.“
Kundin: „Wir suchen nämlich ein neues Bett.“
Verkäuferin: „Da sind Sie bei uns genau richtig. Schauen Sie sich erst einmal in Ruhe um.“
Kunde: „Ja gerne.“
Verkäuferin: „Schreckliches Wetter heute. Da möchte man am liebsten gleich den ganzen Tag zuhause und im Bett bleiben.“
Kunde: „Da stimmt, ist wirklich ein schreckliches Wetter heute …“
Verkäuferin: „An was für ein Bett haben Sie denn genau gedacht?“
Kundin: „Wir suchen ein neues Doppelbett.“
Kunde: „Es soll aber eine bestimmte Farbe haben.“
Kundin: „Ja, es soll in Weiß gehalten sein, damit es in unser Schlafzimmer passt. Und es muss 180 cm breit sein. Zu teuer soll es aber auch nicht werden.“
Verkäuferin: „Sie suchen ein weißes Doppelbett mit 180 cm Breite. Kommen Sie doch bitte mal mit mir mit. Wir haben diesen Monat ein paar besondere Angebote, die Ihren Wünschen entsprechen. Ich bin mir sicher, da ist was für Sie dabei.“

Ein Verkaufsgespräche in der Literatur

❷ Bettenkauf (Auszug)
Loriot

Ein älteres Ehepaar betritt ein Bettengeschäft, in dem drei Doppelbetten nebeneinander ausgestellt sind.

Verkäufer: Womit kann ich dienen?
Gattin: Wir hätten gern ein Bett …
Verkäufer: Haben Sie da an eine Schlaf-Sitz-Garnitur gedacht mit versenkbaren Rückenpolstern, an eine Couch-Dreh-Kombination oder das klassische Horizontal-Ensemble?
(Die Gatten sehen sich verblüfft an)
Gatte: Wir schlafen im Liegen …
Verkäufer: Ah ja … da empfehle ich Ihnen die Kreationen aus dem Hause „Unisono". Sie ruhen nebeneinander oder rechtwinklig?
Gatte: Rechtwinklig?
Gattin: Nein, nein … ganz normal …
Gatte: … im Bett
Verkäufer: Also nebeneinander … parallel …
Gatte: Müssen wir das hier so genau …?
Verkäufer: *(geht nach links zu Bett I)* Da haben wir das Modell „Allegro" mit doppeltem Federkern und Palmfaserauflage … Für das Bezugsmaterial der Matratze können Sie wählen zwischen einer imprägnierten Halbzwirnware oder gegrilltem Volon …
Gatte: Ach …
Gattin: Und wie liegt es sich so?
Verkäufer: Die Federmuffen sind einzeln aufgehängt und kreuzweise verspannt … also hüftfreundlich in der Seit- und Bauchlage … Sie dürfen gerne einmal probeliegen, ich bediene inzwischen die anderen Herrschaften …
Gatte: Richtig hinlegen?
Gattin: Auch in Rückenlage?
Verkäufer: Ganz wie Sie wünschen …
Gattin: Zieh doch die Schuhe aus!
(Die Gatten legen sich auf das Modell „Allegro") […]

Loriot (1923 – 2011): bürgerlicher Name Vicco von Bülow. Ein Autor, Schauspieler, Karikaturist und Regisseur.

Aufgaben

1. a) Bilden Sie kleine Gruppen und führen Sie das Verkaufsgespräch ❶ bis zum Verkaufsabschluss schriftlich fort. Verwenden Sie als Leitfaden für das weitere Gespräch die KAAPAV-Formel auf Seite 77.
   b) Verteilen Sie die Rollen Verkäufer/-in und Ehepaar in Ihrer Gruppe und spielen Sie Ihr Verkaufsgespräch vor der Klasse nach. Beachten Sie beim Rollenspiel auch die Tipps für das erfolgreiche Führen eines Verkaufsgesprächs.
   c) Machen Sie sich Notizen zu den Verkaufsgesprächen der anderen Gruppen und beurteilen Sie, ob das Vorgehen und die Tipps eingehalten wurden.
2. Arbeiten Sie heraus, inwieweit der Verkäufer in dem Text von Loriot planvoll vorgeht und wo er gegebenenfalls Fehler macht.

3.2.4 Guter Rat ist teuer – das Beratungsgespräch

Informant: jemand, der Informationen liefert

Ein Beratungsgespräch dient dazu, für ein Problem oder zu einer Frage eine Lösung oder eine Antwort zu finden.
In einem echten Beratungsgespräch wird nichts verkauft. Der Zweck der Beratung ist die Weitergabe von Informationen. Ein echter Berater ist immer ein reiner Informant.

Beratungsgespräche gibt es in vielen Formen, z. B. als Rechtsauskunft, Lebensberatung, Schul- und Studienberatung, Ernährungsberatung, Schwangerschaftsberatung, Seelsorge, Schuldnerberatung oder Unternehmensberatung. In seinen vielen Erscheinungsformen ist das Beratungsgespräch je nach Ausprägung zwischen Auskunft und Therapiegespräch einzuordnen.

Man sollte also wissen: In einem Verkaufsgespräch dient die Beratung von vornherein dazu, etwas zu verkaufen. Ein solches Gespräch ist damit kein Beratungsgespräch, sondern ein Verkaufsgespräch. „Beratung" findet dort nur als Nebenleistung statt, mit dem Ziel, den Verkauf zu unterstützen (z. B. beim Frisör, beim Schönheitschirurgen, in der Elektronikabteilung usw.). In einem solchen Fall dient sie dazu, eine Kundin oder einen Kunden von einer Dienstleistung oder einem Produkt zu überzeugen.

Jemanden beraten

Wenn Sie selbst jemanden beraten wollen, sollten Sie immer über ein entsprechendes Fachwissen verfügen und bestenfalls entsprechend geschult sein oder Erfahrung haben.

Beratungsgespräch

Auch im Beratungsgespräch ist es besonders wichtig, immer höflich zu kommunizieren (siehe Seite 74). So schaffen Sie ein Klima des Vertrauens und der Offenheit gegenüber dem Gesprächspartner.
Bedenken Sie stets: Je stärker die Sichtweise der an einem Beratungsgespräch Teilnehmenden voneinander abweicht, desto schwieriger ist es, eine Lösung zu finden. In einem solchen Fall ist es hilfreich, die jeweiligen Sichtweisen zusammenzutragen. Das bedeutet aber, dass gute Beratungsgespräche Zeit benötigen und nicht zwischen Tür und Angel abgehalten werden sollten. Eilige Informationsgespräche (siehe Seite 74) sind keine Beratungsgespräche und können schnell dazu führen, dass etwas falsch verstanden wird.

Problematisch ist es, wenn ein Gespräch mit der Absicht geführt wird, den Gesprächsteilnehmer zu einer anderen Sichtweise zu bewegen. In einem solchen Fall kommt es dann oft vor, dass die Gesprächspartner aneinander vorbeireden und am Ende mit dem Gespräch unzufrieden sind.
Um dies zu verhindern, ist es manchmal sinnvoll, den Gesprächsteilnehmer schon zu Beginn des Gesprächs offen zu fragen, warum er das Gespräch führen will und was er sich davon erhofft.

Strukturiert vorgehen

Wenn Sie die Aufgabe übernehmen, ein Beratungsgespräch zu führen, sollten Sie nicht einfach losplaudern, sondern das Gespräch vorstrukturieren. Das hat verschiedene Vorteile:

- Zum einen wissen Sie selbst immer, an welcher Stelle eines Gesprächs Sie gerade stehen. Zum Beispiel dann, wenn das Gespräch an einem bestimmten Punkt auszuufern droht und man vielleicht gar nicht mehr weiß, was das Besprochene mit dem eigentlichen Problem zu tun hat.

- Zum anderen können Sie mit dem Gesprächspartner vereinbaren, sich an diesen Leitfaden zu halten. Sie können ihn dann auf diesen Leitfaden hinweisen, falls der Gesprächsanlass im Verlaufe des Gesprächs aus den Augen verloren wird. („*Wir hatten vereinbart, unser Gespräch an den einzelnen Schritten zu orientieren. Wir sollten zu diesen Schritten zurückkehren.*")

Begrüßung	Freundliche Begrüßung, um sich kennenzulernen und um auf ein offenes Gespräch zuzusteuern.
Anlass des Gesprächs	In dieser Phase spricht man über den Anlass sowie das mögliche Ziel des Gesprächs.
Informationsaustausch	Über den Sachverhalt oder ein bestehendes Problem werden die Informationen zusammengetragen und ausgetauscht, die den Gesprächsteilnehmern jeweils vorliegen.
Bewertung der Informationen	Die zusammengetragenen Informationen werden bewertet und positive sowie negative Gesichtspunkte herausgearbeitet.
Lösungssuche	In dieser Phase des Gesprächs wird versucht, eine Lösung für das Problem zu finden. Dazu werden Vereinbarungen getroffen.
Handlungs- und Zeitplan	Für die getroffenen Vereinbarungen wird ein Handlungs- und Zeitplan aufgestellt, der festlegt, wie und in welchem Zeitraum die Vereinbarungen umgesetzt werden sollen.
Aktive Gesprächsbeendigung	Am Ende des Gesprächs bewertet jeder Teilnehmer das Gespräch.

Sich selber beraten lassen

Sucht man selbst Hilfe in einem Beratungsgespräch, ist es nicht nur wichtig, für das eigene Problem auch den richtigen Ansprechpartner zu finden. Man sollte sich im Klaren darüber sein, dass Beratungsgespräche nicht nur Zeit, sondern oftmals auch Geld kosten. Beides ist jedoch gut investiert,

- wenn bei einem Problem geholfen werden kann, das man aus Mangel an Kraft oder eigenem Wissen nicht selber lösen kann,
- wenn man aus einer festgefahrenen Situation herausfindet, aus der man sich nicht selbst heraushelfen kann.

Erkundigen Sie sich also immer dann, wenn Sie ein professionelles Beratungsgespräch suchen, bereits im Vorfeld über mögliche Kosten.

Aufgaben

1. Schreiben Sie die im Text erwähnten Arten an Beratungsgesprächen heraus und ergänzen Sie diese um mindestens fünf weitere.
2. Arbeiten Sie heraus, was ein echtes Beratungsgespräch von einer Beratung in einem Verkaufsgespräch unterscheidet, und stellen Sie dies in einer Tabelle gegenüber.
3. a) Überlegen Sie sich einen Anlass für ein Beratungsgespräch. (Z.B. jemanden beraten, der Ihren – je nach Berufsausbildung – fachlichen Rat benötigt.)
   b) Bilden Sie Paare und legen Sie fest, wer beraten wird und wer berät.
   c) Führen Sie nun ein Beratungsgespräch, in dem Sie sich an die Gesprächsstruktur halten.

3.2.5 Konflikte durch Gespräche lösen

Situation:
Während der Mittagspause kommt es in der Kantine des Ausbildungsbetriebs zwischen den Auszubildenden Julian und Diego zu einer Auseinandersetzung. Sie werfen sich gegenseitig vor, sich unhöflich zu verhalten und die Arbeit des anderen schlechtzureden. Im Verlauf der nächsten zwei Wochen wird der Konflikt zwischen den beiden auch für die anderen Auszubildenden immer unerträglicher, da die beiden nur noch schlechte Laune verbreiten.

Sowohl im privaten wie auch im beruflichen Umfeld können Konflikte auftreten, für die es keine einfache Lösung gibt. Sie entstehen meistens, wenn zwei oder mehrere Personen verschiedene Meinungen vertreten.

Wichtig ist, solche Konflikte möglichst schnell und fair zu lösen. Dies kann durch ein Konfliktgespräch erreicht werden, das auf einer sachlichen Ebene ausgetragen wird und die Probleme objektiv beleuchtet.
Ziel eines solchen Gesprächs ist es, zu einem Ergebnis zu kommen, bei dem niemand die Rolle des Verlierers einnimmt (Win-win-Situation).

Ein Beispiel hierfür kann der Umgang mit unzufriedenen Kunden, aber auch mit voneinander enttäuschten Freunden sein. Kommt es zu einem Gespräch, in dem jemand seinen Unmut oder seine Unzufriedenheit zum Ausdruck bringt, sollten Sie immer versuchen, die Situation zu entschärfen. Dies können Sie erreichen, indem Sie folgende Regeln beachten:

Regeln für ein deeskalierendes Gespräch
- Seien Sie stets höflich und Sie selbst – spielen Sie Ihrem Gegenüber nichts vor.
- Hören Sie aufmerksam zu und zeigen Sie das sowohl sprachlich (*„ja", „ach so", „hmhm"* usw.) wie auch durch eine positive Körpersprache (Blickkontakt, nicken, lächeln usw.).
- Lassen Sie die andere oder den anderen ausreden und unterbrechen Sie sie oder ihn nicht.
- Vergewissern Sie sich durch Rückfragen, ob Sie alles richtig verstanden haben *(Meinen Sie, dass .../ Du meinst damit also, dass ...).*
- Achten Sie auf die Gesten des anderen und versuchen Sie, sich in die Person hineinzuversetzen.
- Üben Sie sinnvoll Kritik:
  - Vermeiden Sie Vorwürfe, Verallgemeinerungen (immer du/Sie, alle, jeder) und Ironie.
  - Nennen Sie Fakten und Beispiele.
  - Verwenden Sie Ich-Botschaften *(Ich finde es schade, dass ...).*
  - Sprechen Sie unbedingt Störungen der Kommunikation an *(Können Sie bitte langsamer/lauter sprechen?).*
- Fassen Sie am Ende die getroffenen Vereinbarungen oder Absprachen zusammen und beenden Sie das Gespräch freundlich.

Konflikt: Man spricht von einem Konflikt, wenn Interessen, Zielsetzungen oder Wertvorstellungen von Personen, Gruppen oder sogar Staaten miteinander unvereinbar sind oder unvereinbar erscheinen.

Win-win-Situation: (englisch *win* für „Gewinn") auch Doppelsieg-Situation. Alle Beteiligten erzielen einen für sie annehmbaren Nutzen. Jeder Beteiligte formuliert nicht nur, wie allgemein üblich, seine eigenen Interessen, sondern versucht, die Interessen des anderen ausreichend zu berücksichtigen

deeskalieren: Konflikte und sich aufschaukelnde Prozesse verhindern

Ironie: siehe Seite 183

Ich-Botschaft: auch Selbstoffenbarung. Äußerung, die die eigene Meinung und die eigenen Gefühle mitteilt (siehe auch Vier-Seiten-Modell auf Seite 60). Ich-Botschaften sind eine wichtige Methode der Deeskalation, da sie dem anderen das Nachgeben und Einlenken leichter machen. Denn geäußerte Gefühlsstimmungen in der Ich-Form werden nicht zur verletzenden Kritik an anderen, wie es oft bei Du-Botschaften der Fall ist.
Beispiel: *„Wenn ich sehe, dass du schummelst, dann fühle ich mich nicht ernst genommen."* statt *„Du schummelst immer!"*

Ein Konfliktgespräch leiten

Bereiten Sie sich auf schwierige Gespräche immer gut vor: Klären Sie für sich, welches Ziel Sie haben und wie Sie es erreichen können.

Treten Sie als Schlichterin oder Schlichter in einem Gespräch zwischen zwei zerstrittenen Parteien auf, haben Sie eine wichtige Aufgabe: Sie holen die Konfliktparteien an einen Tisch und leiten das Gespräch. Dabei empfiehlt es sich, folgende Regeln und Schritte zu beachten:

Hinweis

Es geht in einem Konfliktgespräch niemals darum, wer Recht hat, denn Konflikte lassen sich nur gemeinsam lösen. Wollen Sie einen Konflikt schlichten, sollten Sie sich grundsätzlich nicht mit der Frage aufhalten, wer die Schuld an dem Konflikt trägt, sondern versuchen, eine Lösung des Konflikts herbeizuführen.

1. Bestimmen Sie, wer anfangen darf, das Problem aus seiner Sicht zu schildern. Geben Sie selbst jedoch keine Wertung zur Sache ab. Sorgen Sie aber dafür, dass folgende Regeln eingehalten werden:
   - Derjenige, der gerade spricht, darf ohne Zeitbegrenzung alles sagen, was er auf dem Herzen hat.
   - Der jeweilige Zuhörer darf den Sprechenden nicht unterbrechen, darf sich aber Notizen für später machen.

   Erst dann, wenn der Erste fertig ist, darf der Zweite unbegrenzt seine Sicht schildern. Es gelten die gleichen Regeln wie beim ersten Redner.
   Danach ist wieder der erste dran. Wiederholen Sie das Ganze, bis alles ausgesprochen wurde. Das Ganze dient dazu, dass die Streitenden ihre Aggressionen abbauen und wieder eine sachliche Ebene erreichen.
2. Sind die Streitenden auf die sachliche Ebene zurückgekehrt, fordern Sie sie auf, die Schuldfrage sowie das Geschehene ruhen zu lassen. Sorgen Sie dafür, dass jeder eine Liste aufstellt, die in Punkten enthält, was der eine vom anderen erwartet. Es dürfen jedoch keine Schuldeingeständnisse, Entschuldigungen oder Ähnliches vom anderen verlangt werden. Sammeln Sie die Listen ein und überprüfen Sie, ob sie wirklich nur konkrete Forderungen enthalten – z. B., dass man in Zukunft bestimmte Dinge unterlässt.
3. Geben Sie jedem die Liste des anderen, damit jeder eine Forderung des anderen ankreuzt, die er nach dem Konfliktgespräch umsetzen will. So soll erreicht werden, dass sich die Streitenden aufeinanderzubewegen. Sammeln Sie die Listen wieder ein.
4. Sorgen Sie dafür, dass sich beide Parteien gegenseitig versprechen, sich ab sofort an die Vereinbarung zu halten und alle anderen offenen Punkte erst einmal ruhen lassen. Geben Sie dann jedem den eigenen Zettel zurück sowie eine Kopie der Liste des anderen.
5. Vereinbaren Sie abschließend einen Termin für ein weiteres Treffen. Weisen Sie darauf hin, dass erst dann die noch offenen Punkte bereinigt werden sollen.

Aufgaben

1. Stellen Sie die Schritte zur Leitung eines Konfliktgesprächs stichpunktartig in eigenen Worten dar.
2. a) Bilden Sie Dreiergruppen und lesen Sie die Situation am Beginn des Abschnitts gemeinsam durch.
   b) Wählen Sie einen Schlichter in der Gruppe und verteilen Sie dann die zwei anderen Rollen.
   c) Spielen Sie nun ein Konfliktgespräch nach den oben aufgestellten Schritten und Regeln durch.
   d) Bewerten Sie den Verlauf des Gespräch und schreiben Sie Ihre Anmerkungen und Ergebnisse in Stichpunkten auf.

3.2.6 Aktives Zuhören

Aktives Zuhören ist eine Kommunikationstechnik, die in allen Gesprächen eingesetzt werden kann. Sie dient dazu, das gegenseitige Verständnis zu verbessern. Um das zu erreichen, versucht der Empfänger einer Nachricht, die Nachricht so zu verstehen, wie sie vermutlich bei ihm ankommen sollte. Dazu versetzt sich der Empfänger in die Lage des Sprechers bzw. der Sprecherin und versucht herauszufinden, worum es „in Wirklichkeit" geht.

Aktiv zuzuhören erfordert aber nicht nur, dass man zuhört, sondern auch, dass man sich aktiv am Gespräch beteiligt, z. B. immer dann, wenn Unklarheiten auftreten. In solchen Situationen fragt ein aktiver Zuhörer nach, indem er die wahrgenommene Information wiederholt. So kann er auf der Stelle überprüfen, ob er sie richtig verstanden hat.

Ein solches Verhalten im Gespräch hilft,
- gegenseitiges Vertrauen zwischen den Gesprächspartnern aufzubauen und
- während des Gesprächsverlaufs auftretende Unklarheiten schnell auszuräumen.

Hinweis
Das, was jemand sagt, kann auf ganz unterschiedliche Weise vom Zuhörer (Empfänger) verstanden werden. Beachten Sie hierzu die Hinweise zum Vier-Ohren-Model auf Seite 60 und 63.

selektive Wahrnehmung:
Die Wahrnehmung wird beeinflusst durch aktuelle Gefühle, Lebenserfahrung und auch durch die derzeitige Befindlichkeit einer Person.

Mimik: Sprache des Gesichtes, siehe auch die Seiten 58 und 304

Gestik: Ausdrucksbewegung der Arme, Hände und Finger, siehe auch die Seiten 58 und 305

Hinweis
Informationen zur Körpersprache finden Sie auf den Seiten 58 und 304.

Voraussetzungen für das aktive Zuhören

Alle Menschen haben eine selektive Wahrnehmung, d. h., sie nehmen oft nur wahr, was sie wahrnehmen wollen. Um aber besser wahrzunehmen, was ein Gegenüber tatsächlich mitteilen möchte, ist es sinnvoll, die folgenden Hinweise zu beachten. Sie dienen dazu, sich innerlich auf Ihre Gesprächspartnerin, Ihren Gesprächspartner einzulassen:

- Versetzen Sie sich in die andere Person hinein und nehmen Sie ihr gegenüber eine positive innere Haltung ein.
- Interessieren Sie sich für die andere Person als Mensch und respektieren Sie sie, so wie sie ist.
- Seien Sie dazu bereit, die Gefühle und Beweggründe der anderen Person auch tatsächlich erkennen zu wollen.
- Konzentrieren Sie sich vollständig auf Ihr Gegenüber und nehmen Sie sich selber zurück, indem Sie Ihre eigene Meinung nicht in den Vordergrund stellen.

Techniken beim aktiven Zuhören

Die folgenden Techniken ergänzen die Voraussetzungen für das aktive Zuhören.

Hinweis
Vermeiden Sie unbedingt die folgenden Verhaltensweisen:
- ungeduldig sein,
- auf die Uhr gucken,
- nervös hin und her zappeln,
- übermäßig lachen,
- Ihr Gegenüber unterbrechen,
- eine schrille Stimme verwenden,
- ungebeten Ratschläge erteilen.

Nichtsprachliche (nonverbale) Techniken:
Zeigen Sie Ihrem Gegenüber durch Ihre Körpersprache, dass Sie ganz und positiv auf sie oder ihn eingestellt sind:
- Halten Sie Augenkontakt.
- Nicken Sie zustimmend.
- Wenden Sie den Oberkörper und den Kopf Ihrem Gesprächspartner zu.
- Verwenden Sie eine Gestik, die Offenheit signalisiert (vermeiden Sie es, z. B. die Arme über der Brust zu verschränken oder Drohgebärden zu verwenden, wie z. B. einen erhobenen Zeigefinger).
- Signalisieren Sie mit Ihrer Mimik Interesse (z. B. interessiertes, freundliches Lächeln).

Sprachliche (verbale) Techniken

- Wiederholen Sie die Aussage Ihres Gegenübers mit eigenen Worten, um sicherzustellen, dass Sie sie wirklich verstanden haben.
- Signalisieren Sie Ihrem Gegenüber Ihre Aufmerksamkeit. Setzen Sie beim Zuhören Bestätigungslaute und -floskeln ein *(„ah", „ach so", „mhm"…)*.
- Verbalisieren Sie das, was Sie wahrnehmen: Sprechen Sie aus, was Sie im Gehörten wahrnehmen, dadurch werden die Gefühle des Gegenübers gespiegelt. Beispiel: *„Und das hat Sie dann wütend gemacht."*
- Fragen Sie immer wieder nach. Beispiel: *„Nachdem Sie das gesagt hatten, wurden Sie von den anderen nicht mehr ernst genommen?"*
- Fassen Sie Teile des Gesprächs immer wieder mal mit wenigen Worten kurz zusammen. So können Sie erfahren, ob Sie alle Zusammenhänge verstanden haben.
- Klären Sie Unklarheiten unmittelbar auf. Beispiel: *„Sie haben gesagt ‚sofort' – war das am gleichen Tag?"*
- Führen Sie das Gespräch weiter, indem Sie dazu auffordern, das Gesagte fortzuführen. Beispiel: *„Und dann?", „Wer war noch dabei?"*
- Wägen Sie das Gesagte Ihres Gegenübers ab. Beispiel: *„War die Beleidigung schlimmer als ignoriert zu werden?"*

Aktives Zuhören üben

Wichtig!
Dies soll eine Übung sein! Sie dient dazu, das aktive Zuhören zu üben. Vermeiden Sie unbedingt Kritik, Vorwürfe oder gar Beleidigungen! Vermeiden Sie es auch, heikle Themen anzusprechen – Sie sollen Ihrem Gegenüber nicht das sagen, was Sie immer schon mal sagen wollten. Es geht hier nur darum, das aktive Zuhören zu üben!

Setzen Sie sich zu zweit so gegenüber, dass Sie Blickkontakt haben.
Eine bzw. einer von Ihnen beginnt nun, etwas zu sagen.
Reden Sie über belanglose Themen wie Ihre neue Jeans, den Bodenbelag der Turnhalle oder über Allerweltsthemen wie zum Beispiel das Wetter.
Die Person, die beginnt, sollte sich anfangs auf zwei bis drei kurze Sätze beschränken.

Die Aufgabe des anderen besteht darin, das, was der erste zuvor gesagt hat, inhaltlich genau zu wiederholen. Es geht aber nicht darum, jedes Wort des anderen zu wiederholen, sondern den Sinn des Gesagten mit eigenen Worten so genau wie möglich wiederzugeben. Beginnen Sie hierzu am Anfang der Übung die Sätze mit „Du meinst, dass …" oder „Du sagst, dass …".

Nach ungefähr 10 Minuten tauschen Sie die Rollen.

Aufgaben

1. Bilden Sie Paare und führen Sie die Übung zum aktiven Zuhören wie oben beschrieben durch.
2. Wiederholen Sie die Übung und versuchen Sie nun, so viele der oben aufgeführten Techniken des aktiven Zuhörens zu berücksichtigen und anzuwenden wie möglich.

3.3 Argumentieren – einen Standpunkt überzeugend vertreten

Hinweis
Argumente können auch angeführt werden, um eine Behauptung zu widerlegen!

In der privaten und der beruflichen Kommunikation wird häufig argumentiert, z. B.:
- wenn Jugendliche sich mit ihren Eltern über die Höhe des Taschengeldes streiten,
- wenn die Bundestagsabgeordneten über ein neues Gesetz debattieren,
- wenn in Internetforen diskutiert wird, welches Betriebssystem das beste sei,
- wenn in Gerichtsverhandlungen die Rechtsanwälte die unterschiedlichen Positionen der Streitparteien vortragen.

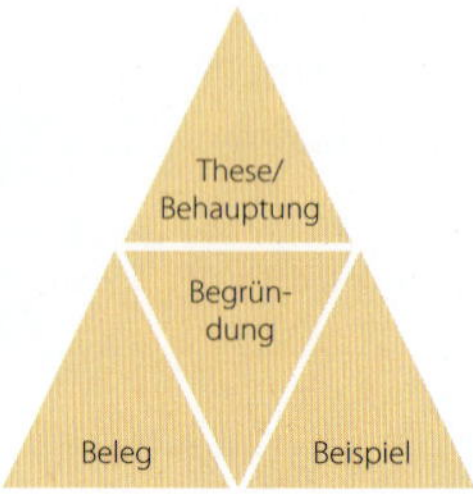

Argumentieren bedeutet: eine Behauptung begründen.

Den Ausgangspunkt jeder Argumentation bildet
- entweder eine Behauptung (These): *Der Staat sollte das Rauchen verbieten.*
- oder eine Fragestellung, die behandelt werden soll: *Sollte der Staat das Rauchen verbieten?*

Beleg: ein Zitat oder ein Text (Buch, Zeitungsartikel usw.), der zum Beweis für die Richtigkeit einer aufgestellten Behauptung herangezogen wird

Um eine Behauptung zu begründen, formuliert man Aussagen, die als Beweismittel wirken sollen. Diese Aussagen werden **Begründung** genannt.
So könnte z. B. die Behauptung, *auf den Autobahnen sollte nicht schneller als 100 km/h gefahren werden,* mit der Begründung, *weil es dadurch weniger Unfalltote geben würde,* untermauert werden.
Begründungen sollen also andere Menschen von der Richtigkeit oder Falschheit einer Behauptung überzeugen. Darum muss man überzeugend begründen.

Hinweis
Eine Anleitung, wie Sie eine Argumentation aus mehreren Argumenten sinnvoll aufbauen, finden Sie auf Seite 219.

3.3.1 Wie gute Argumente aufgebaut sein sollten

Um ein eigenes Argument stärker und anschaulicher zu machen, sollten Sie immer auch anschauliche Beispiele, Statistiken oder Erläuterungen dazu liefern.

rational: vernünftig, von der Vernunft bestimmt

Behauptung	Der Staat sollte das Rauchen verbieten.
Begründung	Da viele Raucher an Lungenkrebs erkranken.
Beispiel/Beleg	Laut einer Studie der Weltgesundheitsorganisation handelt es sich bei 90–95 % der an Lungenkrebs erkrankten Erwachsenen um Raucher.

Argumenttypen erkennen und unterscheiden

Es lassen sich verschiedene Argumenttypen unterscheiden.

- **Rationale Argumente:** Man versucht, mit nachprüfbaren Tatsachen, klaren Daten (Statistiken, Zahlenangaben usw.) und Aussagen anerkannter Fachleute zu überzeugen.

> **Beispiel:** Behauptung: *Der Staat sollte das Rauchen verbieten.*
> Begründung: *Weil viele Raucher eine schlechte Kondition und Gesundheit haben.*
> Beleg: *Das wird durch die Ergebnisse einer Untersuchung des Bundesamtes für Statistik deutlich. Demnach haben 90 % aller deutschen Raucher Probleme bei körperlicher Anstrengung.*

- **Plausible Argumente:** Man versucht, mit Übertreibungen, Verallgemeinerungen und Pauschalurteilen zu überzeugen. Die Argumente stützen sich auf Mehrheitsmeinungen, den „gesunden Menschenverstand", auf Gewohnheit, Tradition oder die eigene Erfahrung.

Beispiel:	Behauptung:	*Der Staat sollte das Rauchen verbieten.*
	Begründung:	*Weil viele Raucher weniger leisten als Nichtraucher.*
	Beleg:	*Das ist logisch, weil sie weniger Sauerstoff bekommen.*

- **Moralische Argumente:** Man versucht, moralischen Druck auszuüben und an Gefühl und Anstand zu appellieren, damit die Gesprächspartner ihre Meinung ändern. Dazu wird sich auf vermeintliche Persönlichkeiten, verbreitete Wertvorstellungen oder gesellschaftliche Normen berufen.

Beispiel:	Behauptung:	*Der Staat sollte das Rauchen verbieten.*
	Begründung:	*Weil Raucher überall die Luft verpesten.*
	Beleg:	*Sie nehmen z. B. an Bushaltestellen keine Rücksicht auf die Nichtraucher.*

Um zu erkennen, wie stichfest ein Argument wirklich ist, sollte man die oben genannten Argumenttypen kennen und auch unterscheiden können. Denn letztendlich sind es die rationalen Argumente, die ganz ohne Trickserei auskommen.

plausibel: einleuchtend, begreiflich

moralisch: der Moral entsprechend, ihr folgend

Moral: auf Gesellschaftsform, Tradition und Religion beruhendes System von Grundsätzen und Normen, das das zwischenmenschliche Verhalten reguliert

Hinweis
Es wird aber nicht nur in schriftlicher, sondern auch in mündlicher Form argumentiert. Siehe hierzu Seite 90.

Grundmuster einer Argumentation

Um erfolgreich zu argumentieren, sollten Sie das folgende Grundmuster einhalten.

Einleitung	→ Argumentation	→ Schlussfolgerung
• Thema vorstellen • allgemein in den Themenbereich einführen • zur Behauptung (These) hinleiten und diese als Aussage oder Frage formulieren	• Argumente, Belege bzw. Beispiele darlegen • mit dem besten Argument abschließen	• Gesagtes zusammenfassen und abschließend beurteilen

Aufgaben

1. Formulieren Sie zu jeder Behauptung jeweils mindestens eine Begründung.
   a) Drogen sind gefährlich, weil …
   b) Umweltschutz ist wichtig, weil …
   c) Der Güterverkehr gehört auf die Schiene, weil …
   d) Beim Fahren auf dem Mountainbike setzt man einen Helm auf, weil …
2. Ergänzen Sie zu jedem Ihrer Argumente von a) bis d) einen Beleg bzw. ein Beispiel.
3. Stellen Sie Ihre Ergebnisse in der Klasse vor. Stimmen Sie ab, welche Begründung zu der jeweiligen Behauptung am überzeugendsten wirkt.
4. Diskutieren Sie in der Klasse, warum einige Ihrer Argumentationen besonders wirksam sind und andere nicht.

effizient: besonders wirtschaftlich; leistungsfähig; hier auch: mit Erfolg

3.3.2 Argumente finden und ordnen – die Recherche

Wenn Sie andere von Ihrer Meinung überzeugen, also (wirksam) argumentieren wollen, sollten Sie sich vorher gut über Ihr Thema informieren. Die gezielte Suche nach brauchbaren Informationen nennt man Recherche. Je nachdem, was man sucht, können ganz unterschiedliche Informationsquellen herangezogen werden:

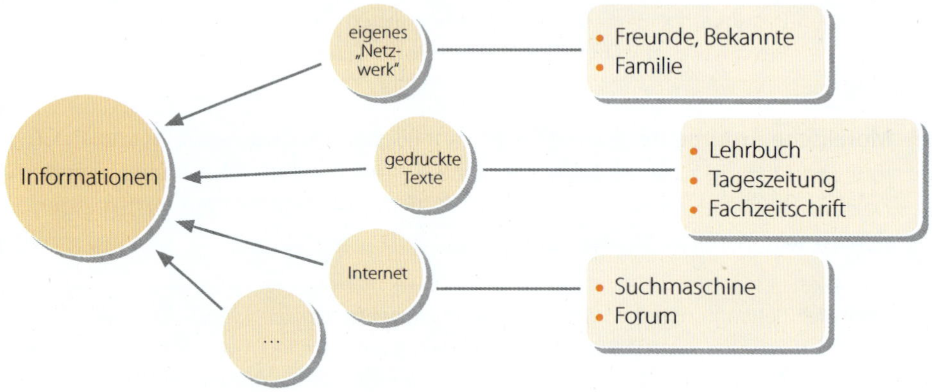

Hinweis
Zur Recherche in Bibliotheken, siehe Seite 268.

Das Internet nutzen

Im Internet ist eine Fülle an wichtigen und unwichtigen, an richtigen und falschen, an verständlichen und unverständlichen Informationen zu finden. Das macht es schwierig, in einer angemessenen Zeit genau die Informationen zu finden, die man für seine Argumentation braucht.

Suchmaschinen bieten hier eine Orientierungshilfe. Sie durchsuchen das Internet mit Hilfe von Begriffen nach bestimmten Informationen.

Rubrik: Spalte, in die etwas unter einer Überschrift eingetragen ist

Manche Suchmaschinen ermöglichen das Suchen wie in einem Katalog: Über ein Inhaltsverzeichnis kann man auf verschiedene Rubriken zugreifen. Andere Suchmaschinen ermöglichen die Suche per Stichwort. Durch geschickte Verknüpfung verschiedener Stichworte wird die Zahl der Treffer stark reduziert.
Die hilfreiche Verknüpfung von Stichworten erfolgt über sogenannte Such-Operatoren.

Such-Operator	Eingabe	Ziel/Suchergebnis
AND, Plus-Zeichen (+) oder Leerzeichen	*Piercing* **AND** *entfernen* **AND** *Folgen;* oder: *Piercing+entfernen+Folgen;* oder: *Piercing entfernen Folgen*	Gesucht wird nach Seiten, auf denen alle drei Suchbegriffe vorkommen.
OR oder Klammern ( )	*Piercing* **OR** *Tattoo;* oder: *(Piercing Tattoo)*	Gesucht wird nach Seiten, die einen oder beide Begriffe enthalten.
NOT oder Minus-Zeichen (-)	*Piercing* **NOT** *Studio;* oder: *Piercing - Studio*	Gesucht wird nach Seiten, die den ersten Begriff beinhalten, nicht aber den zweiten.
Anführungszeichen („")	*„Piercing entfernen"*	Gesucht wird genau nach dieser Wortgruppe.
Sternchen	*pierc**	Gesucht wird nach allen Begriffen, die diesen Wortbestandteil haben, also *Piercing, Piercingstudio* usw.

Piercing

In den vergangenen Jahren ist Piercing zu einem Massentrend geworden. Ursprünglich entstammt der durch die Haut geführte Körperschmuck den religiösen und traditionellen Ritualen vieler Völker auf verschiedenen Kontinenten. Piercing hat in Europa keine solche Tradition. Teilweise war es unter Seefahrern üblich, einen „Notgroschen" am Ohr oder unter der Haut aufzubewahren.

Piercings zieren heute als Körperschmuck Nasen, Zungen, Ohren, Augenbrauen, Bauchnabel und andere Körperregionen. Für viele ist es Ausdruck ihrer Individualität. Durch das Tragen eines oder mehrerer Piercings glauben viele, sich von der Masse abzuheben, Geschmack und Lebenshaltung auszudrücken oder auch die Zugehörigkeit zu einem Stil zu demonstrieren. Manchen gefällt beispielsweise das Küssen einer gepiercten Zunge, somit erhöht man mit einem Piercing seine Attraktivität. Piercings können auch provozieren, die Eltern, Großeltern usw. – die Masse der nicht-gepiercten Spießer.

Der Traum vom Piercing kann allerdings auch schnell zum Albtraum werden. Unhygienische Bedingungen beim Stechen (auf Partys, in Hinterzimmern von Diskotheken) können zur Übertragung von Krankheiten (Gelbsucht, Aids, Hepatitis) oder zur Infektion führen. Immer mehr Menschen leiden an Unverträglichkeiten und Allergien (Chrom, Nickel). Ihnen kann ein Piercing große Probleme bereiten. Durch das Piercen können unter Umständen auch Nervenzellen zerstört (Geschmacksnerv in der Zunge) oder der Milchkanal (Brustwarzenpiercing) dauerhaft beschädigt werden.

Aber auch das Tragen eines Piercings erfordert einige Kenntnisse. Man sollte wissen, dass ein Piercing ständig gereinigt werden muss, damit es nicht zu unangenehmer Geruchsbildung, zu einer Infektion, zu Vereiterungen oder gar zu einer Blutvergiftung kommt. Ebenso sollte man sich darüber klar sein, dass das Piercen eine Lebensentscheidung ist: Piercingkanal, Narben, geweitete und hängende Ohrläppchen bleiben, auch wenn man dem Trend längst abgeschworen hat. Nicht immer gelingt es, durch teure Operationen die Folgen unsichtbar zu machen.

Piercing: Das Wort stammt vom englischen Verb *to pierce* ab, was soviel bedeutet wie „durchbohren, durchstechen". Beim Piercing werden an verschiedenen Stellen des Körpers die Haut und darunter liegendes Fett- oder Knorpelgewebe durchstochen, um Schmuck anzubringen.

Aufgaben

1. a) Lesen Sie den oben stehenden Text zum Thema Piercing und arbeiten Sie heraus, welche Argumente er für und gegen das Piercing enthält.
   b) Stellen Sie die gefundenen Argumente in einer Tabelle gegenüber.
2. Recherchieren Sie im Internet weitere Argumente, die für und gegen das Piercen sprechen. Verwenden Sie dazu die oben angegebenen Suchoperatoren.
3. Entscheiden Sie sich, ob Sie für oder gegen das Piercen argumentieren wollen und erstellen Sie dann stichpunktartig ein Grundmuster für Ihre Argumentation (siehe hierzu Seite 87). Führen Sie mindestens zwei Argumente für Ihre Position an.

3.4 Die Diskussion

Jeder hat schon mal diskutiert. Ob es darum ging, bei der Lehrerin eine bessere Note durchzusetzen, bei den Eltern zu erreichen, dass man später nach Hause kommen darf, oder Freundinnen und Freunden klarzumachen, dass eine bestimmte Band besonders gut sei – jeder wollte die anderen Gesprächsteilnehmer von der eigenen Meinung überzeugen.

Eine Diskussion ist also ein Gespräch, in dem mindestens zwei Beteiligte unterschiedliche Meinungen zu einem Thema austauschen. Jeder will dabei den oder die anderen von der eigenen Meinung überzeugen. Dadurch soll am Ende der Diskussion ein Problem gelöst, eine Vereinbarung erzielt oder es sollen zumindest Gemeinsamkeiten deutlich herausgearbeitet sein.
Diskussionen können spontan aus der Situation heraus entstehen oder aber geplant werden (siehe Kapitel 3.3).

Tipp
Um erfolgreich gegen einen anderen Standpunkt zu argumentieren, bieten sich die folgenden **Techniken der Gegenargumentation** an:

Ja-aber-Technik:
Sie stimmen zunächst zu (ja), dann formulieren Sie die Einwände (aber).
„Ich bin Ihrer Meinung, dass die Schule nicht für alles verantwortlich gemacht werden darf, aber sie muss auf alle Fälle die Sicherheit der Schüler garantieren."

Abstreitetechnik:
Wichtige Argumente des Vorredners werden grundsätzlich abgelehnt.
„Sie begründen Ihre Meinung mit einer Statistik. Statistiken aber kann man nicht trauen, denn sie zeigen uns nie die Realität."

Relativierungstechnik:
Die Aussage des Vorredners wird eingeschränkt, indem man darauf hinweist, dass es sich nur um Einzelfälle handelt.
„Sicherlich sind, wie Sie sagen, beim Bungee-Jumping schon Unfälle entstanden, sogar tödliche. Aber das sind doch nur Einzelfälle. Die meisten Springer kehren wohlbehalten auf den festen Boden zurück."

Tipps
Wenn Sie erfolgreich diskutieren wollen, müssen Sie
- gut argumentieren (siehe Kapitel 3.3). Das heißt, dass Sie Ihre Meinung oder Behauptung gut und überzeugend begründen sollten.
- ruhig bleiben, da ruhig formulierte Argumente besser wirken. Lassen Sie sich also nicht provozieren.
- Ihren Diskussionspartnern gut zuhören, damit Sie auf deren Argumente auch treffend eingehen können. Nehmen Sie auch Blickkontakt auf. Das zeigt Ihre Aufmerksamkeit.
- kurz auf die Äußerungen Ihrer Vorredner eingehen, bevor Sie Ihre eigene Argumentation anbringen.
- sich kurz und präzise äußern.
- beim Thema bleiben und nicht abschweifen.
- persönliche Beleidigungen oder Angriffe unterlassen. Damit würden Sie Ihre Diskussionspartner nicht überzeugen, sondern nur unnötigen Widerstand erzeugen.

Aufbau

Ein guter Diskussionsbeitrag besteht aus drei Teilen:

1.Teil	2. Teil	3.Teil
Sie sagen, wo Sie an die bisherige Diskussion anknüpfen.	Sie argumentieren.	Sie stellen Ihren Kerngedanken dar.
„Ich beziehe mich auf Paul, der gesagt hat, dass die Asylbewerber nach Deutschland kommen, um Geld von unserem Staat zu bekommen. Ich bin anderer Meinung."	„Die meisten Asylbewerber kommen in unser Land, weil sie in ihrer Heimat um ihr Leben und um ihre Gesundheit fürchten. Sonst würden sie nicht ihr Zuhause verlassen. Im Land A. gibt es z. B. seit Jahren einen blutigen Bürgerkrieg."	„Deshalb meine ich, dass wir die Asylbewerber freundlich empfangen und nicht gegen sie demonstrieren sollten."

Auch wenn Sie einem Diskussionsbeitrag eines Vorredners zustimmen, sollten Sie mindestens ein Argument ergänzen, was bisher nicht genannt wurde. Nur so ist Ihre Äußerung sinnvoll.

Beispiel einer Diskussion in einer Lerngruppe

Lehrerin: „In der Fachkonferenz wird morgen darüber abgestimmt, ob Schülerinnen und Schüler im Deutschunterricht mehr Gedichte auswendig lernen sollen. Ich möchte Ihre Meinungen hören. Bitte diskutieren Sie die Fragestellung."

Finn: „Also, ich finde Gedichte auswendig lernen nervend. Da muss man etwas lernen, nur um wie ein Papagei alles nachzuplappern."

Bilal: „Ich konnte früher immer ganz gut etwas auswendig lernen. Vielleicht könnte ich meine Deutschnote damit verbessern."

Leonie: „Das, was Finn sagt, trifft auf den ersten Blick zu. Er vergisst dabei aber, dass wir ja auch in Englisch auswendig lernen müssen. Nämlich die Vokabeln. Das Auswendiglernen zu können, ist also wichtig, um eine bessere Bildung zu bekommen. Ich bin dafür, dass wir im Deutschunterricht Gedichte auswendig lernen. Von mir aus könnten sie sogar etwas länger sein."

Lara: „Leonie, du bist eine Streberin. Die ganze Paukerei macht uns doch nur mehr Arbeit."

Ahmed: „Ich möchte auch zu Leonies Argument etwas sagen. Du hast Recht, wenn du sagst, dass man durch das Auswendiglernen von Vokabeln seine Bildung verbessert. Vokabeln haben aber eine Bedeutung für unser Leben, unseren Alltag. Das Auswendiglernen von Gedichten hat wie das Auswendiglernen von alten Telefonbüchern keine Bedeutung für uns. Deswegen erhöht sich dadurch auch nicht der Bildungsgrad. Ich bin dagegen, im Fach Deutsch Gedichte auswendig lernen zu müssen."

Max: „Genau, Ahmed. So ist es."

Felix: „Ich lern keine Gedichte. So ein Quatsch. Da nehm' ich lieber die Sechs."

Luis: „Genau, Felix. Wie seid ihr denn drauf? Heutzutage etwas auswendig lernen? Es ist doch viel wichtiger zu wissen, wie man an wichtige und aktuelle Informationen gelangt und wie man überprüft, ob sie auch tatsächlich richtig sind. Das ist heutzutage Bildung."

Hinweis

Wenn Sie jemandem in einer Diskussion widersprechen wollen, bieten sich folgende **Formulierungen** an:

- *Einerseits stimmt es, was du sagst, andererseits aber …*
- *Dein Argument ist einleuchtend, du vergisst dabei aber, dass …*
- *Auf den ersten Blick trifft deine Begründung zu. Du vernachlässigst dabei aber, dass …*
- *Du hast Recht, wenn du sagst, dass … Du lässt dabei aber außer Acht, dass …*

Aufgaben

1. Ordnen Sie stichpunktartig die Argumente der Diskussionsteilnehmer in eine Tabelle mit den Spalten „Pro" und „Kontra" ein.
2. Arbeiten Sie heraus, welche Äußerungen die Diskussion gefördert haben. Nennen Sie die Namen des Redners oder der Rednerin und begründen Sie Ihre Einschätzung.
3. Formulieren Sie jeweils einen Diskussionsbeitrag zu den folgenden Äußerungen aus verschiedenen Diskussionen. Nutzen Sie dazu die Formulierungsvorschläge aus der Randspalte und das dreiteilige Modell.
   a) „Markenkleidung ist unverzichtbar. Denn nur mit Markenklamotten ist man modisch angezogen und fühlt sich gut."
   b) „Kinder sollte man möglichst früh bekommen. Ich möchte nicht erst dreißig sein, wenn ich ein Kind bekomme. Dann bin ich ja schon eine alte Frau, wenn das Kind mal auszieht, und kann nichts mehr unternehmen."
   c) „Koma-Saufen ist idiotisch. Wenn man voll ist, bekommt man von der Party nichts mehr mit."
   d) „Junge Menschen sollten alle in die Großstadt ziehen. Auf dem Land langweilt man sich doch nur."
   e) „Jeder sollte mal ein Praktikum im Ausland machen. Nur so lernt man andere Länder wirklich kennen."
   f) „Vegetarier sind die besseren Menschen, denn für ihre Ernährung sterben keine Tiere."

3.4.1 Bei Diskussionen für Ordnung sorgen – moderieren

moderieren: hier: Eine Diskussion mit einleitenden Worten versehen und die Diskussionsbeiträge lenkend miteinander verbinden.

Formen der geplanten Diskussion

Plenumsdiskussion: Bei dieser Form der Diskussion dürfen alle Anwesenden mitdiskutieren. Damit nicht alle durcheinander reden, ist ein Moderator dafür verantwortlich, dass die Regeln der Diskussion bekannt gegeben und eingehalten werden. Er erteilt z. B. das Rederecht.

Podiumsdiskussion: Hier diskutiert eine kleine Gruppe von Experten miteinander. Ein Moderator leitet die Diskussion. Das Publikum hört zunächst der Expertendiskussion zu und kann im Anschluss daran Fragen stellen, wenn der Moderator das Rederecht erteilt.

Debatte: Bei dieser Form wird eine Behauptung oder ein Antrag diskutiert. Dazu stehen sich zwei Rednergruppen gegenüber: die Befürworter (Pro-Gruppe) und die Gegner (Kontra-Gruppe). Auch hier achtet ein Moderator oder Gesprächsleiter auf die Einhaltung der Regeln. Die Redner der beiden Gruppen tragen nach einer Rednerliste abwechselnd ihre Argumente innerhalb einer festgelegten Zeit (z. B. jeweils ca. 1 min) vor. Am Ende stimmen alle über den Antrag oder die Behauptung ab.

Eine Diskussionsleiterin (Moderatorin) oder ein Diskussionsleiter (Moderator) erfüllt wichtige Aufgaben:

❶ Die Diskussion eröffnen

Die Moderatorin oder der Moderator begrüßt zunächst die Anwesenden, stellt kurz das Thema vor und berichtet eventuell kurz über den momentanen Stand der Diskussion in der Öffentlichkeit. Sie oder er sagt auch, wie lange diskutiert werden soll und was das Ziel der Diskussion ist. Sollten sich nicht alle Teilnehmerinnen und Teilnehmer einer Diskussion kennen, gehört es auch zu der Diskussionseröffnung, dass der Moderator alle vorstellt.

So könnte z. B. eine Diskussionseröffnung klingen:

Sehr geehrte Gäste, geschätzte Lehrerinnen und Lehrer, liebe Mitschülerinnen und Mitschüler, ich begrüße Sie und euch herzlich bei unserer heutigen Veranstaltung. Mein Name ist Lisa Konrad. Ich bin Schülerin an dieser Schule.

Heute wollen wir darüber diskutieren, ob unsere Schule sich für den Titel „Schule ohne Rassismus – Schule mit Courage" bewerben soll. Bevor wir diskutieren, möchte ich ganz kurz erzählen, wie man den Titel erwerben kann:
Und zwar müssen sich mindestens 70 Prozent aller Menschen, die in unserer Schule lernen und lehren, mit ihrer Unterschrift dazu verpflichten,

- sich künftig gegen jede Form von Diskriminierung an unserer Schule aktiv einzusetzen,
- bei Konflikten einzugreifen und
- regelmäßig Projekttage zum Thema durchzuführen.

Das klingt einfach und sinnvoll. Ich habe jedoch bei Gesprächen auf dem Schulhof festgestellt, dass nicht jeder eine Vorstellung davon hat, was die Bedingungen konkret bedeuten. Und nicht alle sind davon überzeugt, dass unsere Schule diesen Weg gehen sollte.

Wir haben für unsere Podiumsdiskussion eingeladen: Xenia Kessler, unsere Schülersprecherin, Frau Krawtscyk, eine engagierte Elternvertreterin, Herrn Danesi, Mannschaftskapitän der Fußballmannschaft unserer Stadt und möglicher Pate für unsere „Schule ohne Rassismus", und unsere Schulleiterin Frau Schwirbel-Aziz.

In der nächsten halben Stunde werden die Diskutanten auf dem Podium miteinander diskutieren. Danach werden alle eine Stunde lang Gelegenheit haben, sich an der Diskussion zu beteiligen.

Am Ende unsere Veranstaltung soll ein Meinungsbild deutlich werden, was die Mehrheit der Beteiligten an unserer Schule von dem Projekt „Schule ohne Rassismus" hält. Die Initiativgruppe wird nach unserer Diskussion entscheiden, ob sie das Projekt tatsächlich beginnt.

❷ Den Verlauf der Diskussion lenken

Die Moderatorin oder der Moderator kontrolliert die Einhaltung der vorher festgelegten Redezeit. Sie oder er achtet auch darauf, ob die Diskutanten sich vom Thema entfernen und weist sie auf diesen und andere Regelverstöße hin. Besonders wichtig für eine gute Diskussion ist es, wenn ein Moderator bei unklaren oder unverständlichen Äußerungen klärende Fragen stellt. Kommt die Diskussion ins Stocken, ist es seine Aufgabe, das Gespräch durch weiterführende Fragen wieder zum Laufen zu bringen.

Folgende Formulierungen könnten einer Moderatorin oder einem Moderator nützlich sein:

- Frau Schwirbel-Aziz, ich möchte Sie bitten, beim Thema zu bleiben.
- Xenia, bitte schweife nicht ab. Es geht heute um unsere Schule.
- Entschuldigen Sie, Herr Danesi, was bitte meinen Sie genau, wenn Sie sagen, dass …
- Frau Krawtscyk, bitte fallen Sie Frau Schwirbel-Aziz nicht ins Wort.
- Bitte lassen Sie sich gegenseitig ausreden.
- Herr Danesi, ich muss Sie unterbrechen. Die verabredeten 5 Minuten Redezeit haben Sie schon deutlich überschritten.
- Wir haben einige Ansichten zum Thema gehört. Einige waren meines Erachtens etwas unklar. Bitte sagen Sie, ob Sie für oder gegen das Projekt sind.
- Beschreiben Sie bitte alle, wie das Projekt Ihrer Meinung nach in drei Jahren aussehen wird.

Auch in Diskussionrunden im Fernsehen zeigt sich immer wieder, wie wichtig die Moderatorin oder der Moderator für den gelungenen Verlauf einer Diskussion ist. Auf dem Foto ist Maybrit Illner zu sehen, eine bekannte Fernsehmoderatorin.

❸ Die Diskussion beenden

Die Moderatorin oder der Moderator

- beendet die Diskussion,
- dankt den Teilnehmenden,
- fasst das Ergebnis der Diskussion kurz zusammen,
- erwähnt, was noch nicht geklärt wurde und
- verabschiedet die Anwesenden.

Die Diskussion könnte z. B. so beendet werden:

Sehr geehrte Anwesende, ich möchte die Diskussion an dieser Stelle beenden. Ich bedanke mich bei den Diskutanten. In unserer Diskussion konnten wir einige Unklarheiten ausräumen und feststellen, dass der größte Teil der Menschen an unserer Schule ein großes Interesse an der „Schule ohne Rassismus" hat.
Ich hoffe, dass wir auch weiterhin so konstruktiv diskutieren werden und wünsche einen angenehmen Nachhauseweg.

konstruktiv: aufbauend, den sinnvollen Aufbau fördernd

Aufgaben

1. a) Schauen Sie im Fernsehen eine Talkshow oder andere Diskussion an. Beobachten Sie dabei besonders, wie die Moderatorin oder der Moderator ihre/seine Aufgaben erfüllt hat.
   b) Notieren Sie Ihre Beobachtungen und stellen Sie diese der Klasse vor.
2. Schreiben Sie zu einem von Ihnen gewählten Diskussionsthema eine mögliche Begrüßung auf.

3.5 Festhalten, was los war – das Protokoll

Protokoll: Niederschrift öffentlicher und privater Verhandlungen, die den Verlauf in beweismäßiger Form festlegt

In Ihrer Ausbildung oder später in Ihrer Firma werden Sie an einer Diskussion, Besprechung, Konferenz oder Ähnlichem teilnehmen. Dann kann es vorkommen, dass Sie damit beauftragt werden, ein Protokoll anzufertigen. Daher ist es für Sie wichtig zu wissen,

- welcher Protokoll-Typ wann geeignet ist,
- wie ein Protokoll aufgebaut sein sollte und
- wie ein Protokoll am besten vorbereitet und geschrieben wird.

Ein Protokoll wird geschrieben, um Außenstehende über den Gesprächsverlauf zu informieren und Beteiligte an Absprachen, Zusagen und Festlegungen zu erinnern. Achten Sie daher stets darauf, dass Sie genau und sachlich schreiben.

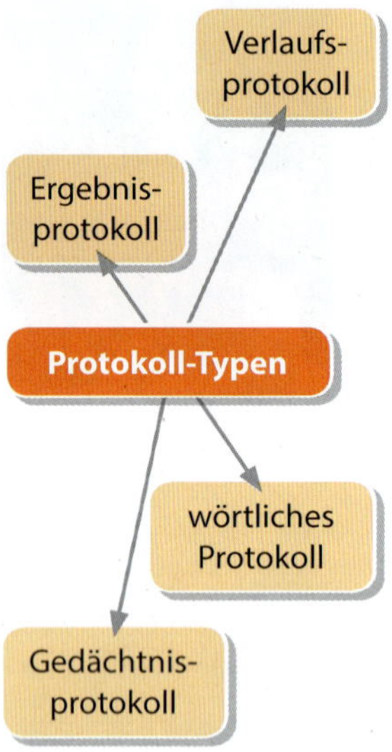

Das Ergebnisprotokoll

Alle, die ein Ergebnisprotokoll lesen, sollen einen schnellen Überblick über das Wichtigste einer Diskussion oder Besprechung bekommen. Daher werden nur die Kernaussagen, Ergebnisse und Beschlüsse aufgeschrieben. Einzelne Redebeiträge unterschiedlicher Teilnehmender können zusammengefasst werden, nebensächliche Äußerungen werden nicht notiert.
Die Reihenfolge der Notizen folgt nicht dem eigentlichen Verlauf der Besprechung, sondern wird nach Themen geordnet.
Bei einem Ergebnisprotokoll wird alles stichpunktartig aufgeschrieben.

Aufbau

1. Protokollkopf (Datum, Ort, Beginn und Ende, Thema der Besprechung, Teilnehmende und Abwesende, Name des Protokollanten);
2. Ablaufplan/Tagesordnung, wenn vorhanden;
3. Ergebnisse/Beschlüsse/Kernaussagen;
4. Unterschrift des Protokollschreibers;
5. Dokumente, die für die Diskussion eine wesentliche Rolle spielten, als Anlagen nennen und beifügen.

Da der Protokollant beim Ergebnisprotokoll selbst entscheidet, was wichtig ist und was nicht, besteht die Gefahr, dass unwichtige Aussagen ausgewählt und wichtige weggelassen werden. Überlegen Sie also gut, was zum Thema gehört und was für alle Beteiligten wichtig ist.

Das Verlaufsprotokoll

Das Verlaufsprotokoll soll den Verlauf einer Versammlung für die Lesenden knapp und sachlich darstellen. Dazu werden die einzelnen Redebeiträge in ihrer zeitlichen Abfolge möglichst genau notiert. Dieser Protokoll-Typ wird für Vereinssitzungen oder Versammlungen verwendet. Mit einem gelungenen Verlaufsprotokoll kann später gut nachvollzogen werden, wie Meinungsbildungen und Beschlüsse zustande gekommen sind. →

Alle Notizen werden stichpunktartig aufgeschrieben. Die Redebeiträge werden in der indirekten Rede wiedergegeben.

Aufbau

1. Protokollkopf (Datum, Ort, Beginn und Ende, Thema der Besprechung, Teilnehmende und Abwesende, Name des Protokollanten);
2. Ablaufplan/Tagesordnung, wenn vorhanden;
3. Knappe und sachliche Darstellung der Redebeiträge und der Beschlüsse;
4. Unterschrift des Protokollschreibers.

Ein Verlaufsprotokoll kann schnell zu ausschweifend und unübersichtlich werden. Das sollten Sie vermeiden. Auch hier können Aussagen gekürzt dargestellt werden oder offensichtliche Nebensächlichkeiten weggelassen werden.

indirekte Rede:
siehe Seite 103 und Seite 168

Das wörtliche Protokoll

Bei einem wörtlichen Protokoll wird versucht, sämtliche Äußerungen wortgetreu wiederzugeben. Es ist sozusagen ein besonders ausführliches Verlaufsprotokoll.
Wörtliche Protokolle werden z. B. bei Gerichtsprozessen oder Bundestagsdebatten genutzt. Den späteren Lesern muss genau klar werden, wer wann was gesagt hat.

Aufbau

1. Protokollkopf (Datum, Ort, Beginn und Ende, Teilnehmende und Abwesende, Name des Protokollanten);
2. (entfällt);
3. Ausführliche und genaue Darstellung des Gesprächs;
4. Unterschrift des Protokollschreibers.

Hier ist es von Vorteil, wenn der Protokollant die Schnellschrift (Stenographie) beherrscht.

Allgemeine Hinweise

- Alle Protokolle werden in der Gegenwartsform (Präsens) verfasst. Wenn Sie die indirekte Rede benutzen, so schreiben Sie in der Möglichkeitsform (Konjunktiv). Beim wörtlichen Protokoll wird allerdings nur die direkte Rede verwendet.
- Unterlassen Sie persönliche Meinungen bzw. persönliche Wertungen. Diese haben in einem Protokoll nichts zu suchen, denn ein Protokoll muss sachlich und neutral sein.
- Wollen Sie Erklärungen zu den Notizen des Protokolls einfügen, müssen Sie diese in Klammern setzen, da sie nicht während der Besprechung geäußert wurden und somit nicht zum eigentlichen Protokoll gehören.
- Notieren Sie sich bereits während der Besprechung oder Diskussion stichpunktartig die Äußerungen der Teilnehmenden. Mit diesen Notizen können Sie dann das eigentliche Protokoll verfassen.

Für ein Beispielprotokoll siehe die folgende Seite.

Präsens: Gegenwartsform; das Präsens drückt aus, dass sich etwas gerade jetzt ereignet; z. B.: *Ich laufe, ich schreibe, ich denke.* Siehe hierzu auch Seite 33.

Konjunktiv: Möglichkeitsform; in der indirekten Rede wird der Konjunktiv I verwendet; z. B.: *Markus sagte, dass er nach Hause gehe.* Siehe hierzu auch Seite 36.

Beispiel für ein Ergebnisprotokoll

❶ Protokollkopf:
- Ort
- Zeit (Datum, Beginn und Ende)
- Teilnehmende
- Abwesende
- Leitung
- Name des Protokollanten

❷ Ablaufplan/Tagesordnung (wenn vorhanden)

❸
- Ergebnisse
- Beschlüsse
- Kernaussagen

❹ Unterschrift der Protokollschreiberin, des Protokollschreibers

❺ Anlagen, wenn vorhanden

Protokoll der 3. Sitzung der „Planungsgruppe Schulfest"

❶ **Ort:** Cafeteria der Melchior-Schule, Bogenstr. 2, Coburg;
Zeit: 3. Mai 20…
16:00 Uhr bis 17:30 Uhr

Teilnehmer: Felix Sabbel, Nancy Burg, Sophie Beutl, Rodrigo Prenz, Johanna Bimms, Seylan Tüfek, Herr Oppermann, Frau Schmoll-Latur, Ina Batic
Abwesende: Frank Meistermacher, Sengül Maier
Sitzungsleiter: Felix Sabbel
Protokollantin: Nancy Burg

❷ **Tagesordnung der 3. Sitzung:**
1. Begrüßung
2. Verteilung der Aufgabenbereiche
3. Organisation des Kartenvorverkaufs
4. Sonstiges
5. Organisatorisches

❸ **Zu Tagesordnungspunkt (TOP) 1:**
Felix Sabbel begrüßt alle Anwesenden, insbesondere unseren Vertrauenslehrer Herrn Oppermann sowie unsere Schulleiterin Frau Schmoll-Latur.

Zu TOP 2:
Nach Absprache übernehmen Sophie, Ina und Felix den Getränkeverkauf. Johanna und Seylan sind für die Kartenkontrolle am Einlass zuständig. Rodrigo übernimmt die Aufgabe des DJs. […]

Zu TOP 3:
[…]

❹ *Nancy Burg*

❺ Anlagen: Liste der geplanten Getränkepreise

3.5.1 Sonderformen des Protokolls

Das Gedächtnisprotokoll
Ein Gedächtnisprotokoll ist eher eine Notlösung, wenn man es versäumt hat, sich bei dem eigentlichen Gespräch Notizen zu machen. Man versucht also, das Gespräch aus der Erinnerung zu rekonstruieren und aufzuschreiben. Besonders wichtig ist es dabei, die Beschlüsse oder Ergebnisse festzuhalten.
Der Wahrheitsgehalt eines Gedächtnisprotokolls ist im Vergleich mit anderen Protokoll-Typen oft geringer.

Aufbau
Der Aufbau des Gedächtnisprotokolls sollte sich am Ergebnisprotokoll orientieren (siehe Seite 94).

Die Aktennotiz
Sie ist eine besondere Art des Kurzprotokolls. Es werden Ereignisse oder Vorgänge kurz dokumentiert. Eine Aktennotiz kann zur Information an verschiedene Personen gerichtet sein. In Firmen gibt es oftmals Schreibvorlagen für Aktennotizen.
Werden einer Aktennotiz Meinungen und Eindrücke hinzugefügt, bezeichnet man sie auch als Aktenvermerk.

W-Fragen für die Aktennotiz:

- **Welchen Vorgang betreffend?**
  Beispiel: Firma XY, Auftrag Nr.
- **Wer war dabei?**
  Beispiel: Name, Firma, Telefon, Anschrift
- **Wann war das?**
  Beispiel: Datum, Uhrzeit
- **Was war?**
  Beispiel: Thema/Grund des Treffens
- **Was wurde getan?**
  Beispiel: bereits getroffene Maßnahmen
- **Wer hat gesprochen?**
  Beispiel: Name und Telefon, E-Mail o. ä.

Beispiel für eine Aktennotiz

Verteiler:
Frau Baumeister
Herr Mayr
Herr Boschetti
Herr Dübel
Frau Stint

Aktennotiz

Zusammenstellung für den neuen Katalog **22.08.20… ek**

Frau Baumeister teilte mit, alle Produkte der einzelnen Abteilungen für den neuen Katalog dieses Jahr bereits im Oktober unter der Auftragsnummer 222333448 zusammenzustellen. Herr Mayr übernimmt die Sammlung der Vorschläge. Bitte reichen Sie Ihre Vorschlagslisten daher bis zum 27. September bei ihm ein.

Mit freundlichen Grüßen

i. A. Ester Kurz

Aufgaben

1. Stellen Sie die wesentlichen Unterschiede der in der Übersicht auf den Seiten 94–95 aufgeführten Protokollarten in einer Tabelle gegenüber.
2. a) Erstellen Sie von den folgenden Unterrichtsstunden ein Protokoll. Bestimmen Sie hierfür in der Klasse gemeinsam die entsprechende Protokollform. In der Folgestunde werden einzelne Protokolle vorgestellt.
   b) Besprechen Sie in der Klasse, ob im Protokoll alles Wichtige erfasst wurde.
3. Schreiben Sie eine Aktennotiz für einen Vorgang in Ihrem Ausbildungsbetrieb. Nutzen Sie, wenn möglich, vorhandene Vorlagen.

3.5.2 Die Telefonnotiz

Auch die Telefonnotiz ist eine Form des Protokolls. Telefonnotizen dienen als Erinnerungsstütze. Sie werden während eines Telefonats angefertigt, um wichtige Informationen weiterzugeben. Sie sollen knapp und präzise informieren und an wichtige Termine oder Aufgaben erinnern.

Während des Telefongesprächs reicht es aus, Stichworte aufzuschreiben oder den Telegrammstil zu verwenden. Wichtiger als ausführliche Formulierungen sind Lesbarkeit, Verständlichkeit sowie Vollständigkeit.

Telegrammstil: Ein Telegramm ist eine telegrafisch übermittelte Nachricht. Ende des 19., Anfang des 20. Jahrhunderts gab es kaum (private) Telefone und ein Brief benötigte ungefähr vier Tage. Telegramme waren die einzige Möglichkeit, Nachrichten vergleichsweise schnell zu überbringen. Telegramme waren teuer und wurden nach der Anzahl der Worte abgerechnet. Darum hat sich ein sogenannter **Telegrammstil** eingebürgert, z. B. sagt man statt „Ich komme am Samstag um 19:00 Uhr an." kürzer „Ankunft Samstag 19 Uhr."

Tipps für das Mitschreiben beim Telefonieren

1. Lassen Sie sich den vollen Namen und den Namen der Firma geben. Oft ist es auch sinnvoll, sich den genauen Namen buchstabieren zu lassen. So können Sie die Gesprächspartnerin oder den Gesprächspartner während des weiteren Gesprächs korrekt anreden. Fragen Sie auch am Schluss des Telefonats immer noch einmal nach, mit wem genau Sie gesprochen haben und um welches Unternehmen es sich handelt.
2. Fragen Sie nach dem genauen Grund des Anrufs. Aus dieser Information lässt sich später ersehen, ob es sich um einen wichtigen Anruf handelt oder nicht. Dies ist insbesondere dann von Bedeutung, wenn Sie mehrere Anrufe hintereinander protokollieren, die dann ihrer Wichtigkeit entsprechend beantwortet werden sollen.
3. Vergessen Sie niemals, nach der Telefonnummer zu fragen. Nur so können Sie sich später auch zurückmelden. Sinnvoll ist es auch zu fragen, ob die anrufende Person eine direkte Durchwahl hat. Fragen Sie auch unbedingt nach weiteren Kontaktdaten, wie z. B. nach der E-Mail-Adresse oder einer Faxnummer.
4. Wichtig ist es auch, sich Datum und Uhrzeit des Telefonats zu notieren, insbesondere dann, wenn das Anliegen des Anrufs nicht gleich bearbeitet oder weitergeleitet werden kann.
5. Schreiben Sie nicht jede Information auf, sondern konzentrieren Sie sich während des Telefonats auf das Wesentliche, denn Sie müssen neben dem Schreiben ja auch noch telefonieren. Verwenden Sie darum beim Mitschreiben den Telegrammstil, da dies Zeit beim Schreiben spart. Weitere Einzelheiten können Sie später ergänzen. Machen Sie dies aber immer sofort nach dem Telefonat, da Sie sonst etwas vergessen könnten.
   Manchmal ist es auch sinnvoll zu notieren, in welcher Stimmung (ärgerlich, erfreut usw.) sich eine Gesprächspartnerin oder ein Kunde befindet, um beim nächsten Kontakt entsprechend reagieren zu können.

Für Telefonnotizen werden oft Vordrucke verwendet, die Sie nur noch mit den entsprechenden Angaben ausfüllen müssen. Solche Vordrucke können sehr hilfreich sein, denn Sie erleichtern nicht nur die Mitschrift, sondern sind eine gute Stütze, wenn Sie noch nicht so viel Erfahrung mit dem Schreiben von Telefonnotizen haben.

Beispiel für eine Telefonnotiz mit Vorlage

Telefon-Notiz

Anruf für Herrn/Frau	Weckowsky
von Herrn/Frau	Dr. Mollucke
von (Firma, Organisation)	Neo-Plast GmbH
Telefonnummer/Anschrift	040 545321879
Faxnummer/E-Mail	mollucke@neoplast.de
Datum/Uhrzeit	22.03.2017 um 14:30 Uhr
Anruf angenommen durch	Stefanie Quast
Betreff	Vereinbarung eines neuen Besichtigungstermins und Projektabsprache

☐ Termin ☒ Rückruf ☐ Erledigung ☐ Kenntnisnahme

Stefanie Quast

Anruf ❶:

Am Dienstag, den 21.04.2017, geht um 16:35 Uhr ein Anruf einer Kundin in Ihrer Firma ein. Sie vertreten Ihre Kollegin am Telefon. Die Kundin äußert folgendes Anliegen: „Guten Tag, mein Name ist Rutkowski. Eigentlich wollte ich mit Frau Quast sprechen. Seien Sie bitte so freundlich und teilen Sie Ihr Folgendes mit: Ich möchte meine Bestellung unter der Nummer 3401-qst ändern und nun vier statt zwei der Küchengeräte erwerben. Sie möchte mich bitte bis Donnerstag unter folgender Nummer zurückrufen: 34563345.

Anruf ❷:

„Guten Tag, mein Name ist Hinterbimshauser, ich habe bei Ihnen schon vor langer Zeit den QR-235 bestellt. Heute sind wir auf Montage und packen das Gerät aus und müssen feststellen, dass es sich um einen IQ-25a handelt. Sie können sich vorstellen, dass ich sehr ärgerlich bin. Bitte schreiben Sie das auf und schicken Sie mir sofort das richtige Gerät zu!"

Aufgaben

1. a) Lesen Sie den Text zu Anruf ❶ durch und erstellen Sie aus den Angaben eine Telefonnotiz.
   b) Notieren Sie, nach welchen wichtigen Angaben Sie noch fragen müssen, da Sie im Text nicht erscheinen.
2. Der Kunde in Anruf ❷ möchte gerade auflegen, aber Sie halten ihn davon ab.
   a) Erstellen Sie eine Liste an Fragen, die Sie stellen müssten, um alle wichtigen Informationen zu erhalten.
   b) Notieren Sie, welche zusätzlichen Informationen Sie in eine Telefonnotiz mit aufnehmen würden.

Anschauen – Aneignen – Anwenden

Wo kann ich das Gelernte im Alltag, in der Ausbildung und im Beruf anwenden? Die folgende Mindmap gibt Ihnen erste Anhaltspunkte.

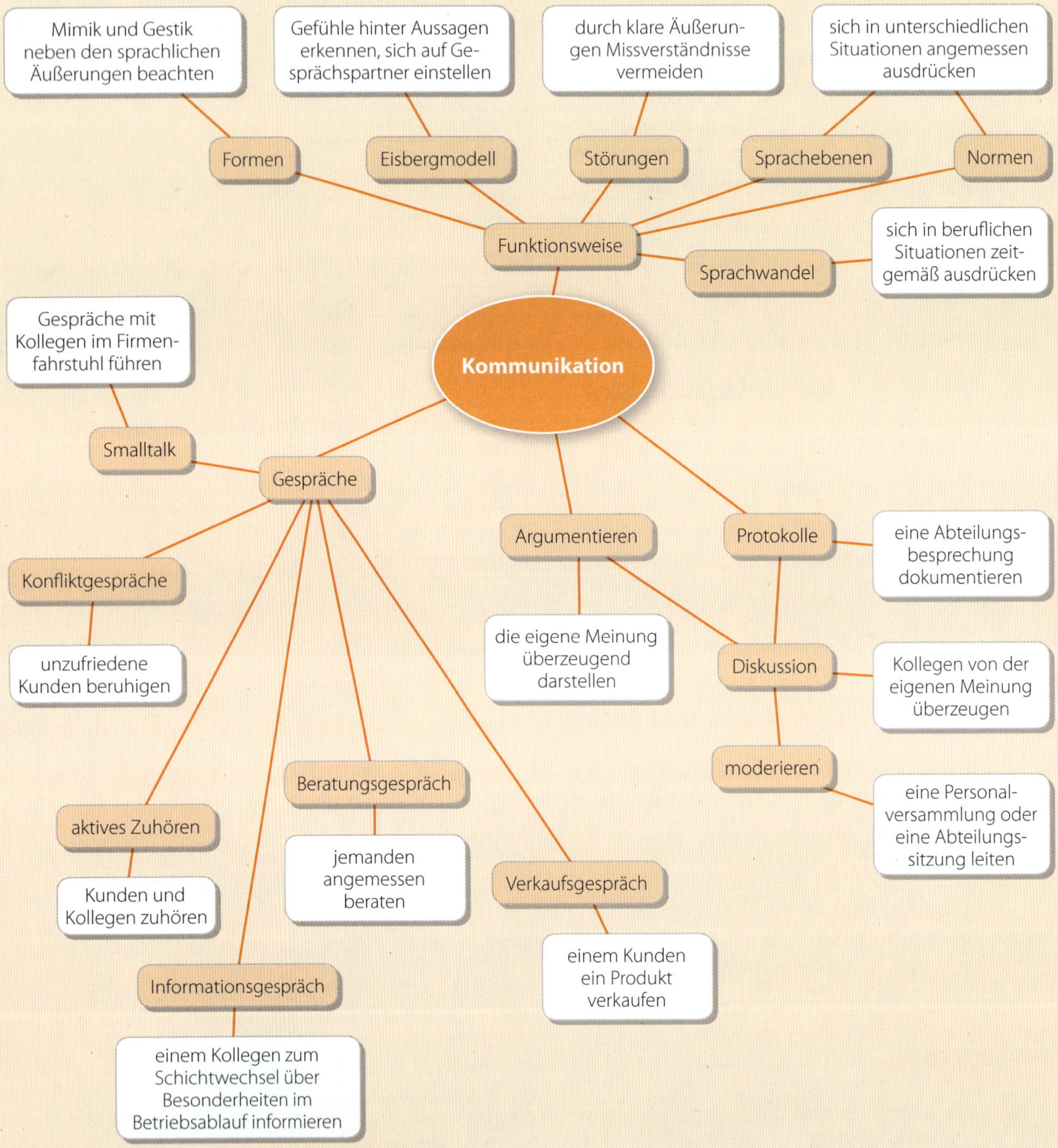

Aufgabe

Finden Sie weitere Anlässe (weiße Endpunkte der Verzweigung), um das Gelernte (farbige Verzweigungspunkte) anzuwenden.

SCHRIFTLICH KOMMUNIZIEREN

4

4.1 Berichten

Der Bericht ist eine Textform, die Leserinnen und Leser über Ereignisse und Handlungen informieren soll. Ein Bericht kann die Grundlage für Entscheidungen sein.
Berichte werden z. B. genutzt, um für die Polizei oder für die Versicherung den Verlauf eines Unfalls darzustellen, eine Zeugenaussage vor Gericht zu machen oder den Ablauf eines Betriebspraktikums darzulegen. Auch in und für Unternehmen sind Berichte unverzichtbar, z. B. Jahresberichte (Bilanz) und Börsenberichte (Situation auf dem Weltmarkt).
Der Bericht wird in Zeitungen auch als **Meldung** oder **Nachricht** bezeichnet (siehe auch Seite 166) und wird z. B. in den Bereichen Politik und Sport verwendet.

Hinweis
Berichte in Zeitungen besitzen einen strengen Aufbau:
- Schlagzeile (Headline),
- Untertitel (wird nicht immer verwendet),
- fett gedruckter Vorspann (Lead) als kurze Zusammenfassung der wichtigsten Tatsachen,
- ausführlicher Nachrichtenteil (Body) mit Darstellung der Details.

Diese Zweiteilung in „Lead" und „Body" ist für eine schnelle Information sehr nützlich. Wenn man den Vorspann liest, weiß man über das Wichtigste schon Bescheid (siehe auch Seite 167).

Präteritum (auch Imperfekt): einfache Vergangenheit, beschreibt abgeschlossene Ereignisse.
Siehe hierzu auch Seite 32.

Sprache des Berichts

Einen Bericht schreibt man sehr sachlich, knapp, präzise, auf das Wesentliche beschränkt und allgemein verständlich. Wichtig ist, dass der Bericht die genaue zeitliche Reihenfolge des Ablaufs der Ereignisse wiedergibt.
In einem Bericht werden keine wörtlichen Reden verwendet und keine Gefühle oder Gedanken geäußert. Die Verben stehen in der Regel in der Vergangenheit (Präteritum).

Mit folgenden Wörtern lässt sich ein Bericht zeitlich strukturieren:

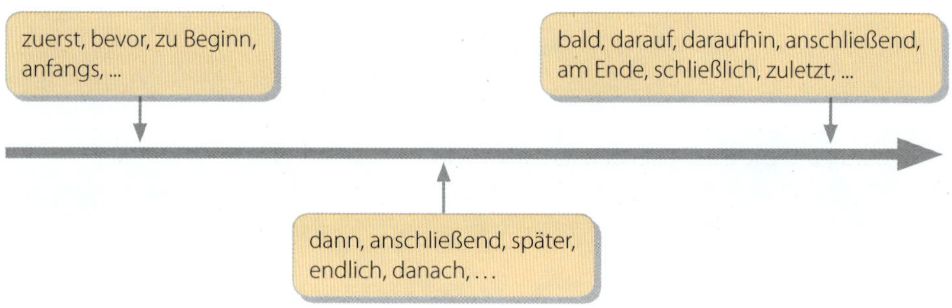

Inhalt

Ein Bericht stellt dar, was, wo, wann, wie lange im Einzelnen geschehen ist. Außerdem wer mit wessen Hilfe etwas getan hat, wie und warum etwas geschehen ist und welche Folgen das Geschehene hatte. Ein Bericht ist besonders informativ, wenn er vollständig diese W-Fragen beantwortet.

Aufbau und Gliederung

Einleitung	Hauptteil	Schluss
wo **w**ann **w**ie lange **w**er **w**as	wie (auf welche Weise) warum	welche Folgen
• Ort • Zeit • Dauer • Beteiligte • Art des Geschehens (z. B. Unfall, Diebstahl, Schulfest usw.)	• Einzelheiten des Vorfalls in exakter zeitlicher Reihenfolge • eventuell mit Begründungen • keine Spannungskurve und kein Höhepunkt (Geradlinigkeit des Berichts)	Folgen des Vorfalls Ergebnisse

Beispiele für Berichte

❶ Stromausfall durch Bauarbeiten

Gestern kam es ab 14.00 Uhr für zwei Stunden in der gesamten Innenstadt zu einem Stromausfall, von dem sämtliche Einwohner, Geschäfte und Firmen innerhalb des Innenstadtringes betroffen waren.
Ein Bautrupp der städtischen Wasserwerke hatte bei Reparaturen an einer Wasserleitung in der Handwerkergasse versehentlich ein Stromkabel zerrissen. Der Führer eines Baggers war mit der Schaufel seiner Maschine zu tief ins Erdreich geraten. Der sofort informierte Entstörungstrupp des Energieversorgers beseitigte die Störung innerhalb von zwei Stunden.
Da während dieser Zeit sämtliche Kühlanlagen der ansässigen Firmen ausfielen, kam es zu einem Schaden von mehreren hunderttausend Euro.

Hinweis
Weitere Informationen zum Thema „Bericht" und „Berichten" finden Sie auf den Seiten 166–167.

❷ Verweste Leiche in Wohnhaus entdeckt

Eine grausige Entdeckung machte gestern Nachmittag ein Leipziger in Sellerhausen-Stünz: In einem Mehrfamilienhaus in der Ostheimstraße fand er gegen 15:30 Uhr einen Toten. Dabei handelte es sich um einen 69-jährigen Leipziger – offenbar den letzten Mieter in dem Haus, sagte gestern Polizeihauptkommissar Gerd Putz. Die Leiche sei bereits stark verwest gewesen. Post und Kalender des Mannes ließen vermuten, dass er schon im Mai gestorben sein muss, hieß es am Abend. Die Leiche wurde zur Obduktion in die Rechtsmedizin gebracht. Bislang ist die Todesursache völlig unklar.

Obduktion: Leichenschau

Indirekte Rede

In Berichten wird anstelle der direkten Rede immer die indirekte Rede verwendet. Wandelt man die direkte Rede in die indirekte Rede um, muss der Konjunktiv I verwendet werden.

direkte Rede	indirekte Rede
Marie: „Paul spielt noch Fußball."	Marie sagt, Paul spiele noch Fußball.
Frau Müller sagt: „Sabrina kommt heute nicht zum Unterricht."	Frau Müller sagt, dass Sabrina heute nicht zum Unterricht komme.
„Das geht so nicht!", rief Kasimir.	Kasimir rief, dass es so nicht gehe.

Hinweis
Weitere Hinweise zur direkten und indirekten Rede finden Sie auf Seite 168.

Konjuktiv: siehe Seite 36

Aufgaben

1. Stellen Sie an den Bericht vom Stromausfall (Text ❶) die W-Fragen und notieren Sie sich stichpunktartig die Antworten.
2. Lesen Sie die zwei Zeitungsartikel und überprüfen Sie, ob es sich jeweils um einen Bericht handelt. Begründen Sie Ihre Entscheidung.
3. Berichte sind auch Grundlage für Entscheidungen. Erläutern Sie, welche Entscheidungen möglicherweise aus folgenden Berichten resultieren: Wetterbericht, OP-Bericht, Unfallbericht, Obduktionsbericht.

4.2 Das Berichtsheft

Das Berichtsheft ist ein wichtiges Dokument in der Berufsausbildung. Jede und jeder Auszubildende ist verpflichtet, es zu führen und bei der Zwischen- und Abschlussprüfung vorzulegen, um überhaupt zugelassen zu werden. Es wird nicht benotet, vermittelt jedoch den Prüfern einen Eindruck darüber, wie ernsthaft der Prüfling an seiner Ausbildung interessiert ist.

Das Heft dient dazu, den Ausbildungsprozess im Detail zu dokumentieren. Auch kann es dabei helfen, sich an Inhalte der Ausbildung, z. B. in Vorbereitung auf die Prüfung, zu erinnern und diese hier nachzuschlagen. In der Regel wird das Berichtsheft mindestens monatlich im Betrieb, im ÜAZ (Überbetriebliches Ausbildungszentrum) bzw. in der Berufsschule kontrolliert und unterschrieben.

Mit dem Berichtsheft wird aber auch überprüft, ob die Ausbilder sich an die Vorgaben der jeweiligen Kammer gehalten haben. Daher ist es wichtig, dass Sie jede Seite Ihres Berichtsheftes vom Ausbilder unterschreiben lassen. Der Ausbilder erkennt mit seiner Unterschrift den Wahrheitsgehalt des Berichtsheftes an. Normalerweise kontrolliert und unterschreibt er das Berichtsheft mindestens monatlich.

Tipp
Regelmäßige, vorzugsweise tägliche Einträge in das Berichtsheft ersparen Ihnen später viel Zeit und Stress. Außerdem kann man sich bei einem zeitnahen Eintrag noch an Kleinigkeiten erinnern, die man später eventuell vergessen hat.

Partizip (auch Mittelwort): siehe Seite 22

Partizip Perfekt (auch Partizip II oder Mittelwort der Vergangenheit); siehe Seite 33

Stil/Sprache

- Notieren Sie Stichpunkte oder kurze Sätze.
- Verwenden Sie in Stichpunkten das Partizip Perfekt und in Sätzen das Präteritum.
- Benutzen Sie Fachausdrücke und erklären Sie neue Fachausdrücke einmal.
- Verwenden Sie nur sachliche Fakten und verzichten Sie auf Ausschmückungen.

Inhalt

- Ausgeführte Tätigkeiten mit Angabe des zeitlichen Umfangs in Stunden (in Stichpunkten oder kurzen Sätzen),
- Notizen zu Unterweisungen zu Werkstoffen und Arbeitsabläufen, zum Beispiel über den Umgang mit Maschinen oder Baustoffen (Eigenschaften, Mischungsverhältnisse ...),
- Skizzen mit Beschriftung,
- Arbeitsort, wenn dieser unterschiedlich ist, z. B. in der Baubranche,
- Fragen und Probleme, die sich ergeben,
- Fehler, die Sie gemacht haben, und wie Sie diese behoben haben (Lernprozess wird deutlich),
- Zusammenfassung der Gesamtstundenzahl des Tages.

Hinweis
Berichtshefte sind nicht nur während einer Ausbildung sinnvoll, sondern können genauso eingesetzt werden, um den Verlauf eines Praktikums zu dokumentieren.

Wöchentliche und tägliche Einträge

Es gibt Berichtshefte mit wöchentlichem und mit täglichem Eintrag. Erfragen Sie in Ihrem Ausbildungsbetrieb, wie das bislang gehandhabt worden ist. Am einfachsten wird es sein, wenn Sie einen älteren Auszubildenden in Ihrem Betrieb fragen. Ihr Ausbildungsbetrieb wird Ihnen die Formulare für Ihr Berichtsheft kostenfrei zur Verfügung stellen und Ihnen die Zeit zum Ausfüllen geben.

Normen für das Berichtsheft

Das Einhalten der Normen ist wichtig, da man nur mit einem der Norm entsprechenden Berichtsheft zur Prüfung zugelassen wird.

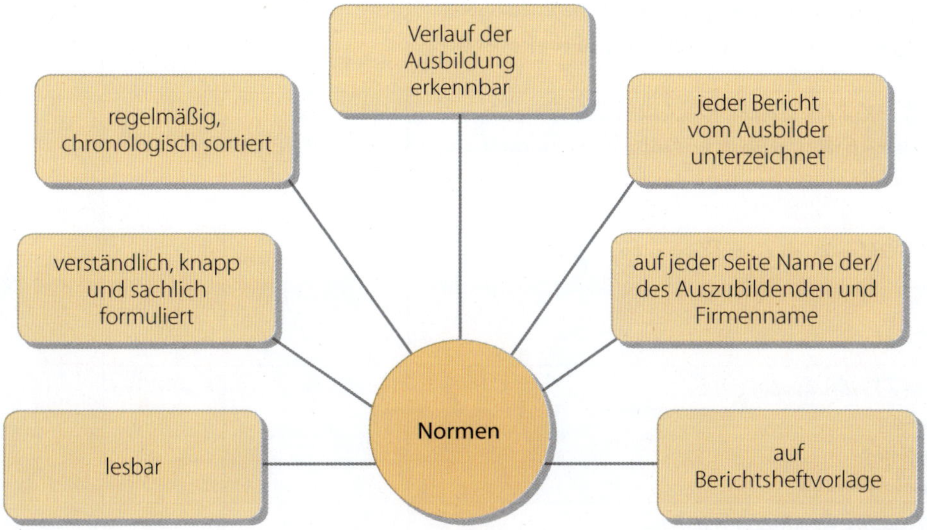

Eventuell gibt es in Ihrer Branche noch spezifische Normen beim Führen des Berichtsheftes. Fragen Sie dazu frühzeitig Ihren Ausbilder oder die zuständige Kammer.

Tipp
Es gibt auch Vorlagen in Textverarbeitungsprogrammen, so dass Sie Ihr Berichtsheft am Computer führen können. Sollten Sie sich für diese Variante entscheiden, ist es wichtig, dass Sie die Blätter regelmäßig ausdrucken und abheften.

Synonyme: Wörter mit gleicher Bedeutung; ein Synonym kann ein anderes Synonym im Satz ersetzen, z. B. laufen, gehen, bewegen, rennen. Siehe hierzu auch Seite 42.

Aufgaben

1. Häufig wird das Wort „machen" in Berichtsheften verwendet. Oft kann es durch ein besser passendes Verb (ein Synonym) ersetzt werden. Beispiel: *Man muss zuerst den Arbeitstisch sauber machen./Man muss zuerst den Arbeitstisch reinigen.*
   Ersetzen Sie in den folgenden Sätzen alle Formen von „machen".
   a) Ich machte am Montag im Labor eine Untersuchung einer Wasserprobe.
   b) Ich machte zuerst meine Geometrieaufgaben fertig.
   c) Am Donnerstag machte meine Abteilung eine Reinigung der Werkstatt.
   d) Der Schulleiter machte die Mitteilung, dass unser Lehrer einen Fortbildungskurs mache.
   e) Um Excel-Tabellen zu machen, habe ich einen Kurs gemacht.
   f) Wir machten einen Stuhlkreis.
   g) Mein Ausbilder machte mir Mut.
   h) Letzte Woche wurde ein neuer Vertrag gemacht.
   i) Mein Kollege machte den Anfang.

Ausbildungsnachweis Nr. 23

Ausbildungsberuf: Verkäufer/-in Ausbildungsbetrieb/Firma: Malle-Mode

Name, Vorname: Kröhmer, Samantha

Woche vom ....bis....................

Tag	Ausgeführte Tätigkeiten/Berufsschulunterricht	Bereich	Stunden
Mo	neu eingetroffene Blusen nach Größe und Farben auf die Ständer gehängt; Packmaterial bereitgestellt; Ware nach Spezifikation wie Größenkennzeichnung, Preisauszeichnung und Mängel, wie fehlende Knöpfe, kontrolliert	Lager	8
Di	beim Verkauf mitgeholfen: Kunden begrüßt, Kundenwünsche ermittelt, Kunden zu den gewünschten Größen geführt, verkaufte Waren verpackt und den Kunden ausgehändigt	Verkauf	8
Mi	Ware ausgezeichnet, die Reklamation einer Bluse entgegengenommen	Verkauf	8
Do	Deutsch: Grammatik und Rechtschreibung Wirtschaft: Buchführung Englisch: Business English Sozialkunde: Jugendgerichtsbarkeit	Berufsschule	8
Fr	Kundenorientiertes Verkaufen: Beratendes Verkaufen Einzelhandelprozesse: Anfrage, Angebot, Bestellung Kaufmännische Steuerung und Kontrolle: Rechts- und Geschäftfähigkeit	Berufsschule	8
Sa			
	Gesamtstundenzahl		40

Notizen zu Fachbegriffen, Unterweisungen, Fragen ...

Spezifikation: Eine Spezifikation ist eine Beschreibung einer Ware. Entspricht die Ware nicht der Spezifikation, liegt ein Mangel vor.

Mangel: Die Ware ist fehlerhaft oder ihr fehlen zugesicherte Eigenschaften. Aus einem Mangel entstehen Gewährleistungsansprüche.

Reklamation: Der Kunde teilt mit, dass bestimmte erwartete Eigenschaften der Ware nicht oder unzureichend erfüllt wurden. Es liegt also ein Mangel vor.

Datum, Unterschrift Auszubildender Datum, Unterschrift Ausbildender

....

Beispiel Erlebnisbericht

Mein erster Tag in der Krankenpflege

6:30 Uhr sollte ich mich in der Sozialstation einfinden. Ich war bereits um 6:15 Uhr da. Eine Mitarbeiterin führte mich ins Büro und meinte, dass meine Mentorin gleich komme und ich hier warten möge. So gegen 7:00 Uhr kam meine Mentorin, Schwester Petra. Nach einem kurzen Kennenlerngespräch richteten wir alles für die Tour her und starteten.

Unser Gebiet reicht von Schönefeld bis zur Südvorstadt. Vor jedem Patientenbesuch hat mich Petra auf die Persönlichkeiten und Krankheitsbilder hingewiesen.

Wir besuchten 18 Patienten. Behandlungspflege wie Verbandswechsel, der Wechsel der Kompressionsstrümpfe, Injektionen und Medikamentengaben wurden am häufigsten durchgeführt. Drei Patienten benötigten Hilfe bei der Körperpflege.

Ein Patient machte die Tür nicht auf. Wir haben den in der Nachbarschaft wohnenden Hausarzt aufgesucht sowie seinen Sohn informiert.

Gegen 13:30 Uhr hatten wir unsere Tour beendet und fuhren zur Station. Dort wurde ich dem Team vorgestellt und durch die Station geführt.

Ich war sehr beeindruckt vom ersten Tag.

Mentor: Lehrer, Ratgeber

Aufgaben

1. Vergleichen Sie Ihre Berichtshefte/Dokumentationsformen miteinander. Fassen Sie die Gemeinsamkeiten und Unterschiede schriftlich zusammen.
2. a) Lesen Sie den Erlebnisbericht und notieren Sie in Stichpunkten die Informationen, die für einen Ausbildungsbericht relevant sind.
   b) Begründen Sie mündlich, warum Sie einige Informationen nicht in den Ausbildungsbericht schreiben würden.
3. Erstellen Sie aus dem Erlebnisbericht einen korrekten Eintrag eines Berichtsheftes.

4.3 Die Vorgangsbeschreibung

Passiv: ist wie das Aktiv ein Genus des Verbs. Es wird verwendet, wenn die **Handlung im Mittelpunkt** steht, z. B.:
- *Aktiv: Er trifft das Ziel.*
- *Passiv: Das Ziel wird von ihm getroffen.*

Imperativ: Befehlsform des Verbs (siehe auch Seite 36). Es drückt **Erlaubnis, Warnung, Bitte und Befehl** aus. Es gibt die Befehlsform nur in der 2. Person in Singular und Plural, z. B.:
- *Schreib den Text.*
- *Kinder, schlaft jetzt.*

Nominalstil: häufiges Verwenden von Substantiven, substantivierten Verben und Adjektiven, z. B.:
Das ***Schreiben*** *einer Vorgangsbeschreibung erfordert das* ***Nachdenken*** *über die richtige Reihenfolge der Arbeitsschritte.*

Satzgefüge: siehe Seite 24

präpositionaler Ausdruck: Der Satz beginnt mit einer Präposition wie *auf, bei, durch, für, mit, über, um, zwecks, infolge*, z. B.:
Für *eine gute Vorgangsbeschreibung muss man über die richtige Reihenfolge der Arbeitsschritte nachdenken.*

Jeder kennt Vorgangsbeschreibungen in Form von
- Kochrezepten,
- Installationsanleitungen für Computerprogramme,
- Arbeitsanweisungen zum Zusammenbau von Möbeln,
- Spiel- und Bastelanleitungen,
- Gebrauchsanweisungen für elektronische Geräte usw.

Eine Vorgangsbeschreibung beschreibt einen immer gleich bleibenden, also **jederzeit wiederholbaren Ablauf eines Vorgangs.** Sie erklärt diesen Ablauf in allen wichtigen Einzelheiten, damit andere Menschen einen bestimmten Arbeitsablauf oder eine bestimmte Handlung Schritt für Schritt nachvollziehen und erfolgreich durchführen können. Besonders wichtig ist dabei, dass die Reihenfolge des zeitlichen Ablaufs des Vorgangs genau eingehalten wird. Denn nur so kann die Handlung richtig durchgeführt werden. Wird ein Teilschritt vergessen oder eine falsche Reihenfolge der Schritte angegeben, kann es z. B. passieren, dass die Speise nicht gelingt, das Computerprogramm nicht richtig installiert oder der Schrank falsch zusammengebaut wird.

Sprachstil

Die Sprache bei einer Vorgangsbeschreibung ist nüchtern, klar, genau und sachlich. Auf alle Ausschmückungen und Abschweifungen ist zu verzichten.
Als Zeitform wird das Präsens (Gegenwart) genutzt, weil sich der beschriebene Vorgang immer auf die gleiche Art und Weise wiederholen lassen soll.
Häufig werden die Verben im Passiv gebraucht:
Beispiel: *Dann wird die Suppe mehrmals umgerührt.*

Auch eine Umschreibung mit „man" ist möglich:
Beispiel: *Dann rührt man die Suppe mehrmals um.*

Da die Vorgangsbeschreibung aber eine Anweisung zu einer Handlung darstellt, können die Verben auch im Imperativ benutzt werden:
Beispiel: *Rühren Sie die Suppe mehrmals um!*

Oft wird auch der Nominalstil verwendet:
Beispiel: *Das Umrühren der Suppe sollte mehrmals erfolgen.*

In einer Vorgangsbeschreibung werden in der Regel keine konkreten Menschen beschrieben. Lässt es sich nicht vermeiden, so werden sie anonym dargestellt, indem nur ihre Funktion während des Vorgangs beschrieben wird:
Beispiel: *Während der Koch die Suppe umrührt, legt die Bedienung bereits die Servietten auf die Tische.*

Damit Ihr Text angenehm lesbar wird, sollten Sie die Satzanfänge wechseln. Folgende Wörter eignen sich dafür gut:
Beispiele: *zuerst, am Anfang, anfangs, bevor, anschließend, danach, dann, nun, wenn, schließlich, endlich, zum Schluss, als letztes.*

Vermeiden Sie unbedingt eine ständige Aneinanderreihung kurzer Hauptsätze: *Dann wird der Löffel genommen. Danach wird die Suppe umgerührt. Dabei wird die Suppe gewürzt.*

Schreiben Sie stattdessen abwechslungsreich. Verwenden Sie

- mal das Passiv: *Dann wird der Löffel genommen.*
- mal ein Satzgefüge: *Während man anschließend die Suppe umrührt, wird sie gleichzeitig gewürzt.*
- und mal einen präpositionalen Ausdruck: *Für ein leckeres Gericht darf man nicht zu viel Salz verwenden.*

generalisierendes Präsens: Das Präsens wird nicht nur genutzt, um ein Geschehen auszudrücken, das gerade jetzt passiert, sondern auch, um **Allgemeingültigkeit auszudrücken**, z. B.: *Eis schmilzt bei 0° Celsius.*

Gliederung

Die **Einleitung** benennt das Ziel der Beschreibung und gibt an, welche Materialien und Werkzeuge benötigt werden:

Beispiel: Um einen chilenischen Tomatensalat für 2 Personen zuzubereiten, braucht man 4–6 große Tomaten, ein Bund frischen Koriander, drei Frühlingszwiebeln, einen Esslöffel Olivenöl, einen Esslöffel Weißweinessig, Salz und Paprika. Außerdem benötigen Sie eine Schüssel, ein Schneidebrett, ein scharfes Messer und ein Salatbesteck.

Im **Hauptteil** wird der gesamte Ablauf mit allen notwendigen Details beschrieben:

Am Anfang werden die Tomaten, die Zwiebeln und der Koriander gründlich unter fließendem Wasser gewaschen, damit eventuelle Krankheitserreger beseitigt werden. Danach schneidet man die Tomaten in Scheiben und gibt sie in eine ausreichende Schüssel. Dann werden die Zwiebeln und der Koriander gehackt und zu den Tomaten gegeben. Fügen Sie nun das Öl und den Essig hinzu und verrühren Sie mit dem Salatbesteck das Ganze. Zum Schluss gibt man unter mehrmaligem Umrühren vorsichtig Salz und Pfeffer zum Salat, bis eine angenehme Würze erreicht ist. Servieren Sie den Tomatensalat frisch.

Im **Schlussteil** kann auf eventuelle Probleme hingewiesen werden, die auftreten können:

Damit Ihnen der Salat gelingt, ist es wichtig, dass der Salat vorsichtig gewürzt wird. Schmecken Sie den Salat also immer ab, bevor Sie wieder Salz und Pfeffer hinzu geben.

Stichpunkte zum Thema „Einen Fahrradreifen flicken"

- 5 Minuten warten
- Flickgummi abziehen
- Nagel oder Splitter aus Reifen entfernen
- Gummilösung auftragen
- Schlauch und Reifen in die Felge legen
- geflickten Schlauch aufpumpen: dicht?
- Schlauch leicht aufpumpen, Loch suchen, Wasserprobe: Gibt es Luftblasen?
- Schlauch sorgfältig aufrauen
- Flickgummi mit Daumen andrücken

Das Schreiben einer Vorgangsbeschreibung

1. Alle Teilschritte des Vorgangs als Stichworte aufschreiben.
2. Stichworte in der richtigen zeitlichen Reihenfolge ordnen – am besten durchnummerieren. Eventuelle Lücken im logischen Ablauf der Schritte sofort ergänzen.
3. Stichpunkte in der richtigen Reihenfolge zu Sätzen ausformulieren.
4. Die Qualität der Vorgangsbeschreibung überprüfen, indem man eine andere Person bittet, genau das auszuführen, was der Text beschreibt. Wird der Vorgang erfolgreich abgeschlossen, dann ist der Text inhaltlich gelungen.

Aufgaben

1. a) Ordnen Sie die rechts stehenden Stichpunkte zum Thema „Einen Fahrradreifen flicken" in der richtigen Reihenfolge an.
   b) Formulieren Sie aus den Stichpunkten eine vollständige Vorgangsbeschreibung.
2. Schreiben Sie eine eigene Vorgangsbeschreibung zu einem Vorgang aus Ihrer Ausbildung.

Vorgangsbeschreibungen können nicht nur in schriftlicher Form erfolgen, sondern auch durch Bilder dargestellt werden. Auch hier gilt: Alle Angaben müssen klar und deutlich sein und die Abläufe in der richtigen Reihenfolge und Anordnung wiedergegeben werden.

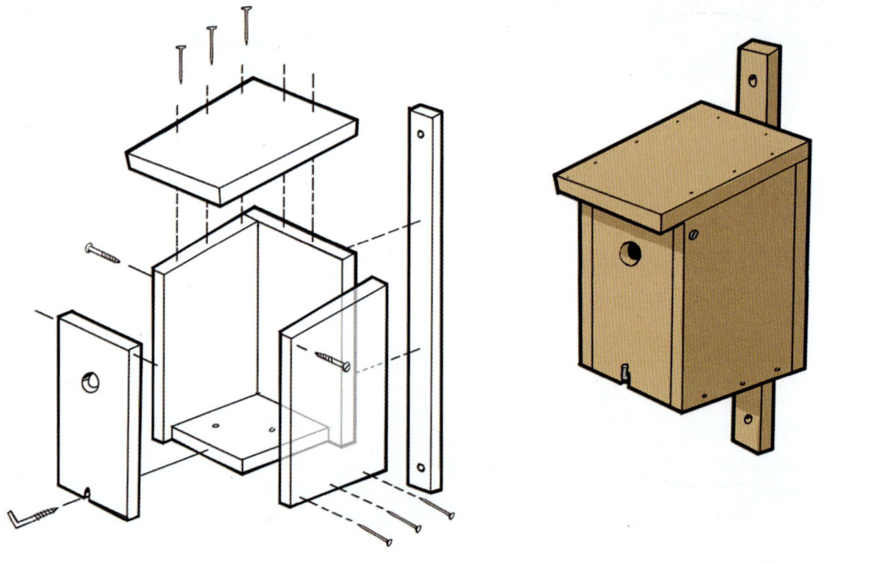

Obduktion

„Sektionen dienen der Qualitätssicherung und Überprüfung ärztlichen und pflegerischen Handelns, der Lehre und Ausbildung, der Sektionen sowie der medizinischen Forschung" (Bundesärztekammer).

Die Sektion, auch innere Leichenschau, wird von einem Arzt für Pathologie durchgeführt. Sie ist anderen Verfahren hinsichtlich der Bestimmung der Todesursache weit überlegen. Sie ermöglicht nicht nur die Feststellung der Todesursache, sondern auch Aussagen zu Grund- und Nebenerkrankungen zu machen. Auch Behandlungsfehler können aufgedeckt oder ausgeschlossen werden. Obduktionen liefern auch Erkenntnisse zu Gunsten der Lebenden.

Der inneren Leichenschau geht die äußere Leichenschau durch den Pathologen voraus. Zunächst wird der Verstorbene vollständig entkleidet. Größe, Gewicht, Hautbild, Varizen, Ödeme, Verletzungen, Ikterus und sonstige äußerlich sichtbare Veränderungen werden untersucht und protokolliert. Darauf folgt das Eröffnen des Körpers. Die einzelnen Organe und Organsysteme werden entnommen und präpariert: Gefäße, Atemwege und Hohlorgane werden in einer exakt vorgeschriebenen Weise aufgeschnitten und untersucht. Das Gehirn wird zunächst in Formalin eingelegt und nach einigen Wochen durch einen Neuropathologen untersucht. Außerdem werden Gewebeproben der wichtigsten Organe entnommen, fixiert, gefärbt und einige Tage später mikroskopisch untersucht. Nun werden die Organe den Klinikern präsentiert. In den meisten Fällen kann der Pathologe schon jetzt Aussagen über die Todesursache treffen, wodurch Verdachtsdiagnosen entweder bestätigt oder verworfen werden können. Zur abschließenden Beurteilung wird die Auswertung der mikroskopischen Untersuchung abgewartet. Am Ende der Obduktion werden die Organe dem Leichnam wieder zugefügt und die Leiche verschlossen. Das Bestattungsunternehmen kann nun den Verstorbenen abholen und die Beerdigung vorbereiten.

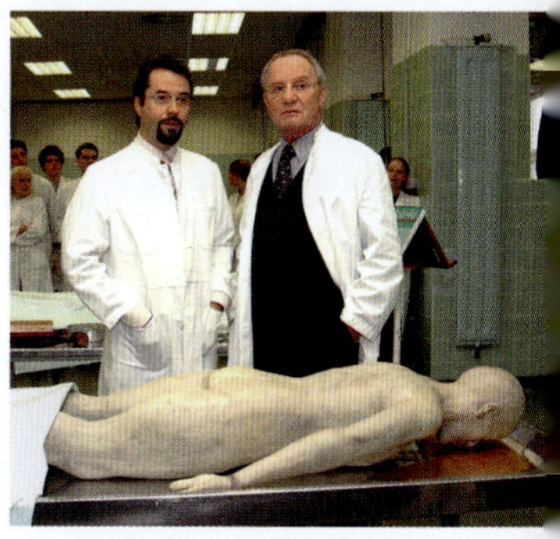

In vielen Fernsehserien werden immer wieder Obduktionen gezeigt.

Sektion: hier: eine innere Leichenschau zur Feststellung der Todesursache

Pathologie: Krankheitslehre und Krankheitsforschung

Obduktion: Leichenöffnung zur Feststellung der Todesursache und zur Rekonstruktion des Sterbevorgangs

Varize: Krampfader

Ödem: eine Schwellung des Gewebes aufgrund einer Einlagerung von Flüssigkeit aus dem Gefäßsystem

Ikterus: ein Symptom, das eine Gelbfärbung von Haut, Schleimhäuten sowie der Bindehaut des Auges beschreibt

Formalin: eine Lösung unter anderem zur Fixierung von Gewebe

Aufgaben

1. Betrachten Sie die gezeichnete Vorgangsbeschreibung auf der linken Seite und verfassen Sie dann eine schriftliche Vorgangsbeschreibung, die auch ohne Abbildungen für jeden verständlich ist.
2. a) Lesen Sie zunächst den Text zur Obduktion. Klären Sie dann unter Verwendung eines Wörterbuchs die Fachbegriffe, die Ihnen weiterhin unklar sind.
   b) Entnehmen Sie dem Text, wie der Vorgang der Obduktion grob gegliedert werden kann.
   c) Ordnen Sie dann den Handlungsabschnitten (Grobgliederung) detailliert zu, welche Tätigkeiten als Bestandteil des Gesamtvorgangs ausgeführt werden.

4.3.1 Sonderfall der Vorgangsbeschreibung: die Bedienungsanleitung

Für viele technische Geräte gibt es eine Bedienungsanleitung oder Gebrauchanweisung. Diese Texte sind **spezielle Vorgangsbeschreibungen**, die Nutzern von technischen Geräten helfen sollen, die Geräte sachgerecht zu verwenden.
Da man nicht davon ausgehen kann, dass es sich bei den Nutzern um Fachleute handelt, sollten die Texte einfach und verständlich sein.

Das bedeutet auf der sprachlichen Ebene, dass **einfache Sätze** zu verwenden sind und **Fachbegriffe weitestgehend vermieden werden**. Inhaltlich sollten Sie sich auf das Nötige und Wichtige beschränken. Schreiben Sie also so **kurz und präzise** wie möglich. Außerdem muss der Bedienungsvorgang **Schritt für Schritt** beschrieben werden.

Um eine tatsächlich hilfreiche Bedienungsanleitung zu verfassen, ist es sinnvoll, davon auszugehen, dass die Leserin oder der Leser keine Vorkenntnisse und Erfahrungen mit dem Gerät hat.
Ziel Ihrer Bedienungsanleitung ist es, dass nach dem Lesen jede Nutzerin und jeder Nutzer über alle Funktionen des Gerätes genau Bescheid weiß und es sicher bedienen kann.

Anleitung zum Schreiben einer Bedienungsanleitung

1. Hilfreich und sinnvoll ist es, wenn Sie sich als erstes eine sehr genaue Skizze des betreffenden Gerätes anfertigen. Nummerieren Sie alle Knöpfe, Schalter und Vorrichtungen und schreiben Sie dazu eine Liste, in der hinter jeder Nummer die Bezeichnung des Teiles steht. Mit dieser Grundlage können Sie später im Text jedes Teil genau benennen.
2. Notieren Sie als Nächstes stichpunktartig eine Schritt-für-Schritt-Anleitung.
3. Überprüfen und korrigieren Sie die Vollständigkeit und die sinnvolle Reihenfolge der Schritte. Stellen Sie eventuell die Reihenfolge um oder ergänzen Sie Ihre Liste.
4. Wenn Sie sicher sind, nummerieren Sie die einzelnen Schritte und formulieren die Stichpunkte in einfache und präzise Sätze um.
5. Überlegen Sie, welche schwerwiegenden Anwendungsfehler die Nutzerin oder der Nutzer begehen könnten. Schreiben Sie diese Fehler auf und wie es zu ihnen kommen kann. Ihr Text muss die Leserinnen und Leser direkt darauf hinweisen, wie vorhersehbare Fehlanwendungen verhindert werden können, die zu Gefährdungen oder Zerstörungen des Gerätes führen.
6. Entscheiden Sie, an welcher Stelle im Text die Hinweise auf die Anwendungsfehler sinnvoll sind und fügen Sie diese dort ein.
7. Heben Sie die Hinweise auf die Anwendungsfehler hervor (z. B. Fettschrift, Ausrufezeichen, mit einem Rahmen oder farblich unterlegt), damit Sie den Leserinnen und Lesern sofort auffallen.
8. Schreiben Sie auch einen Abschnitt darüber, wie die häufigsten Fehler, Störungen oder Fehlfunktionen behoben werden können.
9. Lassen Sie Ihre Bedienungsanleitung zum Schluss von jemandem lesen, der mit Hilfe Ihres Textes das Gerät bedienen soll. Arbeiten Sie danach die Ratschläge in Ihre Anleitung ein.

Tipps

- Besonders bei komplizierten Vorgängen können Skizzen oder Fotos helfen, die zu beschreibende Anwendung schneller verständlich zu machen.
- Bei längeren Bedienungsanleitungen ist es hilfreich, ein Inhaltsverzeichnis anzulegen. Es gibt den Leserinnen und Lesern einen Überblick über die einzelnen Kapitel und hilft bei der Suche nach einem bestimmten Abschnitt.
- Bei längeren Bedienungsanleitungen kann es auch sinnvoll sein, ein Glossar mit den wichtigsten Schlagwörtern anzulegen.
- Eine professionelle Bedienungsanleitung sollte Servicenummern und Kontaktadressen beinhalten. Mitunter sind auch Hinweise oder Schaltpläne für Servicetechniker angebracht.
- Bedienungsanleitungen geben häufig auch Hinweise zur Wartung und Pflege des Gerätes.

Glossar: eine Liste von Wörtern mit beigefügten Erklärungen

Beispiel:

Bedienung des Laminiergeräts HUGO-LAMI 3001

Schließen Sie das Stromkabel an eine gut zugängliche Standardsteckdose an.

⚠ **Achtung:** Prüfen Sie, ob die Spannungsangabe des Gerätes mit der Ihres Stromnetzes übereinstimmt (230 V, 50 Hz).

Schalten Sie den Ein/Aus-Schalter an der rechten Geräteoberseite ein (Position „I").

Der Antriebsmotor für die Transportrollen läuft an, die rote Anzeigenleuchte (POWER) leuchtet und die Anwärmphase beginnt. Nach etwa 9 Minuten ist die korrekte Betriebstemperatur erreicht und die grüne Anzeigenleuchte (READY) leuchtet.

Legen Sie das Laminiergut in die Folientasche so ein, dass allseitig etwa 5 mm Abstand vom Folienrand vorhanden ist.

Führen Sie die Folie zusammen mit dem Laminiergut in den Einführschlitz des Laminiergerätes ein. Die geschlossene Seite der Folie ist hierbei zuerst einzuführen.

☞ **Hinweis:** Um ein Falten der Laminierfolie zu vermeiden, darf nie die offene Seite der Laminierfolie zuerst in den Einführschlitz des Laminiergerätes eingeführt werden. Beim Einführen der Folie bitte die Anweisungen am Einführschlitz beachten. Der Laminiervorgang erfolgt automatisch.

⚠ **Achtung:** Die austretende Folie ist nach dem Laminieren sehr heiß und weich. Daher mit dem laminierten Produkt vorsichtig umgehen.

☞ **Hinweis:** Zum Ebnen kann das laminierte Produkt mit einem Buch oder einem anderen schweren, ebenen Gegenstand gepresst werden.

Hinweis

Die Europäische Norm EN 62079 regelt das Erstellen von Anleitungen. Sie beschreibt die Grundlagen zur Erstellung, Gliederung und Darstellung von Anleitungen. Sollten Sie professionell Bedienungsanleitungen schreiben, so ist die Kenntnis dieser Norm bzw. ihrer neuen Variante ISO/IEC 82079-1 unbedingt erforderlich.

Aufgaben

1. Schreiben Sie passend zu den Abbildungen des Espressokochers eine Bedienungsanleitung, die auch ohne Zeichnungen verstanden werden soll.
2. Schreiben Sie eine Bedienungsanleitung für ein technisches Gerät Ihrer Wahl.

4.4 Wissen, wo es lang geht – die Wegbeschreibung

Obwohl immer mehr Menschen Navigationsgeräte oder -Apps nutzen, ist es auch Ihnen sicherlich schon passiert, dass Sie nach dem Weg gefragt wurden. Im privaten wie im beruflichen Bereich entstehen immer wieder Situationen, in denen andere Menschen von uns eine Wegbeschreibung erwarten – so zum Beispiel im Kundenverkehr sowie in Gesprächen mit Lieferanten oder Handwerkern. Da Sie mit Ihrem Verhalten anderen einen Eindruck von Ihrer Firma vermitteln, ist es besonders wichtig, freundlich, klar und deutlich den Weg zu einem bestimmten Ort beschreiben zu können.

Tipp
Wenn ein öffentliches Verkehrsmittel zu benutzen ist, sagen Sie nur, wo man in welche Linie und Richtung einsteigt und wo man nach wie viel Stationen wieder aussteigt. Beschreiben Sie nicht den ganzen Streckenverlauf.

Eine **mündliche Wegbeschreibung** muss Rücksicht auf die Merkfähigkeit der oder des Fragenden nehmen. Daher sollten Sie sich in diesem Fall auf die auffälligsten Orientierungspunkte wie z. B. besondere Gebäude, Bäume, Brücken, Parks, Denkmäler und die wichtigsten Straßennamen beschränken.

Eine **schriftliche Wegbeschreibung**, die Sie zum Beispiel an eine Einladung zu einer Veranstaltung anfügen können, kann durchaus sehr genaue Angaben und eventuell eine gezeichnete Wegskizze beinhalten.

Folgende Formulierungen werden zur Richtungsangabe so oder ähnlich häufig gebraucht:

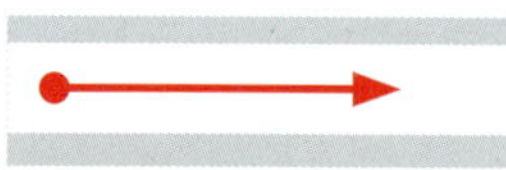

geradeaus

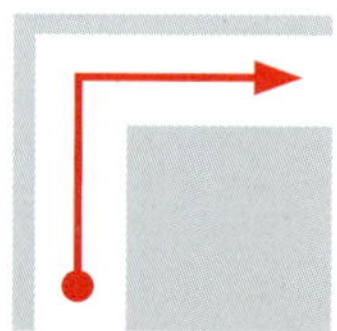

rechts abbiegen

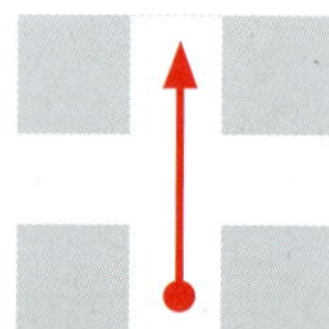

die Kreuzung geradeaus überqueren

an der nächsten Kreuzung halblinks

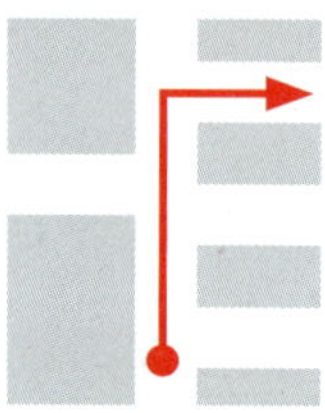

geradeaus, die dritte Querstraße rechts

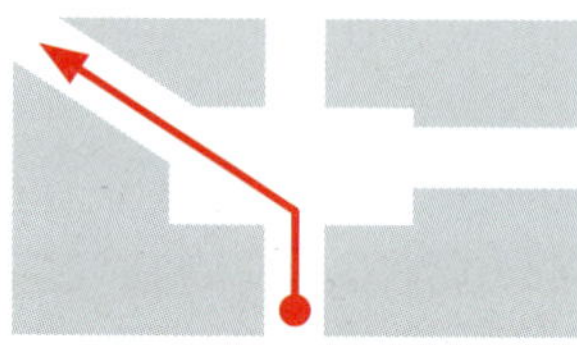

geradeaus, dann schräglinks über den Platz

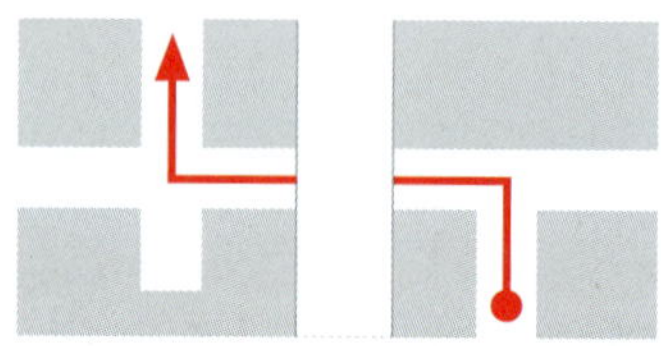

die nächste Straße links, nach der Unterführung die erste rechts

Zur Ortsangabe können diese Wörter benutzt werden:

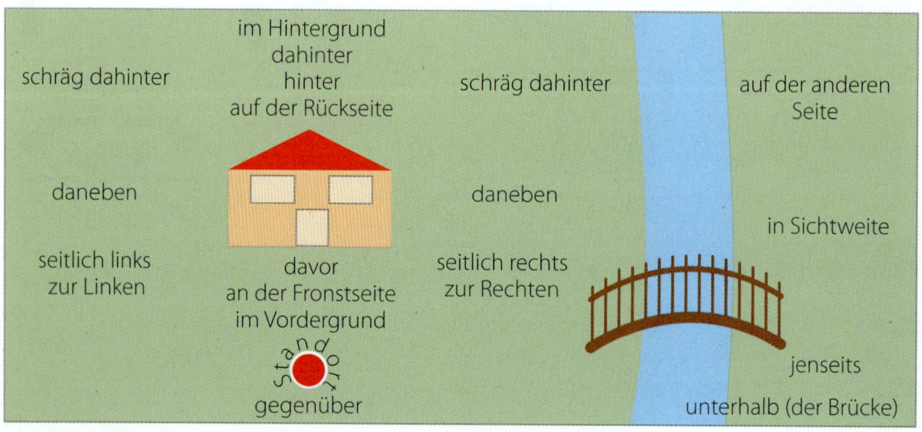

Beispiel einer Wegbeschreibung „Vom Jugendzentrum zur Polizei“:

© Falk Verlag, D-73760 Ostfildern

Wenn Sie das Jugendzentrum verlassen, gehen Sie zunächst rechts die Ulmenallee bis zur nächsten Querstraße entlang. Dann biegen Sie rechts ab in die Dorfstraße und gehen rechter Hand an der Berliner Allee und an der Apotheke vorbei geradeaus bis zum Stadion. Nachdem Sie rechts in die Torstraße abgebogen sind, laufen Sie vor dem Kino die nächste Querstraße nach links. Jetzt können Sie das Polizeigebäude schon sehen und brauchen nur noch direkt geradeaus gehen.

Wie eine Wegbeschreibung nicht sein sollte:
„Du fährst also an der Abfahrt hinter der Tankstelle runter. Danach biegst du ab, da siehst du dann ein paar Bäume weiter hinten. Folge der Straße, die vorbei an meinem Friseur und meinem Bäcker führt. Bei einem weißen Haus biege ab. Dann kommst du zu einem großen Haus, vor dem ein Auto steht. Da wohne ich.“

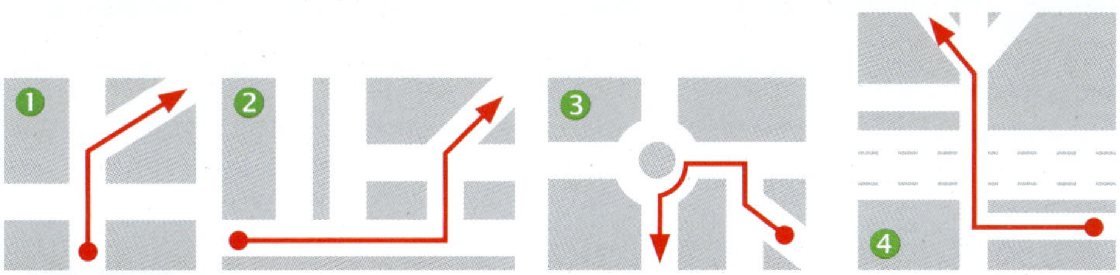

Aufgaben

1. Ordnen Sie den nummerierten Skizzen 1 bis 4 die richtigen Formulierungen für eine Wegbeschreibung in der richtigen Reihenfolge zu: *geradeaus/geradeaus/geradeaus über die Kreuzung/an der Gabelung links halten/den Platz links herum laufen/dann halbrechts abbiegen/danach die Kreuzung geradeaus überqueren/in die dritte Querstraße links einbiegen/und in die Straße schrägrechts gehen/rechts und dann gleich wieder links abbiegen/und die nächste Gasse nehmen/dann rechts/geradeaus über die Autobahnbrücke.*
2. Erläutern, Sie warum die Wegbeschreibung in der rechten Randspalte nur schwer nutzbar ist. Notieren Sie sich stichpunktartig mindestens drei Kritikpunkte.
3. Schreiben Sie eine Wegbeschreibung nach der obigen linken Skizze für den Weg vom Jugendzentrum zur Videothek. Achten Sie auf Klarheit.
4. Beschreiben Sie einer Mitschülerin oder einem Mitschüler mündlich den Weg vom Pieskower Weg bis zum Antonplatz. Nutzen Sie dazu den abgebildeten Auszug aus dem Stadtplan.

4.5 Einen Gegenstand beschreiben – die Produktbeschreibung

Mit einer Produkt- oder Gegenstandsbeschreibung beschreiben Sie einen Gegenstand sachlich und genau, sodass sich die Leser (oder Zuhörer) der Beschreibung diesen Gegenstand genau vorstellen können und ihn so konkret vor Augen haben.

Das kann dann der Fall sein, wenn Sie einen Gegenstand im Internet verkaufen wollen, aber auch, wenn Sie eine Werbeanzeige für ein neues Produkt Ihrer Ausbildungsfirma schreiben müssen. Produktbeschreibungen helfen dem Kunden, die Ware besser zu verstehen. Dies gilt für nahezu alle Produkte.

Die Gegenstandsbeschreibung kann aber auch für eine Suchanzeige verwendet werden, z. B. dann, wenn Sie etwas verloren oder irgendwo vergessen haben.

Sprachstil

Die Sprache einer Produktbeschreibung ist neutral und sachlich. Eigene, persönliche Bewertungen sollten Sie unbedingt vermeiden.
Als Zeitform wird das Präsens (Gegenwartsform) verwendet.

Präsens: siehe Seite 33

Besonders wichtig ist es, möglichst treffende, beschreibende Adjektive zu benutzen, da so ein konkretes Bild vor Augen des Lesers entstehen kann.
Beispiel: *Die graublaue Oberfläche des Gehäuses hat 5-Cent-große weiße Punkte.* Statt: *Die Oberfläche des Gehäuses hat Punkte.*

Auf nicht informative Beschreibungen (z. B. *charmante Passform, wunderschönes Material, schickes Muster* usw.) sollten Sie verzichten oder sie nur äußerst sparsam einsetzen.

Benutzen Sie nach Möglichkeit auch entsprechende Fachausdrücke, um den Gegenstand bzw. die Ware möglichst genau zu beschreiben. Verwenden Sie aber nur solche Fachausdrücke, von denen Sie mit Sicherheit sagen können, dass eine interessierte Kundin oder ein Kunde sie auch versteht. Ansonsten ist es sinnvoll, Fachbegriffe kurz zu erklären.
Beispiel: *Die Oberfläche besteht aus besonders weichem Nappaleder.* Statt: *Die Oberfläche ist weich und glatt.*

Nappaleder: sehr weiches, Glattleder vom Kalb oder vom Schaf, aber auch ein Sammelbegriff für besonders geschmeidiges Glattleder aller Tierarten

Hinweis
Wenn Sie eine Produktbeschreibung für etwas anfertigen, das Sie im **Internet** verkaufen wollen, sollten Sie den Text als Aufzählung oder sogar wie ein Inhaltsverzeichnis gestalten. Das erleichtert das Lesen. Auch sollte die Beschreibung nicht zu lang sein. 5 – 6 Stichpunkte sollten für den ersten Überblick ausreichend sein. Die detaillierte Beschreibung, darf länger sein. Achten Sie auch auf eine optimale Zeilenlänge (etwa 60–80 Zeichen pro Zeile). Weitere Hinweise zu den Besonderheiten von Bildschirmtexten finden Sie auf Seite 134.

Gliederung

❶ Beginnen Sie damit, den Gegenstand einzuordnen, sodass der spätere Leser gleich weiß, was er sich vorstellen muss. Benennen Sie also erst einmal, um was für einen Gegenstand es sich handelt, bevor Sie ihn im weiteren Text beschreiben.
Beispiel: *Der GX70a ist ein Staubsauger.*

❷ Eine gute Gegenstandsbeschreibung geht meist vom Allgemeinen zum Besonderen vor. Beginnen Sie also mit einer groben Beschreibung. Nennen Sie hierfür die typischen Merkmale des Gegenstands (z. B. Größe, Form, Farbe, Material).
Beispiel: *Er ist 65 × 30 × 30 cm groß und hat ein ovales, schwarzes Gehäuse aus extra gehärtetem Kunststoff.*

❸ Als Nächstes beschreiben Sie den Gegenstand mit seinen Einzelheiten, Merkmalen und Details. Achten Sie darauf, dass Sie dabei vom Wichtigen und Auffälligen zum Unwichtigen und weniger Auffälligen gehen. So erreichen Sie, dass die Hauptmerkmale beim Leser ankommen.
Nennen Sie nur Merkmale, die einen echten Informationswert haben. Dazu kann auch gehören, dass man angibt, welche Funktion einzelne Teile haben und wie man sie benutzt.
Beispiel: *Auffällig sind die großen gelben Funktionstasten. Sie sind leicht zu bedienen und können in vier Stufen verstellt werden.*

Hinweis
Eine Kundin oder ein Kunde möchte zwar ganz genau wissen,
- was das Produkt ist,
- wie es beschaffen ist und
- was es kann,

aber in der Regel keine langen, ausschweifenden Texte lesen. Daher sollte Ihre Produktbeschreibung nicht zu langatmig gestaltet, sondern eher kurz und knapp sein. Ein Kunde sollte mit wenigen Worten alle relevanten Informationen zu seinem Produkt erhalten.

Wichtig ist es auch, bei der Beschreibung des Gegenstands eine **logische Reihenfolge einzuhalten**. Entweder beschreiben Sie den Gegenstand von oben nach unten, von links nach rechts oder auch von außen nach innen. Auch das hilft dabei, dass sich ein Leser ein klares Bild machen kann.

Um Ihre Produkt- oder Gegenstandsbeschreibung zu strukturieren und um sicherzugehen, dass Sie auch alle wichtigen Merkmale und Eigenschaften erfasst haben, können Sie vor dem Schreiben eine Mindmap anlegen. Weitere Hinweise zum Erstellen einer Mindmap finden Sie auf Seite 152.

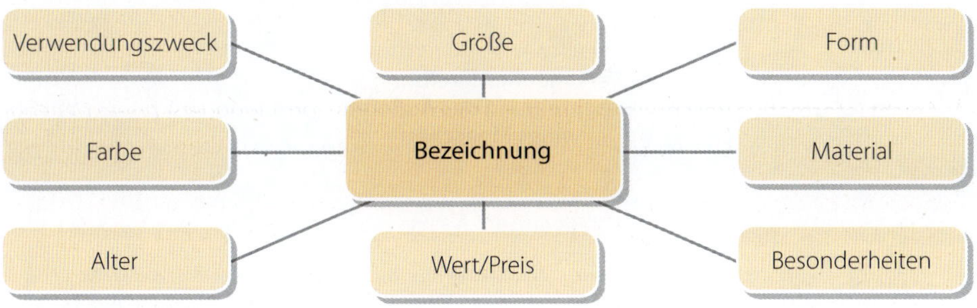

Produktbeschreibung in der Werbung

Sie können Ihre Produktbeschreibung auch wie eine Werbeanzeige aufbauen (siehe hierzu Seite 176). Dabei sollten Sie dann hervorheben, was Ihr Produkt einzigartig und besonders macht.

Eine weitere Möglichkeit besteht darin, Ihre Produktbeschreibung mit einer Ja-Fragen-Straße einzuleiten. Dadurch, dass Sie sich zunächst mehrfach ein „Ja" von Ihrem Kunden einholen, erlangen Sie eine gemeinsame Übereinstimmung. Danach präsentieren Sie die Vorteile Ihres Produkts und beschreiben es dann so, wie oben im Text aufgeführt.

Beispiel: Sie bevorzugen ein Gerät mit leichter Bedienung? (Ja)
Sie möchten große Funktionstasten? (Ja)
Die Funktionstasten sollen mehrfach verstellbar sein? (Ja)
Dann empfehlen wir Ihnen ..., weil ...

Ja-Fragen-Straße:
siehe Seite 75

Aufgaben

1. Fassen Sie stichpunktartig alle wichtigen Aspekte zusammen, die für eine gelungene Gegenstandsbeschreibung berücksichtigt werden müssen.
2. Suchen Sie einen Gegenstand in Ihrem Klassenzimmer aus. Fertigen Sie dann eine Produktbeschreibung an, mit der Sie ihn im Internet verkaufen könnten.

4.6 Die Personenbeschreibung

Adjektive: albern, angeberisch, ängstlich, bescheiden, blau, braun, breit, brutal, chaotisch, clever, cool, dick, dreckig, dunkelgrün, dünn, egoistisch, ehrlich, eigennützig, einfallsreich, eitel, erpresserisch, fair, falsch, feige, flink, frech, fröhlich, gerecht, gewissenhaft, gewitzt, glatt, glaubhaft, grau, grob, groß, gut, hellblond, hilfsbereit, hinterhältig, hinterlistig, humorlos, interessant, klein, kollegial, kraus, kreativ, kritisch, kurz, lahm, lang, langweilig, lieb, liebenswürdig, listig, lockig, mager, mies, misstrauisch, mittelbraun, mutig, mürrisch, nachlässig, neidisch, nörgelig, opportunistisch, ordentlich, oval, pickelig, planlos, prima, raffiniert, rechtschaffen, richtig, rundlich, schief, schlagfertig, schlampig, schlau, schlecht, schmal, schnell, schroff, selbstbewusst, skrupellos, sozial, spontan, stark, stolz, struppig, süß, toll, tollpatschig, traurig, unbeholfen, ungerecht, ungeschickt, unglaubwürdig, unordentlich, unruhig, unsicher, unterwürfig, verwaschen, weiß, widerlich, widersprüchlich, wild, zielstrebig, zurückhaltend

Es gibt Situationen, in denen es wichtig ist, eine Person zu beschreiben. So sollte man, wenn man Zeuge einer Straftat geworden ist, den Täter beschreiben können. Die Polizei kann ihn dann wahrscheinlich schneller verhaften.

Auch wenn eine Person vermisst wird, ist es wichtig, dass die Polizisten wissen, wie der oder die Vermisste aussieht.

Es gibt allerdings auch alltägliche Situationen, in denen Sie jemanden beschreiben müssen.

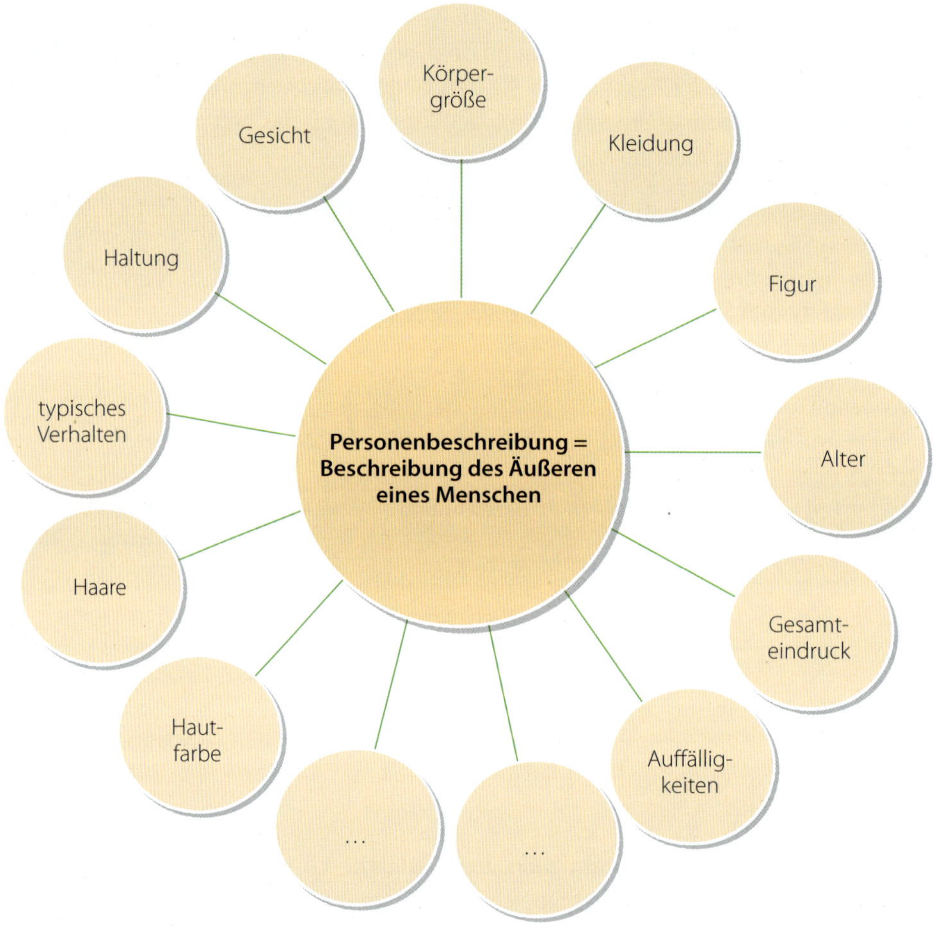

Um eine Personen zu beschreiben, muss man:

- die typischen äußeren Merkmale erkennen und
- diese Merkmale mit Wörtern benennen.

In der Liste rechts finden Sie einige Wörter, die Ihnen bei einer Personenbeschreibung helfen könnten.

Geschlecht	männlich – weiblich
Figur	stark – stämmig – schlank – breit – schwächlich – zierlich ...
Haltung	steif – gebeugt – schief ...
Kopf	oval – rund – breit – klein – groß – spitz ...
Gesicht	länglich – rundlich – kantig – hohlwangig – schmal – hübsch ...
Gesichtshaut	faltig – frisch – blass – kränklich – pickelig – braungebrannt ...
Haare	hellbraun – dunkelbraun – schwarz – rötlich – blond – grau – weiß gefärbt – voll – schütter – dünn – dicht – glatt – wellig – kraus – kurz – lang – gescheitelt – zurückgekämmt – strubbelig – gegelt – gepflegt – ungepflegt ...
Bart	Schnurrbart – Vollbart – Koteletten (Backenbart) – Drei-Tage-Bart ...
Stirn	flach – hoch – niedrig – zurückweichend – vorspringend – senkrecht ...
Augen	hell – dunkel – blau – grau – grün – hellbraun – dunkelbraun – schwarzbraun – verschiedenfarbig – tiefliegend – hervorstehend – schielend – stechender Blick – trüber Blick – Brille ...
Augenbrauen	buschig – schmal – hellbraun – dunkelbraun – schwarz – rötlich – blond – grau – weiß – gerade – geschwungen ...
Nase	groß – klein – schmal – breit – gebogen – gerade – schief nach rechts/links – spitz – Stupsnase – Boxernase – Knollennase ...
Ohren	groß – klein – schmal – rund – oval – abstehend – anliegend ...
Ohrläppchen	freihängend – angewachsen – Ohrringe – durchlöchert ...
Mund	breit – klein – schief – breite/schmale Lippen – fleischige Lippen – vorstehende Ober-/Unterlippe ...
Zähne	vollständig – lückenhaft – auffallend groß – klein – schräggestellt – Über-/Unterbiss – vorstehende Schneidezähne – sichtbare Kronen – weiß – gelb – dunkel ...
Kinn	zurückweichend – vorspringend – spitz – stark – breit – Doppelkinn – gespaltenes Kinn ...
Stimme	tief – leise – laut – hoch ...

Partizipien: abweisend, ätzend, ausgetreten, eingebildet, gerissen, geschmeidig, geschwätzig, nervend

Adverbien: äußerst, etwas, gelegentlich, häufig, kaum, manchmal, meistens, nie, oftmals, sehr, stets, total, wenig, ziemlich

Aufgaben

1. Ordnen Sie schriftlich die Wörter der Randspalten (Adjektive, Partizipien, Adverbien) danach, ob sie das Aussehen, den Charakter oder das Verhalten einer Person beschreiben können.
2. a) Suchen Sie sich eine Mitschülerin oder einen Mitschüler aus, die oder den Sie beschreiben möchten. Verraten Sie den anderen nicht, wen Sie ausgewählt haben.
   b) Notieren mit Hilfe der Tabelle im Text die Eigenschaften der ausgewählten Person in Stichpunkten. Sollten Ihnen treffendere Wörter einfallen, so benutzen Sie diese.
   c) Schreiben Sie mit Hilfe Ihrer Stichpunkte und der Wörter aus der Randspalte nun eine Personenbeschreibung. Machen Sie auch Aussagen zum Alter, zur Kleidung und zum Verhalten. Formulieren Sie ganze Sätze.
   d) Lesen Sie Ihren Text vor und lassen Sie Ihre Mitschülerinnen und Mitschüler raten, wen Sie beschrieben haben.
3. Beschreiben Sie die Person rechts im Bild.

4.6.1 Literarische Personenbeschreibungen

Hermann Hesse
(1877–1962): ein deutsch-schweizerischer Dichter und Schriftsteller. Ihm wurden unter anderem 1946 der Nobelpreis für Literatur und 1954 der Orden Pour le mérite für Wissenschaft und Künste verliehen.

ethnisch: einer Volksgruppe angehörend

Während sich die von Ihnen bisher angefertigten schulischen Personenbeschreibungen meist auf das Äußere einer Person und einige wenige ihrer Charakterzüge beschränkten, ist eine literarische Personenbeschreibung meist komplexer. Hier wird oft wesentlich mehr als nur das Aussehen beschrieben. Welche Aspekte der dargestellten Person besonders betont werden, bleibt dem Autor oder der Autorin überlassen. So könnte z. B. eine Person beschrieben werden, indem ausschließlich nur Gedanken und Gefühle dargestellt werden.
Verschiedene Anhaltspunkte könnten eine Person beschreiben oder Hinweise auf ihren Charakter geben:

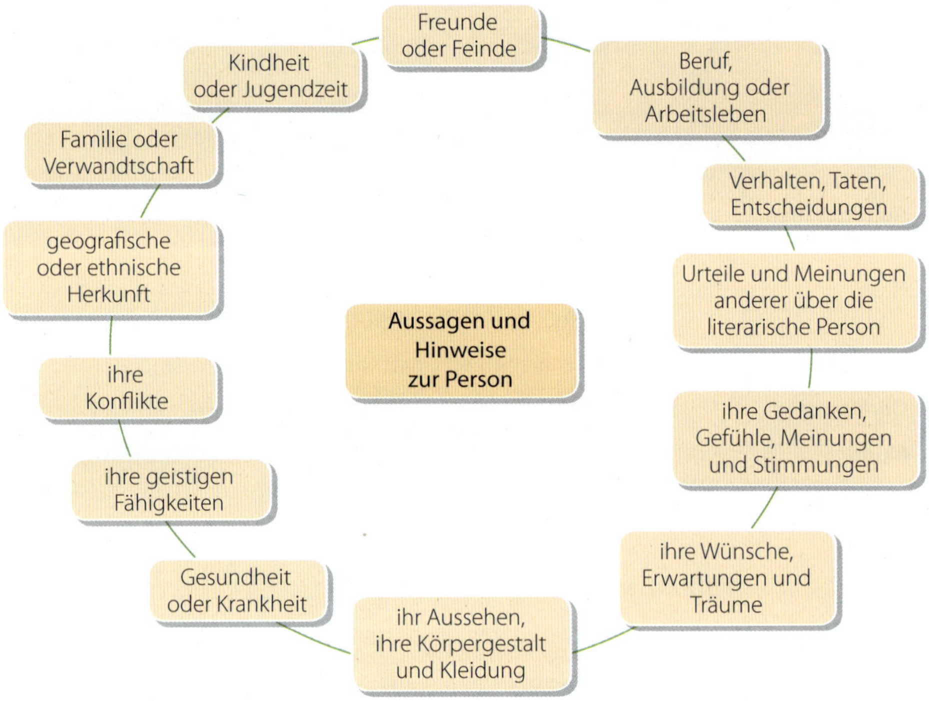

Der Steppenwolf (1927) (Auszug)
Hermann Hesse

Zufällig war ich in dem Augenblick zugegen, wo der Steppenwolf zum erstenmal unser Haus betrat und bei meiner Tante sich einmietete. Er kam in der Mittagszeit, die Teller standen noch auf dem Tisch, und ich hatte noch eine halbe Stunde Freizeit, ehe ich in mein Büro gehen mußte. Ich habe den sonderbaren und sehr zwiespältigen Eindruck nicht vergessen, den er mir beim ersten Begegnen machte. Er kam durch die Glastür, wo er vorher die Glocke gezogen hatte, herein, und die Tante fragte ihn im halbdunkeln Flur, was er wünsche. Er aber, der Steppenwolf, hatte seinen scharfen kurzhaarigen Kopf witternd in die Höhe gereckt, schnupperte mit der nervösen Nase um sich her und sagte, noch ehe er Antwort gab oder seinen Namen nannte: „Oh, hier riecht es gut.“ Er lächelte dazu, und meine gute Tante lächelte auch, ich aber fand diese Begrüßungsworte eher komisch und hatte etwas gegen ihn. „Nun ja“, sagte er, „ich komme wegen des Zimmers, das Sie zu vermieten haben.“

Erst als wir alle drei die Treppe zum Dachboden hinaufstiegen, konnte ich den Mann genauer ansehen. Er war nicht sehr groß, hatte aber den Gang und die Kopfhaltung von großgewachsenen Menschen, er trug einen modernen bequemen Wintermantel und war im übrigen anständig, aber unsorgfältig gekleidet, glatt rasiert und mit ganz kurzem Kopfhaar, das hier und dort ein wenig grau flimmerte. Sein Gang gefiel mir anfangs gar nicht, er hatte etwas Mühsames und Unentschlossenes, das nicht zu dem scharfen, heftigen Profil und auch nicht zum Ton und Temperament seiner Rede paßte. Erst später merkte und erfuhr ich, daß er krank war und daß das Gehen ihm Mühe machte. Mit einem eigentümlichen Lächeln, das mir damals ebenfalls unangenehm war, betrachtete er die Treppe, die Wände und Fenster und die alten hohen Schränke im Treppenhaus, dies alles schien ihm zu gefallen und schien ihm doch zugleich irgendwie lächerlich. […]

So etwa war mein Eindruck, und er wäre kein guter gewesen, wenn er nicht durch allerlei kleine Züge durchkreuzt und korrigiert worden wäre. Vor allem war es das Gesicht des Mannes, das mir von Anfang an gefiel; trotz jenem Ausdruck von Fremdheit gefiel es mir, es war ein vielleicht etwas eigenartiges und auch trauriges Gesicht, aber ein waches, sehr gedankenvolles, durchgearbeitetes und vergeistigtes. Und dann kam, um mich versöhnlicher zu stimmen, dazu, daß seine Art von Höflichkeit und Freundlichkeit, obwohl sie ihm etwas Mühe zu machen schien, doch ganz ohne Hochmut war – im Gegenteil, es war darin etwas beinah Rührendes, etwas Flehendes, wofür ich erst später die Erklärung fand, das mich aber sofort ein wenig für ihn einnahm.“

Steppenwolf: auch Kojote, eine in Nordamerika verbreitete wilde Art der Hunde, die einem kleineren Wolf ähnelt. Vom Wolf ist er durch seine deutlich geringere Größe zu unterscheiden, wobei er auch magerer erscheint. Er hat ein weniger ausgeprägtes geselliges Verhalten als der Wolf, ist aber alles andere als ein strikter Einzelgänger.

Aufgaben

1. a) Lesen Sie den Text von Hermann Hesse aufmerksam durch.
   b) Schreiben Sie alle Eigenschaften des Mannes, der Steppenwolf genannt wird, heraus.
   c) Listen Sie alle Adjektive auf, die benutzt werden, um den Mann zu beschreiben.
   d) Benennen Sie die Eigenschaften, die an einen echten Steppenwolf erinnern.

Ernst Theodor Amadeus Hoffmann (1776–1822): ein preußischer Schriftsteller, Jurist, Komponist, Kapellmeister, Musikkritiker, Zeichner und Karikaturist.

Der Sandmann (Erstdruck 1817)

E.T.A. Hoffmann

Der Ich-Erzähler Nathanael schildert seine erste Begegnung mit dem Sandmann:

1. Brief: Nathanael an Lothar

An des Vaters Schweigen, an der Mutter Traurigkeit merkte ich eines Abends, dass der Sandmann kommen werde; ich schützte daher große Müdigkeit vor, verließ schon vor neun Uhr das Zimmer und verbarg mich dicht neben der Türe in einen Schlupfwinkel. Die Haustür knarrte, durch den Flur ging es, langsamen, schweren, dröhnenden Schrittes nach der Treppe. Die Mutter eilte mit dem Geschwister mir vorüber. Leise – leise öffnete ich des Vaters Stubentür. Er saß, wie gewöhnlich, stumm und starr den Rücken der Türe zugekehrt, er bemerkte mich nicht, schnell war ich hinein und hinter der Gardine, die einem gleich neben der Türe stehenden offnen Schrank, worin meines Vaters Kleider hingen, vorgezogen war.

Näher – immer näher dröhnten die Tritte – es hustete und scharrte und brummte seltsam draußen. Das Herz bebte mir vor Angst und Erwartung. – Dicht, dicht vor der Türe ein scharfer Tritt – ein heftiger Schlag auf die Klinke, die Tür springt rasselnd auf! – Mit Gewalt mich ermannend gucke ich behutsam hervor. Der Sandmann steht mitten in der Stube vor meinem Vater, der helle Schein der Lichter brennt ihm ins Gesicht! – Der Sandmann, der fürchterliche Sandmann ist der alte Advokat Coppelius, der manchmal bei uns zu Mittage isst!

Aber die grässlichste Gestalt hätte mir nicht tieferes Entsetzen erregen können, als eben dieser Coppelius. – Denke Dir einen großen breitschultrigen Mann mit einem unförmlich dicken Kopf, erdgelbem Gesicht, buschigen grauen Augenbrauen, unter denen ein Paar grünliche Katzenaugen stechend hervorfunkeln, großer, starker über die Oberlippe gezogener Nase. Das schiefe Maul verzieht sich oft zum hämischen Lachen; dann werden auf den Backen ein paar dunkelrote Flecke sichtbar und ein seltsam zischender Ton fährt durch die zusammengekniffenen Zähne. Coppelius erschien immer in einem altmodisch zugeschnittenen aschgrauen Rocke, eben solcher Weste und gleichen Beinkleidern, aber dazu schwarze Strümpfe und Schuhe mit kleinen Steinschnallen. Die kleine Perücke reichte kaum bis über den Kopfwirbel heraus, die Kleblocken standen hoch über den großen roten Ohren und ein breiter verschlossener Haarbeutel starrte von dem Nacken weg, so dass man die silberne Schnalle sah, die die gefältelte Halsbinde schloss. Die ganze Figur war überhaupt widrig und abscheulich; aber vor allem waren uns Kindern seine großen knotigen, haarigen Fäuste zuwider, so dass wir, was er damit berührte, nicht mehr mochten.

Der Sandmann war im Mittelalter ein Beruf. Ein Sandmann baute Quarzsand ab, handelte mit dem feinen Sand und scheuerte Kupferkessel und Holzböden damit blank. Nach diesem Beruf ist später ein Märchen entstanden, in dem der Sandmann Augen ausgestochen oder nachts Sand in die Augen von Kindern gestreut haben soll, bis ihre Augen bluteten.

In E.T.A. Hoffmanns Schauerroman „Der Sandmann" schildert eine alte Kinderfrau einem fragenden Kind den Sandmann drastisch als einen bösen Mann, der zu den Kindern kommt, wenn sie nicht schlafen gehen wollen. Er wirft ihnen Sand in die Augen, bis diese blutig aus dem Kopf springen. Dann wirft er die Augen in einen Sack und füttert mit ihnen seine Kinder, die mit ihren krummen Schnäbeln im Nest sitzen.

Das Sandmännchen, das man heute aus dem Fernsehen kennt, hat mit diesem Monster nichts zu tun.
Dieser Sandmann wird zurückgeführt auf ein Märchen des dänischen Dichters Hans Christian Andersen (1805–1875).
Bei Andersen besucht der Sandmann vor dem Schlafengehen die Kinder und verschließt ihnen die Augen mit süßer Milch und erzählt den „guten" Kindern eine Geschichte.

Der **Sandmann**, so wie ihn viele Kinder heutzutage aus dem Fernsehen kennen. Das Sehen dieser Fernsehsendung war und ist in vielen deutschsprachigen Haushalten ein Ritual vor dem Zubettgehen. Am Ende jeder Sendung streut das Sandmännchen seinen Schlafsand, um den Kindern angenehme Träume zu schenken.

Sandverkäufer (Stich von 1871)

Aufgaben

1. a) Lesen Sie den Textauszug und notieren Sie sich die beschriebenen äußeren Merkmale des Sandmanns (Coppelius).
   b) Unterstreichen Sie dann in Ihren Notizen die Merkmale, die das Urteil des Erzählers stützen, dass der Sandmann „widrig und abscheulich" sei.
2. a) Notieren Sie äußere Merkmale, die Ihrer Meinung nach eine Person positiv wirken lassen.
   b) Vergleichen Sie Ihre Ergebnisse in der Klasse und diskutieren Sie, warum gerade die von Ihnen gewählten Merkmale eine Person positiv wirken lassen.

4.7 Schriftverkehr

4.7.1 Privatbriefe

Das Wort „Brief" ist zurückzuführen auf das lateinische Wort „brevis", das „kurz" bedeutet. Ursprünglich war ein Brief eine kurze schriftliche Nachricht. Heute versteht man darunter eine ausführlichere schriftliche Mitteilung auf einem Blatt Papier, die verschlossen übersandt wird.

Es gibt viele gute Gründe für einen privaten Brief: jemandem ein Geheimnis anvertrauen, sich ein Problem von der Seele schreiben, jemanden trösten, sich entschuldigen, jemandem die Liebe gestehen, einfach nur Urlaubsgrüße senden, ein lustiges Erlebnis erzählen, eine Freundschaft pflegen, sich bedanken oder gute Besserung wünschen. In der Regel freut sich der Empfänger über einen Brief mehr als über eine SMS oder E-Mail.

Private Briefe und E-Mails unterscheiden sich in folgenden wesentlichen Punkten:

E-Mails	Private Briefe
eingescannte Unterschrift	Original-Unterschrift
relativ geringe Nachrichtensicherheit	relativ hohe Nachrichtensicherheit
Computer und Internetzugang, Smartphone	keine technischen Voraussetzungen
sehr geringe Übermittlungs- bzw. Transportkosten	relativ hohe Übermittlungs- bzw. Transportkosten
Containerfunktion (man kann Dateien oder Links mitschicken, z. B. Musik- oder Bilddateien)	Containerfunktion (man kann etwas Dünnes und Leichtes mitschicken oder den Brief einem Paket beilegen)
an mehrere Personen gleichzeitig versendbar	nur an einen Adressaten versendbar
wenige Sekunden Übermittlungsdauer	mindestens einen Tag Übermittlungsdauer

Die Gestaltung von privaten Briefen

Sie ist dem Schreiber oder der Schreiberin überlassen. Normalerweise bestehen Briefe aus dem Datum, der Anrede, dem eigentlichen Brieftext, der Grußformel, der Unterschrift und eventuell dem P. S. („post scriptum" – Anhang an einen Text).

Anrede und Grußformel in privaten Briefen

Die Anrede am Beginn und die Grußformel am Ende eines jeden Briefes sind vergleichbar mit der Begrüßung und Verabschiedung in einem Gespräch. Grundsätzlich gilt für die privaten Briefe, dass man jemanden so anschreibt, wie man sie oder ihn mündlich ansprechen würde. Das bedeutet auch, dass man die Anredepronomen „du" oder „Sie" wie im Gespräch benutzt. Achten Sie darauf, dass die Du-Form (*du*, *dein*, *dir*, *dich* oder *ihr*, *euch*, *euer*) klein- oder großgeschrieben werden kann, die Sie-Form (*Sie*, *Ihnen*, *Ihr*) dagegen immer großgeschrieben werden muss.

Inhaltliche Gestaltung eines privaten Briefs

Inhalte eines privaten Briefs können z. B. sein: Erlebnisse, Meinungen, Ideen, Gefühle, Gedanken, Trost und alles, was Sie mitteilen möchten.

Handschrift oder Computerausdruck?
Ob Sie Ihre privaten Briefe mit der Hand und einem Kugelschreiber oder Füllfederhalter oder am Computer schreiben, bleibt Ihnen überlassen. Sollten Sie eine schwer zu lesende Handschrift besitzen, so ist Ihnen der Computer zu empfehlen. Schreiben Sie jedoch zumindest die Anrede, die Grußformel und die Unterschrift handschriftlich. Das sieht persönlicher aus.

trockener, berichtartiger Stil:
Beispiel: *Mein neuer Chef hat mir eine neue Aufgabe zugeteilt. Ich darf jetzt direkt mit den Kunden reden. Das hab ich mir schon lange gewünscht.*

lebendiger, anschaulicher Stil:
Beispiel: *Stell dir vor, ich hab es geschafft. Du weißt ja, dass ich mir wie ein Kind zu Weihnachten schon lange gewünscht habe, direkt mit Kunden zu arbeiten. Jetzt endlich trat mein Chef an meinen Tisch und verkündete mir, dass ich ab nächster Woche die Kunden am Schalter beraten darf.*

Beispiele für die Anrede in privaten Briefen: Liebe/r, Hallo, Hey, Guten Tag, Verehrteste, Werte;
und die Schlussformulierung: Herzliche/Liebe/Beste Grüße, Alles Liebe, Auf bald, Ciao, Tschüss, Herzlichst.

Ein privater Brief besteht üblicher Weise (ebenso wie andere Texte) aus drei Teilen:

- **Die Einleitung:** Gehen Sie in der Einleitung auf den Empfänger oder die Empfängerin ein. Sprechen Sie die Person persönlich an, indem Sie z. B. nachfragen, wie es ihr geht. Sie können auch Hoffnungen äußern, z. B.: *„Ich hoffe, dass du deine Geburtstagsparty gut überstanden hast und deine Wohnung heil geblieben ist."* Sollten Sie auf einen Brief antworten, so bedanken Sie sich am besten bereits in der Einleitung. Beantworten Sie auch gleich die Ihnen eventuell gestellten Fragen.
- **Der Hauptteil:** Schreiben Sie im Hauptteil über Ihre Erlebnisse, Gedanken, Meinungen, Gefühle. Berichten Sie über Ereignisse, die die Empfängerin oder den Empfänger interessieren könnten.
- **Der Schluss:** Hier stellen Sie der Empfängerin oder dem Empfänger Fragen, die Sie interessieren, und äußern eventuell Ihren Wunsch, recht bald einen Antwortbrief zu erhalten. Schließen Sie mit guten Wünschen oder herzlichen Grüßen. Vergessen Sie Ihre Unterschrift nicht.

Die Gestaltung des Briefumschlags wird von der Post vorgeschrieben:

1. Rechts oben: Briefmarke.
2. Links oben: Vor- und Nachname des Absenders; darunter Straße und Hausnummer; darunter Postleitzahl (PLZ) und Ort.
3. Rechts unten: Vor- und Nachname des Empfänger; darunter Straße und Hausnummer bzw. Postfach; darunter PLZ und Ort.

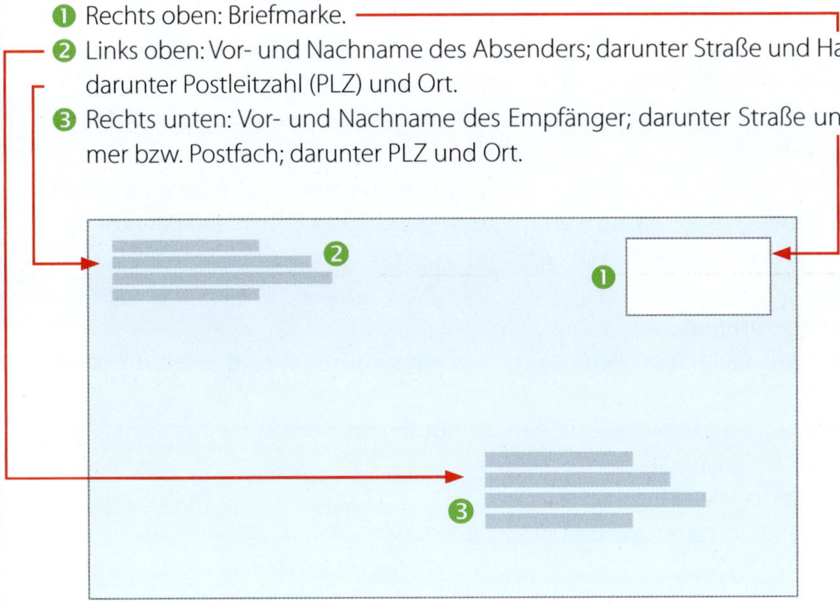

Wie können Sie den Stil Ihrer Texte verbessern?

- Nutzen Sie nicht immer die gleichen Wörter. Variieren Sie z. B. „sagen" durch „plaudern", „erzählen", „schwatzen" usw. Suchen Sie nach Wörtern, die besonders gut zur erzählten Situation passen.
- Stellen Sie ruhig mal Ihre Sätze um. Ändern Sie die Subjekt-Prädikat-Objekt-Ordnung. Vielleicht klingen die Sätze dann passender oder origineller. Hierfür ist es besser, wenn Sie am Computer schreiben.
- Verwenden Sie Vergleiche oder Metaphern, die den Brief lebendig und anschaulich machen, z. B.: *„Seine Stimme war so laut wie ein startender Düsenjet."* *„Die Nachricht haute mich um wie ein Orkan."* *„Unsere Mannschaft reitet auf einer Erfolgswelle."* *„Die Blechschlange bewegte sich hupend an unserem Fenster vorbei."*
- Sprechen Sie die Empfängerin oder den Empfänger direkt an: *„Kannst du dir vorstellen, was er darauf antwortete?"*; *„Du glaubst nicht, wie unangenehm mir das alles war."*

Aufgaben

1. Listen Sie mindestens drei Themen auf, zu denen Sie bereits einen privaten Brief geschrieben haben oder zu denen Sie sich vorstellen können, einen zu schreiben. Erstellen Sie dann eine Hitliste der begehrtesten Themen innerhalb der Klasse.
2. Formulieren Sie einen Antwortbrief auf einen Brief, in dem Ihnen eine Freundin oder ein Freund schreibt, dass sie oder er gerade einen wunderbaren Urlaub auf Mallorca in einem Ferienklub verbracht hat und jetzt die Ausbildung abbrechen möchte, um Animateur in dem Ferienklub zu werden. Gehen Sie auf diese Entwicklung ein und geben Sie Ratschläge. Schreiben Sie auch über Ihre eigene berufliche Situation und Ihre Karriereplanung.

4.7.2 Leserbriefe – zu etwas Stellung nehmen

Anlässe zum Schreiben von Leserbriefen
- Ärger auf oder Freude über einen Zeitungsartikel,
- eigene Erfahrungen, die den Aussagen eines Artikels widersprechen,
- Lob von oder Kritik an öffentlichen Aktionen, z. B. von Politikern, Beamten, Gewerkschaftern, Arbeitgebern u. a.,
- Meinung zu politischen Ereignissen oder anderen Themen von allgemeinem Interesse,
- Hinweis auf besonderes ehrenamtliches Engagement (sozial, sportlich, in Vereinen oder ähnliches).

prägnant: etwas kurz und treffend darstellen

appellativ: hier: auffordernd

Argument und Argumentation: siehe Seite 86

Hinweis
Seine Meinung kann man ebenso in **Blogs** in Form eines **Leserkommentars** äußern. Auch hier sind Wirkungsabsicht und Form wichtig, wenn man die anderen Leser erreichen will.

In vielen Tages- und Wochenzeitungen und in Zeitschriften werden regelmäßig Leserbriefe abgedruckt. In diesen Briefen nehmen einzelne Leserinnen und Leser Stellung zu aktuellen Themen.

Auch Sie können Leserbriefe schreiben und müssen nicht unbeteiligt zusehen, wenn Sie z. B. mit politischen Entscheidungen oder baulichen Veränderungen in Ihrer Kommune nicht einverstanden sind. Durch die Veröffentlichung in einer Zeitung können Sie vor einem großen Publikum auf Missstände aufmerksam machen.

Mit Leserbriefen reagiert man aber auch auf kurz vorher erschienene Zeitungsartikel. Die Schreiberinnen und Schreiber dieser Briefe teilen uns ihre Meinung zu den Artikeln mit und erörtern knapp die besprochenen Themen.

Leserbriefe werden grundsätzlich mit der Absicht geschrieben, veröffentlicht zu werden. Deshalb beachten Sie:
- Ein Leserbrief wird nur abgedruckt, wenn er eine Sache von allgemeinerem Interesse zum Inhalt hat.
- Es werden nur sehr kurze und prägnante Leserbriefe veröffentlicht. Längere Texte werden in der Regel durch die Zeitungsredaktion gekürzt.

Form von Leserbriefen

Leserbriefe werden heutzutage meist als E-Mail versendet. Allerdings können sie auch von Hand geschrieben oder aber am Computer verfasst, ausgedruckt und per Post versendet werden. Beide Übermittlungswege sind möglich.

Absicht von Leserbriefen

Leserbriefe können nach ihrer vorrangigen Wirkungsabsicht in zwei Arten unterteilt werden:
- stellungnehmende Leserbriefe, in denen die Autorin oder der Autor ihre Sicht auf ein Thema darstellen, und
- appellative Leserbriefe, die die Leserinnen und Leser dazu bewegen wollen, eine bestimmte Handlung auszuführen oder zu unterlassen.

Beide Arten verlangen eine überzeugende Argumentation.

Um einen Leserbrief zu schreiben, der veröffentlicht wird und seine Wirkung bei den Leserinnen und Lesern nicht verfehlt, ist es wichtig, planvoll vorzugehen. Das fällt nicht immer leicht. Gerade, wenn man sich z. B. über einen Artikel in der Zeitung, über das Verhalten eines Politikers oder über neue gesetzliche Vorschriften geärgert hat, ist es schwierig, keinen emotionalen, sondern einen sachlichen und argumentativ überzeugenden Text zu schreiben. Halten Sie sich daher an folgende Schritte:

1. Notieren Sie sich kurz, was Sie mit Ihrem Leserbrief erreichen wollen.
2. Formulieren Sie Ihre Grundbehauptung.
3. Suchen Sie nach Argumenten und Belegen für Ihre Behauptung. Dazu können Sie gut die Methode des Mindmapping nutzen (siehe Seite 152).
4. Ordnen Sie Ihre Argumente nach Wichtigkeit und Überzeugungskraft. Das beste Argument sollte zum Schluss stehen.
5. Verfassen Sie eine kurze, aber treffende Überschrift.
6. Schreiben Sie nun den Text. Beginnen Sie mit einer kurzen Einleitung zum Thema, in der Sie knapp darstellen, warum dieses Thema von Ihnen angesprochen wird.
7. Formulieren Sie im Hauptteil Ihre bereits stichpunktartig vorhandene Argumentation aus.
8. Richten Sie zum Schluss einen Appell an die Leserinnen und Leser.
9. Unterschreiben Sie Ihren Text oder schreiben Sie im Falle einer E-Mail Ihren vollständigen Namen unter den Text.
10. Lassen Sie den Leserbrief, bevor Sie ihn abschicken, von einer Person Ihres Vertrauens Korrektur lesen.

Beleg: siehe Seite 86

Appell: Aufruf, Aufforderung

Beachten Sie unbedingt folgende Hinweise:

- Schreiben Sie das Wichtigste zuerst. Leserbriefe werden für die Veröffentlichung fast immer gekürzt. Formulieren Sie Ihren Brief deshalb kurz und präzise.
- Beleidigen Sie niemanden und verbreiten Sie keine Unwahrheiten über Dritte (Personen, Unternehmen, Institutionen), denn dafür könnten Sie verklagt werden.
- Rufen Sie nicht zu strafbaren Handlungen auf. Auch dafür könnten Sie verklagt werden.
- Achten Sie auf einen guten Stil sowie auf Rechtschreibung und Grammatik, da viele Menschen Ihren Text lesen werden.
- Versuchen Sie sachlich durch Argumente und nicht durch Drohungen zu überzeugen.
- Bedenken Sie, dass mit der Veröffentlichung Ihrer Meinung auch Sie kritisiert werden könnten.
- Nennen Sie unbedingt Ihren vollständigen Namen, da anonyme Leserbriefe nicht veröffentlicht werden dürfen.

Hinweis

Viele Zeitungen haben zu ihren Beiträgen **Blogs** eingeführt, die über eine **Kommentarfunktion** verfügen, über die sich die Leser äußern können. Gleichzeitig sind die Beiträge auf diesen Internetseiten oft anonymisiert, da sich die Blogger häufig mit ihrem selbstgewählten Spitznamen anmelden können.

Anglizismus: siehe Seite 69

❶ Der Verfall der deutschen Sprache

Immer mehr englische Wörter verdrängen deutsche Formulierungen aus unserer Sprache. Der entstandene Mischmasch kann ein Zeichen neuer Weltoffenheit oder des unaufhaltsamen Verfalls der deutschen Sprache sein.

Wer ist schuld? Natürlich die Globalisierung und das Internet. Einige Professoren setzen schon auf „aktiven Sprachschutz". Sie wollen etwas tun gegen das „Beamen", „Switchen", „Toppen", „Ranpowern", gegen „Burn-out", „Performance", „Fun", „Wellness" usw. Aber auch gegen Wörter, die englisch klingen, wie „Handy" (Engländer sagen dazu „mobile") oder direkt übersetzte englische Formulierungen wie „das macht Sinn" (anstatt „das ist sinnvoll" oder „das hat Sinn"). Das vorrangige Problem der sogenannten Anglizismen ist, dass ohne Not viele Menschen ohne Englischkenntnisse von der Verständigung ausgeschlossen werden. Doch was tun?

In Frankreich steht der unnötige Gebrauch von Fremdwörtern unter Strafe. Wer in der Werbung oder in amtlichen Verlautbarungen Fremdwörter benutzt, für die es gleichwertige französische Übersetzungen gibt, dem drohen Geldstrafen. So wird z. B. der Computer „ordinateur" genannt. Wäre das ein Weg für Deutschland? Statt „Airbag" „Prallkissen", statt „Bowle" „Frucht-Alkohol-Mix", statt „Jeans" „Grobwebhose", statt „Handy" „Überalltelefon"?

Sprache kann nicht durch Gesetzte geregelt werden. Und das Deutsche hat in seiner Entwicklung schon so viele Wörter aus dem Französischen, dem Latein oder dem Arabischen übernommen. Warten wir also einfach gelassen ab.

Leserbrief

Sehr geehrte Redaktion,

ich habe Ihren Artikel „Der Verfall der deutschen Sprache" gelesen. Ich stimme Ihnen zu. Das Problem ist jedoch weitaus größer. Man hört z. B. nach der Konjunktion „weil" nur noch Hauptsätze. Oder nehmen wir den Genitiv. Er verschwindet immer mehr. Ich sage nur Dativ. Das geht zu weit. Wir müssen unsere Sprache schützen. Auch mit Gesetzen und Strafen.

Mit freundlichen Grüßen

Kevin Müller

Posten – im Internet Stellung beziehen

Ein Leserbrief kann auch als schriftliche Meinungsäußerung in Form eines Kommentars oder als Information auf Beiträge eines Internetforums geschrieben werden.
Man kann Diskussionsbeiträge (englisch: *Posting*) schreiben, die andere lesen und beantworten können.

❷ Jugendwort des Jahres: Läuft. Bei. Dir.

Früher war das Jugendwort des Jahres noch ein Wort, das man nicht kennt, Babo oder Yolo oder Swag zum Beispiel. Heute ist das Jugendwort des Jahres ein Satz, in dem man jedes Wort kennt und ihn trotzdem nicht versteht: „Läuft bei dir." Die 14-köpfige Jury befand: Es beschreibt perfekt eine für Jugendliche typische Situation, so steht es in der Pressemitteilung.

Glaubt man der Jury des Langenscheidt-Verlags, bestehend aus Jugendlichen, Journalisten und Sprachwissenschaftlern, dann ist „Läuft bei dir" eine andere Redewendung für: „Du hast es drauf!" Dann ist es ein Synonym für „cool" und „krass", dann kann es auch ironisch verwendet werden. […]

„Denken sich das Jugendliche aus?"

Die Suche nach dem vermeintlich coolsten Ausdruck ist allerdings willkürlich: Eigentlich sollen Jugendliche ihre Lieblingswörter vorschlagen und anschließend online über die gebräuchlichsten abstimmen. Die Jury entscheidet danach, welches Wort gewinnt. Die wesentlichen Kriterien: Originalität, sprachliche Kreativität sowie hoher Verbreitungsgrad. […]

Ob die anderen Jugendwörter tatsächlich relevanter sind? Bei einem – zugegeben auch nicht repräsentativen – Schulhof-Check, den Spiegel Online im vergangenen Jahr durchgeführt hat, fragte manch ein Schüler jedenfalls: „Ehrlich gesagt, habe ich das noch nie gehört. Denken sich das Jugendliche aus?"

(aus: www.spiegel.de, 23.11.2014)

Synonym: Mehrzahl: Synonyme; Bezeichnung für verschiedene Wörter, die eine gleiche oder ähnliche Bedeutung haben. Siehe für weitere Informationen auch Seite 42.

ironisch: spöttisch oder humorvoll das Gegenteil aussagend

Kommentare

unterhopft 23, *gestern, 18:21 Uhr:*
Super! Ich frage mich, warum wir Jugendlichen überhaupt gefragt werden und abstimmen sollen? Da waren doch bestimmt wieder nur erwachsene Vollprofis am Werk, oder?

sback 4ju, *heute, 12:34 Uhr:*
Ich muss *unterhopft 23* Recht geben. Meine Sprache ist das auch nicht, so 'n Quatsch hab ich noch nie von jemandem in meinem Alter gehört!

Aufgaben

1. a) Lesen Sie Text ❶. Notieren Sie sich in drei kurzen Stichpunkten die Hauptaussagen des Textes.
   b) Formulieren Sie einen passenden Leserbrief zum Zeitungstext. Siehe Seite 127.
2. Entscheiden Sie, ob der nebenstehende Leserbrief ein stellungnehmender oder appellativer Leserbrief ist. Begründen Sie Ihre Entscheidung (siehe hierzu Seite 126).
3. Nehmen Sie zu dem angeführten Leserbrief in einem eigenen Leserbrief Stellung.
4. a) Lesen Sie den Online-Artikel ❷ durch.
   b) Bewerten Sie die *Postings* zum Artikel: Inwieweit unterscheiden sie sich von einem Leserbrief?
   c) Teilen Sie Ihre Meinung zum Jugendwort des Jahres in einem kurzen, sachlichen Beitrag mit.

4.7.3 Kurznachrichten im beruflichen Umfeld

In den letzten Jahren hat die Kommunikation über das Medium SMS und Instant-Messaging-Dienste (Nachrichtensofortversand) enorm zugenommen.

Die Abkürzung SMS steht für *Short Message Service* – englisch für „Kurznachrichtendienst". SMS ist ein Telekommunikationsdienst zur Übertragung von Textnachrichten. Eigentlich müsste es also „der" SMS heißen. Da im Deutschen aber nicht der Dienst, sondern die Kurznachricht gemeint ist, hat es sich durchgesetzt, dass es „die" SMS heißt.

Ein wesentlicher Unterschied zu anderen Textarten ist, dass eine SMS maximal aus 160 Zeichen bestehen kann. Wobei als Zeichen auch die Leerzeichen zählen. Um aber mehr Inhalt unter diesen Einschränkungen versenden zu können, werden besonders viele Abkürzungen und so genannte Emoticons (siehe Seite 132) verwendet.

Über Instant Messaging bzw. Nachrichtensofortversand können zwei oder mehr Teilnehmer mittels Textnachrichten miteinander kommunizieren. Nachrichten kommen unmittelbar (englisch „instant") beim Empfänger an, wenn er online ist.

Für Kurznachrichten gilt: Im beruflichen Umfeld werden sie in der Regel **nicht** verschickt. Stattdessen nutzt man herkömmliche Geschäftsbriefe oder E-Mails.

In Ausnahmefällen, und nur dann, wenn sich zwei Kolleginnen oder Kollegen gut kennen oder eine Kundin bzw. ein Kunde nur auf diesem Weg kurzfristig informiert werden kann, ist es möglich, eine Kurznachricht im beruflichen Rahmen zu versenden.

Einige Firmen sind allerdings dazu übergegangen, ihren Kundinnen und Kunden kurzfristig die genauen Zeiten von Warenlieferungen per Kurznachricht mitzuteilen. Dazu sollte aber das Einverständnis eines Kunden vorliegen.

SMS-Abkürzungen (Beispiele):
2day – heute
2l8 – too late/zu spät
3st! – Das war dreist!
4ever – for ever/für immer
4u – for you/für dich
AT – Arbeitstag
BABS – bin auf Brautschau
bgnd – bin grade nicht da
BGZ – Bin gleich zurück!
biba – bis bald
bigbedi – bin gleich bei Dir
bimo – bis morgen
DaD – Denk an Dich
DaM – Denk an mich
DDR – du darfst rein
dg – dumm gelaufen
fümiein – fühle mich einsam
GmBh – Geh mal Bier holen
immo – im Moment
l8ter – later/später
M. f. G – Mit freundlichen Grüßen
m/w? – Männlich oder weiblich?
m2 – me too/ich auch
SFH – Schluss für heute
Tml – Tut mir leid!
vdH – voll der Hammer
WASA – Warte auf schnelle Antwort

Neologismus: ein neues Wort oder ein bereits vorhandenes Wort mit neuer Bedeutung, das in einer Sprachgemeinschaft aufkommt und sich verbreitet.
Beispiele:
- *Simsen* für eine SMS schreiben;
- *Problembär* für den nach Deutschland eingewanderten und dann abgeschossenen Braunbären.

Siehe auch Seite 183.

Allgemeine Regeln für das Schreiben von Kurznachrichten

Beachten Sie die Rechtschreibung.

Fassen Sie sich kurz.

Schreiben Sie keine Kurznachricht, wenn Sie eine Verabredung nicht einhalten können, verschlafen haben oder zu spät in die Firma kommen werden. Das ist unhöflich. Rufen Sie stattdessen an.

Nutzen Sie in einer Kurznachricht an einen älteren Menschen keine ungewöhnlichen Abkürzungen, denn es könnte passieren, dass er sie nicht versteht.

Unterlassen Sie das Lesen oder Schreiben einer Kurznachricht, wenn Sie sich in einem Gespräch befinden. Das ist unhöflich.

Schalten Sie die Tippgeräusche Ihres Handys ab – sie stören nur andere Personen.

Zeit sparen mit Vorlagen

Wenn Sie häufig Kurznachrichten mit gleichem oder ähnlichem Wortlaut versenden (z. B. Ankündigungen von Lieferungen), können Sie mit Vorlagen Zeit sparen. Indem Sie einen häufig verwendeten Text als Vorlage speichern, ersparen Sie sich, ihn immer wieder aufs Neue eintippen zu müssen.

Schreiben Sie zunächst einen Text, von dem Sie der Meinung sind, dass er mehrmals verwendbar ist. Achten Sie hier besonders aufmerksam auf die richtige Rechtschreibung und Grammatik, denn Fehler werden voraussichtlich mehrmals und an verschiedene Personen gesendet werden.

Speichern Sie den Text dann als Datei – wenn möglich – im Ordner „Vorlagen" ab. Dann können Sie jedes Mal, wenn Sie die Kurznachricht abschicken möchten, diese Vorlagendatei öffnen und müssen eventuell nur noch einige einzelne Wörter ändern oder ergänzen.

Hinweis

An folgenden **Orten** oder bei folgenden **Veranstaltungen** ist das Handy oder mindestens der Klingelton auszuschalten (Beispiele):

- in Kinos
- in Bibliotheken
- in Kirchen, insbesondere bei Gottesdiensten
- auf Friedhöfen, insbesondere bei Beerdigungen
- in Museen
- in Ruhebereichen der ICEs
- bei Vorträgen und Vorlesungen
- im Unterricht und in Seminaren
- in Konferenzen oder bei Kongressen
- bei Besprechungen
- usw.

Hinweis

Mittlerweile werden Textnachrichten zusehends über **Telekommunikationsdienste** (sogenannte Instant-Messaging-Dienste wie z. B. Whatsapp, Threema) von den Mobilgeräten versandt.

Aufgaben

1. Bewerten Sie die Meinungen der beiden Jugendlichen. Begründen Sie Ihre Bewertung, indem Sie sich dazu äußern, wie Sie mit Kurznachrichten umgehen.
2. Schreiben Sie weitere Regeln für das Simsen auf. Begründen Sie Ihre Regeln vor Ihrer Klasse.
3. Formulieren Sie eine klare und verständliche Kurznachricht zu folgenden Situationen:
   a) Sie wollen eine ältere Kundin darüber informieren, dass sich der Liefertermin der Küche von 09.00 Uhr auf 13.00 Uhr verschiebt.
   b) Sie wollen Ihrem Freund und Kollegen mitteilen, dass er nicht zur Baustelle in die Goethestraße, sondern zur Baustelle in die Goldtstraße kommen soll.
4. Notieren Sie sinnvolle SMS-Abkürzungen, die Sie in privaten SMS nutzen und die noch nicht in der linken Randspalte aufgeführt sind.
5. Verändern Sie den folgenden SMS-Text so, dass er allgemein verständlich wird und keine Fehler aufweist. Achten Sie dabei darauf, dass Sie nicht mehr als 160 Zeichen inklusive der Leerzeichen verwenden:
   Hi Alder, BGZ, GmBh. Können ja noch chillen l8ter. Voll guter Film im TV. Ciao. Alex

4.7.4 Die geschäftliche E-Mail

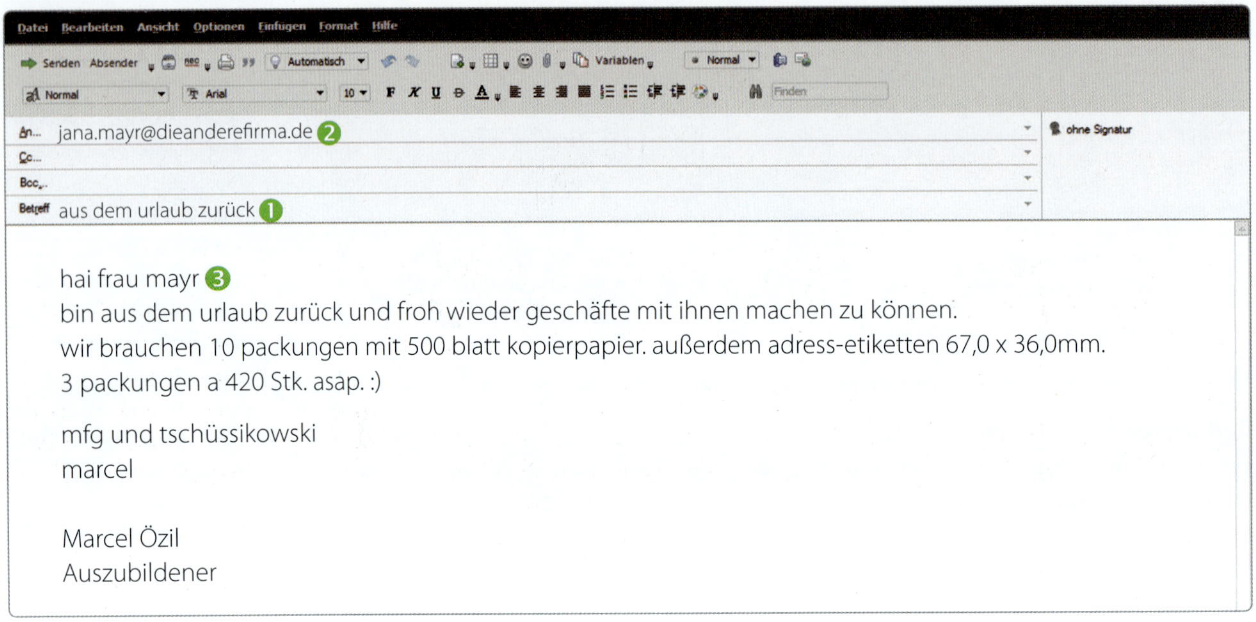
An... jana.mayr@dieanderefirma.de ❷
Cc...
Bcc...
Betreff aus dem urlaub zurück ❶

hai frau mayr ❸
bin aus dem urlaub zurück und froh wieder geschäfte mit ihnen machen zu können.
wir brauchen 10 packungen mit 500 blatt kopierpapier. außerdem adress-etiketten 67,0 x 36,0mm.
3 packungen a 420 Stk. asap. :)

mfg und tschüssikowski
marcel

Marcel Özil
Auszubildener

Emoticons: Zeichenfolgen aus normalen Satzzeichen, die ein Smiley nachbilden, um kurz und knapp Stimmungs- und Gefühlszustände auszudrücken. Das Wort Emoticon wurde aus Emotion und Icon gebildet.
Beispiele:
:-) :) :> :o) ;-) ;o) :-D ;D
:D :oD :-(:(:[:< :o(:-0

Signatur: Die Signatur befindet sich unter der Grußformel. Sie enthält Ihren Namen, Ihre Position/Funktion in der Firma, die Firmenanschrift, Ihre Telefon- und Faxnummer und Ihre E-Mailadresse. Oft wird in der Signatur darauf hingewiesen, dass der Inhalt der E-Mail vertraulich ist.
Eine Signatur wird nur ein Mal eingerichtet. Das E-Mailprogramm fügt sie automatisch an jede Ihrer E-Mails an.

In der geschäftlichen Kommunikation spielt die E-Mail eine immer größere Rolle. Mitunter hat die E-Mail den Geschäftsbrief bereits ersetzt. Das bedeutet, dass auch eine E-Mail nicht mit zahlreichen formellen, grammatischen oder Rechtschreibfehlern gespickt sein darf. Erstaunlicherweise tendieren aber viele Menschen in der elektronischen Kommunikation zu etwas mehr Ungezwungenheit. Das ist schlecht für das Image der Firma. Auch für E-Mails gelten Regeln, die zu beachten sind:

❶ Betreff

Der Betreff muss aussagekräftig und kurz sein. Das wichtigste Wort steht weit am Anfang.

❷ Empfänger

Schreiben Sie in das „An"-Feld nur die Personen, die aktiv handeln sollen.
In die „Cc"-Zeile werden die Personen geschrieben, die die E-Mail nur zur Information erhalten sollen.
Die „Bcc"-Zeile wird genutzt für Empfängeradressen, die von den anderen Empfängern nicht gesehen werden sollen.

❸ Anrede und Grußformel

Formulieren Sie, auch wenn Sie eine E-Mail an eine Kollegin oder einen Kollegen in Ihrer eigenen Firma senden, wie in einem Geschäftsbrief eine Anrede. Kürzen Sie Ihre Formulierung nie ab. Schreiben Sie also z. B. nie „Sg" statt „Sehr geehrte(r)" in der Anrede oder „MfG" statt „Mit freundlichen Grüßen" als Grußformel.

Abkürzungen und Emoticons

Gebräuchliche Abkürzungen wie „u. U.", „u. a.", „z. B." oder „etc." sind selbstverständlich erlaubt.
Verzichten Sie aber auf Abkürzungen wie „asap" (*as soon as possible*), „btw" (*by the way*)

oder „fyi" (*for your information*), da Sie nicht sicher sein können, dass der Empfänger Ihrer E-Mail sie versteht.
Verzichten Sie bei geschäftlichen E-Mails auf jeden Fall auch auf die in privaten E-Mails beliebten Emoticons.

Stil

Wie beim Geschäftsbrief muss der Stil kurz, verständlich, aussagekräftig und freundlich sein. Sie sollten Ihr Anliegen möglichst genau darstellen.
Da eine E-Mail auch nach längerer Zeit noch als Nachweis dafür dienen kann, welche Informationen Sie weitergegeben oder erhalten haben, und E-Mails durch „Weiterleiten" schnell auch von anderen Personen gelesen werden können, überlegen Sie sich genau, was und wie Sie schreiben.

Textaufbau

Teilen Sie den Text in inhaltlich sinnvolle Absätze ein. Heben Sie besonders wichtige Wörter durch Fettschrift hervor. Dadurch kann der Empfänger den Text schnell überfliegen und das Wichtigste erkennen.
Lange Zeilen erschweren das Lesen. Schreiben Sie daher nur etwa 70 Zeichen pro Zeile. Diese Länge hat sich als optimal erwiesen, um den Text lesen zu können, ohne in der Zeile zu verrutschen.

Zeichen

Nutzen Sie so genannte nicht-proportionale Schriftarten. Die Zeichen dieser Schriftarten sind alle gleich breit (z. B. Courier) und stellen Tabellen so dar, dass sie von allen Empfängern erkannt werden können.

Anhänge

Achten Sie beim Versenden von Dateianhängen darauf, dass der Empfänger in der Lage sein muss, diese zu öffnen. Versenden Sie also wenn möglich nur Dateien, von denen Sie wissen, dass der Empfänger das Programm zum Öffnen besitzt. Sollten Sie das nicht wissen, hängen Sie nur Dateien in gängigen Formaten an: Office-Dokumente, PDF-Dokumente, RTF-Dokumente (Rich Text Format – kann in allen Schreibprogrammen geöffnet werden).

Antworten

Es ist üblich, dass E-Mails kurzfristig, spätestens zwei Tage nach deren Eingang beantwortet werden.
Mitunter kommt es jedoch vor, dass man aus unterschiedlichen Gründen mehr Zeit braucht, um eine Antwort zu schreiben. In so einem Fall ist es sinnvoll, innerhalb von zwei Tagen per Antwort-E-Mail die Verzögerung mitzuteilen.

Wichtig
Groß- und Kleinschreibung in dienstlichen E-Mails:
Verwenden Sie auf jeden Fall die korrekte Groß- und Kleinschreibung. Wenn Sie nur in Kleinbuchstaben schreiben, wirkt es auf den Leser, als ob Sie sich nicht die Mühe machen wollen oder nicht fähig sind, einfache Regeln der Rechtschreibung zu beachten. Sollten Sie nur in Großbuchstaben schreiben, wirkt der Text auf den Leser zu aufdringlich.

Abwesenheitsmeldung:
Richten Sie bei einer absehbaren Abwesenheit vom Arbeitsplatz von mehr als zwei Tagen eine automatische Abwesenheitsmeldung ein, die an jeden gesendet wird, der Ihnen eine E-Mail schickt. Geben Sie darin an, bis wann Sie Ihre E-Mails nicht beantworten können.

Aufgaben

1. Benennen Sie die Fehler in der E-Mail am Beginn der Seite oben links.
2. Formulieren Sie eine korrekte E-Mail zum angegebenen Thema.

4.7.5 Sonderfall Bildschirmtexte

Bildschirmtexte unterscheiden sich in verschiedenen Eigenschaften von anderen Texten.

- Sie sind anstrengender zu lesen als Texte auf Papier. Indem sie selbst leuchten, verhalten sich Monitore anderes als Papier. Sie können z. B. flimmern oder Licht kann sich in ihnen spiegeln. Die Augen ermüden dadurch schneller, sodass man etwa 25% langsamer als von Papier liest.
- Die Leserinnen und Leser klicken sich von Internetseite zu Internetseite und picken sich die scheinbar attraktivsten Informationshäppchen heraus. Dabei schauen sie meist nur kurz und oberflächlich auf eine Seite.

Wie werden Internetseiten am Bildschirm gelesen?
Internetnutzer scannen Texte am Bildschirm. Das heißt, dass sie den Text in großer Eile überfliegen und nach Wörtern suchen, die die gesuchten Informationen vermitteln.

Welcher Sprachstil ist im Internet der richtige?
Eine klare, einfache Sprache ist besonders im Internet besser verständlich. Sie
- benutzt aktive Verben (besser: „klirren", „stürzen", „jubeln", „erzittern" als „beinhalten", „sich befinden" oder „liegen"),
- verwendet einfache Sätze (Subjekt, Prädikat, Objekt),
- vermeidet Füllwörter (wie „eigentlich", „nun", „halt", „an sich", „ziemlich", „einfach" oder „irgendwie"),
- unterlässt unbekannte Fremdwörter,
- gebraucht keine Abkürzungen.

Gestaltung von Bildschirmtexten

Aus den besonderen Eigenschaften von Bildschirmtexten ergeben sich folgende Hinweise:

- **Kürzere Texte als auf Papier**
  Schreiben Sie nur etwa **50 % der Textmenge**, die Sie auf Papier geschrieben hätten. Achten Sie darauf, dass Ihre Texte aber trotzdem **verständlich** bleiben. Sehr lange Texte sollten nur als Datei zum Download angeboten werden. Fassen Sie dann aber den jeweiligen Text für die Internetseite kurz und Interesse weckend zusammen.

- **Sehr klare Gliederung**
  Durch eine klare Gliederung wirkt Ihr Text verständlicher und kann schneller erfasst werden. **Strukturieren** Sie den Text daher mit Hilfe von Aufzählungszeichen oder in klaren Abschnitten. Beschränken Sie sich pro Abschnitt nach Möglichkeit nur auf einen Gedanken bzw. Aspekt.
  Formulieren Sie **aussagekräftige** und **prägnante Überschriften** und Zwischenüberschriften. Heben Sie diese Überschriften optisch hervor.
  Nutzen Sie für wichtige Wörter eine **fette** Schrift. Versuchen Sie sich vorzustellen, welche Fragen die Leserinnen und Leser zum Thema Ihres Textes stellen würden. Beantworten Sie im Text nacheinander diese Fragen.

- **Klare, einfache Sprache**
  Formulieren Sie **präzise, einfache Sätze** (Subjekt/Prädikat/Objekt). Vermeiden Sie lange und verschachtelte Sätze. Kommen Sie sprachlich und inhaltlich schnell auf den Punkt. **Lassen Sie nutzlose Wörter weg**. Dadurch wird das Wesentliche des Textes deutlicher. Verwenden Sie Wörter aus dem Wortschatz der Zielgruppe. Entscheiden Sie sich im Zweifel für einfache Wörter.

- **Textbreite**
  Versuchen Sie auch die Breite des Textes leserfreundlich zu gestalten. Die meisten Menschen empfinden einen Text von ca. 10 cm Breite und etwa 50–60 Zeichen pro Zeile am angenehmsten.

	Beispieltext
ausführlicher Text	Berlin, die Hauptstadt und der Regierungssitz der Bundesrepublik Deutschland, wird seit dem 18. Jahrhundert gern auch als Spree-Athen bezeichnet. Neben großen Parks wie dem Tiergarten bietet die Stadt ihren 3,4 Millionen Einwohnern und ihren Gästen drei Universitäten, zahlreiche Hochschulen, etliche Forschungseinrichtungen und unterschiedlichste Museen mit internationalem Ruf. Zu den beliebtesten Sehenswürdigkeiten der bevölkerungsreichsten und flächengrößten Stadt Deutschlands, die keine Berlinbesucherin und kein Berlinbesucher verpassen sollte, gehören das Brandenburger Tor am Pariser Platz, das von einer Quadriga mit der Siegesgöttin Victoria gekrönt wird, die Museumsinsel in der Spree mit fünf interessanten Museen, der Berliner Dom, das Reichstagsgebäude, das heute den Bundestag beherbergt, und der Fernsehturm. Und natürlich nicht zu vergessen ist die Straße Unter den Linden sowie der sehr moderne Potsdamer Platz.
ungefähr um die Hälfte gekürzter Text	Berlin ist die Hauptstadt und der Regierungssitz Deutschlands. In der Stadt leben **3,4 Millionen Einwohnern**. Sie ist die bevölkerungsreichste und flächengrößte Stadt Deutschlands. Sie bietet **drei Universitäten**, zahlreiche Hochschulen, etliche Forschungseinrichtungen und unterschiedlichste Museen. Beliebte **Sehenswürdigkeiten** sind z. B. das Brandenburger Tor, die Museumsinsel, der Berliner Dom, das Reichstagsgebäude, der Fernsehturm und die Straße Unter den Linden.
auf dem Bildschirm schnell erfassbarer Text mit Überschriften, Hervorhebungen und Aufzählungsliste	**Berlin – eine besondere Stadt** **Daten** **Berlin** ist die **Hauptstadt** und der Regierungssitz Deutschlands. In der Stadt leben 3,4 Millionen Einwohner. Sie ist die bevölkerungsreichste und flächengrößte Stadt Deutschlands. **Bildung** Sie bietet drei Universitäten, zahlreiche Hochschulen, etliche Forschungseinrichtungen und unterschiedlichste Museen. **Sehenswürdigkeiten** Beliebte Sehenswürdigkeiten sind z. B.: • das Brandenburger Tor • die Museumsinsel • der Berliner Dom • das Reichstagsgebäude • der Fernsehturm • die Straße Unter den Linden
kurzer Internettext	**Berlin** ist die Hauptstadt Deutschlands. In der Stadt leben 3,4 Millionen Einwohner. Beliebte Sehenswürdigkeiten sind z. B.: • Brandenburger Tor • Museumsinsel • Berliner Dom • Reichstagsgebäude • Fernsehturm • Straße Unter den Linden

Aufgaben

1. a) Verfassen Sie einen Text, der Ihren Heimatort mit seinen Merkmalen, Besonderheiten und Sehenswürdigkeiten ausführlich beschreibt.
   b) Kürzen Sie Ihren Text auf circa die Hälfte der Wörter.
   c) Entwickeln Sie aus dem gekürzten Text einen schnell erfassbaren Text.
2. a) Formulieren Sie einen kurzen Internettext zu Ihrem Heimatort.
   b) Lesen Sie ihn laut vor. Sollten Sie dabei ins Stocken kommen, ist es ratsam, den Text noch einmal zu überarbeiten.

4.8 Offizielle Mitteilungen – Geschäftsbriefe

Als Geschäftsbrief wird eine schriftliche Mitteilung bezeichnet, die von einem Unternehmen oder einer Institution (Behörde, Einrichtung usw.) ausgeht.
Die Norm DIN 5008 legt fest, wie geschäftliche Schriftstücke gestaltet werden sollten.

DIN: ist eine Abkürzung für „Deutsches Institut für Normung". Die durch dieses Institut entwickelten Normen werden DIN-Normen genannt. Die DIN-Normen dienen vor allem der Gebrauchstauglichkeit, der Qualitätssicherung und der Austauschbarkeit von Produkten.

Hinweis
Richten Sie sich auch bei Bewerbungen immer nach dieser DIN-Norm (siehe Seite 290).

Korrespondenz: ein schriftlicher Austausch von Informationen bzw. ein schriftliches Gespräch. Eine Korrespondenz findet zumeist als Brief oder E-Mail statt.

4.8.1 Die Norm für Geschäftsbriefe – DIN 5008

Die DIN 5008 gibt eine Anleitung, wie Texte zweckmäßig und übersichtlich gestaltet werden können, um vor allem leserfreundlich zu sein. Sie legt ausschließlich die Form der Schriftstücke fest, nicht den Inhalt.

Die Einheitlichkeit der Form des Schriftverkehrs ermöglicht es, dass auch andere Mitarbeiterinnen und Mitarbeiter Ihre Korrespondenz problemlos übernehmen können. Das vermittelt nach außen den positiven Eindruck, dass innerhalb der Firma mit den gleichen Maßstäben kollegial zusammengearbeitet wird.

Bausteine eines Briefs nach DIN 5008

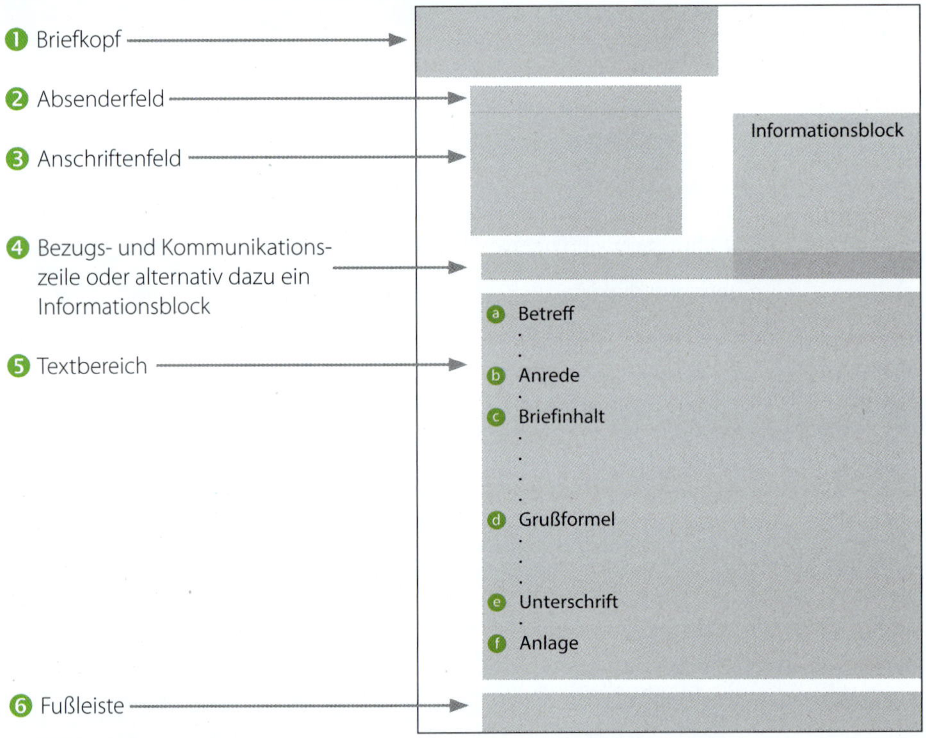

1 Briefkopf
In einer Firma wird meist auf ein einheitliches Erscheinungsbild der Schreiben geachtet und hier ein Firmenlogo verwendet.

2 Absenderfeld (siehe Seite 138); **3 Anschriftfeld** (siehe Seite 138)

4 Bezugs- und Kommunikationszeile
Für Details siehe Seite 138. Die Datumsangabe kann wie folgt geschrieben werden:
Jahr-Monat-Tag (z. B. 2015-02-07)
Tag.Monat.Jahr (z. B. 07.02.2015)
7. Februar 2015 (bei dieser Variante enthalten einstellige Tagangaben keine Null vorweg)

❺ Textbereich

Die DIN 5008 empfiehlt, keine Schriftgröße anzuwenden, die kleiner als 10 Punkte ist. Verzichten Sie auch auf ausgefallene Schriftarten oder Schriftstile, wie zum Beispiel Schreibschrift oder Kapitälchen. Die Schriften Arial, Times und Helvetica haben sich bewährt. Nutzen Sie diese Schriftarten, dann machen Sie nichts falsch.

ⓐ Betreffzeile

In der Betreffzeile steht der Anlass des Schreibens.
Sie müssen keine Betreffzeile schreiben, es bietet sich jedoch an, da der Empfänger das Schreiben schneller zuordnen und damit auch schneller bearbeiten kann. Am Beginn der Betreffzeile steht nicht das Wort „Betreff" oder eine Variante wie „Betr." oder „Betrifft". Sie sollten aber den Betreff durch Fettdruck hervorheben. Am Ende des Betreffs steht kein Punkt. Ausrufezeichen oder Fragezeichen sind allerdings erlaubt, wenn sie sinnvoll erscheinen. Aus optischen Gründen sollte der Betreff nicht länger als zwei Zeilen sein.

ⓑ Anrede

Wenn Sie den Namen nicht kennen, schreiben Sie: „Sehr geehrte Damen und Herren". Ist der Name bekannt: „Sehr geehrte Frau Rauper-Wumme". Die Anreden „Herr" und „Frau" werden nicht abgekürzt.

ⓒ Briefinhalt

Hier wird das Thema des Briefs ausformuliert, wobei einzelne Punkte in eigenen Absätzen abgefasst werden. Für Hinweise zu Stil und Sprache siehe Seite 143.

ⓓ Grußformel

Üblich ist hier: „Mit freundlichen Grüßen".

ⓔ Unterschrift

Unterschreiben Sie mit Vor- und Nachnamen. Die maschinenschriftliche Wiederholung des Namens ist nur notwendig, wenn er nicht in der Bezugszeile enthalten ist. Bei mehreren Unterschriften unterschreibt die Person mit der höheren Position links.

ⓕ Anlage

Wenn Sie Ihrem Brief Anlagen hinzufügen, also Blätter, die Sie beilegen, so muss unter der Unterschrift das Wort „Anlage" oder „Anlagen" geschrieben werden. Es genügt bereits, wenn Sie das Wort schreiben. Sie können aber auch sämtliche Anlagen einzeln aufführen. Hier gilt: Wenn Sie Anlagen aufführen, dann müssen Sie alle Anlagen konkret benennen.
Zu beachten ist, dass nach „Anlage" oder „Anlagen" kein Doppelpunkt zu stehen hat.

❻ Fußleiste mit Geschäftsangaben (siehe ❼ auf Seite 138).

Kapitälchen: Großbuchstaben, deren Höhe der der Kleinbuchstaben entspricht. Sie werden zur Hervorhebung von Wörtern verwendet.
Bsp.: KLEINBUCHSTABEN sind, wie der Name sagt, kleiner als GROSSBUCHSTABEN.

Arial: Schriftart

Times: Schriftart

Helvetica: Schriftart

Hinweis

Sollte Ihr Brief so lang werden, dass die Anlagen nicht mehr auf den Briefbogen passen, so können Sie den Anlagevermerk rechts neben die Grußformel schreiben. Der Abstand vom linken Rand bis zum Anlagevermerk soll 12,5 cm betragen.

Aufgaben

1. Gestalten Sie den Textteil eines Geschäftsbriefs. Verwenden Sie hierfür die in ❺ⓐ–ⓕ angegebenen Elemente auf korrekte Art und Weise. Denken Sie sich Firmennamen, Personen usw. hierzu selber aus.
   a) Schreiben Sie an eine Kollegin, dass Sie vom 12. bis zum 24. Juli im Urlaub sein werden.
   b) Schreiben Sie an Ihren Vermieter, dass Sie mit der Mieterhöhung von 54,00 Euro nicht einverstanden sind.
   c) Schreiben Sie an die örtliche Müllentsorgung, dass Ihre grüne Tonne bereits zweimal nicht vollständig geleert wurde.

4.8.2 Maßangaben für einen Geschäftsbrief nach DIN 5008

❶ Seitengröße und Seitenränder

DIN A4: Seitenlänge 29,7 cm, Seitenbreite 21,0 cm. Die Seitenränder betragen links 2,41 cm und rechts mindestens 0,81 cm.

❷ Postanschrift des Absenders

Das Feld befindet sich unmittelbar über dem Anschriftenfeld. Es ist 0,5 cm hoch und 8,5 cm breit. Es beginnt 4,5 cm vom oberen Blattrand entfernt.

❸ Anschriftfeld

Position: 5 cm von der oberen und 2 cm von der linken Blattkante. Es ist 4 cm hoch und 8, 5 cm breit. Innerhalb des Anschriftfelds gibt es keine Leerzeichen.

So platzieren Sie Zusätze und Vermerke richtig:
- Einzeilige Vermerke beginnen in Zeile 3.
- Zweizeilige Vermerke beginnen in Zeile 2.
- Dreizeilige Vermerke beginnen in Zeile 1.

Gibt es keine Vermerke oder Zusätze, bleiben die ersten drei Zeilen des Anschriftfelds leer.

Form:

1
2 Zusätze und Vermerke (3 Zeilen)
3
1
2 Anschrift
3 (maximal 6 Zeilen, in Zeile 1
4 beginnend)
5
6

Beispiel:

Büchersendung
Wenn unzustellbar, bitte mit neuer Anschrift zurück

Pro-Libro GmbH
z. H. Frau Gisela Rauper-Wumme
Abteilung 2
Anstifterweg 68
20200 Hamburg
•

Durch die Bezugszeichenzeile soll der Schriftverkehr erleichtert werden. Daher enthält sie eventuell:
- Kurzzeichen des Sachbearbeiters
- Datum eines Briefes des Empfängers
- Bearbeiterzeichen/ Datum eines eigenen vorangegangenen Briefes

❹ Bezugszeichenzeile

Position: 0,85 cm unter dem Anschriftenfeld. Es sind maximal vier Angaben vorgesehen. Das erste Wort beginnt 2,41 cm, das zweite 7,49 cm, das dritte 12,57 cm und das vierte Wort 17,65 cm vom linken Blattrand.

❺ Kommunikationszeile

Position: rechts neben dem Anschriftfeld, auf Höhe der letzten Zeile des Anschriftfelds, 12,57 cm vom linken Rand. Angaben können auch in der Bezugszeichenzeile erscheinen, wenn dort dann nicht mehr als insgesamt vier Angaben erscheinen.

Die Kommunikationszeile enthält:
- eine Telefondurchwahl und eventuell den Namen des Sachbearbeiters/der Sachbearbeiterin.
- das aktuelle Datum.

Alternativ kann statt Bezugszeichen- und Kommunikationszeile auch rechts vom Anschriftfeld ein Informationsblock stehen, der alle Informationen enthält. Position: 12,57 cm vom linken Blattrand; beginnt auf Höhe des Anschriftfelds.

Ihr Zeichen: ra-wu
Ihre Nachricht vom: 01.06.2017
Unser Zeichen: jö-di
Unsere Nachricht vom: 17.05.2017

Name: Jörg Dienstbier
Telefon: 040 1234567
E-Mail: joedi@morganat.de
Datum: 05.06.2017

Beispiel Informationsblock

❻ Betreff

Position: zwei Zeilen unter der Bezugszeichenzeile oder dem Informationsblock. Nach dem Betreff folgen zwei Leerzeilen, bevor dann die Anrede folgt.

❼ Geschäftsangaben

Eine Gestaltung ist nicht vorgeschrieben, Geschäftsangaben werden aber immer am unteren Rand platziert. Hier stehen die gesetzlich vorgeschriebenen Angaben zum Unternehmen (Namen, Rechtsform, Registergericht und -nummer) sowie weitere Angaben für den Geschäftsverkehr (z. B. Telefonnummern, Bankverbindung).

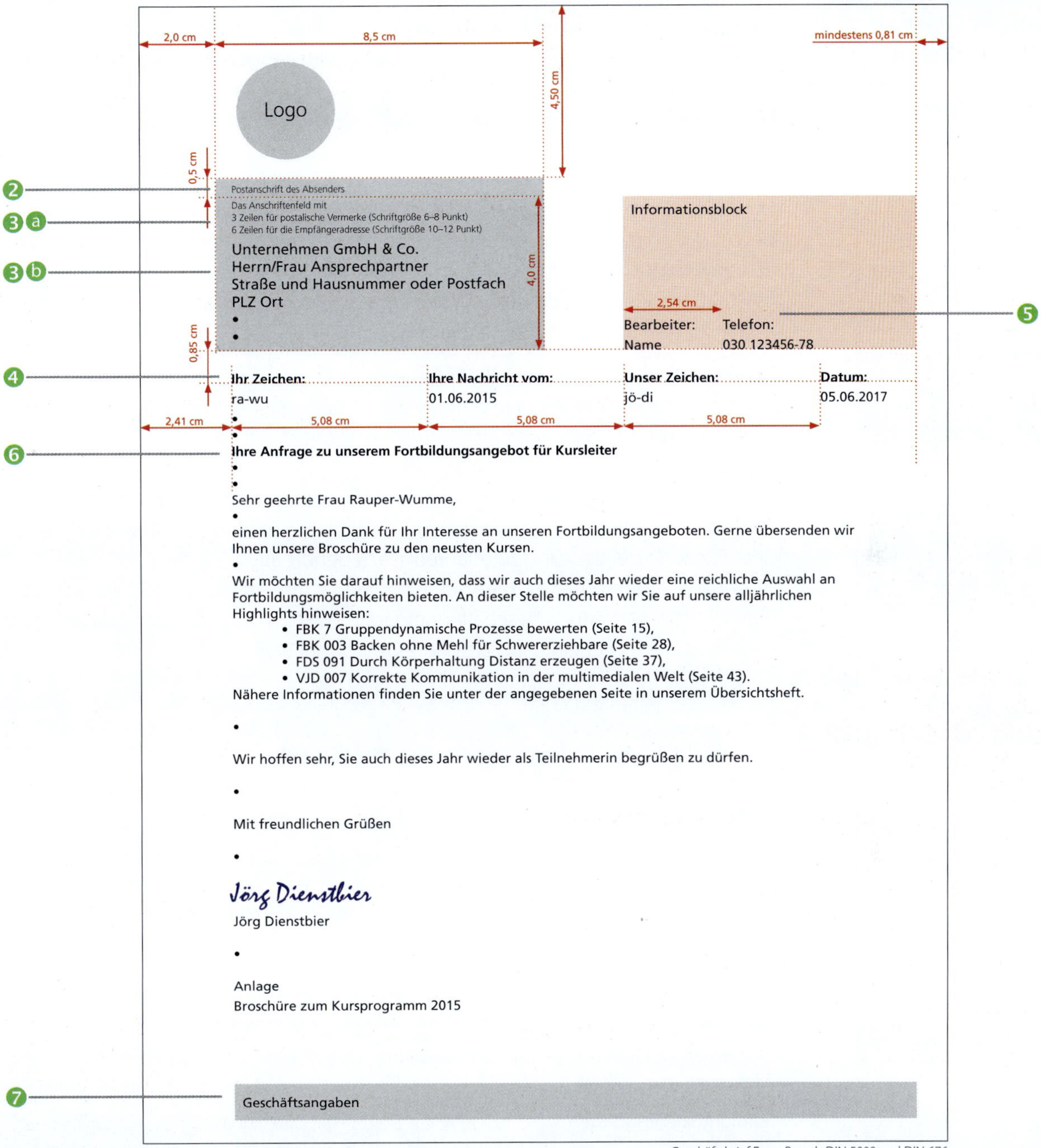

Geschäftsbrief Form B nach DIN 5008 und DIN 676

Aufgaben

1. Schreiben Sie Geschäftsbriefe nach DIN 5008:
   a) Bewerben Sie sich in Ihrem Beruf bei einer Firma. Sie können sich eine Firma ausdenken.
   b) Kündigen Sie Ihren Handy-Vertrag, indem Sie einen entsprechenden Brief verfassen.
   c) Antworten Sie als Mitarbeiter einer Firma Ihrer Wahl auf die Bestellung einer Ware durch eine andere Firma. (Siehe hierzu auch die Hinweise in Kapitel 4.8.3.)

4.8.3 Arten von Geschäftsbriefen

Arten von Geschäftsbriefen im Ablauf des Briefwechsels
Die grünen Kästchen kennzeichnen den eigentlichen Kaufvertrag.

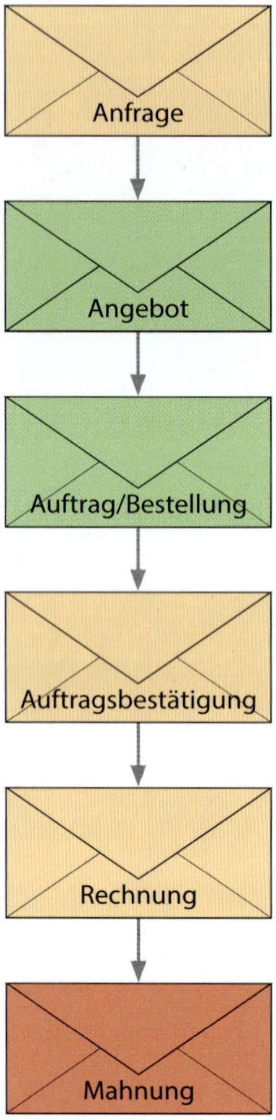

Ein Kaufvertrag kommt rechtlich zustande, indem ein Angebot angenommen wird, also eine Ware oder eine Dienstleistung bestellt wird. Angebot und Bestellung können mündlich oder schriftlich abgegeben werden. Häufig nutzt man im Geschäftsleben hierfür die Form des Geschäftsbriefes nach DIN 5008 (siehe Seite 136).

Anfrage

Um Angebote zu bekommen, muss man mitunter an mögliche Geschäftspartner schreiben und sie darum bitten. So ein Schreiben nennt man Anfrage. Eine Anfrage ist rechtlich unverbindlich und führt noch nicht zu einem Kaufvertrag.
Es ist ratsam, zu einem Produkt oder einer Dienstleistung ruhig an mehrere Firmen Anfragen zu schreiben, damit man die Angebote vergleichen kann.

Es gibt allgemeine und spezielle Anfragen.
Mit einer *allgemeinen Anfrage* bittet man um allgemeine Informationen in Form von Katalogen und Prospekten oder Referenzen. Dadurch erfährt man, was eine Firma anbietet.
Mit einer *speziellen Anfrage* erbittet man ein Angebot für ein konkretes Produkt oder eine konkrete Dienstleistung, um die genauen Bedingungen für die Lieferung der Ware oder der Erstellung der Leistung zu erfahren. Dazu gehört auch der Preis.
Je genauer man in die Anfrage schreibt, wie das gewünschte Produkt oder die gewünschte Dienstleistung beschaffen sein soll, desto genauer kann die Geschäftspartnerin oder der -partner ein konkretes Angebot formulieren.

Eine schriftliche Anfrage ist wie folgt aufgebaut:

Betreffzeile: Grund der Anfrage oder Bitte um Angebot	Anfrage Konferenz-Stühle
Anrede und Vorstellung	Sehr geehrte Damen und Herren, wir sind ein mittelständisches Unternehmen und schulen unsere Mitarbeiter in mehreren Seminarräumen. Diese Räume werden wir demnächst neu einrichten.
genaue Beschreibung des gewünschten Produktes oder der Dienstleistung (Art, Preis, Qualität)	Wir brauchen dazu neue Konferenzstühle mit schwarzem 4-Fußgestell, die mindesten 4-fach stapelbar sein sollten. Die Stühle sollten auch gepolstert sein. Der Bezugsstoff muss besonders scheuer- und feuerfest sein.
Liefermenge, Lieferort, Liefertermin	Wir benötigen 100 Stühle der beschriebenen Qualität bis zum 10. Mai 20.. frei Haus geliefert an unsere Filiale in München.
Zahlungsbedingungen	Bitte teilen Sie uns mit, wie viel die Ware inklusive Lieferung kostet. Informieren Sie uns bitte auch darüber, wie viel Skonto Sie gewähren, wenn wir sofort bezahlen.
Ansprechpartner/in für Fragen	Sollten Sie noch Fragen haben, steht Ihnen gern unsere Mitarbeiterin Frau Dobrinski zur Verfügung.
Form und Termin für das erwartete Angebot (evtl. mit Angabe der AGBs)	Wir freuen uns auf Ihr schnelles Angebot bis zum 13. Dezember 20..
Gruß und Unterschrift	Mit freundlichen Grüßen *Anna Ösil* Leiterin Einkauf

AGB: allgemeine Geschäftsbedingungen

Beispieltext für eine Anfrage:

⋮

Hallo liebe Mitarbeiter,

wir brauchen neue Kugelschreiber für die Werbung. Am besten aus Metall und mit unserem Logo drauf.
Machen Sie uns ein Angebot für 100 Stück und für 500 Stück.
Wir wollen auf Rechnung zahlen und erwarten von Euch einen Rabatt auf die normalen Preise, weil wir demnächst öfter etwas bestellen wollen.
Das Angebot brauchen wir noch in dieser Woche.
Sollte es noch Fragen geben: einfach anrufen.

Schöne Grüße
Euer Daniel von der ImmoKauf GmbH

⋮

Beispiele für den Einstieg eines Geschäftsbriefs:

⋮

Sehr geehrte Damen und Herren,

a. ich bin in unserer Firma für den Einkauf der Arbeitsmittel zuständig. Wir brauchen dringend und schnellstmöglich zehn Schreibtische.

b. wir sind eine expandierende Firma der Medienbranche. Da wir demnächst neue Mitarbeiterinnen einstellen wollen, brauchen wir zehn extragroße Schreibtische.

c. wir, eine Firma für Fernsehproduktionen, die bereits an großen Fernsehfilmen der ARD mitgewirkt und einige Preise gewonnen hat, planen in der nächsten Zeit zehn Mitarbeiterinnen für die Arbeit an Animationsfilmen einzustellen. Die Mitarbeiterinnen werden an Computerarbeitsplätzen tätig sein und brauchen große Schreibtische.

⋮

Aufgaben

1. Die Anfrage von Daniel ist nicht gelungen.
   a) Schreiben Sie den Text korrigiert auf.
   b) Begründen Sie Ihre Änderungen im Unterrichtsgespräch.
2. Wählen Sie aus den oben stehenden Beispielen den Ihrer Meinung nach gelungensten Einstieg für einen Geschäftsbrief aus. Begründen Sie Ihre Entscheidung.
3. a) Schreiben Sie unter Einhaltung der DIN 5008 eine Anfrage an eine Firma, in der Sie arbeiten, schon mal gearbeitet haben oder arbeiten möchten.
   b) Tauschen Sie Ihr Ergebnis mit einer Mitschülerin oder einem Mitschüler Ihrer Klasse aus und geben Sie sich gegenseitig Ratschläge zur Verbesserung Ihrer Briefe.

Beispiel für ein Angebot (Auszug):

Angebot/Ihr Schreiben vom 10.12.20..

Sehr geehrte Frau Ösil,

vielen Dank für Ihre Anfrage. Sie interessieren sich für Konferenzstühle aus unserer Produktpalette. Sie wünschen Stühle mit schwarzem 4-Fußgestell, die mindestens 4-fach stapelbar und gepolstert sind. Weiterhin sollen sie einen feuer- und besonders scheuerfesten Bezug aufweisen.
Wir freuen uns, Ihnen hierzu unser Topprodukt, den Sedia Bequema 3000 anbieten zu können, der alle Ihre gewünschten Eigenschaften aufweist.

Bezeichnung	Preis/Stück
Sedia Bequema 3000	178,20 EUR

Die Auslieferung erfolgt frei Haus. Unsere Preise verstehen sich exklusive Mehrwertsteuer von 19 %.

Bei einer Zahlung innerhalb von 14 Tagen gewähren wir Ihnen ein Skonto von 5 %.

Mit freundlichen Grüßen

Daniel Gerdes

Hinweis
Ein schriftliches Angebot ist in der Regel ein Schriftstück eines Unternehmens, in dem es sich bereit erklärt, bestimmte Dienstleitungen oder Waren zu liefern. In einem Angebot wird auch festgelegt, unter welchen Bedingungen und zu welchen Konditionen die Lieferung erfolgt.
Im Schriftverkehr ist ein Angebot die Antwort auf eine Anfrage. Es enthält dann alle Punkte, die in einer Anfrage bereits angeführt wurden (siehe hierzu auf Seite 140 die Daten in der Tabelle).

Es gibt aber auch Angebote, die man unverlangt erhält, z. B. Werbung, die mit der Post verschickt wird, oder auf Internetseiten.

Beispiel für einen Auftrag (Auszug):

Bestellung von 100 Konferenzstühlen *Sedia Bequema 3000*

Sehr geehrter Herr Gerdes,

vielen Dank für Ihr Angebot vom 13.12.20... Der mitgelieferte Prospekt und die darin zugesicherten Eigenschaften haben uns von Ihrem Produkt überzeugt.

Wir bestellen bei Ihnen zu den Preisen in Ihrem Angebot:

100 Stück	*Sedia Bequema 3000*

Bitte liefern Sie uns die Stühle bis zum 10.05.20.. frei Haus an die oben stehende Adresse. Die angebotenen 5 % Skonto bei Zahlung innerhalb von 14 Tagen nehmen wir gerne wahr.

Bitte bestätigen Sie unseren Auftrag sowie die vereinbarte Lieferzeit.

Mit freundlichen Grüßen

Anna Ösil

Hinweis
Ein Auftrag (bzw. eine Bestellung) ist die Antwort auf ein Angebot. In einem Auftrag werden noch einmal alle aufgeführten Punkte des Angebots wiederholt.

Beispiel für eine Auftragsbestätigung (Auszug):

Auftragsbestätigung/Ihr Auftrag vom …

Sehr geehrte Frau Ösil,

vielen Dank für Ihren Auftrag vom 18.12.20… Hiermit bestätigen wir Ihre Bestellung:

Art.	Bezeichnung	Stückpreis	Gesamt
D234	*Sedia Bequema 3000*	178,20 EUR	17.820,00 EUR
		zuzüglich 19 % Mehrwertsteuer	3.385,80 EUR
			21.205,80 EUR

Die Lieferung ist frei Haus. Bei Bezahlung innerhalb von 14 Tagen nach Rechnungslegung erhalten Sie – wie vereinbart – 5 % Skonto auf den Nettopreis.

Wie von Ihnen gewünscht, liefern wir Ihnen die Stühle bis spätestens zum 10.05.20.. aus.

Mit freundlichen Grüßen

Daniel Gerdes

Hinweis
Eine Auftragsbestätigung ist die Annahme einer Bestellung durch den Verkäufer. Hier werden noch einmal alle Punkte wiederholt, die im Auftrag angeführt wurden.

Hinweise zu Stil und Sprache eines Geschäftsbriefes

- **Sprachebene:** Vermeiden Sie die Umgangssprache und benutzen Sie die normale Standardsprache. Sie können aber trotzdem individuell schreiben, Sie sollten sich dabei aber an die Gepflogenheiten Ihrer Firma halten.
  Beispiel: *Wir garantieren Ihnen viel Freude* (z. B. statt: *Fun) mit unserem Produkt.*
- **Satzbau:** Verwenden Sie kurze Haupt- und Nebensätze. Vermeiden Sie es, lange und verschachtelte Satzkonstruktionen zu verwenden.
- **Sie-Stil:** Ein Geschäftsbrief ist ein offizielles Schreiben, verwenden Sie daher immer die Höflichkeitsform.
  Beispiel: *Wir freuen uns, dass Sie sich für unser Angebot …*
- **„Wir" und „ich":** Repräsentiert der Brief das Unternehmen, so schreiben Sie „wir". Wollen Sie Ihr besonderes Engagement zum Ausdruck bringen, können Sie in einigen Fällen auch die Ich-Form verwenden.
  Beispiel: *Wir hoffen, Sie sind zufrieden. Ich garantiere Ihnen …*

Sprachebene:
siehe Abschnitt 66

Standardsprache:
siehe Seite 67

Positiv schreiben: Versuchen Sie den Empfänger des Briefes für sich zu gewinnen, indem Sie höflich sowie offen schreiben und Ihre Bereitschaft zur Zusammenarbeit zum Ausdruck bringen, z. B.: *Einen herzlichen Dank für Ihr Interesse an unserem …*

Höflichkeitsform: Das Siezen ist die übliche Anrede in der Höflichkeitsform. Das „Sie" wird grammatikalisch in der 3. Person Plural verwendet. Es wird stets großgeschrieben; Ausnahme: *sich* wird klein geschrieben.

Aufgaben

1. a) Bilden Sie kleine Gruppen in Ihrer Klasse. Teilen Sie diese Gruppen in zwei Teilgruppen. Die eine Teilgruppe überlegt sich ein Produkt, dass Sie gerne erwerben möchte. Die andere überlegt sich einen Firmennamen und bietet das entsprechende Produkt an.

   b) Verfassen Sie eine Geschäftskorrespondenz, die damit beginnt, dass die eine Teilgruppe mit einer Anfrage beginnt. Auf diese Anfrage reagiert die andere Teilgruppe mit einem Angebot. Führen Sie die Korrespondenz so lange fort, bis Sie eine Rechnung verfasst haben.

Anschauen – Aneignen – Anwenden

Wo kann ich das Gelernte im Alltag, in der Ausbildung und im Beruf anwenden? Die folgende Mindmap gibt Ihnen erste Anhaltspunkte.

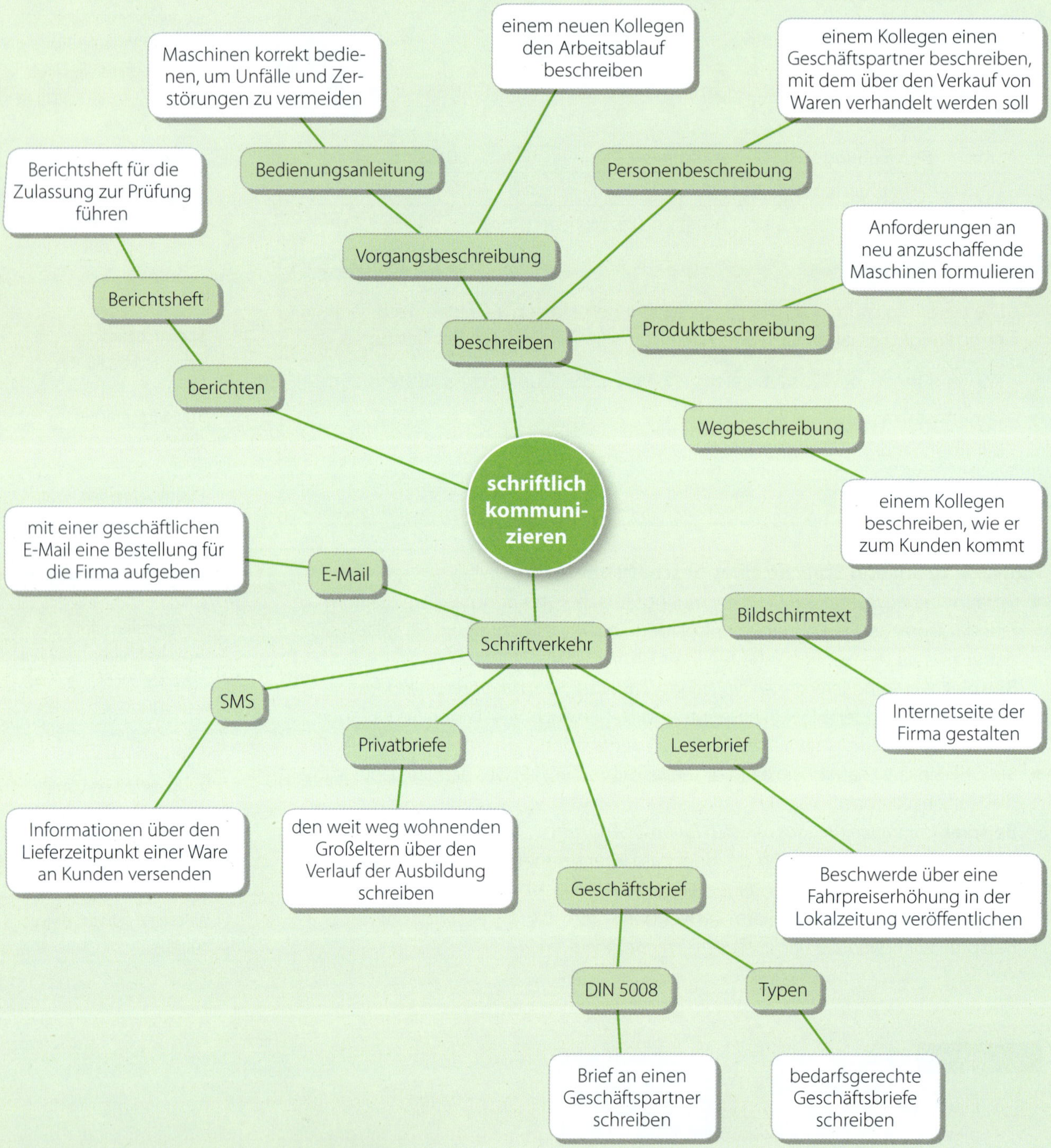

Aufgabe

Finden Sie weitere Anlässe (weiße Endpunkte der Verzweigung), um das Gelernte (farbige Verzweigungspunkte) anzuwenden.

LESE- UND ARBEITSTECHNIKEN

5

5.1 Texte besser verstehen – Lesetechniken

Lesen ist nicht gleich Lesen! Es ist möglich, einen Text auf ganz unterschiedliche Art und Weise zu lesen. Wie man dabei liest, ist immer davon abhängig, in welchem Umfang man aus einem Text Informationen entnehmen möchte. Diese Arten des unterschiedlichen Lesens nennt man auch Lesetechniken. Sie helfen dabei, herauszubekommen,

- worum es im Text geht und
- ob der Text überhaupt das enthält, was man erwartet oder sucht.

Die wichtigsten Lesetechniken werden auf den nächsten Seiten dargestellt. Es handelt sich um:

- das diagonale Lesen,
- das punktuelle Lesen,
- das fortlaufende Lesen,
- das intensive Lesen.

Hinweis
Für das diagonale Lesen wird auch der englische Fachbegriff ***Skimming*** verwendet, beim punktuellen Lesen der Begriff ***Scanning***.

diagonal: quer

Textsorte: siehe Seite 164

5.1.1 Einen Text überfliegen

Sie können einen Text zum Beispiel nur überfliegen, um sich einen ersten Eindruck zu verschaffen. Zu den wichtigsten Techniken des **überfliegenden Lesens** zählen das diagonale und das punktuelle Lesen.

Diagonales Lesen (Querlesen)
Ziel: Sie wollen sich einen Überblick über den Text verschaffen und eine erste, grobe Orientierung darüber, worum es in dem Text geht.
Vorgehen: Überfliegen Sie hierzu den ganzen Text und lesen Sie einzelne Teile stichprobenartig an, ohne sie genau zu lesen. Orientieren Sie sich dabei an hervorgehobenen Textstellen (z. B. Fettdruck) und Überschriften.

Layout: Text und Bildgestaltung eines Buches, einer Seite usw.

Typische Fragen, die man sich beim diagonalen Lesen stellt, sind zum Beispiel:

- Um was für eine Sorte von Text handelt es sich (z. B. Bedienungsanleitung, Bericht)?
- Was verraten Zwischen-/Unterüberschriften und andere Merkmale des Layouts (z. B. Fettdruck, unterschiedliche Schriftfarben)?
- Welche Schlagwörter tauchen im Text vermehrt auf?

Punktuelles Lesen
Ziel: Sie suchen nach bestimmten Informationen. Hierzu muss der Text nur teilweise gelesen werden.
Vorgehen: Überfliegen bzw. scannen Sie den Text, indem Sie zum Beispiel nach bestimmten Schlagwörtern oder Gedanken suchen. Überprüfen Sie hierzu die Überschriften und lesen Sie nur solche Abschnitte genau durch, die die von Ihnen gesuchten Begriffe enthalten.

5.1.2 Ein einfaches Leseprotokoll anfertigen

Um Überlegungen, Beobachtungen, Ideen und Einfälle, die man während des Lesens hat, nicht wieder zu vergessen, sollte man sie aufschreiben.
Hierzu eignet sich ein Leseprotokoll, in dem Sie in eigenen Worten wiedergeben, was Sie aus dem Text herausgelesen haben.

Hierzu ist es sinnvoll, längere Texte in kleinere Einheiten aufzuteilen. Bearbeiten Sie immer nur eine Einheit (zum Beispiel einen Absatz, eine Seite, ein Kapitel) nach der anderen und fassen Sie den Inhalt zusammen.

Dazu können Sie zum Beispiel folgende Fragen stellen:
- Um wen oder worum geht es? Was interessiert mich?
- Welche Informationen sind in diesem Text wichtig? Was will ich mit Hilfe dieses Textes herausfinden?

Für eine einfache Zusammenfassung müssen Sie das Leseprotokoll vorbereiten. Fertigen Sie hierzu auf einem Blatt Papier eine Tabelle an.

Beispiel:

Abschnitt	Um wen/worum geht es?	Welche Informationen sind wichtig?	Fragen
1.	z. B. Personen, Ereignisse oder Sachen, um die es geht, auflisten.	Wichtige von unwichtigen Informationen trennen und die wichtigen aufschreiben.	z. B. unbekannte Wörter und Fachbegriffe auflisten, um sie später nachzuschlagen.
2.	…	…	…

❶ Die Trennung schmerzt (Auszug)

von Sabine Böhne

Die Schultern sind vor Anspannung hochgezogen. Der Blick aus aufgerissenen Augen signalisiert Angst. Michelle Weber* aus dem niedersächsischen Rotenburg an der Wümme liegt auf der Behandlungsliege im Ambulanzzentrum der Universitätsklinik Hamburg-Eppendorf (UKE). Mit prüfendem Blick beugt sich Hautärztin Sabine Stangl über den nackten Bauch ihrer Patientin. Um den Nabel herum schimmern blauschwarze Flecken und schlierenartige Linien. Es sind die Reste einer Tätowierung in Form einer Sonne, die sich die 33-Jährige als junges Mädchen in die Haut stechen ließ. An diesem Freitagnachmittag soll ein weiterer Teil davon zum Verschwinden gebracht werden – es ist bereits die zehnte Sitzung. […]

*(*Name geändert)*

Beispieltabelle:

Abschnitt	Um wen/worum geht es?	Welche Informationen sind wichtig?	Fragen
1.	• Tätowierung entfernen • Michelle Weber (Patientin) • Sabine Stangl (Hautärztin)	Patientin hat Angst und bereits zehn Sitzungen hinter sich, um eine Tätowierung entfernen zu lassen.	schlierenartig

Aufgaben

1. Beschreiben Sie die Unterschiede zwischen punktuellem und diagonalem Lesen in eigenen Worten.
2. Überfliegen Sie den Text ❶ und fassen Sie ihn in eigenen Worten kurz zusammen. Notieren Sie das Ergebnis.
3. a) Überprüfen Sie, ob die Beispieltabelle alle wichtigen Informationen über den Text enthält.
   b) Notieren Sie alle weiteren Informationen, die Sie dem Text entnehmen können.

5.1.3 Einen Text genauer unter die Lupe nehmen

Sie haben beim überfliegenden Lesen festgestellt, dass ein Text die Information enthält, die Sie suchen. Nun werden Sie sich weiter mit ihm beschäftigen. Je nachdem, ob Sie den Text nur durchlesen oder sich umfassend mit ihm beschäftigen wollen, bieten sich zwei weitere Lesetechniken an: das fortlaufende und das intensive Lesen.

Hinweis
Um Aufgaben (z. B. in einer Prüfung oder für ein Referat) zu lösen, empfiehlt es sich, über das intensive Lesen hinaus auf die 5-Schritt-Lesemethode zurückzugreifen (siehe Seite 150).

Fortlaufendes (sequenzielles) Lesen
Ziel: Sie wollen sich umfassend informieren und den Sinnzusammenhang des Textes erfassen.
Vorgehen: Lesen Sie hierfür den Text vollständig und mit gleichbleibender Aufmerksamkeit durch. Markieren Sie dabei wichtige Stellen und machen Sie sich Notizen.

Hinweis
Statt Wichtiges im Text zu kennzeichnen, können Sie auch Unwichtiges herausstreichen. Diese Methode nennt man **Schwärzen:** Streichen Sie dazu alle unwichtigen Informationen mit einem dicken, schwarzen Stift durch, um die wesentlichen Aussagen des Textes herauszustellen.

Intensives Lesen
Ziel: Sie haben die Absicht, einen Text zu beurteilen oder wollen eine gestellte Aufgabe lösen.
Vorgehen: Arbeiten Sie den gesamten Text gründlich durch. Lesen Sie wichtige Textstellen mehrfach und springen Sie im Text vor und zurück, um so alle Zusammenhänge zu klären. Markieren Sie dabei wichtige Stellen und machen Sie sich stichpunktartig Randnotizen sowie umfangreichere Notizen auf einem gesonderten Blatt.

Das intensive Lesen ist eine Arbeitstechnik, die im Umgang mit Texten bei einer Vielzahl von Aufgaben benötigt wird (z. B. Inhaltsangabe, Textwiedergabe, Textanalyse usw.).

Hinweis
Zusätzlich können Sie den einzelnen Absätzen eines Textes eine knappe Überschrift geben, die den Inhalt in eigenen Worten zusammenfasst. Sie können ebenso ein **Exzerpt** erstellen (siehe hierzu Seite 270).

Tipps für das Bearbeiten von Texten

Um Wichtiges im Text zu kennzeichnen, sollten Sie maximal 10–25 % des Textes anstreichen, um nicht den Überblick zu verlieren.
Sie können beim Anstreichen verschiedene Farben verwenden. Benutzen Sie aber möglichst wenige Farben und setzen Sie diese möglichst systematisch ein.
Beispiel: Markieren Sie Personen immer in Gelb, Begriffe stets rot, Textmerkmale immer in Blau und Beispiele in Grün. Zusätzlich können Sie verschiedene Markierungstechniken benutzen: Kreise, Kringel, Schlangenlinien usw.

Damit Sie auch später noch wissen, weshalb Sie eine Textstelle markiert haben, können Sie am Rand bestimmte Zeichen und Abkürzungen verwenden (siehe hierzu auch Seite 270) oder sich Notizen machen. Wenn Sie ein selbstüberlegtes System aus Zeichen verwenden, dann sollten Sie dieses System unbedingt einheitlich verwenden und ständig beibehalten. Denn wenn Sie einen Text mit Ihren eigenen Kennzeichnungen längere Zeit nicht gelesen haben, wissen Sie bei einem einheitlichen System schneller wieder, worum es bei Ihren Markierungen geht.

Gibt am Rand des Textes nicht genügend Platz für Ihre Notizen und Anmerkungen, dann befestigen Sie am Seitenrand einen Papierstreifen, auf dem Sie dann schreiben. Sie können aber auch Klebezettel zu Hilfe nehmen. Selbstverständlich können Sie für Ihre Notizen aber auch einen separaten Zettel verwenden.

Die Trennung schmerzt (Auszug)

von Sabine Böhne

Die Schultern sind vor Anspannung hochgezogen. Der Blick aus aufgerissenen Augen signalisiert Angst. Michelle Weber* aus dem niedersächsischen Rotenburg an der Wümme liegt auf der Behandlungsliege im Ambulanzzentrum der Universitätsklinik Hamburg-Eppendorf (UKE). Mit prüfendem Blick beugt sich Hautärztin Sabine Stangl über den nackten Bauch ihrer Patientin. Um den Nabel herum schimmern blau-schwarze Flecken und schlierenartige Linien. Es sind die Reste einer Tätowierung in Form einer Sonne, die sich die 33-Jährige als junges Mädchen in die Haut stechen ließ. An diesem Freitagnachmittag soll ein weiterer Teil davon zum Verschwinden gebracht werden – es ist bereits die zehnte Sitzung.

„Es geht los", sagt Sabine Stangl und schießt mit einem Rubinlaser gebündeltes Licht im Sekundentakt auf die verfärbten Hautstellen. Bei jedem Impuls ertönt ein Knall, der an das Geräusch eines Bolzenschusses erinnert. Die Lichtwellen erhitzen die getroffenen Farbpigmente und lassen sie in viele kleine Teilchen zerplatzen. […] „Es fühlt sich an, als hätte ich mich mit einem Bügeleisen verbrannt", sagt Michelle Weber mit gepresster Stimme.

Der Schmerz ist der Preis für eine Jugendsünde, über die die Justizbeamtin heute nur noch den Kopf schütteln kann. Das erste Tattoo ließ sie sich kurz nach dem 18. Geburtstag in einem Hinterzimmer in den Oberarm stechen. „Das war bestimmt nicht besonders steril, aber ich wollte es unbedingt, weil mein damaliger Freund auch tätowiert war", erzählt Michelle Weber. Bald darauf folgte in einem professionellen Studio die Sonne um den Bauchnabel. Inzwischen hat Michelle längst einen anderen Freund. Sie will heiraten und wünscht sich ein Baby. „Vorher sollen die Tattoos verschwinden." Zwei bis drei Behandlungen muss sie dafür noch ertragen.

Hausgemachte Leiden

Egal, ob der Kolibri auf der Schulter, der Name der Liebsten auf dem Oberarm oder das Ornament über dem Steißbein, das der Volksmund Arschgeweih nennt: Was aus einer Partylaune oder einer Verliebtheit heraus entstand, bereitet Frauen ebenso wie Männern oft irgendwann nur noch Verdruss. Weil die Beziehung in die Brüche ging oder weil die einst zarte Tattoo-Blume mit zunehmender Leibesfülle und Faltenbildung eher einem Blumenkohl oder einer Trockenblume ähnelt. Dazu kommen Probleme im Beruf. „Ein Tattoo passt häufig nicht mehr zur sozialen Position", sagt die Ärztin Stangl und erzählt von einer Rechtsanwältin, die es leid war, wegen einer Tätowierung auf der Schulter in ihrer Kanzlei niemals weiße Blusen oder helle T-Shirts tragen zu können. Einem angehenden Polizisten aus Rostock machte der Dienstherr zur Auflage, die tätowierten Buchstaben auf dem Oberarm so weit zu entfernen, dass sie im Sommer nicht unter kurzärmeligen Hemden hervorlugen. […]

*(*Name geändert)*

(aus: www.stern.de, 1. August 2009)

Person, von der im Text erzählt wird.

schlierenartig: Adjektiv *schlierig*: schleimig, schlüpfrig, glitschig. Hier ist wohl formlos gemeint.

Angaben zur Person

Rubinlaser: besonderer Laser, der durch seine Eigenschaften für die Entfernung von Tätowierungen eingesetzt wird

Grund für die Tätowierung

Grund für die Entfernung

weitere Beispiele dafür, warum jemand seine Tätowierung wieder loswerden will

Aufgaben

1. Lesen Sie den Text und überprüfen Sie, ob alle Markierungen sinnvoll sind.
2. Lesen Sie den Text erneut und arbeiten Sie heraus, welche Informationen er über weitere Personen enthält. Notieren Sie Ihre Ergebnisse.

5.2 Schwierige Texte leichter verstehen – die 5-Schritt-Lesetechnik

Ein Text kann nicht nur sehr lang sein, sondern auf den ersten Blick auch schwer verständlich. Um Informationen aus einem solchen Text für eine Klassenarbeit, eine Prüfung oder ein Referat zu entnehmen, ist es notwendig, ihn sehr genau zu lesen.

Mit der 5-Schritt-Lesetechnik wird es leichter, den Inhalt komplizierter Texte zu verstehen und ihn zu behalten.
Diese Methode setzt sich aus fünf aufeinander folgenden Schritten zusammen:

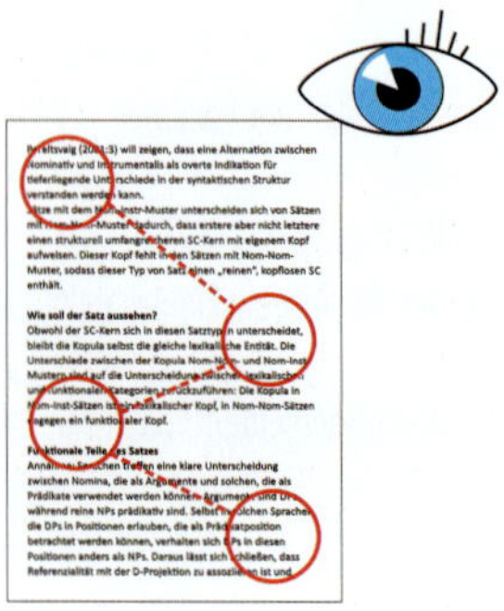

Schritt ❶: Überfliegen des Textes
Sie überfliegen den Text (Querlesen/diagonales Lesen) und verschaffen sich so einen groben Überblick.

- Überschriften,
- Anfänge der einzelnen Abschnitte oder
- bekannte Begriffe

helfen Ihnen dabei, eine Vorstellung davon zu bekommen, worum es in dem Text geht.

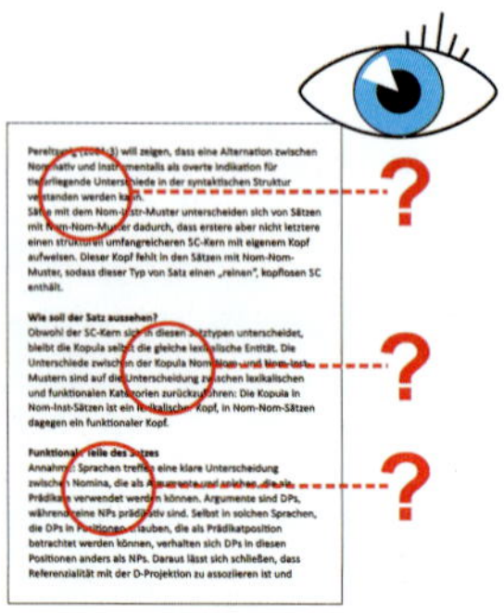

Schritt ❷: Fragen an den Text stellen
Nachdem Sie in Schritt ❶ einen ersten Eindruck gewonnen haben, überlegen Sie,

- um welche Fragen oder Probleme es in dem Text geht und
- auf welche Fragen der Text eine Antwort gibt.

Stellen Sie hierfür Fragen an den Text. Verwenden Sie die gängigen W-Fragen: Wer? Was? Wann? Warum? Wo? So wissen Sie, worauf Sie beim Lesen zu achten haben. Lesen Sie sich auch die Aufgabenstellung zum Text genau durch.

Formulieren Sie dann das Thema und die Kernaussage des Textes.

Neben den W-Fragen zum Inhalt können Sie auch weiterführende Fragen stellen, z. B.:

- Wozu brauche ich den Text?
- Welche Probleme kann ich mit seiner Hilfe lösen?
- Bringt der Text neue Informationen und/oder andere Sichtweisen?

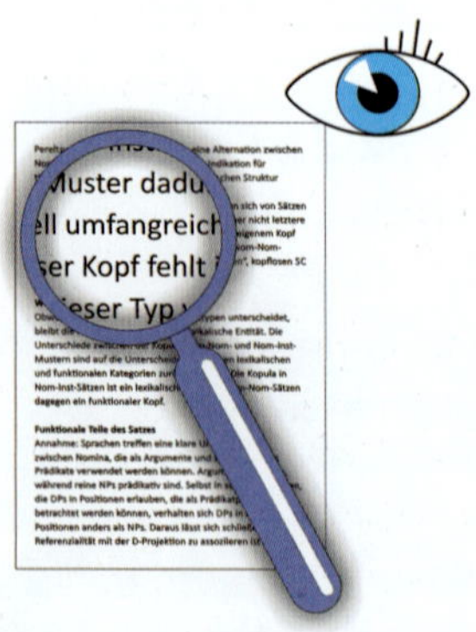

Schritt ❸: Lesen des Textes und Wichtiges kennzeichnen
Jetzt lesen Sie den Text gründlich durch.
Dabei unterstreichen und markieren Sie die wichtigsten Aussagen (keine ganzen Sätze!) oder Schlüsselbegriffe. Achten Sie unbedingt darauf, dass Sie nicht zu viel unterstreichen, damit die wesentlichen Textaussagen erhalten bleiben und Sie nicht die Übersicht verlieren (siehe hierzu auch die Hinweise und Tipps auf Seite 148). →

Unbekannte Begriffe schreiben Sie heraus und klären diese mit Hilfe eines Lexikons.

Haben Sie es mit einem längeren Text zu tun, dann gehen Sie am besten abschnittsweise vor. Abschnitte, die Ihre Fragen nicht beantworten, beachten Sie nicht weiter. Sie können diese auch schwärzen (siehe hierzu Seite 148).

Sollte der Text nicht in Abschnitte gegliedert sein, dann gliedern Sie den Text selbst in Abschnitte.

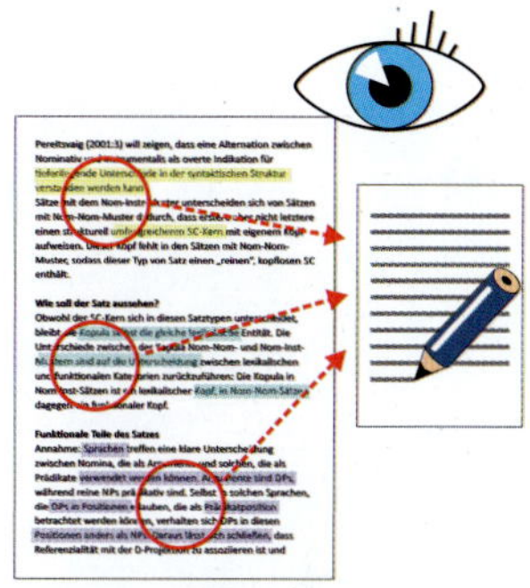

Schritt ❹: Gliedern und Zusammenfassen

Fassen Sie nun die einzelnen Abschnitte in eigenen Worten kurz zusammen und formulieren Sie für jeden dieser Abschnitte eine eigene Überschrift. Verwenden Sie aber möglichst viele eigene Formulierungen. Dadurch behalten Sie nicht nur den Inhalt besser, sondern merken auch, wenn Sie etwas noch nicht richtig verstanden haben.
Halten Sie auch schriftlich fest, welche Antworten der Text auf Ihre zusätzlichen Fragen gegeben hat.

Um sich den Überblick zu erleichtern, können Sie auch eine Mindmap oder eine Skizze erstellen (siehe Seite 152). Darin können Sie alle wichtigen Aspekte strukturiert erfassen.

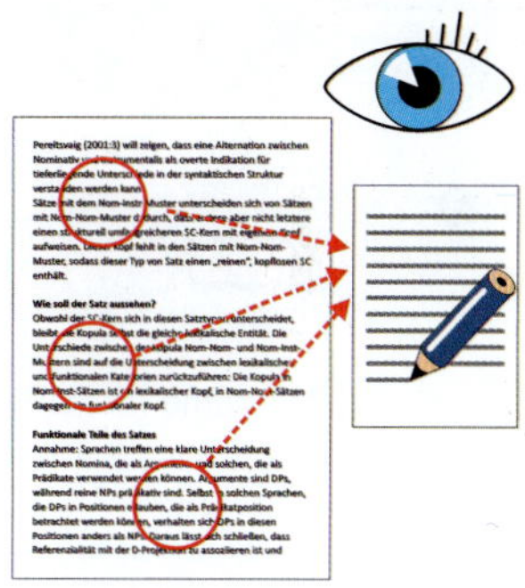

Schritt ❺: Wiederholen

In einem abschließenden Rückblick überprüfen Sie Ihre Notizen, die Sie in Schritt ❹ angefertigt haben. So können Sie erkennen, ob Sie die Informationen des Textes, seine Aussagen und Sichtweisen richtig wiedergegeben haben und ob Sie alle Fragen auch genau beantwortet haben.

Zum Schluss geben Sie die wichtigsten Informationen des Textes zusammenfassend wieder – dies kann, je nach gestellter Aufgabe mündlich oder schriftlich erfolgen.

Aufgaben

1. Lesen Sie den Text *Bomben-Strände* in Kapitel 6.2.3 auf Seite 171 durch. Gehen Sie dabei schrittweise vor und beachten Sie die auf dieser Seite gegebenen Hinweise.
   a) Überfliegen Sie den Text.
   b) Stellen Sie Fragen an den Text.
   c) Schreiben Sie wichtige Aussagen und Schlüsselwörter heraus.
   d) Gliedern Sie den Text in einzelne Abschnitte. Notieren Sie hierfür, von welcher Zeile an bis zu welcher weiteren Zeile eine von Ihnen getroffene Einteilung reicht.
   e) Fassen Sie die von Ihnen festgelegten Abschnitte in eigenen Worten kurz zusammen.
   f) Geben Sie die wichtigsten Informationen des Textes in eigenen Worten zusammenfassend wieder.

5.3 Gedanken strukturieren – die Mindmap

Es gibt verschiedene Methoden, die das Lernen erleichtern und die Kreativität fördern. Das Mindmapping, also das Erstellen einer Mindmap, ist eine solche Methode.

Hinweis
Eine Mindmap kann auch in Partner- oder Gruppenarbeit erstellt werden.

Beim Mindmapping werden Gedanken nicht wie üblich hinter- oder untereinander aufgeschrieben, sondern das Hauptthema wird auf die Mitte eines Blattes Papier notiert. Die Überlegungen bzw. Gedanken zu diesem Thema werden als Schlüsselwörter auf Linien geschrieben, die vom Hauptthema ausgehen. Auf diese Weise entsteht eine bildhafte Darstellung der Gedanken – sozusagen eine Gedankenkarte.

Das Mindmapping kann unterschiedlich eingesetzt werden:

❶

❷

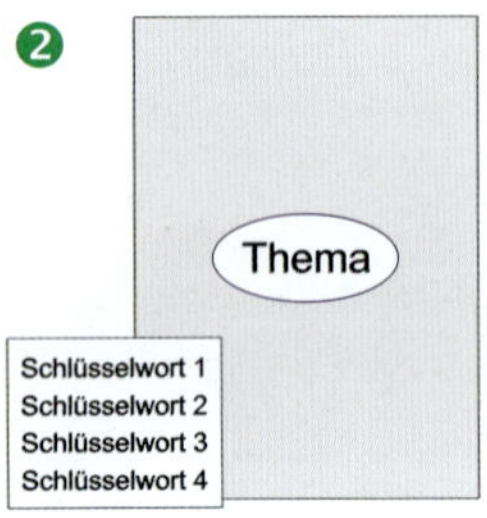

❸

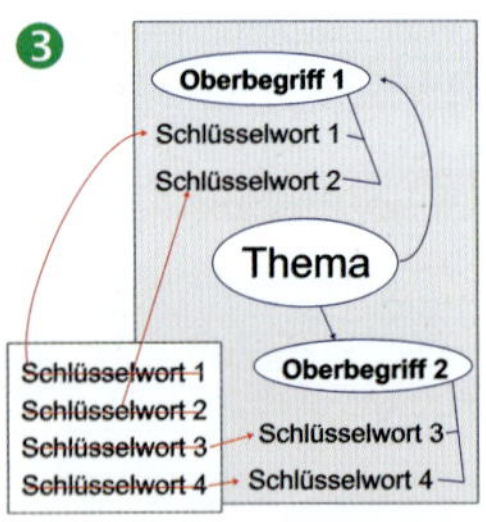

❹

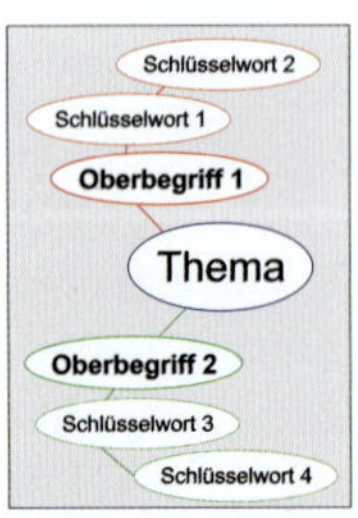

Die Mindmap als Ideensammlung

Als Ideen- bzw. Stoffsammlung dient die Mindmap der Darstellung eines bestimmten Gedankens bzw. Themas und den damit verbundenen weiterführenden Überlegungen. Sie gibt den Gedanken eine Struktur und ermöglicht einen Überblick über die Gedankenführung. Gleichzeitig sorgt sie dafür, dass die einzelnen Überlegungen und Gedanken vernetzt dargestellt werden.

Schrittweises Vorgehen

Schritt ❶: Schreiben Sie das zentrale Thema auf.
Beginnen Sie eine Mindmap immer, indem Sie das zentrale Thema in die Mitte eines leeren Blatt Papiers schreiben.

Schritt ❷: Sammeln Sie Schlüsselwörter.
Als nächstes schreiben Sie alle wichtigen Wörter auf, die Ihnen zum Thema einfallen. Sie können diese Wörter auch erst einmal an den Rand des Blatt Papiers schreiben und sie dann erst in Schritt ❸ sortieren.

Schritt ❸: Finden Sie Oberbegriffe und sortieren Sie die Schlüsselwörter ein.
Suchen Sie jetzt Oberbegriffe, unter denen Sie Ihre Schlüsselwörter einsortieren können. Zeichnen Sie hierfür Linien, die von der Blattmitte ausgehen und an deren Ende die Oberbegriffe stehen. Von diesen Oberbegriffen gehen dann weitere Linien ab, unter denen Sie die Schlüsselbegriffe zuordnen.

Schritt ❹: Verfeinern Sie Ihre Mindmap.
Abschließend verfeinern Sie Ihre Mindmap noch ein wenig. Oft empfiehlt es sich, Ihr abschließendes Ergebnis sauber auf ein neues Blatt Papier zu übertragen, damit Sie es auch nach einiger Zeit noch verstehen können.

Die Mindmap für die Visualisierung von Textinhalten

Das Mindmapping kann auch verwendet werden, um die Struktur von Texten sichtbar zu machen. Der Inhalt eines Textes kann ausgehend vom Kerngedanken oder der Überschrift eines Textes durch verschiedene Äste vereinfacht dargestellt werden. Dazu wird auch hier das Hauptthema des Textinhaltes in die Mitte der Mindmap geschrieben. Aufgeworfene Fragen bzw. inhaltliche Vertiefungen aus dem Text werden auf den jeweiligen Unterästen notiert.

Alles Quak!

Von Fröschen, Kröten und Unken

Frösche, Kröten und Unken zählt man zu den Froschlurchen. Froschlurche sind Amphibien, was bedeutet, dass sie auf dem Land und im Wasser leben. Alle Amphibien sind Kaltblüter.

Das heißt aber nicht, dass sie unbedingt einen kalten Körper haben. Gemeint ist, die Fähigkeit die Körpertemperatur der Umgebungstemperatur anzupassen. Daher werden sie auch als wechselwarme Tiere bezeichnet. Bei Kälte werden sie langsam und träge. Bei Wärme sind sie flink und lebhaft.

Froschlurche haben alle eine nackte, drüsenreiche, glatte oder warzenreiche Haut. Diese Haut ist nicht nur Atmungsorgan, sie ist auch Tarnung, Feindabwehr und reguliert den Wasserhaushalt der Tiere.

Frösche besitzen meistens eine feuchte und glatte Haut, die braun, grün oder sogar bunt scheint. Mit ihrer klebrigen Schleuderzunge heften sie sich an Insekten, Larven, Asseln, Nacktschnecken und Würmer.

Die Froschlurche in unseren Breitengraden suchen ab dem Herbst einen Schlafplatz unter der Erde, wo sie in eine Kältestarre fallen und auf die ersten warmen Sonnenstrahlen im Frühjahr warten.

Die Metamorphose

Wie wird das Ei zum Frosch?

Der Weg vom Ei zum Frosch hat viele verschiedene Stationen. Das Jungtier verändert sich im Laufe von etwa drei Monaten in seiner Form und seiner Anpassung an die Lebensbedingungen so sehr, dass man diesem Naturschauspiel den schönen Namen „Metamorphose“ gegeben hat. Metamorphose beschreibt den vielfachen Wandel der Wirbellosen und Amphibien vom jungen Tier zum erwachsenen Tier.

Bei den Grasfröschen geht das so:

Bald nach der Paarung legt das Weibchen in einem Bach, Tümpel oder Teich viele tausend Eier ab. Die Eier sehen aus wie kleine Klumpen oder hängen an dünnen Schnüren. Sie sind von einer klebrigen Gallertschicht umgeben, die sie schützt und später als erste Nahrung dient. Gleichzeitig heften sich die Laichklumpen oder Laichschnüre damit an Wasserpflanzen an. Nach 1-3 Wochen und günstigen Wassertemperaturen schlüpfen aus den Eiern kleine Larven, die sich zunächst von der Gallertschicht ernähren und sich fest an die Wasserpflanze docken.

[...]

(aus: http://www.kidsweb.de/tiere/frosch/frosch_kroete_und_co.html)

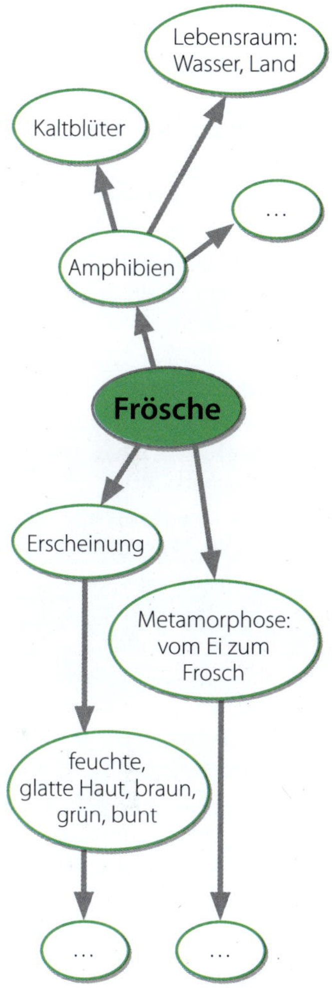

Aufgaben

1. Erstellen Sie eine Mindmap zu einem der folgenden Themen. Dies kann auch in Gruppenarbeit erfolgen. Themen: Schule, Freizeit, Ausbildung, Freundschaft.
2. Lesen Sie den Text „Alles Quak!" und erstellen Sie eine erweiterte Mindmap zum Textinhalt, die alle Aspekte des Textes umfasst.

5.4 Richtig nachschlagen – Wörterbücher benutzen

Wenn Sie bestimmte Informationen suchen, können Sie ein Nachschlagewerk benutzen. Ein Nachschlagewerk kann in Buchform, als CD-ROM bzw. DVD erschienen sein oder ist im Internet abrufbar.

Typische Nachschlagewerke sind Wörterbücher, Lexika und Enzyklopädien. Am bekanntesten ist heutzutage die kostenlose Online-Enzyklopädie Wikipedia.

Haben Sie beispielsweise Fragen zur Rechtschreibung oder Zeichensetzung, dann können Sie in einem **Wörterbuch** nachschlagen. Dabei handelt es sich um ein Nachschlagewerk, in dem Wörter in einer alphabetisch sortierten Liste eingetragen sind. Den Wörtern sind aber auch zusätzliche, erklärende Informationen zugeordnet, die man verstehen muss. Dazu sollte man sich immer die Erklärungen zur Benutzung des jeweiligen Wörterbuchs anschauen.

Wörterbuch: Nachschlagewerk zum Nachschlagen sprachlicher Information wie z. B. der Rechtschreibung

Lexikon (Mehrzahl: Lexika oder Lexiken): Nachschlagewerk mit Sachinformationen

Enzyklopädie: ein besonders umfangreiches, ausführliches Nachschlagewerk

grammatisches Geschlecht: auch: **Genus** (siehe Kapitel 2.5.4).
- Manchmal passt das grammatische Geschlecht mit dem biologischen Geschlecht zusammen: der Mann (tatsächlich maskulin/männlich),
- die Frau (tatsächlich feminin/weiblich),
- das Bett (tatsächlich neutrum/neutral).

Dagegen sind Dinge wie *die Kerze, die Orange, die Haustür* nicht feminin (weiblich). Nur das grammatische Geschlecht ist weiblich.

Beispiel für einen Wörterbucheintrag

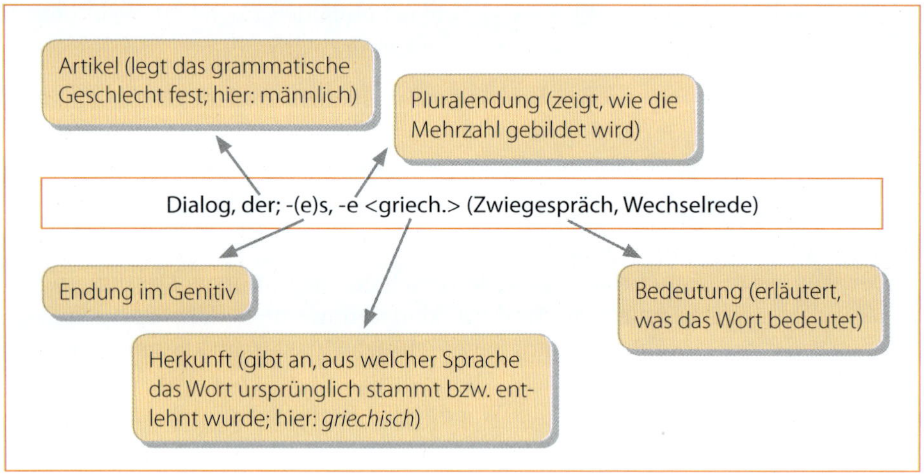

Beispiel für Informationen eines Eintrags in einem Onlinewörterbuch

Dialog: Substantiv, maskulin - 1. a) von zwei oder mehreren Personen […]; 1. b) Gespräche, die zwischen zwei Interessengruppen …2. Gesamtheit der Dialoge in einem […]

Ein Eintrag in einem Online-Wörterbuch kann folgendermaßen aussehen und muss dann entsprechend entschlüsselt werden:

Online-Eintrag	Bedeutung der Eintragsbeiträge
Dialog, der Substantiv, maskulinum	• gesuchtes Wort mit Artikel • Wortart; grammatisches Geschlecht des Wortes (männlich)
Bedeutungen: 1. a) von zwei oder mehreren Personen abwechselnd geführte Rede b) Gespräche, die zwischen zwei Interessengruppen geführt werden mit dem Zweck des Kennenlernens der gegenseitigen Standpunkte o. Ä.	• Diese Bedeutungen sind möglich.

Achtung!
Gehen Sie mit der Online-Enzyklopädie Wikipedia kritisch um. Nicht alles, was im Internet steht, muss auch wirklich stimmen. Auch hier gilt: Ziehen Sie immer mehrere Quellen zu Rate.

<table>
<tr><td>2. wechselseitige Kommunikation […]
3. […]</td><td></td></tr>
<tr><td>Synonyme zu Dialog:
Auseinandersetzung, Aussprache, Besprechung, Debatte</td><td>Wörter mit (annähernd) gleicher Bedeutung</td></tr>
<tr><td>Antonyme zu Dialog:
Monolog</td><td>Wörter mit gegensätzlicher Bedeutung</td></tr>
<tr><td>Aussprache:
[dia'lo:k]
Betonung: Dialog</td><td>Aussprache in Lautschrift
Das o wird betont.</td></tr>
<tr><td>Grammatik:
<table>
<tr><th></th><th>Singular</th><th>Plural</th></tr>
<tr><td>Nominativ</td><td>der Dialog</td><td>die Dialoge</td></tr>
<tr><td>Genitiv</td><td>des Dialog(e)s</td><td>der Dialoge</td></tr>
<tr><td>Dativ</td><td>dem Dialog</td><td>der Dialoge</td></tr>
<tr><td>Akkusativ</td><td>den Dialog</td><td>die Dialoge</td></tr>
</table></td><td>Deklination des Wortes in Einzahl (Singular) und Mehrzahl (Plural) entsprechend der vier Fälle</td></tr>
<tr><td>Worttrennung:
Di|a|log</td><td>mögliche Trennung des Wortes in Silben</td></tr>
</table>

Silbe: siehe Seite 199

Fremd- und Fachwörter nachschlagen

Wenn Sie einen speziellen Begriff in einem Wörterbuch nicht finden, können Sie auch in einem Fremdwörterbuch oder einem Lexikon nachschlagen. Achten Sie darauf, dass sich einige Fremdwörter in der Rechtschreibung nur unwesentlich unterscheiden, sie aber ganz unterschiedliche Bedeutungen haben können.

Beispiel:

Präsenz, die (Anwesenheit)
Präsens, das <lat.> (Zeitform, mit der ein Geschehen aus der Sicht des Sprechers als gegenwärtig beschrieben wird; Verbform des Präsens)

Vertiefende und weiterführende Informationen finden Sie in einem Lexikon beziehungsweise in einer Enzyklopädie.

Beispiel:

Präsens: Das Präsens (lateinisch *tempus praesens* ‚gegenwärtige Zeitform') ist eine grammatikalische Zeitform (Tempus) und beschreibt die *Gegenwartsform* eines Verbs. Es handelt sich dabei um eine Zeitform, mit der ein verbales Geschehen oder Sein aus der Sicht des Sprechers als gegenwärtig charakterisiert wird. […]

Aufgaben

1. Erklären Sie die unterschiedlichen Bedeutungen der Wortpaare (a) bis (c). Benutzen Sie hierzu ein Nachschlagewerk Ihrer Wahl. (a) rational/rationell; (b) reell/real; (c) ideell/ideal.
2. Wählen Sie ein Wortpaar aus Aufgabe 1 aus und suchen Sie für jedes der zwei Wörter Wörter mit gleicher und mit gegensätzlicher Bedeutung.

5.5 Schaubilder verstehen und selbst erstellen

Schaubilder oder Übersichtsgrafiken fassen in der Regel komplexe Informationen zu einem Thema in einer übersichtlichen Darstellung zusammen. Man kann Sie z. B. in Referaten und Vorträgen einsetzen. Bevor man selber ein Schaubild erstellt, ist es wichtig zu verstehen, wie man Schaubilder auswertet und interpretiert.

Diagramm: eine grafische Darstellung von Daten, Sachverhalten oder Informationen. Je nachdem, was dargestellt werden soll, können höchst unterschiedliche Typen eingesetzt werden.

Beispiele für häufige Typen:

Liniendiagramm

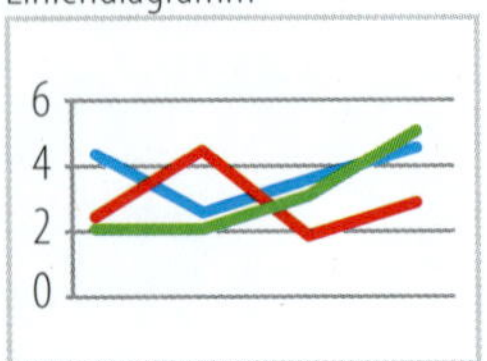

Säulendiagramm

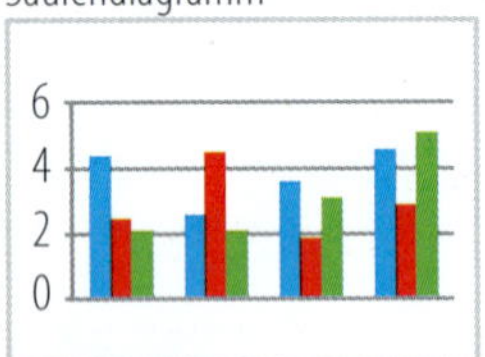

Balkendiagramm

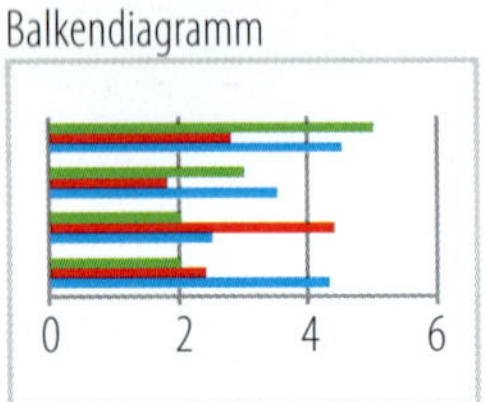

Kreisdiagramm

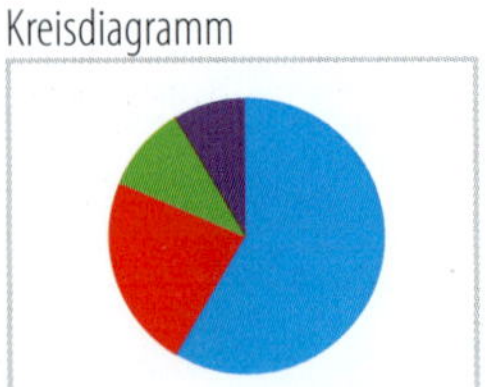

5.5.1 Schaubilder auswerten und interpretieren

Um die enthaltenen Informationen eines Schaubilds zu verstehen, ist es sinnvoll, drei unterschiedliche Schritte vorzunehmen:

❶ Beschreiben des Dargestellten:
Beschreiben Sie im Einzelnen, was auf dem Schaubild zu sehen ist.
- Überschrift, Erscheinungsdatum und Quellenangabe: Hier wird angegeben, zu welchem Thema, wann und aus welcher Quelle Informationen verarbeitet wurden.
- Diagramme: Welcher Diagrammtyp wird verwendet? In der Regel werden Linien-, Säulen-, Balken- oder Kreisdiagramme zur übersichtlichen Darstellung von Zahlenwerten verwendet, die miteinander verglichen werden sollen.
- Werte im Diagramm: Welche Zahlenwerte sind angegeben? Sind viele Angaben vorhanden, sollten Sie versuchen, eine Auswahl zu treffen und sich nur auf wenige, aber aussagekräftige Daten konzentrieren.
- Abbildungen im Schaubild: Ergänzen Fotos oder Zeichnungen die dargebotene Information oder dienen sie nur als Blickfang, um auf das Thema hinzuweisen.

❷ Analysieren des Dargestellten:
Hier geht es darum, die Aussage des Schaubilds zu verstehen. Dabei sollen die Zusammenhänge des Dargestellten erfasst werden. Mögliche Leitfragen für eine Analyse sind:
- Welche Informationen kann ich aus dem Schaubild entnehmen?
- Welche Erkenntnisse ergeben sich, wenn ich diese Informationen mit meinen Vorkenntnissen und den Aussagen anderer Materialien verbinde?
- Welche Ursachen, welche Entwicklungen und welche Folgen lassen sich aus dem Schaubild ablesen?

❸ Interpretieren des Dargestellten:
Was lesen Sie – beispielsweise im Rahmen einer Aufgabenstellung – aus dem Schaubild ab. Erstellen Sie eine zusammenfassende, eigene Deutung des Schaubilds.

In einem weiteren Schritt können Sie die tatsächliche Aussagefähigkeit des Schaubilds (kritisch) einschätzen und beurteilen.

❹ Abschließende Beurteilung:
Mögliche Leitfragen sind:
- Wo liegen die Grenzen der Aussagefähigkeit?
- Welche wichtigen Gesichtspunkte fehlen?
- Welche Fragen, die für das Thema wichtig sind, beantwortet das Schaubild nicht, was stellt es nicht dar?

Hinweis
Werden mehrere Diagramme in einem Schaubild dargestellt, dann beschreiben Sie diese erst einzeln nacheinander. In einem weiteren Schritt sollten Sie dann versuchen herauszufinden, ob die einzelnen Diagramme für sich alleine stehen oder aber einen Zusammenhang aufweisen.

❶ Beschreiben des Dargestellten:

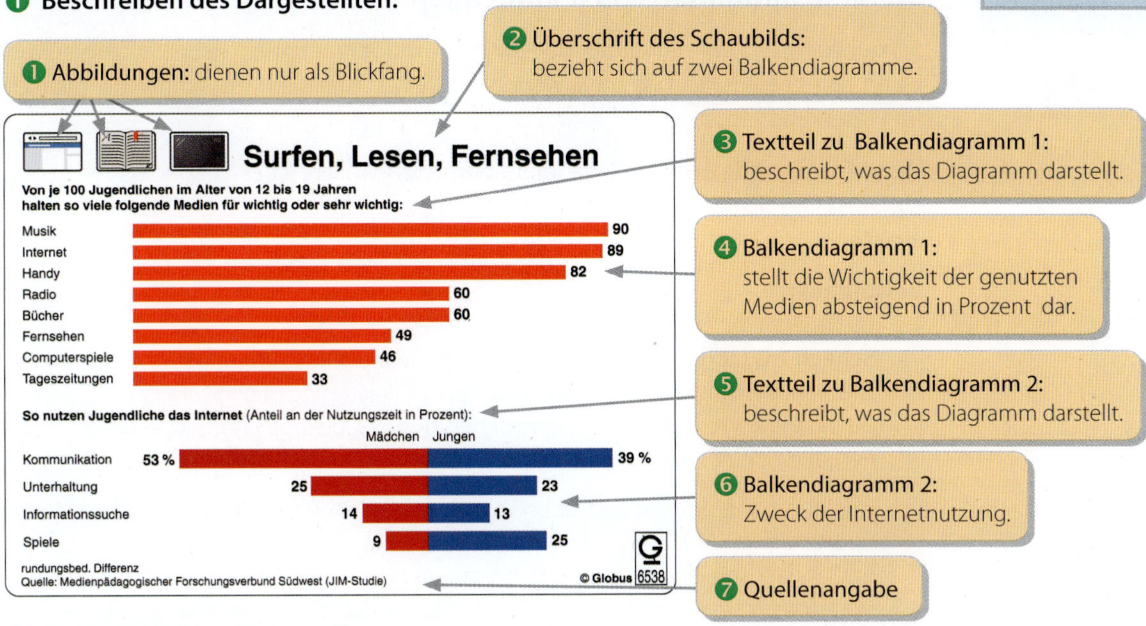

❷ Analysieren des Dargestellten:

Das Schaubild nimmt Bezug auf den Stellenwert unterschiedlicher Medien für Jugendliche im Alter von 12 bis 19 Jahren. Das erste Balkendiagramm zeigt, welche Medien welchen Stellenwert aufweisen. Das zweite Balkendiagramm gibt an, zu welchen Zwecken das Internet genutzt wird. Gleichzeitig zeigt es, inwieweit Jungen und Mädchen zu welchen Zwecken das Internet jeweils nutzen.

❸ Interpretieren des Dargestellten:

Die Überschrift verweist auf ganz unterschiedliche Arten der Mediennutzung. Das erste Diagramm zeigt, dass von je 100 befragten Jugendlichen 90 das Musikhören für am wichtigsten halten, gefolgt vom Surfen im Internet. Das zweite Diagramm hingegen zeigt, dass Mädchen das Internet häufiger als Jungen für Kommunikationszwecke nutzen, während Unterhaltung und Informationssuche sich bei beiden Geschlechtern die Waage hält. Jungen nutzen das Netz für Online-Spiele eindeutig häufiger als Mädchen.

❹ Abschließende Beurteilung:

Das Schaubild sagt nichts darüber aus, wie sich Jugendliche durchschnittlich über welche Medien Informationen beschaffen.

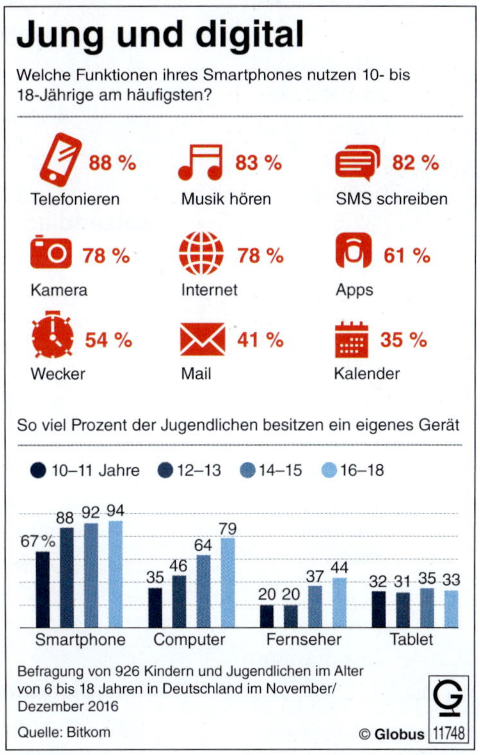

Aufgaben

1. Werten Sie das Schaubild „Wie informieren sich Jugendliche?" aus und interpretieren Sie es. Nutzen Sie hierzu die vorgegebenen vier Schritte.
2. Beurteilen Sie, inwieweit die Information der Grafik „Wie informieren sich Jugendliche?" eine Ergänzung zur Grafik „Surfen, Lesen, Fernsehen" darstellt.

5.5.2 Schaubilder selbst anfertigen

Schaubilder sind ein hervorragendes Mittel, um Informationen visuell aufzubereiten. Einen Text in ein Schaubild umzuwandeln, ist eine Visualisierungstechnik, die hilfreich für Präsentationen ist.

Wenn Sie einen Text in ein Schaubild übertragen wollen, ist es besonders wichtig in einem ersten Schritt diesen Text genau zu lesen und die wichtigen Daten herauszuarbeiten.

Beispieltext:

> **Schach AG ist der Renner an unserer Schule**
> Die Schulhofumfrage 2017 für unsere Schülerzeitung hat gezeigt, dass ganz verschiedene Freizeitbeschäftigungen beliebt sind. 502 Schülerinnen und Schüler haben wir befragt.
>
> Aus den ganz unterschiedlichen Aktivitäten stachen vier besonders hervor: Sport treiben mit 155 Nennungen, Lesen mit 108, am Computer spielen mit 86 und Schachspielen mit 61. Trotz des neuen Skateparks gaben nur 27 Schüler Skaten als Freizeitbeschäftigung an. Dass so viel Schach an unserer Schule gespielt wird, liegt wohl an der beliebten Schach AG, die Herr Oelrichs betreut. 65 Schülerinnen und Schüler haben ganz unterschiedliches angegeben (z. B. Briefmarken sammeln, Auto fahren).

Wenn Sie dann Daten in einem Diagramm darstellen wollen, ist es wichtig zu wissen, welche Daten sich für welchen Diagrammtyp eignen.

Balkendiagramm und Säulendiagramm:
Es sind die am häufigsten verwendeten Diagrammtypen. Sie eignen sich sehr gut zur Veranschaulichung von Rangfolgen. Im Balkendiagramm werden die Daten durch waagerecht liegende Balken dargestellt, im Säulendiagramm durch senkrecht stehende.

Beispiel für ein Balkendiagramm:

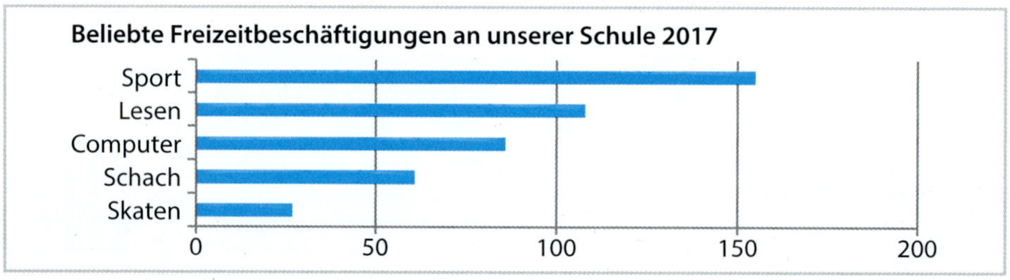

Kreisdiagramm (auch *Kuchen-* oder *Tortendiagramm*):
In einem Kreisdiagramm werden **Teilwerte als Teile** eines Kreises dargestellt. Der Kreis wird in mehrere Sektoren eingeteilt. Jeder Sektor stellt einen Teilwert dar, sodass der Kreis dann die Summe der Teilwerte (das Ganze oder 100 %) darstellt.
Kreisdiagramme werden häufig für die Darstellung von Verteilungen und Anteilen genutzt.

Zum Beispiel: 502 befragte Schülerinnen und Schüler sind 100 %. 155 Antworten von 502 sind dann 31 %.

Hinweis
Informationen dazu, wie Sie einen Text für welchen Zweck am besten lesen, finden Sie in den Abschnitten 5.1–5.2.

Tipp
Sie können Diagramme selbst zeichnen oder aber mit Hilfe von Textverarbeitungs- oder Tabellenkalkulationsprogrammen erstellen.

Beispieltext ❶:

> In meinem Ausbildungsbetrieb sind 61 Personen beschäftigt. Die Aufgabenfelder sind ganz unterschiedlich. Es gibt insgesamt sechs Abteilungen. 34 Personen arbeiten in der Fertigung. In unserem großen Lager sind fünf Personen beschäftigt. Die Vertriebsabteilung umfasst sieben Personen. In der Buchhaltung arbeiten vier Personen. Einen Außendienst haben wir auch. Im Außendienst arbeiten acht Personen. Die Geschäftsleitung setzt sich aus drei Personen zusammen.

Beispiel für ein Kreisdiagramm:

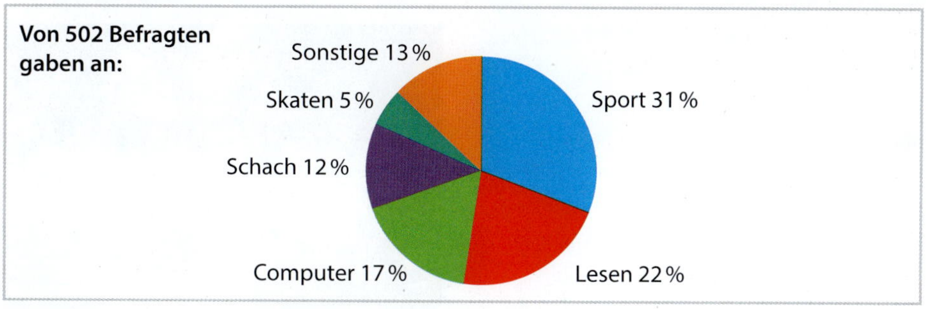

Liniendiagramm (auch *Kurvendiagramm*):
Wenn z. B. Daten über einen längeren Zeitraum gesammelt werden, können die einzelnen Daten als Punkte dargestellt und über eine Linie verbunden werden.

Zum Beispiel: Die Entwicklung der Schülerzahlen an einer Schule oder der Arbeitnehmer in einem Ausbildungsbetrieb.

Beispiel für ein Liniendiagramm:

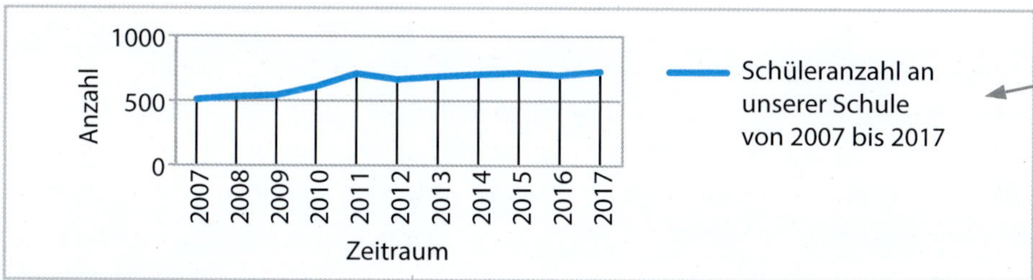

Beispieltext ❷:

Die Schach-AG unserer Schule blickt auf eine mehrjährige Tradition zurück. Wurde sie in den Anfangsjahren nur zögerlich angenommen, so konnte sie in den letzten Jahren eine stetig steigende Zahl an Teilnehmern aufweisen. Dies ist insbesondere dem Leiter der AG, Herrn Oelrichs, zu verdanken, der auch das Rahmenprogramm seit 2010 um eine Reihe an gemeinsamen Freizeitaktivitäten erweiterte.

Jahr	2009	2010	2011	2012	2013	2014	2015	2016	2017
Teilnehmer	7	4	8	30	38	49	55	58	61

Hinweis
Die Anzahl der Teilwerte in einem Kreisdiagramm sollte nicht mehr als 10 betragen, da das Diagramm sonst unübersichtlich wird. Viele kleine Teilwerte sollten zu einem **„Sonstige"-Wert** zusammengefasst werden.
In diesem Beispiel hier sind das die 65 Antworten zu allen möglichen anderen Freizeitbeschäftigungen, die im Beispieltext nicht weiter angeführt wurden.

Beispiel:

Jahr	Schülerinnen und Schüler
2007	500
2008	521
2009	535
2010	602
2011	704
2012	659
2013	680
2014	693
2015	709
2016	690
2017	718

Aufgaben

1. Lesen Sie den Beispieltext ❶ und erstellen Sie ein Diagramm, das die Rangfolge der Abteilungen in Bezug auf die Anzahl der Mitarbeiter darstellt. Wählen Sie hierfür einen entsprechenden Diagrammtyp.
2. Lesen Sie den Beispieltext ❷ und stellen Sie die Entwicklung der Schach-AG in einem Liniendiagramm dar.

5.6 Texte überarbeiten

Um einen guten Text zu schreiben, muss man den ersten Entwurf des Textes in der Regel mehrmals überarbeiten. Dabei versucht man

- Rechtschreib- und Grammatikfehler zu beseitigen,
- Sätze verständlicher zu formulieren und
- den Stil des Textes der Kommunikationsabsicht anzupassen.

Es gibt verschiedene Möglichkeiten, selbst geschriebene Texte zu verbessern.

Die Schreibkonferenz

Eine professionelle Methode der Textüberarbeitung ist die Schreibkonferenz. Sie wird auch in Zeitungsredaktionen verwendet. In einer Schreibkonferenz werden die Texte verbessert, indem die Mitglieder der Konferenz miteinander über die Texte reden und sich gegenseitig beraten.

Folgender Ablauf hat sich bewährt:
Jede Schreibkonferenz besteht aus drei Autoren (Schülerinnen und Schüler).

❶ Ein Konferenzmitglied liest seinen Text vor. Die beiden Zuhörer notieren sich, was verbessert werden könnte.

↓

❷ Die Zuhörer stellen Fragen zu inhaltlichen Einzelheiten, die ihnen unklar sind.

↓

❸ Der Schüler liest seinen Text ein zweites Mal vor. Nun unterbrechen die Zuhörer den Leser an den Stellen, die verbessert werden müssten. Am besten ist es, wenn sie ihm auch sagen, wie die problematischen Stellen verbessert werden könnten.

↓

❹ Der Vorleser notiert sich die Hinweise zu seinem Text.

↓

❺ Jetzt liest der Nächste vor und der Ablauf wiederholt sich usw.

↓

❻ Nachdem jeder Text besprochen wurde, verbessert jeder Autor seinen Text.

↓

❼ Die Ergebnisse werden in der Schreibkonferenz vorgelesen und eventuell noch einmal überarbeitet.

↓

❽ Als Letztes kann man die Rechtschreib- und Grammatikfehler berichtigen, indem jeder die beiden fremden Texte durchschaut.

Die Zettellawine

Eine weitere, sehr gut funktionierende Methode, um Texte zu überarbeiten, ist die Zettellawine.

Hierzu bilden 3–5 Personen eine Gruppe. Sie sollten bereits Textentwürfe geschrieben haben. Es ist hilfreich, die vorhandenen Textentwürfe auf ein größeres Format zu kopieren, um ausreichend Platz auf den Blättern für Bemerkungen zu erhalten.

Folgender Ablauf ist sinnvoll:

❶ Jedes Gruppenmitglied liest einen fremden Text und schreibt seine Kommentare oder Fragen direkt neben die entsprechende Stelle. Beim Lesen des Textes wird darauf geachtet, ob er Unklarheiten enthält, unlogisch ist oder Rechtschreib- und Grammatikfehler enthält.

↓

❷ Der Text wird an das nächste Gruppenmitglied weitergereicht. Jeder notiert auch auf diesem Blatt seine Kommentare oder Fragen zum Textentwurf und jetzt zusätzlich auch zu den Anmerkungen des jeweiligen Vorgängers. Dabei können die schon vorhandenen Kommentare ergänzt oder ihnen widersprochen werden.

↓

❸ Der Vorgang wird weitergeführt, bis jeder seinen eigenen Text wieder in den Händen hält. So nehmen alle Gruppenmitglieder zu allen Arbeiten schriftlich Stellung.

↓

❹ Jeder überarbeitet seinen Text. Anhand der Kommentare und Fragen erkennt man, welche Textstellen gelungen sind und welche überarbeitet werden müssen.

Sollten Sie nicht mit Kopien arbeiten, können Sie Ihre Bemerkungen auch auf Klebezettel schreiben und sie auf den Originaltext heften.

Aufgaben

1. a) Führen Sie eine Schreibkonferenz – wie oben beschrieben – zu einem zuletzt im Unterricht geschriebenen Text durch.
   b) Achten Sie besonders darauf, dass die Inhaltsangaben Ihrer Mitredakteure vollständig und ihr Schreibstil abwechslungsreich und gut verständlich ist.
   c) Verbessern Sie auch die Rechtschreib- und Grammatikfehler.
2. Bilden Sie Gruppen von 3–5 Personen und führen Sie eine Zettellawine durch. Verwenden Sie dazu die Texte, die Sie als letzte im oder für den Unterricht geschrieben haben.
3. Diskutieren Sie darüber, welche der beiden vorgestellten Methoden der Textüberarbeitung Ihnen besonders hilfreich erscheint.

Anschauen – Aneignen – Anwenden

Wo kann ich das Gelernte im Alltag, in der Ausbildung und im Beruf anwenden? Die folgende Mindmap gibt Ihnen erste Anhaltspunkte.

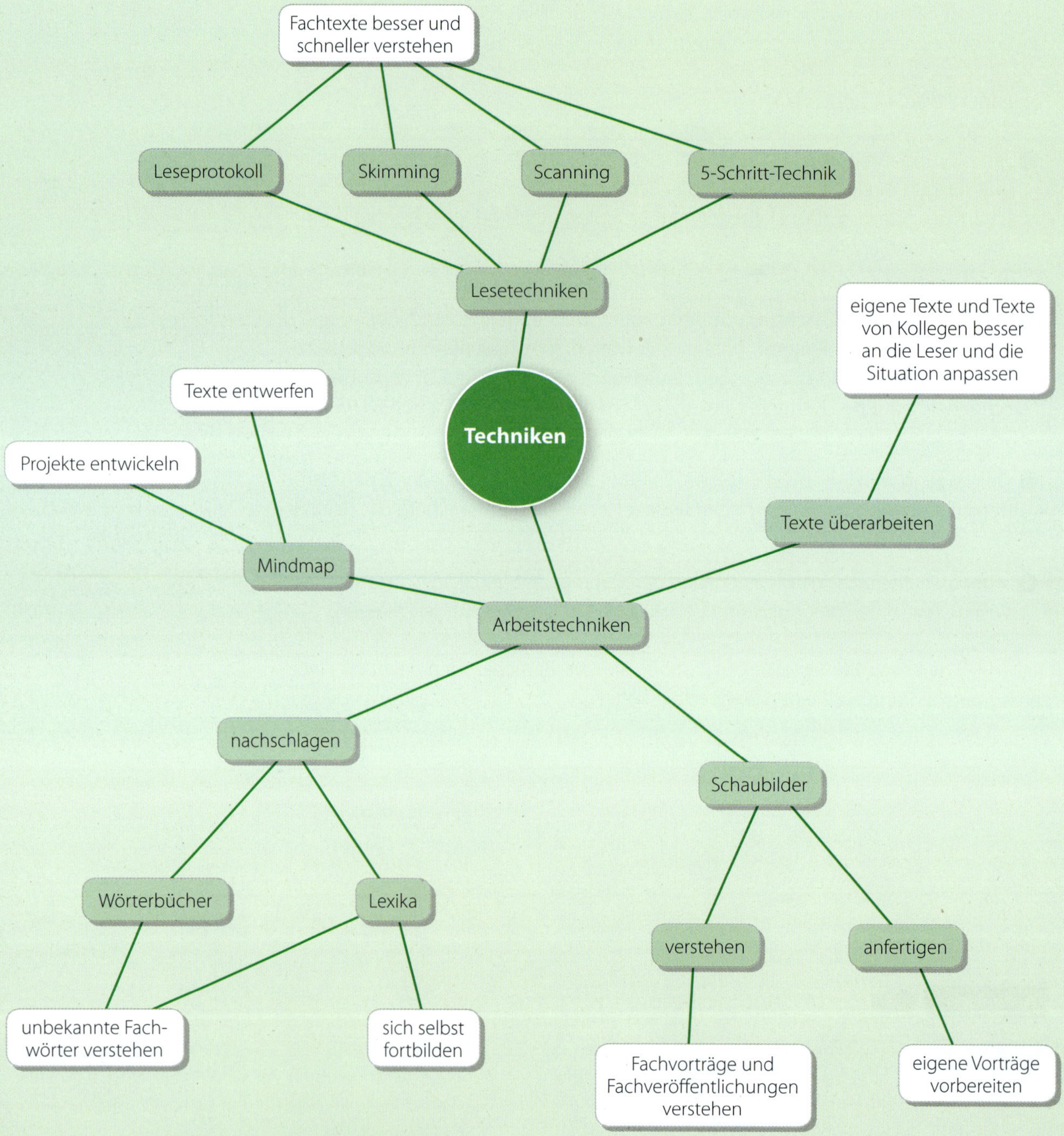

Aufgabe

Finden Sie weitere Anlässe (weiße Endpunkte der Verzweigung), um das Gelernte (farbige Verzweigungspunkte) anzuwenden.

TEXTE UNTERSCHEIDEN

6

6.1 Nicht alle sind gleich – Texte unterscheiden

Hinweis
Texte können per Hand aufgeschrieben, gedruckt, gesprochen oder auch gesungen werden.

Nicht alles Gedruckte, nicht jede Ansammlung von Wörtern oder Sätzen kann bereits als Text bezeichnet werden. Ein Text liegt in der Regel erst dann vor, wenn mehrere Sätze in einem satzübergreifenden Bedeutungszusammenhang stehen. Auf dieses Merkmal weist bereits die Herkunft des Wortes „Text" hin. Das lateinische Wort „textum" bedeutet so viel wie „Gewebe".

Ein Text besteht demnach aus Sätzen, die in ihrer Bedeutung miteinander verwoben sind.

Dabei können Texte in ihren Inhalten und in ihren sprachlichen Eigenschaften sehr unterschiedlich sein. Um sie zu ordnen, werden Texte wie folgt unterschieden:

literarische Texte
(auch als fiktionale Texte oder Dichtung bezeichnet)

Bezug zur Wirklichkeit:
Die Inhalte literarischer Texte sind ganz oder teilweise erfunden.

Einteilung: nach der Form

Dramatik	*Epik*	*Lyrik*
Schauspiel	Roman	Liedtext
Tragödie	Novelle	Ballade
Komödie	Kurzgeschichte	Sonett
Hörspiel	Märchen	Hymne
Film	Witz	…
…	Anekdote	
	Fabel	
	Satire	
	…	

Sachtexte
(auch als pragmatische Texte oder Gebrauchstexte bezeichnet)

Bezug zur Wirklichkeit:
Sachtexte geben tatsächlich bestehende Sachverhalte wieder oder setzen sich mit diesen Sachverhalten auseinander.

Einteilung: nach der Kommunikationsabsicht

informativ	*expressiv*	*appellativ*
Nachricht	Leserbrief	Werbetext
Unfallbericht	Kommentar	Gesetzestext
Lexikonartikel	Glosse	Aufruf
Bauanleitung	Erörterung	Predigt
Kochrezept	politische Rede	Wahlkampfrede
Reportage	…	Einladung
…		…

Teilt man **Sachtexte** nach der Kommunikationsabsicht der Verfasserin oder des Verfassers ein, fragt man:

Hinweis
Texte wie Gesetze oder Hausordnungen legen Regeln fest und werden daher als regelnde (normative) Texte bezeichnet. Man kann sie zu den auffordernden Texten zählen, da sie die Leserinnen und Leser veranlassen wollen, diese Regeln einzuhalten.

normativ: Normen und Regeln aufstellend, vorschreibend

Was soll mit dem Text erreicht werden?

- **mitteilende (informative) Texte:** Sie wollen die Leser oder Hörer über einen bestimmten Sachverhalt, Vorgang oder Gegenstand tatsachenbetont informieren. Auch Gebrauchsanweisungen oder Rezepte informieren, um Menschen anzuleiten, bestimmte Tätigkeiten korrekt durchzuführen.
- **auffordernde (appellative) Texte:** Sie fordern Leser und Hörer auf, bestimmte Handlungen durchzuführen oder sie zu unterlassen.
- **expressive Texte:** Mit ihnen wollen die Verfasser ihre Meinungen, Gedanken und Stimmungen mitteilen. Durch Kommentare zu Sachverhalten, zu Vorgängen und zum Verhalten anderer und durch das Vorbringen von Argumenten sollen Leser und Hörer von der Haltung des Verfassers überzeugt werden.

In vielen Sachtexten erkennt man nicht nur eine, sondern zwei oder alle drei Kommunikationsabsichten gleichzeitig. Meist steht jedoch eine dieser Absichten im Vordergrund. So informiert z.B. die Werbeanzeige rechts zwar über die Eigenschaften des Produktes. Ihre eigentliche Kommunikationsabsicht besteht jedoch darin, den Leser bzw. die Leserin der Anzeige zum Kauf der Ware zu bewegen.

Texte zur Aufgabe:

❶
Wir steigen mit Seifenblasen im Kopf ins Berufsleben ein, und die Realitätsdusche folgt auf dem Fuß. Wir rechnen mit einem ordentlichen Empfang, sprich: einem tollen Job, einem Spitzengehalt, Pamela Anderson als Sekretärin und George Clooney als Chef. In der Folge wollen wir einen Star ehelichen, in eine stattliche Villa einziehen und einen fetten Wagen für Spritztouren in der Freizeit zur Verfügung haben. […]
Die Wirklichkeit funktioniert anders – aber das müssen viele Berufseinsteiger aus der Generation Doof erst einmal lernen.

(aus: Stefan Bonner, Anne Weiss: Generation Doof. Wie blöd sind wir eigentlich? Lübbe, Bergisch Gladbach 2008, S. 117)

❷ Vier Tibeter protestieren erneut mit Selbstverbrennungen

Peking – Aus Protest gegen die chinesische Herrschaft haben sich vier weitere Tibeter selbst angezündet. Mindestens drei von ihnen kamen ums Leben, berichteten exiltibetische Kreise. Zudem wurden mehr als 20 Tibeter verletzt, als chinesische Sicherheitskräfte gegen hunderte demonstrierende Studenten vorgingen. In diesem Monat haben sich mehr als 20 Tibeter mit Benzin übergossen und selbst angezündet. dpa

Die Kommunikationsabsichten von Sachtexten können unterschiedlich gewichtet sein, wie die Grafiken beispielhaft zeigen.

politische Rede:

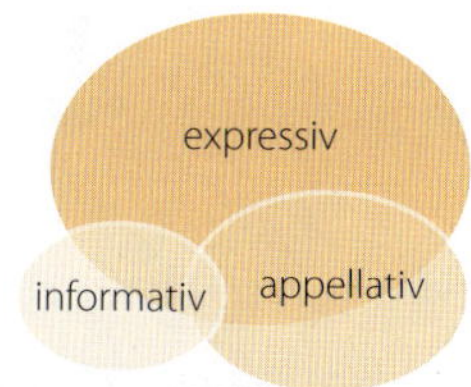

Zeitungsmeldung:

Werbeanzeige:

❸ Aufruf zur Spendenaktion

Liebe Mitschülerinnen und Mitschüler,
viele von uns leben in stabilen Verhältnissen, während andere Menschen sich zunehmend um ihre Zukunft sorgen müssen. Diese Menschen brauchen wie wir Zuversicht und Optimismus. Das allein reicht oft aber nicht aus, wenn die Not unverschuldet über Nacht kommt und sich Lebensverhältnisse dramatisch ändern.
Solchen Menschen muss auch finanziell geholfen werden. Ich rufe euch daher alle auf, von dem Geld, das ihr zu Weihnachten geschenkt bekommt, 10% für den Verein „Gemeinsam geben" zu spenden, der den Bedürftigen aus unserer Stadt unter die Arme greift.

Eure
Samantha Precht

Aufgabe

Bestimmen Sie, ob es sich bei den oben stehenden Texten ❶ bis ❸ jeweils um einen mitteilenden, expressiven oder auffordernden Text handelt und begründen Sie Ihre Entscheidung.

6.2 Wichtige Sachtextsorten

Sachtexte begegnen uns
- in Zeitungen und Zeitschriften,
- im Radio und im Fernsehen,
- in Gesetzbüchern, im Parlament,
- auf Plakaten

und in vielen anderen Medien. Sie sind unterschiedlich aufgebaut und haben unterschiedliche Wirkungsabsichten bzw. Ziele.

Sachtexte mit
- gleicher Absicht,
- gleichem Aufbau und
- ähnlichem Sprachstil

fasst man in **Sachtextsorten** zusammen.

Erkennt man als Leser die Zugehörigkeit zu einer dieser Sorten, so kann man Rückschlüsse daraus ziehen,
- welche Absicht der jeweilige Text hat,
- was er bei den Lesern erreichen will,
- ob er z. B. von einer Meinung überzeugen oder
- ob er zum Kauf eines Produktes bewegen will.

Auch als Verfasserin oder Verfasser eines Sachtextes sollte man wissen, zu welcher Textsorte der zu schreibende Text gehören soll. Nur so kann man wichtige Gestaltungsregeln beachten, die für die Wirkung des Textes wichtig sind.

Neben den *beruflichen Sachtexten* und den *Leserbriefen* begegnet man sehr häufig den folgenden **Sachtextsorten**:

Nachricht	→	informativ
Reportage	→	informativ mit expressiven Elementen
Unfallbericht	→	informativ
Kommentar	→	expressiv
Glosse	→	expressiv
politische Rede	→	expressiv
Erörterung	→	expressiv
Werbung	→	appellativ
Gesetzestext	→	appellativ/normativ

Hinweis
Die Nachricht bzw. die Meldung ist von ihren inhaltlichen Kriterien her ein Bericht; siehe Seite 102.

6.2.1 Die Nachricht – schnell und gut informieren

Die **Nachricht** oder auch **Meldung** ist eine **informative Textsorte**. Man findet sie in Zeitungen und Zeitschriften, im Radio und im Fernsehen. Eine Nachricht soll über einen Vorfall sachlich informieren. Dazu muss sie Antworten auf die „W-Fragen" geben:

informativer Text: siehe Seite 164

1. Was geschah?
2. Wer war daran beteiligt?
3. Wann fand etwas statt?
4. Wo geschah der Vorfall?
5. Wie passierte es im Einzelnen?
6. Warum geschah es?
7. Welche Folgen/Ergebnisse hat der Vorfall?

Hinweis
Oft lassen sich in Nachrichten allerdings nur Antworten auf die W-Fragen von 1. bis 4. finden.

Aufbau der Nachricht

Zuerst steht das Wichtigste, der Informationskern. Die Leser wollen z. B. zunächst erfahren, wer das Fußballspiel gewonnen hat. Die darauf folgenden Informationen, also z. B. wer die Tore geschossen hat, sind nach abnehmender Wichtigkeit angeordnet.

Sprache der Nachricht

Eine Nachricht ist so weit wie möglich sachlich, einfach und klar formuliert. Sie steht in der Regel in der Zeitform der abgeschlossenen Vergangenheit.

abgeschlossene Vergangenheit (Präteritum): siehe hierzu Seite 32

Aufbau einer Zeitungsnachricht

Nachrichten in Zeitungen besitzen in der Regel einen strengen Aufbau:

❶ **Schlagzeile (Headline):** Ihre Aufgabe besteht darin, die Aufmerksamkeit des lesenden Betrachters zu wecken, ihn anzusprechen. Schlagzeilen und Überschriften helfen dem Leser auszuwählen, was ihn interessiert und was nicht.

❷ **Untertitel** (wird nicht immer verwendet): Er dient dazu, die Schlagzeile inhaltlich zu ergänzen oder zu verstärken.

❸ **fettgedruckter Vorspann (Lead):** Er ist eine kurze Zusammenfassung der wesentlichen Aussage des Beitrags in wenigen Zeilen. Der Vorspann ist noch kein Bestandteil des folgenden Textes, also nicht dessen Anfang.

❹ **ausführlicher Nachrichtenteil (Body):** Darstellung der Details.

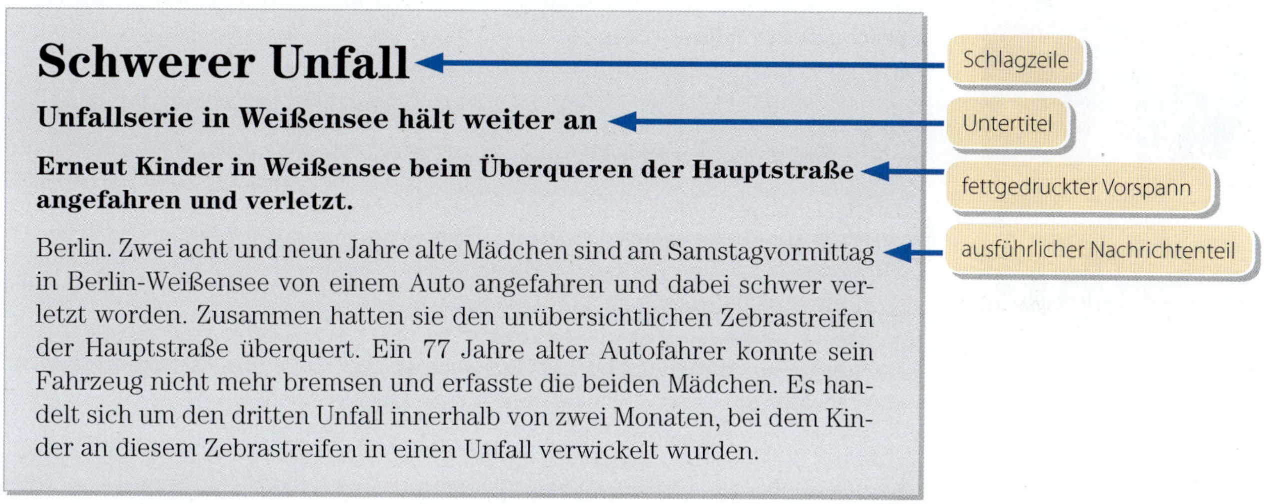

Schwerer Unfall

Unfallserie in Weißensee hält weiter an

Erneut Kinder in Weißensee beim Überqueren der Hauptstraße angefahren und verletzt.

Berlin. Zwei acht und neun Jahre alte Mädchen sind am Samstagvormittag in Berlin-Weißensee von einem Auto angefahren und dabei schwer verletzt worden. Zusammen hatten sie den unübersichtlichen Zebrastreifen der Hauptstraße überquert. Ein 77 Jahre alter Autofahrer konnte sein Fahrzeug nicht mehr bremsen und erfasste die beiden Mädchen. Es handelt sich um den dritten Unfall innerhalb von zwei Monaten, bei dem Kinder an diesem Zebrastreifen in einen Unfall verwickelt wurden.

Aufgaben

1. a) Fertigen Sie eine Liste der Sachtexte an, die Ihnen in Ihrem Alltag begegnen.
   b) Erläutern Sie, welche Absicht diese Sachtexte haben.
2. Beschreiben Sie in eigenen Worten in maximal fünf Sätzen, was eine Nachricht kennzeichnet.
3. Arbeiten Sie heraus, welche W-Fragen die oben stehende Zeitungsnachricht beantwortet.
4. Formulieren Sie eigenständig eine Nachricht über ein nicht alltägliches Ereignis in der Schule, in Ihrem Freundeskreis oder in Ihrem Wohnort. Beachten Sie dabei die Merkmale, die eine Nachricht auszeichnen.

6.2.2 Der Unfallbericht: Wenn etwas haargenau geschildert werden muss

Tipp
Mit den folgenden Wörtern können einfache Sätze in einem Unfallbericht abwechslungsreich formuliert werden: *bevor, zunächst, zuerst, nachdem, anschließend, danach, später, daraufhin, schließlich, von ... bis, gegen Ende, zuletzt* usw.

W-Fragen: siehe Seite 166

Viele Menschen müssen irgendwann einmal einen **Unfallbericht** schreiben. Das kann z. B. ein Bericht über einen Verkehrs-, Arbeits-, Sport- oder Haushaltsunfall sein. Auch ein Unfallbericht ist eine **informative Textsorte**. Er dient dazu, den Verlauf eines Unfalls für Nicht-Zeugen so genau darzustellen, dass er für sie nachvollziehbar wird. Das kann zum Beispiel für die Polizei oder für Versicherungen wichtig sein.

Ein Unfallbericht ähnelt einer Nachricht:
- Es werden dieselben W-Fragen beantwortet,
- nur Wichtiges wird wiedergegeben,
- Nebensächliches wird weggelassen und
- es wird nur über Tatsachen berichtet.
- Vermutungen über Unfallgründe, Gefühle oder Ähnliches werden weggelassen.

Ein Unfallbericht unterscheidet sich von der Nachricht dadurch, dass er nicht für die Öffentlichkeit bestimmt ist und anders aufgebaut ist.

Aufbau des Unfallberichtes

In einem Unfallbericht werden die Ereignisse genau in der Reihenfolge wiedergegeben, in der sie passiert sind. Weitere Hinweise finden Sie auch auf Seite 102.

Sprache des Unfallberichtes

Da über ein nicht wiederholbares Geschehen aus der Vergangenheit berichtet wird, ist die Zeitform des Unfallberichtes die vollendete Vergangenheit (Präteritum, siehe Seite 32).
Beim Schreiben eines Unfallberichtes sollte man auf eine klare verständliche Sprache achten. Daher werden vor allem einfache Sätze formuliert. Außerdem wird statt der wörtlichen Rede im Unfallbericht die indirekte Rede verwendet.

Konjunktiv: siehe hierzu Seite 36

Direkte und indirekte Rede

In der direkten Rede wird das Gesagte genau so wiedergegeben, wie es gesagt wurde. Man kennzeichnet die direkte Rede mit Anführungszeichen.

In der indirekten Rede gibt ein Sprecher eine Äußerung eines anderen Sprechers wieder, ohne sie wörtlich zu wiederholen. Wandelt man die direkte Rede in die indirekte Rede um, muss der Konjunktiv I verwendet werden.

direkte Rede	indirekte Rede
Die Zeugin sagt: „Der Fahrer hat nicht geblinkt."	Die Zeugin sagte, der Fahrer habe nicht geblinkt.

In der indirekten Rede gibt es nur eine **Vergangenheit**. Die Basis bilden die Perfekt-Formen von *haben* und *sein*:

direkte Rede	indirekte Rede
Die Zeugin sagt: „Er fuhr zu schnell." „Er **ist** zu schnell gefahren." „Er **war** zu schnell gefahren."	Die Zeugin sagt, er **sei** zu schnell gefahren.
„Er telefonierte während der Fahrt." „Er **hat** während der Fahrt telefoniert." „Er **hatte** während der Fahrt telefoniert."	Die Zeugin sagt, er **habe** während der Fahrt telefoniert.
„Er wollte abbiegen." „Er **hat** abbiegen wollen." „Er **hatte** abbiegen wollen."	Die Zeugin sagt, er **habe** abbiegen wollen.

Angaben: Verkehrsunfall, schwer, B96, 24.02.2017, 19.20 Uhr, Fahrer schwer verletzt, Porsche, Fahrbahn, Glatteis, überhöhte Geschwindigkeit, Rechtskurve, schleudern, Baum, Gegenverkehr, LKW, ausweichen, umkippen, Straße gesperrt bis ca. 23.00 Uhr.

Aufgaben

1. Schreiben Sie zu einem der drei Fotos links einen Unfallbericht für die Versicherung. Denken Sie sich dazu den Unfallhergang aus. Gehen Sie dabei auf alle W-Fragen ein.
2. Bilden Sie aus den Angaben in der rechten Randspalte einen Unfallbericht. Notieren Sie höchstens sechs Sätze.
3. Berichten Sie über den in der Skizze dargestellten Unfall. Orientieren Sie sich an den Empfehlungen zur Gestaltung eines Berichts. Weitere Informationen dazu finden Sie auch auf der Seite 102.

6.2.3 Etwas bewegend schildern – die Reportage

Die Reportage ist – wie die Nachricht – eine **informative Textsorte**, die aber auch Teile expressiver Texte aufweist (siehe hierzu Seite 166). Das wird daran deutlich, dass sie ein Geschehen oder ein bestimmtes Ereignis nicht nur sachlich darstellt. Im Gegensatz zu einer Nachricht bzw. einem Bericht wird das Geschehen anschaulich aus der persönlichen Nähe des Autors geschildert. Damit sollen die Leser oder Hörer die Atmosphäre vor Ort nacherleben können. Am besten gelingt dies, wenn der Autor selbst an Ort und Stelle des Geschehens war.

Die Absicht der Autorin bzw. des Autors ist es vor allem, die Leser ausführlich über ein Thema zu informieren. Dabei werden aber auch die eigenen Ansichten mitgeteilt, um die Meinung der Leser zu beeinflussen. Eine gute Reportage ist spannend, abwechslungsreich und unterhaltsam.

Aufbau der Reportage

Eine Reportage beginnt mit einer Momentaufnahme aus dem Geschehen, mit einem Zitat einer beteiligten Person oder einer persönlichen Schilderung, die zum Thema hinführt. In der Regel konzentriert sie sich auf die Erlebnisse von ein bis zwei Hauptpersonen. Dazu werden Betroffene, Zeugen oder Fachleute befragt.
Die persönliche und konkrete Darstellung des Geschehens wechselt im Text immer wieder mit sachlichen und allgemeinen Informationen über die Hintergründe. Es findet also häufig ein Perspektivwechsel statt.
Eine gelungene Reportage stellt das Geschehene in einer **Spannungskurve** dar und fesselt so den Leser.

Perspektivwechsel: Wechsel der Sichtweise

Spannungskurve: siehe Seite 204

Sprache der Reportage

In einer Reportage wird meistens eine bildhafte Sprache verwendet. Das heißt, dass häufig beschreibende Adjektive, Vergleiche oder Metaphern genutzt werden.
Um den Eindruck des unmittelbaren Dabeiseins bei der Leserin, dem Zuhörer oder Zuschauer herzustellen, werden auch Zitate in den Text eingefügt.
Aus dem gleichen Grund wird häufig in der Zeitform der Gegenwart (Präsens) geschrieben. Hintergrundinformationen, z. B. wie es zu einem Vorfall kam, werden jedoch oft in der Vergangenheitsform geschildert. Diesen Wechsel der Zeitformen im Text nennt man Tempuswechsel.

Metapher: siehe Seite 180

Zitat: siehe Seite 272

Gegenwart (Präsens): siehe Seite 33

Auch der Sprachstil kann von sachlich zu subjektiv und gefühlsbetont wechseln. Je nachdem, ob etwas leicht verständlich beschrieben wird oder sich ein Fachmann äußert, ist der Satzbau einfach oder kompliziert.

subjektiv: von persönlichen Gefühlen, Meinungen oder Vorurteilen bestimmt

Merkmale

Äußerlich ist eine Reportage in Zeitungen und Zeitschriften daran erkennbar, dass im Titel, im Untertitel und manchmal auch in der Einleitung deutlich steht, dass es sich um eine Reportage handelt. Auffällig sind auch die Zwischenüberschriften für eine bessere Übersichtlichkeit.
Wie bei einem Kommentar wird stets der Name des Autors angegeben, da auch in einer Reportage dessen persönliche Meinung deutlich wird.
Die Reportage ist eine der am schwierigsten zu schreibenden Sachtextsorten und erfordert viel Übung.

Kommentar: siehe Seite 172

Bomben-Strände (Auszug)

Auf dem Grund von Nord- und Ostsee rosten mehr als 50 Millionen Geschosse, Zünder und Patronen aus dem Zweiten Weltkrieg, manche sind mit Giftgas gefüllt. Die Behörden lassen sie nicht bergen – und hoffen, dass nichts passiert.

von Carsten Holm

Der Ostseefischer Lorenz Marquardt ist ein alter Fahrensmann. Seit 53 Jahren sticht er in See, aber immer wenn er vom schleswig-holsteinischen Eckernförde aus Kurs auf Bornholm nimmt, hat er „ein mulmiges Gefühl".

Eine unsichtbare Gefahr schlummert unter ihm, sobald er die fischreiche Gegend um die dänische Insel erreicht. Sein Kutter zieht dann beim Dorschfang das Grundschleppnetz durchs Bornholm-Becken, 60 bis 70 Meter tief – genau dort, wo nach Ende des Zweiten Weltkriegs Zehntausende Bomben und Granaten versenkt worden waren.

Das Areal über dem Bombenfriedhof ist in den Seekarten als „Unrein (Munition)" oder „Unrein (Gasmunition)" ausgewiesen, es wird gewarnt: „Ankern und Fischen gefährlich." Deutsche und dänische Ostseefischer gehen das Risiko ein, weil sie an ihren besten Arbeitstagen mit bis zu zehn Tonnen Dorsch in die Häfen zurückkehren. Ein paar tausend Fische sind das, sie wiegen ein bis zehn Kilogramm, und ein Spitzenfang bringt, je nach Marktpreis, 6000 bis 10000 Euro.

Mit den zappelnden Dorschen zog Marquardt, 68, vor Jahren eine 500-Kilo-Bombe auf seinen Kutter. Er hatte Glück, sie war noch nicht porös. An Land, in Eckernförde, wurde sie von Kampfmittelbeseitigern entsorgt.

Unter dänischen Fischern aber gab es seit dem Zweiten Weltkrieg Hunderte Verletzte. Sie hatten in ihren Netzen verrostete Granaten mit dem hautschädigenden Kampfstoff Senfgas an Bord gezogen. Die gallertartige Masse trat aus dem metallenen Geschossmantel aus und rief schwere Verbrennungen hervor. […]

Wie groß die Gefahr genau ist, weiß niemand. Es sei „nur ein geringer Teil der durch Kampfmittel belasteten Flächen bekannt", sagt Jens Sternheim, Vorsitzender des Expertenkreises „Munition im Meer" des Bund-Länder-Ausschusses Nord- und Ostsee. […]

Wenn die Munition an Land gespült wird, in Fangnetzen landet oder bei Vorarbeiten für Pipelines und Offshore-Windparks auch nur in Bewegung kommt, kann sie zur Gefahr für Einheimische und Urlauber, für Fischer und Baggerführer werden. […] Knallen kann es fast überall […].

Urlauber am Strand ahnen meist nicht, was ihnen vor die Füße gespült werden kann. Im Juli 2012 nahmen zwei Kinder aus Baden-Württemberg am Strand der Ortschaft Kalifornien nahe Kiel einen eineinhalb Kilo schweren Klumpen mit zum Ferienhaus der Eltern. Plötzlich verfärbten sich die Hände eines der Jungen, sein T-Shirt, seine Jacke und seine Hose gelborange. Der Klumpen bestand aus Schießwolle 39, einer Sprengstoffmischung, die zum Beispiel in Torpedos der deutschen Kriegsmarine eingesetzt wurde und zu Hautirritationen führen kann – der Junge blieb unverletzt. […]

Fahrensmann: Seemann

Bornholm: dänische Insel in der offenen Ostsee

gallertartig: wie Gelee beschaffen sein

Aufgaben

1. Formulieren Sie mit Ihren eigenen Worten in maximal fünf Sätzen, wodurch sich eine Reportage auszeichnet.
2. Geben Sie in eigenen Worten den Inhalt aus dem Auszug der Reportage wieder.
3. Belegen Sie anhand von mindestens drei Beispielen, dass es sich bei dem obigen Text um eine Reportage handelt.

6.2.4 Die eigene Meinung zu etwas mitteilen – der Kommentar

expressive Textsorte: siehe Seite 164

Im Gegensatz zum Bericht oder einer Nachricht will der Verfasser mit einem Kommentar seine persönlichen Meinungen zu einem Ereignis oder einer Entwicklung zum Ausdruck bringen und damit die Leser beeinflussen. Daher ist der Kommentar eine **expressive Textsorte**.

Kommentare sind in Zeitungen und Zeitschriften zu lesen oder in Nachrichtensendungen im Radio oder Fernsehen zu hören. Das Thema eines Kommentars ist in der Regel allgemein bekannt oder es wird darüber aktuell in dem Medium, in dem auch der Kommentar erscheint, berichtet.

Ein Kommentar interpretiert und wertet aktuelle Ereignisse in Politik, Wirtschaft, Kultur und Sport, Äußerungen Prominenter, Zeitströmungen, Trends, Moden und Beobachtungen aus dem Alltag. Für die Leser eines Kommentars ist es nicht immer einfach, zwischen den Informationen im Text und der Meinung des Verfassers zu unterscheiden.

Aufbau des Kommentars

❶ **Einstieg:** Das Thema, das kommentiert werden soll, wird kurz angesprochen.

❷ **Argumentation:** Aus der Sicht des Verfassers werden Zusammenhänge und Hintergründe erklärt. Dabei stellt er seine Meinung zum Thema dar und begründet sie.

❸ **Schlussfolgerung:** Kritik oder Empfehlung.

Sprache des Kommentars

Metapher: siehe Seite 180
Ironie: siehe Seite 183

Eigentlich verwendet ein Kommentar eine gut verständliche Sprache mit Metaphern und Ironie. Mitunter weist er aber auch Sätze mit kompliziertem Aufbau oder Fremd- und Fachwörter auf. Ein Kommentar kann durchaus sachlich formuliert sein. Da er aber die subjektive Meinung des Verfassers wiedergibt, kann sein Ton auch aggressiv wirken.

Ein Kommentar unterscheidet sich von anderen Beiträgen in der Zeitung oder in einer Nachrichtensendung normalerweise deutlich. In Radio und Fernsehen wird ausdrücklich darauf hingewiesen, dass als nächstes ein Kommentar folgt und dann wird der Name des Kommentators genannt.

In Zeitungen und Zeitschriften weist die Überschrift darauf hin, dass es sich um einen Kommentar handelt und der Name des Kommentators wird immer vollständig angegeben. Außerdem ist in vielen Sendungen und Zeitungen für Kommentare stets derselbe Platz reserviert.

Blogs und Foren

Spam: unerwünschte Nachrichten, die dem Empfänger unverlangt zugestellt werden

Bei vielen Blogs und in Foren im Internet ist es möglich, die eigene Meinung zu veröffentlichen. Ein solcher Kommentar erscheint dann in der Regel auf der Seite des zu kommentierenden Beitrags. Auf vielen Internetseiten wird ein Kommentar aber nicht sofort angezeigt, sondern erst vom Seiteninhaber geprüft und dann freigeschaltet. Dies dient dazu, unsachliche Beiträge und Spams auf den Seiten zu verhindern.

Kommentare im Internet werden in der Regel kurz gefasst. Dennoch sollten auch sie dem oben beschriebenen Aufbau folgen, da sie so für die Leser besser nachvollziehbar sind.

Rettet die Kinderbücher vor der Sprachpolizei!

von Peter Hahne

Müssen Kinderbücher umgeschrieben werden? Gehören alte Ausgaben, die von Generation zu Generation weitergegeben werden, auf den Müll?

Aus Otfried Preußlers 1957 erschienenem und in 47 Sprachen übersetzten preisgekrönten Bestseller „Die kleine Hexe" soll jetzt die Fastnachtsszene gestrichen werden, in der sich die Kinder als „Negerlein, Türken mit weiten Pluderhosen, Hottentotten-Häuptlinge und Eskimofrauen" verkleiden. Und bei „Pippi Langstrumpf" wird der „Negerkönig" in „Südseekönig" umbenannt.

Der Räuber-Hotzenplotz-Verlag begründet das offiziell damit, die Bücher „dem sprachlichen und politischen Wandel anzupassen. Nur so bleiben sie zeitlos".

Was für ein Unsinn! Das ist doch das Schöne an Märchen, dass sie eben nicht zeitlos sind, sondern unsere Fantasie bewusst in andere Epochen mit ihrem zeittypischen Milieu reisen lassen.

Die Neusprech-Jünger der politischen Korrektheit wollen uns das verbieten. Doch wo anfangen und wo aufhören? Warum sollte man aus Karl May die Indianer streichen, die Bleichgesichter aber nicht? Komischerweise kommt niemand auf die Idee, bei Grimms „Rotkäppchen" aus dem bösen Wolf eine böse Wölfin zu machen. Daran sieht man, wie absurd diese Moraldiktatur ist.

Auch Kinderbuch-Klassiker sind Kunst und Kultur. Sie zu korrigieren ist dumme Zensur, sie zu interpretieren intelligente Pflicht. Wer zu faul ist, Kindern beim Vorlesen die Zeitbezüge zu erklären, sollte sich schämen. Ich vertraue dem klärenden Gespräch der Eltern mehr als dem Rotstift intoleranter Tugendwächter.
Wer Texte umschreibt, um ihnen das Anstößige zu nehmen, macht aus ernsthafter Literatur gefälligen Schund.

Übrigens: Mark Twains „Tom Sawyer" müssten Sprachpolizisten schnellstens ganz aus dem Verkehr ziehen.
Denn darin kommt 219-mal das Wort Nigger vor.

Peter Hahne: Fernsehmoderator und Autor. Unter anderem schreibt er regelmäßig für eine Boulevardzeitung.

Hintergrundinformation:
Die Diskussion über eine Änderung von Kinderbuchklassikern wie „Pippi Langstrumpf" und „Die kleine Hexe" war nach einem Interview mit der damaligen Familienministerin Kristina Schröder in der Zeitung *Zeit* im Dezember 2012 aufgekommen. Schröder hatte gesagt, dass sie Wörter wie „Neger" ersetze, wenn sie ihren Kindern aus solchen Büchern vorlese.

Hinweis
Im Duden findet sich zum Wort „Neger" ein besonderer Hinweis:

Viele Menschen empfinden die Bezeichnungen *Neger*, *Negerin* heute als diskriminierend. Alternative Bezeichnungen sind *Schwarzafrikaner, Schwarzafrikanerin, Afroamerikaner, Afroamerikanerin, Afrodeutscher, Afrodeutsche*; in bestimmten Kontexten auch *Schwarzer, Schwarze*. Vermieden werden sollten auch Zusammensetzungen mit *Neger* wie *Negerkuss*, stattdessen verwendet man besser *Schokokuss*.

Aufgaben

1. Stellen Sie dar, welche Meinung der Autor des Kommentars vertritt. Formulieren Sie diese Meinung mit Ihren eigenen Worten.
2. Arbeiten Sie heraus, mit welchen sprachlichen Mitteln der Autor des Kommentars Sie von seiner Meinung zu überzeugen versucht. Nennen Sie diese sprachlichen Mittel und führen Sie jeweils Beispiele aus dem Text an. Eine Übersicht finden Sie auf den Seiten 178–185.
3. Äußern Sie Ihre eigene Meinung zum Thema des Kommentars. Begründen Sie Ihren Standpunkt nachvollziehbar.

6.2.5 Etwas überspitzt darstellen – die Glosse

Hinweis
Sprachliche Mittel, die in einer Glosse häufig verwendet werden, sind zum Beispiel:
- Ellipse,
- rhetorische Frage,
- Ironie,
- Neologismus,
- Hyperbel,
- Metapher,
- Vergleich,
- Personifikation,
- Satzreihe.

Beispiele zu den einzelnen sprachlichen Mitteln finden Sie auf den Seiten 178 bis 185.

Die Glosse gehört zu den expressiven Texten (siehe Seite 165). Ihr Verfasser drückt seine Meinung zu einer allgemeinen Zeiterscheinung oder Alltagssituationen aus. Er will mit seiner Glosse die Leser dazu bewegen, sich über ihre Einstellungen zu dem Thema klar zu werden und ihr eigenes Verhalten zu überprüfen.

Eine Besonderheit der Glosse ist es, dass der Autor seine Meinung so überspitzt äußert, dass der Text oft unrealistisch und witzig wirkt. Die Glosse ist also nicht immer ganz ernst zu nehmen, sondern als so etwas wie eine spöttische Bemerkung zu verstehen. Sie dient auch der Unterhaltung der Leserinnen und Leser.

Aufbau der Glosse

1. **Einstieg:** Das Thema wird kurz angesprochen.
2. **Hauptteil:** Das Thema wird an Beispielen in deutlich überspitzter Form veranschaulicht.
3. **Schluss:** Am Ende des Textes steht ein überraschender, geistreicher Schluss, der der Pointe bei einem Witz gleicht.

Pointe: überraschender Schlusseffekt

Satzgefüge: siehe Seite 24

Kolumne: regelmäßig an einer bestimmten Stelle einer Zeitung oder Zeitschrift veröffentlichter Artikel, in dem eine Meinung geäußert wird. Siehe auch Seite 308.

Sprache der Glosse

Durch ihre lebendige und lebensnahe Sprache liest sich eine gute Glosse angenehm und unterhaltsam. Das wird erreicht durch besondere sprachliche Mittel (siehe die Randspalte links), wie sie auch in der Umgangssprache vorkommen.

Üblicherweise erscheint die Glosse in einer Zeitschrift als Kolumne. Oft steht sie dort an einem festen Platz und wird über eine längere Zeit immer vom gleichen Autor oder von der gleichen Autorin geschrieben. Häufig ist sie äußerlich daran zu erkennen, dass sie umrahmt ist oder einen anderen Schrifttyp nutzt und durch ein Foto des Autors, eine Karikatur oder eine Zeichnungen zum Thema ergänzt wird.

instruieren: jemandem Anweisungen geben

Cholesterin: ein in allen tierischen Zellen vorkommender Naturstoff. Viele Mediziner sind der Auffassung, dass cholesterinreiche Ernährung und ein hoher Blut-Cholesterinspiegel eine ursächliche Rolle bei der Entstehung von Herzinfarkten spielen.

Backen mit Blutfett

von Hartmut El Kurdi

Vor Jahren kam ich einmal in die Verlegenheit, für eine Feier einen Kuchen backen zu müssen. Ein Käsekuchen sollte es sein, wurde ich instruiert. Ich aber, so dachte ich zumindest, besaß kein Käsekuchenrezept. Und damals auch noch keinen Internetzugang. Vielleicht war das Internet auch noch gar nicht erfunden, keine Ahnung.
Die Älteren unter uns werden sich an diese Zeiten erinnern – als Informationen noch mühselig zusammengesucht, indianajonesmäßig ausgebuddelt oder gar bezahlt werden mussten. Ich überlegte also, was ich tun könnte: In die Bibliothek oder einen Buchladen gehen? Bei der Nachbarin klingeln? Mutti anrufen?
Bevor ich einen dieser Schritte unternehmen musste, fiel mir ein, dass ich ja doch ein Buch mit Backrezepten mein Eigen nannte. Wenn auch ein seltsames, ein aus guten Gründen noch nie benutztes, eins für Backwaren mit

zweifelhaften Surrogatzutaten. Es hieß „Cholesterinarm backen“ und seine Verfasserin trug den pittoresken Namen „Ingrid Malhotra“.

Fragen Sie mich bitte nicht, wie das Buch in meinen Besitz kam. Auf alle Fälle war es nie meine Absicht gewesen, cholesterinarm zu backen. Weder hatte ich irgendwelche Probleme mit den Blutfetten, noch konnte ich mir vorstellen, dass cholesterinarm Gebackenes auch nur andeutungsweise schmecken könnte. Das klang für mich wie alkoholfreies Bier, nikotinfreie Zigaretten oder Rockmusik ohne E-Gitarren. Möglich, aber vollkommen reizlos. Da lasse ich die entsprechende Sache doch lieber gleich ganz.

Ich kramte das Buch hervor, suchte darin eine Anleitung zur Herstellung eines Käsekuchens, fand sie – unter dem Namen „Elsässer Quarktorte“ –, las mir die Zutatenliste durch und kam augenblicklich auf eine glor- und folgenreiche Idee: Wie wäre es, wenn ich gnadenlos alle cholesterinarmen Zutaten durch cholesterinreiche Zutaten ersetzte?

Also „Becel-Margarine“ durch eine ordentliche Menge guter Süßrahmbutter, die „Becel-Kaffeesahne“ durch einen Becher Schlagsahne und den nur im Reformhaus zu erwerbenden „Ei-Ersatz“ für insgesamt fünf Eier durch, logo, fünf echte Eier. Und was soll ich sagen: Meine Elsässer Quarktorte war großartig. Atemberaubend schmackhaft, in Form und Konsistenz maßstabsetzend und vor allem: Sie wurde mein Back-Trademark.

Inzwischen habe ich sie sicher über hundert Mal gebacken, sie gelingt und schmeckt immer, erfreut jeden Gast, macht Frauen gefügig, lässt Schwiegermütter dahinschmelzen, Kinderherzen höher schlagen und Russen Kasatschok tanzen.

Inzwischen wird sie in meiner Familie schon in der zweiten Generation gebacken. Als meine dreizehnjährige Tochter kürzlich ihr mehrtägiges schulisches Sozialpraktikum in einem Kindergarten beendete, schenkte sie den Kindern und Erziehern zum Abschied eine selbstständig hergestellte und vor allem ordentlich cholesterinreiche „Elsässer Quarktorte“. Und wurde dafür mit stehenden Ovationen gefeiert. In diesem Sinne: Danke Ingrid Malhotra! Und ich warte gespannt auf ihr neues Buch „Schweißfrei saunieren“.

Hartmut El Kurdi
(*1964): ein deutscher Schriftsteller. Er wuchs in London und Kassel auf und studierte an der Universität Hildesheim Literatur- und Theaterwissenschaft.

Surrogat: Ersatzmittel

pittoresk: malerisch schön

Kasatschok: Volkstanz von Russen und Ukrainern

Intention: Absicht

Aufgaben

1. Teilen Sie den Beispieltext in Einleitung, Hauptteil und Schluss ein. Begründen Sie Ihre Einteilung.
2. Notieren Sie, welche sprachlichen Mittel, die auf der linken Seite in der Randspalte aufgeführt sind, der Autor des Textes nutzt. Nennen Sie die Mittel und die entsprechenden Textstellen.
3. Benennen Sie das Thema und die Hauptaussage des Textes.
4. Stellen Sie dar, welche Absicht der Autor hat. Bewerten Sie die Intention des Autors und schätzen Sie auch ein, ob sie sprachlich angemessen umgesetzt wurde.
5. Erläutern Sie, wie der Text Ihrer Meinung nach auf die Leserinnen und Leser wirken wird. Begründen Sie Ihre Einschätzung.

6.2.6 Werbung

Werbung soll Menschen beeinflussen, bestimmte Produkte zu kaufen, eine bestimmte Partei oder einen bestimmten Kandidaten zu wählen, eine andere Handlung auszuführen oder zu unterlassen (appellativer Text; siehe Seite 164).

Dieser Abschnitt beschäftigt sich mit Werbung als **Anpreisung eines Produktes** zum Zwecke eines besseren Verkaufs.

Viele Firmen werben für ihre Produkte und Dienstleistungen, damit sie diese in größerer Zahl verkaufen. Dass Werbung als wirkungsvoll gilt, sieht man daran, dass Unternehmen viel Geld dafür ausgeben.

SPRACHE wirklich wichtig für den Erfolg

Für Werbung stehen eine Reihe von Medien zur Verfügung: das Internet, das Fernsehen, das Radio, das Kino, die Zeitung und die Zeitschrift, das Plakat, der Prospekt, der Flyer, die Textilienaufschrift, die Aufschrift auf Fahrzeugen und Heißluftballons usw. Neben Grafiken, Fotos, Filmen und Musik spielt vor allem die gesprochene oder geschriebene Sprache eine große Rolle in der Werbung.

Ein grundlegendes Muster für die Gestaltung von Werbung ist die **AIDA-Regel**. Sie bedeutet

Attention (Aufmerksamkeit)	Werbung soll Aufmerksamkeit erregen und sich von anderer Werbung abheben, z. B. indem sie Gefühle anspricht oder die Empfänger zum Lachen bringt.
Interest (Interesse)	Werbung soll Interesse erzeugen, z. B. indem sie neugierig macht oder Informationen liefert.
Desire (Wunsch)	Werbung soll Wünsche und Bedürfnisse hervorrufen, z. B. indem sie Glück verspricht oder den Wunsch weckt, ein Produkt zu besitzen.
Action (Handlung)	Werbung soll eine Handlung hervorrufen, z. B. indem sie den Empfänger dazu bringt, ein Produkt zu kaufen.

Aus der AIDA-Regel ergibt sich die **Rolle der Sprache** der Werbung:
Sie soll erreichen,

- dass bei den Empfängern die Werbung im Gedächtnis bleibt und
- dass die Handlungen der Empfänger unbewusst gesteuert werden.

Die Werbesprache besitzt also vor allem auffordernde Funktion (Appellfunktion, siehe Seite 165). Um diese Funktion zu erfüllen, muss sie

- **einprägsam und am besten auch witzig sein**
  durch: sprachliche Mittel wie Stabreime, Wortwiederholungen an den Satzanfängen, Reime, Wortspiele usw. sowie Slogans und Wortneubildungen.
- **betroffen machen**
  durch: Ausrufe, Befehle, Aufforderungen, Behauptungen, persönliche Anreden, Fragestellungen.
- **schnell erfassbar sein**
  durch: Einfachheit, Verkürzung, Auslassungen, Verständlichkeit und Eingängigkeit.

Merke: Durch ihre Sprache lassen sich Werbetexte den appellativen Texten zuordnen.

Hinweis

Farben spielen in Werbeanzeigen neben der Sprache eine große Rolle, weil sie Aufmerksamkeit erregen oder Stimmungen erzeugen können. Bestimmte Farben werden mit bestimmten Begriffen verknüpft. Allerdings empfinden Menschen aus unterschiedlichen Kulturen unterschiedliche Verbindungen.

In unserem Kulturkreis gibt es die folgenden Verbindungen:

- Blau – Ruhe, Beständigkeit, Seriosität, Treue
- Braun – Erdverbundenheit, Mütterlichkeit
- Gelb – Licht, Helligkeit, Neid, Bosheit
- Gold – Unvergänglichkeit, Exklusivität, Ruhm, Ehre
- Grün – Natur, Lebenskraft, Hoffnung
- Rosa – Optimismus, erfreulich, mädchenhaft, unrealistisch, verklärend
- Rot – Liebe, Leidenschaft, Dynamik, Gefahr, Wut, Gewalt
- Weiß – Reinheit, Unschuld, Heiligkeit
- Schwarz – Ernsthaftigkeit, Feierlichkeit, Exklusivität, Nacht, Tod, Trauer, Unglück
- Silber – Leichtigkeit, Freiheit, Schnelligkeit, Klarheit, Technik
- Violett – Geheimnis, Magie, Kreativität

Stabreim: siehe Seite 182

Aufbau einer Werbeanzeige

Werbeanzeigen bestehen meistens aus folgenden **Bestandteilen**:

❶ Schlagzeile
Die Schlagzeile (Headline) ist der Aufhänger einer Anzeige und dient in erster Linie dazu, Aufmerksamkeit zu erregen.

❷ Slogan
Der Slogan soll die Werbeaussage kurz und einprägsam zusammenfassen. Vor allem aber soll er die Wiedererkennung eines Produkts ermöglichen. Dazu muss er in allen Werbeanzeigen zu einem Produkt immer wieder auftauchen.

❸ Fließtext
Im Fließtext (Copy oder Textbody) einer Anzeige wird mehr über das Produkt ausgesagt als in der Schlagzeile. Nur selten wird er vollständig gelesen. Die Anzeige wirkt aber durch sein Vorhandensein glaubwürdiger.

❹ Produktname
Der Produktname „Paradiesische Versuchung" wird vom Markennamen „Kneipp" unterschieden.

Neben der Sprache spielen **Bilder** eine wichtige Rolle in der Werbung (außer bei der Radiowerbung). Bilder werden inhaltlich schneller erfasst und meist vor den Texten wahrgenommen. Sie bieten auch den Vorteil, dass sie – ähnlich wie Musik und besser als Sprache – Gefühle bei den Empfängern hervorrufen können.

Dazu kommt, dass man sich an Bilder deutlich besser erinnern kann als an gesprochene oder geschriebene Sprache. Im Idealfall verbinden sich im Gedächtnis der Konsumenten Produkt-, Marken- oder Firmennamen mit bestimmten Bildern. Ein Paradebeispiel dafür ist die Werbung für Schokolade. Viele Menschen verbinden mit einer bestimmten Marke eine lila Kuh, die in der Werbung häufig auftaucht.

Slogan: einprägsamer Wahlspruch, der in kompakter Form die Empfänger schlagartig beeinflussen soll; Beispiele für bekannte und wirkungsvolle Slogans:

- „Just do it"
- „Intel inside"
- „Bitte ein Bit"
- „Bild Dir Deine Meinung!"
- „Nicht immer, aber immer öfter"

Hinweis
In Fernsehen und Rundfunk kommen als zusätzliche Werbemittel **Musik** und eine **gespielte Darstellung** dazu. Häufig werden kleine Geschichten erzählt.

Deutschunterricht – denken, diskutieren, darstellen.

Deutschunterricht gut. Alles gut.

Be part of Deutschunterricht.

Wenn nichts hilft: Deutschunterricht tut es.

Der Unterricht fürs Leben: Deutschunterricht.

Deutschunterricht und du hast was zu sagen.

Im Deutschunterricht kann dir alles passieren.

Deutschunterricht – wir lieben Kommunikation.

Aufgaben

1. Betrachten Sie die Slogans rechts in der Randspalte zum Deutschunterricht. Finden Sie heraus, wodurch sie wirken sollen. Begründen Sie Ihre Ansicht.
2. Ihre Chefin will eine neue Werbekampagne starten. Dazu sollen alle jungen Mitarbeiterinnen und Mitarbeiter einen kreativen Vorschlag einreichen. Die fünf besten Vorschläge sollen veröffentlicht werden.
   a) Formulieren Sie einen kurzen Werbetext für ein Produkt einer Firma Ihrer Branche. Wählen Sie dazu auch ein passendes Medium. Beschreiben Sie genau das Plakat, den Werbespot, das Internetbanner oder Ähnliches.
   b) Begründen Sie, warum Ihre Werbung genau so aussehen soll, wie Sie sie beschreiben.

6.2.7 Erkennen und anwenden – sprachliche Auffälligkeiten

Wenn Sie einen Text genauer betrachten, werden Sie in den meisten Fällen sprachliche Auffälligkeiten bemerken. Sie dienen in der Regel dazu, bei der Leserin oder beim Leser eine besondere Wirkung zu erzielen. Bei diesen Auffälligkeiten handelt es sich meistens um besondere **sprachliche Mittel**. Sie zu erkennen, hilft Ihnen dabei, einen Text und seine Absicht besser zu verstehen.

Wenn Sie selber einen Text schreiben müssen, können Sie diese sprachlichen Mittel bewusst einsetzen, um bei den Leserinnen und Lesern Ihres Textes eine besondere Wirkung zu erzielen, Ihre Absicht zu verdeutlichen und sie sogar beeinflussen.

Auffälligkeiten bei der Wortwahl

Welche Sprachebene wird mit der Wortwahl verwendet?	• **Standardsprache:** Ein gewöhnlicher Wortschatz wird verwendet. **Beispiel:** *Auto, Verkehrspolizist.* • **Umgangssprache:** Modewörter, Dialektausdrücke werden verwendet. **Beispiel:** *Karre, Polyp.* • **Fachsprache/Jargon:** Es werden viele Fremdwörter und Fachbegriffe benutzt. **Beispiel:** *Golf GTI, Ordnungshüter.* Die Wahl der Sprachebene lässt Rückschlüsse auf den Adressatenkreis des Textes zu. (Für weitere Informationen zum Thema Sprachebene siehe Seite 66 bis 71.)

Welche Wortarten werden bevorzugt verwendet?	• ***Wird eher der Nominalstil oder eher der Verbalstil verwendet?*** *Nominalstil* (siehe hierzu auch Seite 108): Es werden überwiegend Substantive und Substantivierungen (siehe Seite 31) verwendet. So wird eine nüchterne, sachliche und statische Darstellung von etwas erreicht. **Beispiele:** *nach Befreiung der Geiseln …; zur Verdeutlichung des Gärungsprozesses …* *Verbalstil:* Es werden Verben verwendet, meist zusammen mit Adverbien (siehe auch Seite 40). So wird eine flüssige, dynamische Darstellung erreicht. **Beispiele:** *Nachdem die Geiseln befreit wurden …; Damit der Gärungsprozess verdeutlicht wird, …* • ***Gibt es viele beschreibende Adjektive und Adverbien?*** (Siehe auch Seite 38 und Seite 40.) Durch sie werden Darstellungen genauer oder sogar eindringlicher. Dabei kann zwischen notwendigen (bedeutungstragenden) und unnötigen (bewertenden) Adjektiven unterschieden werden. **Beispiel:** *Das blaue Kleid; das schöne blaue Kleid.* • ***Werden viele Hochwertwörter, Komparative oder Superlative benutzt?*** Sie betonen einen Sachverhalt und können ihn positiv oder negativ darstellen. **Beispiele:** *Tafelwasser,* statt: *Wasser; die schönere Jacke; das hässlichste Entlein.*

Auffälligkeiten im Satzbau

Parataxe	Hauptsätze (aber auch Wörter oder Wortgruppen) werden aneinandergereiht. Dadurch erhält ein Text einen Aufzählungscharakter und wirkt knapp und absolut. Durch diese Konzentration auf das Wesentliche findet man die Parataxe häufig in Werbebotschaften, aber auch in der gängigen Boulevard-Presse. **Beispiel:** *Die Chaoten kamen ungefragt. Sie hatten Tüten dabei. In den Tüten befanden sich Karamellbonbons. Die Karamellbonbons waren in unauffälliges Papier eingewickelt.*

Hypotaxe	Nebensätze werden einem Hauptsatz untergeordnet. Im Gegensatz zur Parataxe wirkt eine Hypotaxe oftmals erklärend und informativ, weil die beigefügten Nebensätze die Aussage des Hauptsatzes unterstreichen können. **Beispiel:** *Horst war, nur wenn er in Stimmung war, es einen guten Anlass dafür gab, er entsprechend gekleidet war, gerne in Gesellschaft anderer Menschen.*

Fragesatz	Fragesätze können den Text strukturieren und werden in der Regel im nachfolgenden Text beantwortet. Gleichzeitig erfüllen sie eine besondere kommunikative Wirkung, da sich die Leserin bzw. der Leser durch sie besonders angesprochen und ernst genommen fühlt.

Besondere sprachliche Mittel: Stilfiguren

Die folgenden sprachlichen Mittel werden auch als rhetorische Figuren oder Stilmittel bezeichnet.

Stilfigur: ein Gestaltungsmittel, das in Texten zum Ausschmücken der Sprache dient und beim Lesenden bzw. Zuhörenden eine besondere Wirkung entfalten soll

Rhetorik: Redekunst

a) Gedankenfiguren – bildliche Stilmittel

Allegorie	Abstrakte Begriffe, wie z. B. Tod oder Gerechtigkeit, werden oft anschaulich als Personen oder Gegenstände dargestellt. Dafür werden sie auf ein Bild übertragen. **Ziel:** Der tiefere Sinn wird versteckt und muss enträtselt werden. Hierzu muss man einen Gedankensprung machen. **Beispiele:** • Die Gerechtigkeit wird als Frau mit verbundenen Augen (ohne Ansehen der Person), in der einen Hand eine Waage (genau abwägend) und in der anderen ein Schwert (urteilend) dargestellt. • Der Tod wird als Gerippe (das Fleisch vergeht) und mit Sense (er trifft alle) dargestellt.

Metapher	Bestimmte Eigenschaften von etwas werden bildhaft auf etwas anderes übertragen. **Ziel:** Der eigentliche Ausdruck wird durch etwas ersetzt, das deutlicher, anschaulicher oder sprachlich reicher ist und die Fantasie und Vorstellungskraft anspricht. **Beispiele:** • *Er hat Rabeneltern.* (Damit ist nicht gemeint, dass jemand von Vögeln abstammt, sondern dass die Eltern ihr Kind schlecht behandeln oder vernachlässigen.) • *Jemandem das Herz brechen.* (Hier wird jemandem nicht wirklich, sondern nur im übertragenen Sinne das Herz gebrochen. Der Satz meint, dass man einen Menschen in seinen Gefühlen verletzt.) • *Wüstenschiff.* (Damit ist kein Schiff in der Wüste gemeint, sondern ein Kamel, dem beim Durchqueren der Wüste Eigenschaften zugesprochen werden, wie einem Schiff beim Überqueren des Ozeans.)

Metonymie	Ein gebräuchliches Wort wird durch ein anderes ersetzt, das aus demselben Bereich stammt. **Ziel:** Es soll besondere Aufmerksamkeit erregt werden. **Beispiele:** • Leon trinkt *ein Gläschen* (statt dessen Inhalt). • Chantal verlängert in der Bücherei *ein Buch* (statt dessen Leihfrist). • Halb *Afrika* hungert (statt Bewohner oder Personen).

Personifikation	Pflanzen, Tiere, Ideen oder Objekte werden vermenschlicht. **Ziel:** Bestimmte Eigenschaften werden anschaulicher oder deutlicher. **Beispiele:** • Der Eurokurs *liegt am Boden.* • Der Tag *verabschiedet sich.* • Der Sturm *brüllt.*

Symbol	Sinnbild, das auf etwas Allgemeines hinweist. Als Symbol werden häufig Gegenstände verwendet, die veranschaulichend auf etwas Höheres oder Größeres verweisen. **Ziel:** Ein bestimmter Zusammenhang oder bestimmte Eigenschaften werden anschaulicher oder deutlicher. **Beispiele:** • *Herz* (für Liebe), • *Taube* (als Friedenssymbol), • *Krone* (für Macht).

Synekdoche	Ein Begriff wird durch einen Ober- oder Unterbegriff ersetzt. Dabei steht entweder ein Teil des Begriffs für das Ganze oder das Ganze für einen Teil des Begriffs. **Ziel:** Etwas soll veranschaulicht und die Wirkung einer Aussage verstärkt werden. Beispiele: • *Er hielt die Klinge in der Hand.* (Die Klinge, als Teil des Schwerts, steht für das ganze Schwert.) • *Deutschland siegt gegen Spanien mit 3:0 Toren.* (Nicht die ganze Nation siegt, sondern nur die Fußballnationalmannschaft.)

Vergleich	Zwei Begriffe aus zwei nicht zusammengehörenden Bereichen (z. B. Menschen- und Tierwelt) werden durch die Wörter „wie" oder „als" miteinander verbunden. **Ziel:** Durch die Übertragung von Eigenschaften wird ein Sachverhalt oder ein Zusammenhang anschaulicher. Beispiele: • *Ihre Haut schmeckte wie Honig.* • *Sie ist mutiger als ein Löwe.* • *Er schläft wie ein Murmeltier.*

b) Wortfiguren

Akkumulation (Anhäufung)	Wörter werden zu einem Oberbegriff aneinandergereiht. Der Oberbegriff kann dabei genannt oder nicht genannt werden. **Ziel:** Eine Aussage wird (durch eine Bildhaftigkeit der Sprache) verstärkt. Beispiele: • *Äpfel, Weintrauben, Birnen und Bananen sind gesund.* (Verschiedene Obstsorten werden aneinandergereiht, der Oberbegriff (Obst) aber nicht genannt.) • *Ist was, das nicht durch* ***Krieg, Schwert, Flamm*** *und* ***Spieß*** *zerstört?* (Der Oberbegriff wird genannt: der Krieg, der durch die Wörter *Schwert, Flamm* und *Spieß* noch näher beschrieben wird.)

Alliteration (Stabreim)	Der Anfangsbuchstabe bzw. der Anfangslaut wird in benachbarten Wörtern wiederholt. **Ziel:** Ein besonderer Klangeffekt wird erreicht und die Einprägsamkeit gesteigert. **Beispiele:** • *Milch macht müde Männer munter.* • *Fischers Fritz fischt frische Fische.* • *Freie Fahrt für freie Bürger.* • *Wer weiß wie's Wetter wird?*
Archaismus	Altmodisches oder altertümliches Wort, das im normalen Sprachgebrauch nicht mehr verwendet wird. **Ziel:** Es soll ein bestimmtes Zeitbild wiedergegeben werden oder bestimmte Traditionen betont werden; die Verwendung kann aber auch ideologische (politische) Gründe haben. **Beispiele:** • *Barbier* (statt *Frisör*) • *Oheim* (statt *Onkel*) • *Jahresendzeitfigur* (statt *Weihnachtsengel*)
Euphemismus	Die beschönigende Umschreibung einer anstößigen, unangenehmen oder unheilbringenden Sache. Häufig sind es Themen wie Krankheit, Sexualität oder Tod, die durch eine andere Wortwahl beschönigt werden. **Ziel:** Die Verschleierung unschöner Tatsachen. **Beispiele:** • *Er ist von uns gegangen* (für: *Er ist gestorben*). • *Freudenhaus* (für: *Bordell*) • *bildungsfern* (für: *ungebildet*)
Hyperbel	Starke Übertreibung. Entweder wird dabei etwas vergrößert oder verkleinert. **Ziel:** Ein Ausdruck wird gesteigert, um etwas übertrieben darzustellen (und eventuell einen komischen Effekt zu erzielen). **Beispiele:** • *Blitzschnell; todesmutig; Schneckentempo.* • *Chuck Norris kann chinesisches Essen mit einem Stäbchen essen.* • *Dieser ungewaschene Typ riecht schlimmer als zehn Klärwerke.*

Ironie	Eine unwahre Aussage, von der man offenkundig weiß, dass das Gegenteil damit gemeint ist. **Ziel:** Unter dem Schein der Ernsthaftigkeit wird jemand oder etwas lächerlich gemacht (kann aber meistens nur aus dem Zusammenhang erkannt werden). **Beispiele:** • *Mit deinem Durchblick wirst du bestimmt mal Professor.* • *Du bist mir eine schöne Freundin.* • *Mit deinem Geschmack solltest du Modeschöpfer werden.*

Klimax	Wörter werden stufenartig gesteigert, wobei meistens vom Kleinsten zum Größten oder vom wenig Bedeutsamen zum Bedeutsamen gesteigert wird. **Ziel:** Eine Aussage soll verstärkt, die Intensität einer Aussage oder beschriebenen Handlung gesteigert werden. **Beispiele:** • *Heute werde ich Regionalmeister, morgen Kreismeister, übermorgen Landesmeister und dann Weltmeister.* • *Du bist meine Freundin, mein Engel, meine Göttin.*

Neologismus (Wortneuschöpfung)	Eine Wortbildung, die etwas Neues benennt. (Oftmals werden sie in den Wortschatz übernommen.) **Ziel:** Die Verwendung soll kreativ und/oder individuell wirken. **Beispiele:** • *Problembär* (für den 2006 in Bayern abgeschossenen Bären) • *Eierschalensollbruchstellenverursacher* (Produkt zum Öffnen gekochter Eier) • *GroKo* (für die Große Koalition nach der letzten Bundestagswahl)

Oxymoron	Zwei Wörter, die sich gegenseitig ausschließen, werden miteinander verbunden. **Ziel:** Ein Sachverhalt soll auf den Punkt gebracht (pointiert) dargestellt werden. **Beispiele:** • *Es lebe der Tod!* • *Hassliebe* • *eingefleischter Vegetarier* • *sachliche Romanze*

Periphrase	Eine Person oder Sache wird durch andere Wörter umschrieben, ohne dass sie direkt benannt wird. (Die Periphrase kann auch verwendet werden, um ständige Wortwiederholungen zu vermeiden.) **Ziel:** Der umschriebene Begriff soll verstärkt werden. **Beispiele:** • *das Auge des Gesetzes* (statt: *Polizei*) • *der Vater des Wirtschaftswunders* (statt: *Ludwig Erhard*) • *der Allmächtige* (statt: *Gott*) • *Gott in Weiß* (statt: *Arzt*) • *Erdapfel* (statt: *Kartoffel*)

c) Satzfiguren

Anapher	Wörter oder Wortgruppen werden an den Anfängen von Sätzen oder Versen wiederholt. **Ziel:** Das Gesagte soll verstärkt werden. **Beispiele:** • *Der Mohr hat seine Schuldigkeit getan, der Mohr kann gehen.* • *Sie ertrug das Leiden. Sie ertrug die Armut. Sie ertrug den Hunger.* • *Ich will es so. Ich werde nicht nachgeben. Ich bleibe hart.*

Antithese	Gegensätzliche Gedanken und Begriffe, aber auch Thesen werden miteinander kombiniert. **Ziel:** Ein Zwiespalt, die Zerrissenheit oder das Bestehen einer Spannung soll verdeutlicht werden. **Beispiele:** • *Der Geist ist willig, aber das Fleisch ist schwach.* • *Heute sind wir noch am Leben. Morgen werden wir sterben.* • *Der Einsatz war groß, klein war der Gewinn.*

Ellipse	Ein Wort oder mehrere Worte, die für den vollständigen Satzbau notwendig sind, werden weggelassen. Sie sind aber durch den Gesamtsinn erkennbar und können jederzeit ergänzt werden. **Ziel:** Eine Gefühlssteigerung soll erreicht, Spontanität zum Ausdruck gebracht werden. **Beispiele:** • *(Möchten Sie) Sonst noch was?* • *(Ich bitte dich um) Entschuldigung!* • *Ohne (ein) Wenn und (ohne ein) Aber.*

Inversion	Der herkömmliche Satzbau wird umgestellt. **Ziel:** Ein bestimmter Satzteil oder ein Teilsatz wird besonders hervorgehoben bzw. betont. **Beispiele:** • *Tee hätte ich gerne* (statt: *Ich hätte gerne Tee*). • *Er komme erst morgen, hat Karl gesagt* (statt: *Karl hat gesagt, er komme erst morgen*).

Parallelismus	Der Satzbau wird in aufeinanderfolgenden Sätzen wiederholt, wobei dieselbe Wortreihenfolge eingehalten wird. **Ziel:** Die Eindringlichkeit soll gesteigert oder die Gegensätzlichkeit betont werden. **Beispiele:** • *Die Nacht ist dunkel, der Tag ist hell.* • *Freude, die hat man. Geld, das verdient man.*

Parenthese	Ein vollständiger Satz wird durch den Einschub einer Wortgruppe oder eines anderen Satzes unterbrochen. (Der eingeschobene Satz bzw. die Wortgruppe steht in Gedankenstrichen, Klammern oder Kommata.) **Ziel:** Das Eingeschobene wird betont und verschafft zusätzliche Informationen. **Beispiele:** • *Unsere Partei – das möchte ich in aller Deutlichkeit sagen – wird immer Widerstand leisten!* • *Geschirrspülmaschinen sind, meine Damen und Herren, eine großartige Erfindung.*

Rhetorische Frage	Eine Scheinfrage, die gestellt wird, um einer Aussage Nachdruck zu verleihen. Auf die Frage wird keine Antwort erwartet, denn sie unterstellt, dass die Antwort auf der Hand liegt. Sie kann auch zur Beeinflussung (Manipulation) eingesetzt werden. **Ziel:** Die Eindringlichkeit einer Aussage soll verstärkt werden. **Beispiele:** • *Das sehen Sie doch auch so, oder?* • *Bist du noch bei Verstand?*

Fiktion: etwas, was nur in der Vorstellung existiert; etwas Vorgestelltes, Erdachtes

fiktional: auf einer Fiktion beruhend; erfunden

Hinweis
Die drei Grundformen literarischer Texte werden auch als **Gattungen** bezeichnet.
Man spricht von
- der Gattung Lyrik,
- der Gattung Epik,
- der Gattung Dramatik.

6.3 Literarische Texte unterscheiden

Literarische Texte werden auch als Dichtung oder fiktionale Texte bezeichnet. Sie sind fiktional, weil sie nicht die wirkliche Welt, sondern von ihren Verfassern erdachte, mögliche Welten darstellen. Vieles in diesen Welten gleicht den Umständen in der echten Welt: Menschen haben Namen, essen und trinken, haben einen Beruf usw. Dennoch gibt es Abweichungen, die in der echten Welt nicht vorkommen. So können zum Beispiel Tiere in einer Fabel sprechen oder Menschen besondere Fähigkeiten haben, z. B. Spiderman, Bibi Blocksberg, Catwoman oder Harry Potter.

Literarische Texte lassen sich in drei Grundformen unterteilen: Epik, Lyrik und Dramatik. Diese Grundformen können ihrerseits in einzelne Textsorten eingeteilt werden (siehe hierzu die Grafik auf Seite 164). Diese Grundformen haben alle spezielle Merkmale, die sie auszeichnen – siehe hierzu die folgenden Seiten.

literarische Texte
(auch als fiktionale Texte oder Dichtung bezeichnet)

Epik	Dramatik	Lyrik
z. B.: Roman	z. B.: Komödie	z. B.: Liedtext

Literarische Texte wollen den Leser in der Regel unterhalten. Erkennt man als Leser die Zugehörigkeit zu einer dieser Sorten, so kann man Rückschlüsse darauf ziehen, auf welche Art dies geschehen soll und ob der Text dies in einer besondere Form tut.

Hinweis
Die Epik lässt sich einteilen in
- umfangreiche Werke (Großformen) wie den Roman, die Sage,
- kurze Werke (Kleinformen) wie die Novelle, die Kurzgeschichte, das Märchen, die Anekdote, das Sprichwort, die Satire oder die Parodie.

6.3.1 Epik

Das Wort *Epik* bedeutet einfach übersetzt *erzählende Dichtung*. Epische Texte sind also in der Regel mehr oder weniger erfundene Erzählungen. Meistens ist eine solche Erzählung durch eine zusammenhängende Handlung gekennzeichnet. Das heißt, dass die Personen (Figuren) nach und nach in der Handlung erscheinen und gemeinsam etwas erleben beziehungsweise Erfahrungen sammeln. Am Ende haben sich diese Personen oftmals im Denken, Meinen oder Fühlen verändert. Damit ein Leser dies versteht, muss er die Handlung für sich interpretieren.

interpretieren: auslegen; erklären; deuten des Inhalts durch Untersuchen von Inhalt, Textform und Sprache

Vers: Zeile in einem Gedicht; siehe auch Seite 198

Merkmale

Eine Autorin oder ein Autor kann in epischen Texten ganz unterschiedlich
- den Text gestalten, z. B. in einfachen oder verschachtelten Sätzen,
- mit der Zeit umgehen, also bestimmen, wann die Geschichte spielt und über welchen Zeitraum sie sich erstreckt,
- festlegen, was die Person, die die Geschichte erzählt (Erzähler), überhaupt wissen kann.

Grundsätzlich muss man zwischen dem **Autor** und dem **Erzähler** unterscheiden. Der Autor ist derjenige, der die Erzählung aufgeschrieben hat. Das, was in der Erzählung passiert, wird durch einen Erzähler vermittelt.
Der Autor bestimmt aber, wer der Erzähler ist und was er weiß. Man sagt, er bestimmt die **Erzählperspektive**. Je nach Erzählperspektive lassen sich verschiedene Erzähler unterscheiden:

Perspektive: Blickwinkel

- **Ich-Erzählperspektive:** Der Ich-Erzähler erzählt die Handlung aus der Perspektive einer Person (Figur) und durchlebt das, was geschieht.
- **Personale Erzählperspektive:** Der personale Erzähler erzählt von der Hauptfigur in der dritten Person. Da er in die Figur hineinschauen kann, gibt er das Geschehen aus der Sicht dieser Figur wieder, also auch ihre Gefühle und Gedanken.
- **Auktoriale Erzählperspektive:** Der auktoriale Erzähler kennt die Gefühle und Gedanken aller Figuren. Er wird auch als „allwissender" Erzähler bezeichnet. Da er ebenso die Handlung kennt, kann er in ihr zurück- und vorausblicken und sie bewerten und kommentieren.

auktorial: aus der Sicht des Autors (dargestellt oder berichtet)

Die Erzählperspektive zu erkennen, ist also wichtig, weil man so die Handlung besser deuten kann. Von der Erzählperspektive hängt ab, ob der Erzähler – ähnlich wie in Filmen – die Zeit in einer Erzählung raffen oder anhalten kann, oder ob er sogar Zeitsprünge vornehmen kann.

❶ Alles ging so schnell. Ich wusste nicht, wie mir geschah. Als ich die Augen öffnete, befanden wir uns bereits im Anflug auf Mallorca. Mein Herz wummerte und ich hatte einen fahlen Geschmack im Mund. Mein Sitznachbar schaute mit einem merkwürdigen Blick zu mir herüber. Was mochte er jetzt wohl denken. Ich grübelte, konnte mir das Ganze aber nicht erklären.

❷ Gisela Rauper-Wumme war eine schlanke, groß gewachsene Frau. Wie sie sich bewegte, hatte etwas Graziles. Sie verlangte von sich, in jeder Situation den Überblick zu behalten. Aber nichts von dem, was heute passiert ist, hatte sie vorhersehen können. Diese kleine Person stand nun drohend vor ihr. „Was mag sie wohl denken?", überlegte Gisela. Sie war unsicher und konnte nicht einschätzen, was dieses kleine Kampf-Frettchen als nächstes tun würde. „Wäre ich doch heute bloß zuhause geblieben!", dachte sie. Aber es war unumgänglich, sie musste handeln.

❸ Raul und Farid standen nebeneinander. Der Kampfroboter versprühte ein paar letzte Funken, dann erlosch sein Kristalllicht. Nun war der Weg frei. Raul triumphierte innerlich, Farid dagegen hatte noch immer ein flaues Gefühl im Magen. Obwohl sie sich kaum kannten, hatten sie diese gefährliche Situation hervorragend gemeistert. Gestern wäre das so nicht gelungen. Aber wenn sie gewusst hätten, was sie in den nächsten Tagen erwarten würde, wären sie wohl nicht gemeinsam durch das Zeittor gesprungen.

Aufgaben

1. Fassen Sie zusammen, was das Besondere ist, das literarische Texte – z. B. im Gegensatz zu Sachtexten – auszeichnet.
2. Erklären Sie, was die Erzählperspektive ist und warum man sie in einem literarischen Text erkennen sollte.
3. Lesen Sie die drei Beispieltexte durch und bestimmen Sie die Erzählperspektive.
4. Wählen Sie einen der drei Texte aus und schreiben Sie eine Fortsetzung. Achten Sie dabei auf die Erzählperspektive und die Zeitform.
5. Schreiben Sie Textbeispiel ❸ um, indem Sie das Geschehen aus der Ich-Perspektive schildern.

6.3.2 Ach du dickes Buch – der Roman

Hinweis
Texte, die nicht in Form von Versen verfasst sind, werden auch als **Prosa** bezeichnet. Prosa ist die Sprache epischer Texte, zum Beispiel von Romanen, Erzählungen und Kurzgeschichten.

Der Roman ist als ein epischer Text eine Erzählung von großem Umfang.
Die Handlung in einem Roman ist zumeist durch mehrere Stränge und durch Vielschichtigkeit beziehungsweise Komplexität geprägt, d. h., es können beispielsweise verschiedene Themen behandelt und diese auch aus verschiedenen Perspektiven dargestellt oder problematisiert werden. Diese Vielschichtigkeit wird durch das Vorkommen von zahlreichen Figuren im Roman ermöglicht.

Für Romane finden Sie auf den nächsten Seiten Textbeispiele. Dort sind aber nur Auszüge abgedruckt. In diesen Romanen entwickelt sich die Hauptfigur persönlich weiter, erlebt Abenteuer, besteht Gefahren und befindet sich in Begleitung von anderen Figuren, deren eigene Geschichten auch mit in den Roman eingebracht wird.

Genre, das: Art, Gattung

Beim Roman handelt es sich aber auch um eine vielseitige Textsorte. Das zeigt sich daran, dass es viele verschiedene Unterformen gibt. Man spricht hier auch von **Genres**. So zum Beispiel:

- **Abenteuerroman:** Eine Heldin bzw. ein Held hat viele Abenteuer zu bestehen. Z. B. „Die Analphabetin, die rechnen konnte" von Jonas Jonasson.
- **Autobiographischer Roman:** Hier steht das Leben einer Person im Mittelpunkt. Z. B. „Ich bin Malala" von Christina Lamb und Malala Yousafzai.
- **Briefroman:** Die Erzählung besteht aus einem Briefwechsel, der aber erfunden ist. Z. B. „Die Leiden des jungen Werther" von Johann Wolfgang von Goethe.
- **Fantasieroman:** Ein Roman, der von magischen, geheimnisvollen, zauberhaften Traumwelten handelt. Z. B. „Tintenherz" von Cornelia Funke.
- **Kriminalroman:** Hier geht es um die Aufklärung eines Verbrechens durch beispielsweise einen Polizisten oder einen Journalisten. Z. B. „Verachtung" von Adler Olsen.
- **Liebesroman:** Im Vordergrund der Erzählung steht eine Liebesbeziehung. Z. B. „Fliedernächte" von Nora Roberts.

Weiterhin gibt es beispielsweise:

Antikriegsromane	Erotikromane	Science-Fiction-Romane
Detektivromane	Gesellschaftsromane	Spionageromane
Dokumentarromane	Historische Romane	Tatsachenromane

Wolfgang Herrndorf (1965–2013): deutscher Schriftsteller, Illustrator und Maler.

Tschick (2010)
Wolfgang Herrndorf

Die Handlung des Romans
Die Mutter in der Entzugsklinik, der Vater mit Assistentin auf Geschäftsreise: Maik Klingenberg wird die großen Ferien allein am Pool der elterlichen Villa verbringen. Doch dann kreuzt Tschick auf. Tschick, eigentlich Andrej Tschichatschow, kommt aus einem der Hochhäuser in Hellersdorf, hat es von der Förderschule irgendwie bis aufs Gymnasium geschafft und wirkt doch nicht gerade wie das Musterbeispiel der Integration. Außerdem hat er einen geklauten Wagen zur Hand. Und damit beginnt eine Reise ohne Karte und Kompass durch die deutsche Provinz.

Tschick (Auszug)

Als Erstes ist da der Geruch von Blut und Kaffee. Die Kaffeemaschine steht drüben auf dem Tisch, und das Blut ist in meinen Schuhen. Um ehrlich zu sein, es ist nicht nur Blut. Als der Ältere „vierzehn“ gesagt hat, hab ich mir in die Hose gepisst. Ich hab die ganze Zeit schräg auf dem Hocker gehangen und mich nicht gerührt. Mir war schwindelig. Ich hab versucht auszusehen, wie ich gedacht hab, dass Tschick wahrscheinlich aussieht, wenn einer „vierzehn“ zu ihm sagt, und dann hab ich mir vor Angst in die Hose gepisst. Maik Klingenberg, der Held. Dabei weiß ich gar nicht, warum jetzt die Aufregung. War doch die ganze Zeit klar, dass es so endet. Tschick hat sich mit Sicherheit nicht in die Hose gepisst.

Wo ist Tschick überhaupt? Auf der Autobahn hab ich ihn noch gesehen, wie er auf einem Bein ins Gebüsch gehüpft ist, aber ich schätze mal, sie haben ihn auch gekriegt. Mit einem Bein kommt man nicht weit. Fragen kann ich die Polizisten natürlich nicht. Weil, wenn sie ihn nicht gesehen haben, ist es logisch besser, gar nicht damit anzufangen. Vielleicht haben sie ihn ja nicht gesehen. Und von mir erfahren sie's mit Sicherheit nicht. Da können sie mich foltern. Obwohl die deutsche Polizei, glaube ich, niemanden foltern darf. Das dürfen die nur im Fernsehen und in der Türkei. Aber vollgeschifft und blutig auf der Station der Autobahnpolizei sitzen und Fragen nach den Eltern beantworten ist auch nicht gerade der ganz große Bringer. Vielleicht wäre Foltern sogar ganz angenehm, dann hätte ich wenigstens einen Grund für meine Aufregung.

Das Beste ist Klappe halten, hat Tschick gesagt. Und das seh ich genauso. Jetzt, wo eh alles egal ist. Und mir ist alles egal. Na ja, fast alles. Tatjana Cosic zum Beispiel ist mir natürlich nicht egal. Obwohl ich jetzt schon ziemlich lange nicht mehr an sie gedacht habe. Aber wo ich auf diesem Hocker sitze und draußen die Autobahn vorbeirauscht und der ältere Polizist steht seit fünf Minuten an der Kaffeemaschine dahinten und füllt Wasser ein und kippt es wieder aus, drückt auf den Schalter und schaut das Gerät von unten an, während jeder Depp sehen kann, dass der Stecker vom Verlängerungskabel nicht drin ist, da muss ich wieder an Tatjana denken. Denn genau genommen wäre ich nicht hier, wenn es Tatjana nicht gäbe. Obwohl sie mit der ganzen Sache nichts zu tun hat. Ist das unklar, was ich da rede? Ja, tut mir leid. Ich versuch's später noch mal. Tatjana kommt in der ganzen Geschichte überhaupt nicht vor. Das schönste Mädchen der Welt kommt nicht vor. Auf der ganzen Reise hab ich mir immer vorgestellt, dass sie uns sehen kann. Wie wir oben aus dem Kornfeld rausgucken. Wie wir mit dem Bündel Schläuche auf dem Müllberg stehen wie die letzten Trottel … Ich hab mir immer vorgestellt, Tatjana steht hinter uns und sieht, was wir sehen, und freut sich, wie wir uns freuen. Aber jetzt bin ich froh, dass ich mir das nur vorgestellt hab.

Der Polizist zieht ein grünes Papiertaschentuch aus einem Handtuchspender und gibt es mir. Was soll ich damit? Den Boden aufwischen? Er fasst mit zwei Fingern an seine Nase und sieht mich an. Ach so. Nase schnäuzen. Ich schnäuze mir die Nase, er lächelt freundlich. Das mit der Folter kann ich mir wohl abschminken. Aber wohin jetzt mit dem Taschentuch? Ich schaue suchend auf dem Boden herum. Die ganze Station ist mit grauem Linoleum ausgelegt, genau das gleiche wie in den Gängen zu unserer Turnhalle. Es riecht auch ein bisschen so. Pisse, Schweiß und Linoleum. Ich sehe Wolkow, unseren Sportlehrer, im Trainingsanzug durch die Gänge federn, siebzig Jahre, durchtrainiert: Auf geht's Jungs! Hopp, hopp! Das Geräusch seiner schmatzenden Schritte auf dem Boden, fernes Gekicher aus der Mädchenumkleide und Wolkows Blick dorthin. Ich sehe die hohen Fenster, die Bänke, die Ringe an der Decke, an denen nie geturnt wurde.

Aufgaben

1. Betrachten Sie die Vielfalt an Romanarten (Genres). Recherchieren Sie und finden Sie zu mindestens drei Arten ein Beispiel.
2. a) Lesen Sie den Textauszug.
   b) Untersuchen Sie die Erzählperspektive. Nutzen Sie die Hinweise auf den vorangegangenen Seiten.
3. Bestimmen Sie das Genre des Romans „Tschick“ anhand der gegebenen Hinweise. Begründen Sie Ihre Wahl.
4. Wählen Sie eine völlig andere Unterform aus und überlegen Sie, wie sich der Roman nach den Merkmalen verändern müsste. Notieren Sie Ihre Überlegungen stichpunktartig.
5. Schreiben Sie den Textauszug von Wolfgang Herrndorf weiter. Denken Sie sich aus, was als nächstes passieren könnte.

Fleisch ist mein Gemüse (2004)

Heinz Strunk

Die Handlung des Romans

Obwohl schon auf die 30 zugehend, lebt Heinz Strunk *(Heinzer)* immer noch bei seiner psychisch kranken Mutter in Hamburg-Harburg. Er leidet an starker Akne, hat bei Mädchen wenig Erfolg, spielt aber ausgezeichnet Querflöte und Saxophon. Über einen Freund stößt er zur Tanzkapelle *Tiffanys*, die mit deutschen und internationalen Schlagern der 70er- und 80er-Jahre auf verschiedenen Familien- und Vereinsfesten des dörflichen Umlands von Lüneburg und Hamburg auftreten. Aber auch das Musikerleben hat seine Schattenseiten: traurige Gaststars, heillose Frauengeschichten, sehr fettes Essen und Hochzeitsgesellschaften, die immer nur eins hören wollen: „An der Nordseeküste" von Klaus und Klaus.

Heinz Strunk
(*1962): deutscher Entertainer und Autor.
Fleisch ist mein Gemüse ist ein weitgehend autobiografischer Roman, der von Strunks Zeit als Musiker in einer Tanzkapelle erzählt.

autobiografisch: die eigene Lebensgeschichte beschreibend

Klaus und Klaus: ein Gesangsduo, das deutsche Schlager singt. Am bekanntesten ist wohl der Song *An der Nordseeküste*.

martialisch: kriegerisch, Furcht einflößend, grimmig

Nubukleder: besonders feines Leder

Die Jungschützenkönigin (Auszug)

Im September spielten Tiffanys zum zweiten Mal auf dem Garlstorfer Schützenfest. Wie immer schaute ich mir von der Bühne das bunte Treiben auf der Tanzfläche an. Mittendrin und nie dabei! Achachach. Ich war ein stummer Diener, hinter einer Mauer von Blasinstrumenten versteckt, zum ewigen Tröten verdammt. Die jungen, strahlenden Dorfschönheiten ließen sich über die Tanzfläche karriolen und hinterher von schneidigen Jungbauern in die Sektbar einladen. Nie würdigten sie mich auch nur eines Blickes. Sehnsüchtig schaute ich die Elfen an. Ich hoffte, dass vielleicht doch mal eine zurückguckte, nur gucken, und besonders hübsch brauchte sie auch nicht zu sein. Aber selbst das schien zu viel verlangt.

Dann passierte es! Nicht irgendeine, nein, die Winsener Jungschützenkönigin nahm mich ins Visier. Sie saß mit einer Freundin auf der harten Zeltbank und trank Rotwein. Verstohlen schaute ich zu ihr hinüber. Plötzlich lächelte sie. Sie lächelte nicht irgendwie oder blickte durch mich hindurch, nein, ich war gemeint. Noch ahnte ich nicht, dass sie amtierende Jungschützenkönigin war. Nachdem das ungefähr eine Stunde so gegangen und ich vor Aufregung fast gestorben war, nahm ich schließlich all meinen Mut zusammen. Als ihre Freundin gerade zur Toilette war, taperte ich zu ihr hin.

„Hallo, ich bin Heinz, kann ich dich zu einem Getränk einladen?"

„Nein danke, ich hab noch. Aber setz dich doch."

Ich setzte mich in fast allen Pausen zu ihr und erfuhr, dass sie Susanne hieß, 24 Jahre alt war und beim Finanzamt arbeitete. Sie hatte einen leichten Silberblick, und ihre Figur, die sie mit einem schwarzen Schlabberkleid kaschierte, machte einen schwammigen Eindruck. Vielleicht hatte ich eine Chance. Abgesehen davon, dass ich sowieso keine großen Ansprüche stellen durfte, war Aussehen auch egal. Dass sich überhaupt ein Mädchen für mich interessierte, hatte etwas Erhabenes und würde die Trendwende einläuten. Denn in Wahrheit war ich ein Star. Auf der nächsten Veranstaltung bereits würde ich im Muscle-Shirt spielen und mir einen Indianerkopfschmuck aufsetzen, wie der martialisch aussehende Saxophonist von Tina Turner. Vielleicht könnte ich mir dazu noch einen Sackschutz aus rotem Nubukleder umschnallen. Das Saxophon galt im Koordinatensystem unserer einfältigen Stammklientel als *tolles* Instrument. In den letzten Jahren hatten immer häufiger auch Schlagerstars wie Howard „Howie" Carpendale ein Saxophonsolo in ihren Schrott eingebaut, um die Titel irgendwie anspruchsvoller wirken zu lassen. Und in der Werbung hatte insbesondere das

Altsaxophon einen Siegeszug ohnegleichen angetreten. Ein Haarshampoo-Spot ohne aufdringliches Getröte war Mitte der Achtziger undenkbar.

„Ach, Musiker bist du! Was spielst du denn?“

„Saxophon.“

„Echt, Saxophon? Saxophon ist ein tolles Instrument.“

Ein tolles Instrument! Das kam so sicher wie das Amen in der Kirche. Ätzend. Natürlich wurde das Saxophon nur von Leuten toll gefunden, die dieses eigentlich ehrenwerte Blasinstrument aus eben genau den säuischen Zusammenhängen Werbemusik, Schlager oder dem Tina-Turner-, Rod-Steward- oder Bruce-Springsteen-Dreck kannten. Es sind oft schon Kleinigkeiten, die Menschen als Idioten ausweisen. Neben BMW Roadster fahren, am Schlagermove teilnehmen und fortwährend *im Endeffekt* sagen, ist *Das Saxophon ist ein ganz tolles Instrument* der zuverlässigste Indikator.

In diesem Klima glaubte ich meinem Sexinstrument jetzt endlich auch bei Tiffanys zum verdienten Status verhelfen zu können. Es war doch nicht möglich, dass allgemein gültige Trends für eine Tanzband nicht galten! Spielte ich etwa schlechter Saxophon als die untalentierten Solisten von Westernhagen oder Grönemeyer? Iwo, kein Stück! Und die Liebe von Susannchen ebnete mir den Weg. Die Kollegen waren neidisch wie sonst was und zogen mich gehörig auf.

„Heinzer heut auf Freiersfüßen.“

„Guck mal an, Heinzer geht in die Offensive.“

„Heinzer, Heinzer, das traut man dir ja gar nicht zu.“

„Na Heinzer, schön ein' wegstecken heute?“

Widerliche Typen. Nicht die kleinste Freude gönnten sie mir. Egal, ich war beschwingt und nutzte die Gelegenheit zu einer Albernheit: Ich schlug den Kollegen vor, uns nach Begriffen aus der Welt der Fliegerei umzubenennen. Wir könnten uns ab sofort z. B. *Boarding Time* nennen. Oder *Departure*. Oder *Check in*. Wenn sich nun alle Tanzbands aus dem Landkreis Harburg nach Fachbegriffen aus der Fliegerei benennen würden! Polterhochzeit mit dem *Trio Cockpit* oder Tanztee mit dem Entertainer *Autopilot*. Ich spann den Faden weiter. *Flightcoupon*. Die Kollegen hörten schon nicht mehr hin. *Gate 99*. Der ideale Name für ein Duo. *Destination* = Sechsmannkapelle mit Bläser und Sängerin. Aber auch Namen von Fluggesellschaften kämen infrage: *Condor* oder *Air Acapulco*.

„Heinzer kann man heute nicht ernst nehmen; die Hormone!“

„Den kannst du knicken. Lass ihn mal labern, der ist auf dem Lovetrip.“

Mir war's egal, ich hatte einen Lauf. Amore, amore, amore! Susanne wartete auf mich bis zum Schluss, und ich fasste mir ein Herz.

„Sag mal, wollen wir uns nicht mal treffen?“

„Klar. Wann denn?“

„Vielleicht nächsten Mittwoch oder Donnerstag. Ich lad dich zum Essen ein.“

„Mittwoch kann ich auch. Holst du mich ab?“

„Klar. Um acht?“

„Sieben wär mir lieber.“

Die Spiegeleier schmeckten mir in dieser Nacht besonders gut, haha. Dreißig Eier, dreißig Eier verputzten wir nach jeder Mucke. Eier, Eier, Eier!

Susanne lebte in einer Zweizimmerneubauwohnung am Stadtrand von Winsen. Bereits im Flur erwartete mich eine Parade freundlich grüßender Diddlmausfiguren. In der Mitte ihrer schwarzen Wohnzimmerschrankwand ragte ein CD-Ständer, der geformt war wie das Empire State Building. Im Hintergrund lief Phil Collins.

Aufgaben

1. Lesen Sie den Textauszug und bestimmen Sie die Erzählperspektive. Nutzen Sie hierfür die Hinweise auf Seite 187.
2. Bestimmen Sie das Genre des Romans anhand der gegebenen Hinweise auf Seite 188.
3. Wählen Sie ein völlig anderes Genre aus und überlegen Sie, wie sich der Roman nach dessen Merkmalen verändern muss.
4. Schreiben Sie den vorliegenden Auszug fort: Was passiert als nächstes?
5. a) Arbeiten Sie heraus, welche Wünsche und Träume der Erzähler im Roman hat und wie die anderen Mitglieder der Tanzkapelle darauf reagieren.
   b) Geben Sie dem Erzähler Ratschläge, wie er sich Ihrer Meinung nach verhalten sollte. Notieren Sie Ihre Ratschläge stichpunktartig.

6.3.3 Novelle, Kurzgeschichte, Märchen – kurze Erzählungen

Die Novelle, die Kurzgeschichte, das Märchen und die Fabel sind Beispiele für Erzählungen in kürzerer Form. Auch sie zeichnen sich durch besondere Merkmale aus.

Hinweis
Novelle, Kurzgeschichte und Märchen werden ebenso zur Prosa gezählt (siehe Seite 188).

Hinweis
Die Novelle als literarische Gattung wurde um 1350 durch den Italiener Giovanni Boccaccio entwickelt. Er fasste in seinem Werk „Decamerone" 100 kurze Erzählungen zusammen, die durch eine Rahmenhandlung miteinander verbunden sind. Die Rahmenhandlung verlegt Boccaccio in ein Landhaus in den Hügeln von Florenz. In dieses Landhaus sind sieben Frauen und drei junge Männer vor der Pest geflüchtet, die im Jahr 1348 die italienische Stadt Florenz heimsuchte. Im Landhaus versuchen sich die Flüchtlinge nach Möglichkeit zu unterhalten. Jede der zehn Personen erzählt darum eine Geschichte zu einem ausgewählten Thema, so dass während der zehn Tage Aufenthalt im Landhaus 100 Geschichten erzählt werden.

Novelle
Die Novelle ist eine Erzählung von mittlerem Umfang. Sie berichtet von einem außergewöhnlichen Ereignis. Dabei wird das Geschehen und nicht der Zustand betont und sich thematisch auf das Wesentliche konzentriert.
Die vorgestellten Personen ändern sich im Laufe der Erzählung nicht wesentlich. Meist gibt es aber einen Wendepunkt, der alles ändert. Manchmal gibt es auch mehrere solcher Wendepunkte, die sich durch die Handlung ziehen. Eine solche Wendung ist oft ein Schicksalseinbruch im Leben der vorgestellten Personen.

Kurzgeschichte
1. In der Regel hat die Kurzgeschichte nur eine geringe Textlänge. Dabei steht ein besonderes Ereignis im Mittelpunkt der Erzählung. Orte und Schauplätze werden häufig nicht benannt.
2. In der Regel steigt die Erzählung unmittelbarer in das Geschehen ein, selten gibt es eine Einleitung. Die Zeit, in der die Handlung spielt, ist sehr kurz.
3. Gegen Ende der Kurzgeschichte gibt es meistens eine überraschende Wendung. Der Schluss der Kurzgeschichte ist jedoch oft offen, d.h., man erfährt nicht, wie das Geschehen genau endet.

Märchen
Märchen sind Geschichten, die als mündliche Überlieferung in allen Kulturkreisen vorkommen, aber nichts Wahres erzählen. Da der Autor meist unbekannt ist, erscheinen Märchen oft in Sammlungen (z.B. der Gebrüder Grimm).
In der Regel existieren in ihnen fabelhafte Wesen, Zauberei und Fantasiegestalten, wie zum Beispiel Zwerge, Drachen, Elfen. Auch Sprüche, Lieder und Verse spielen eine wichtige Rolle, denn häufig gibt es Zauberformeln oder magische Reime.
Der Heldin bzw. dem Held wird meistens eine Aufgabe gestellt, die gelöst werden muss – was immer gelingt, sodass die Geschichte glücklich endet. Märchen beginnen häufig mit Sätzen wie „Es war einmal …" oder „Vor langer Zeit …". Ein häufiger Schlusssatz lautet: „Und wenn sie nicht gestorben sind, dann leben sie noch heute."

Fabel
Fabeln bestehen oft nur aus wenigen Zeilen und haben einen klaren Aufbau: Es gibt eine Ausgangssituation, dann kommt es zu einem Streit, einer Auseinandersetzung oder einem Gespräch – und am Schluss gibt es eine Lösung. In der Fabel beinhaltet die Lösung eine belehrende Moral.
In der Regel treten Tiere oder Pflanzen auf, die mit ihren typischen Eigenschaften meistens stellvertretend für Menschen stehen. Menschliche Eigenschaften werden so aufgegriffen und verdeutlicht oder übertrieben. Die Fabel hält dem Mensch sozusagen einen Spiegel vor. Meistens werden grundsätzliche Dinge wie beispielsweise Neid, Treulosigkeit, Unfairness, Gier oder Eitelkeit angeprangert. Diese charakterlichen Eigenschaften werden bestimmten Tieren zugeordnet.

Die Probe (1954)

Herbert Malecha

Redluff sah, das schrille Quietschen der Bremsen noch in den Ohren, wie sich das Gesicht des Fahrers ärgerlich verzog. Mit zwei taumeligen Schritten war er wieder auf dem Gehweg. „Hat es Ihnen was gemacht?“ Er fühlte sich am Ellbogen angefasst. Mit einer fast brüsken Bewegung machte er sich frei.

„Nein, nein, schon gut. Danke.“, sagte er noch, beinah schon über die Schulter, als er merkte, dass ihm der Alte nachstarrte. Eine Welle von Schwäche stieg von seinen Knien auf, wurde fast zur Übelkeit. Das hätte ihm gerade gefehlt, angefahren auf der Straße liegen, eine gaffende Menge und dann die Polizei. Er durfte jetzt nicht schwach werden, nur weiterlaufen, unauffällig weiterlaufen zwischen den vielen auf der hellen Straße. Langsam ließ das Klopfen im Halse nach.

Seit drei Monaten war er zum ersten Mal wieder in der Stadt, zum ersten Mal wieder unter soviel Menschen. Ewig konnte er in dem Loch sich ja nicht verkriechen, er musste einmal wieder raus, wieder Kontakt aufnehmen mit dem Leben, überhaupt raus aus allem. Ein Schiff musste sich finden lassen, möglichst noch, bevor es Winter wurde. Seine Hand fuhr leicht über die linke Brustseite seines Jacketts, er spürte den Pass, der in der Innentasche steckte; gute Arbeit war dieser Pass, er hatte auch nicht schlecht dafür bezahlt.

Die Autos auf der Straße waren zu einer langen Kette aufgefahren. Nur stockend schoben sie sich vorwärts. Menschen gingen an ihm vorbei, kamen ihm entgegen; er achtete darauf, dass sie ihn nicht streiften. Einem Platzregen von Gesichtern war er ausgesetzt, fahle Ovale, die sich mit dem wechselnden Reklamelicht verfärbten. Redluff strengte sich an, den Schritt der vielen anzunehmen, mitzuschwimmen in dem Strom. Stimmen, abgerissene Gesprächsfetzen schlugen an sein Ohr, jemand lachte. Für eine Sekunde haftete sein Blick an dem Gesicht einer Frau, ihr offener, bemalter Mund sah schwarzgerändert aus. Die Autos fuhren jetzt an, ihre Motoren summten auf. Eine Straßenbahn schrammte vorbei. Und wieder Menschen, Menschen, ein Strom flutender Gesichter, Sprechen und hundertfache Schritte. Redluff fuhr unwillkürlich mit der Hand an seinen Kragen. An seinem Hals merkte er, dass seine Finger kalt und schweißig waren. Wovor hab ich denn eigentlich Angst, verdammte Einbildung, wer soll mich denn schon erkennen in dieser Menge, sagte er sich. Aber er spürte nur zu genau, dass er in ihr nicht eintauchen konnte, dass er wie ein Kork auf dem Wasser tanzte, abgestoßen und weitergetrieben. Ihn fror plötzlich. Nichts wie verdammte Einbildung, sagte er sich wieder. Vor drei Monaten war das ja noch anders, da stand sein Name schwarz auf rotem Papier auf jeder Anschlagsäule zu lesen, Jens Redluff; nur gut, dass das Foto so schlecht war. Der Name stand damals fett in den Schlagzeilen der Blätter, wurde dann klein und keiner, auch das Fragezeichen dahinter, rutschte in die letzten Spalten und verschwand bald ganz. Redluff war jetzt in eine Seitenstraße abgebogen, der Menschenstrom wurde dünner, noch ein paar Abbiegungen, und die Rinnsale lösten sich auf, zerfielen in einzelne Gestalten, einzelne Schritte. Hier war es dunkler. Er konnte den Kragen öffnen und die Krawatte nachlassen. Der Wind brachte einen brackigen Lufthauch vom Hafen her. Ihn fröstelte. Ein breites Lichtband fiel quer vor ihm über die Straße, jemand kam aus dem kleinen Lokal, mit ihm ein Dunst nach Bier, Qualm und Essen. Redluff ging hinein. Die kleine, als Cafe aufgetakelte Kneipe war fast leer, ein paar Soldaten saßen herum, grelle Damen in ihrer Gesellschaft. Auf den kleinen Tischen standen Lämpchen mit pathetisch roten Schirmen. Ein Musikautomat begann aus der Ecke zu hämmern. Hinter der Theke lehnte ein dicker Bursche mit bloßen Armen. →

Herbert Malecha
(1927–2011): ein deutscher Lehrer und Schriftsteller. Er ist bekannt durch seine im Dezember 1954 erschienene Kurzgeschichte *Die Probe*, die als eine klassische Kurzgeschichte gilt.

brüsk: in unerwartet unhöflicher Weise barsch, schroff

brackig: (Eigenschaft von Wasser) schwach salzig und daher ungenießbar

aufgetakelt: hier: aufgemöbelt, aufgedonnert

pathetisch: (übertrieben) feierlich, sehr gefühlvoll

Konjak: (französisch) Branntwein; heutige Schreibweise: Cognac (französisch) bzw. Kognak (deutsch)

Er schaute nur flüchtig auf. „Konjak, doppelt“, sagte Redluff zu dem Kellner. Er merkte, dass er seinen Hut noch in der Hand hielt und legte ihn auf den leeren Stuhl neben sich. Er steckte sich eine Zigarette an, die ersten tiefen Züge machten ihn leicht benommen. Schön warm war es hier, er streckte seine Füße lang aus. Die Musik hatte gewechselt. Über gezogen jaulenden Gitarretönen hörte er halblautes Sprechen, ein spitzes Lachen vom Nachbartisch. Gut saß es sich hier.

Der Dicke hinter der Theke drehte jetzt seinen Kopf nach der Tür. Draußen fiel eine Wagentür schlagend zu. Gleich darauf kamen zwei Männer herein, klein und stockig der eine davon. Er blieb in der Mitte stehen, der andere, im langen Ledermantel, steuerte auf den Nachbartisch zu. Keiner von beiden nahm seinen Hut ab. Redluff versuchte hinüberzuschielen, es durchfuhr ihn. Er sah, wie der Große sich über den Tisch beugte, kurz etwas Blinkendes in der Hand hielt. Die Musik hatte ausgesetzt. „What's he want?“, hörte er den Neger vom Nebentisch sagen. „What's he want?“ Er sah seine wulstigen Lippen sich bewegen. Das Mädchen kramte eine bunte Karte aus ihrer Handtasche. „What's he want?“, sagte der Neger eigensinnig. Der Mann war schon zum nächsten Tisch gegangen. Redluff klammerte sich mit der einen Hand an die Tischkante. Er sah, wie die Fingernägel sich entfärbten. Der rauchige Raum schien ganz leicht zu schwanken, ganz leicht. Ihm war, als müsste er auf dem sich neigenden Boden jetzt langsam samt Tisch und Stuhl auf die andere Seite rutschen. Der Große hatte seine Runde beendet und ging auf den anderen zu, der immer noch mitten im Raum stand, die Hände in den Manteltaschen. Redluff sah, wie er zu dem Großen etwas sagte. Er konnte es nicht verstehen. Dann kam er geradewegs auf ihn zu. „Sie entschuldigen“, sagte er, „Ihren Ausweis, bitte!“ Redluff schaute erst gar nicht auf das runde Metall in seiner Hand. Er drückte seine Zigarette aus und war plötzlich völlig ruhig. Er wusste es selbst nicht, was ihn mit einmal so ruhig machte, aber seine Hand, die in die Innentasche seines Jacketts fuhr, fühlte den Stoff nicht, den sie berührte, sie war wie von Holz. Der Mann blätterte langsam in dem Pass, hob ihn besser in das Licht. Redluff sah die Falten auf der gerunzelten Stirn, eins, zwei, drei. Der Mann gab ihm den Pass zurück. „Danke, Herr Wolters“, sagte er. Aus seiner unnatürlichen Ruhe heraus hörte Redluff sich selber sprechen. „Das hat man gern, so kontrolliert werden wie“, er zögerte etwas, „ein Verbrecher!“ Seine Stimme stand spröde im Raum. Er hatte doch gar nicht so laut gesprochen. „Man sieht manchmal jemand ähnlich“, sagte der Mann, grinste, als hätte er einen feinen Witz gemacht. „Feuer?“ Er fingerte eine halbe Zigarre aus der Manteltasche. Redluff schob seine Hand mit dem brennenden Streichholz längs der Tischkante ihm entgegen. Die beiden gingen. Redluff lehnte sich in seinen Stuhl zurück. Die Spannung in ihm zerbröckelte, die eisige Ruhe schmolz. Er hätte jubeln können. Das war es, das war die Probe, und er hatte sie bestanden. Triumphierend setzte der Musikautomat wieder ein. „He, Sie vergessen Ihren Hut“, sagte der Dicke hinter der Theke. Draußen atmete er tief, seine Schritte schwangen weit aus, am liebsten hätte er gesungen. Langsam kam er wieder in belebtere Straßen, die Lichter nahmen zu, die Läden, die Leuchtzeichen an den Wänden. Aus einem Kino kam ein Knäuel Menschen, sie lachten und schwatzten, er mitten unter ihnen. Es tat ihm wohl, wenn sie ihn streiften. „Hans“, hörte er eine Frauenstimme hinter sich, jemand fasste seinen Arm. „Tut mir leid“, sagte er und lächelte in das enttäuschte Gesicht. Verdammt hübsch, sagte er zu sich. Im Weitergehen nestelte er an seiner Krawatte. Dunkelglänzende Wagen sangen über den blanken Asphalt, Kaskaden wechselnden Lichts ergossen sich von den Fassaden, Zeitungsverkäufer riefen die Abendausgaben aus. Hinter einer großen, leicht beschlagenen Spiegelglasscheibe sah er undeutlich tanzende Paare; pulsierend drang die Musik

nesteln: herumfingern, betasten, fummeln

Kaskade: in Form von Stufen (künstlich angelegter Wasserfall) abgedämpft bis auf die Straße. Ihm war wie nach Sekt. Ewig hätte er so gehen können, so wie jetzt. Er gehörte wieder dazu, er hatte den Schritt der vielen, es machte ihm keine Mühe mehr. Im Sog der Menge ging er über den großen Platz auf die große Halle zu mit ihren Ketten von Glühlampen und riesigen Transparenten. Um die Kassen vor dem Einlas drängten sich Menschen. Von irgendwoher flutete Lautsprechermusik. Stand dort nicht das Mädchen von vorhin? Redluff stellte sich hinter sie in die Reihe. Sie wandte den Kopf, er spürte einen Hauch von Parfüm. Dicht hinter ihr zwängte er sich durch den Einlass. Immer noch flutete die Musik, er hörte ein Gewirr von Hunderten von Stimmen. Ein paar Polizisten versuchten etwas Ordnung in das Gedränge zu bringen. Ein Mann in einer Art Portieruniform nahm ihm seine Einlasskarte ab. „Der, der!“, rief er auf einmal und deutete aufgeregt hinter ihm her. Gesichter wandten sich, jemand im schwarzen Anzug kam auf ihn zu, ein blitzendes Ding in der Hand. Gleißendes Scheinwerferlicht übergoss ihn. Jemand drückte ihm einen Riesenblumenstrauß in die Hände. Zwei strahlend lächelnde Mädchen hakten ihn rechts und links unter. Fotoblitze zuckten. Und zu allem dröhnte eine geölte Stimme, die vor innerer Freudigkeit fast zu bersten schien: „Ich darf Ihnen im Namen der Direktion von ganzem Herzen gratulieren. Sie sind der hunderttausendste Besucher der Ausstellung!“ Redluff stand wie betäubt. „Und jetzt sagen Sie uns Ihren werten Namen“, schmalzte die Stimme unwiderstehlich weiter. „Redluff, Jens Redluff“, sagte er, noch ehe er wusste, was er sagte, und schon hatten es die Lautsprecher dröhnend bis in den letzten Winkel der riesigen Halle getragen. Der Kordon der Polizisten, der eben noch die applaudierende Menge zurückgehalten hatte, löste sich langsam auf. Sie kamen auf ihn zu.

Portier: Türsteher

Kordon: Absperrung (hier eine Kette aus Polizisten)

Politik

Wolfdietrich Schnurre

Eine Gans war über Nacht auf dem Eis festgefroren. Das sah der Fuchs, und er schlich, sich die Schnauze leckend, hinüber. Dicht vor ihr jedoch brach er ein und es blieb ihn nichts anderes übrig, als sich schwimmend über Wasser zu halten. „Weißt du was“, schnaufte er schließlich, „begraben wir unsere Feindschaft, vertragen wir uns.“ Die Gans zuckte die Schulter. „Kommt darauf an.“ „Ja, aber worauf denn?“, keuchte der Fuchs. „Ob's taut oder friert“, sagte die Gans.

Wolfdietrich Schnurre (1920–1989): ein deutscher Schriftsteller.

Aufgaben

1. Benennen Sie die Merkmale einer Kurzgeschichte.
2. Analysieren Sie den vorliegenden Text und belegen Sie anhand der Merkmale, dass es sich hierbei um eine Kurzgeschichte handelt.
3. Schreiben Sie einen neuen Schluss ab Zeile 255.
4. Diskutieren Sie über das Kernproblem im Text und nehmen Sie kritisch Stellung.
5. Teilen Sie den Text in Sinnabschnitte und geben Sie diesen Abschnitten zusammenfassende Überschriften.
6. Untersuchen Sie die Figuren im Text und notieren Sie, was Sie über die Figuren erfahren.
7. Schreiben Sie die Kurzgeschichte in eine andere von Ihnen ausgewählte literarische Gattung um (z. B. ein Gedicht/Liedtext/Rapsong).
8. Stellen Sie die Kernaussage der Fabel „Politik“ in eigenen Worten dar.

Robert Gernhardt (1937 – 2006): ein deutscher Schriftsteller, Zeichner und Maler.

Etat: zur Verfügung stehendes Geld; Finanzvolumen

Sämigkeit: mehr oder weniger dickflüssige Beschaffenheit

Meister Lampe: in Fabeln und Märchen verwendete Bezeichnung für Hasen

Die Waldfee und der Werbemann (1993)

Robert Gernhardt

Es war einmal ein Werbemann, der hatte seiner Agentur viele Jahre nach besten Kräften gedient. Da begab es sich, dass die Agentur den riesigen Etat für ein neues Produkt an Land zog. Dieses Produkt aber hieß „Meyers Pampe" und das war eine Pampe, die einen echten Produktvorteil besaß, da sie alle anderen Pampen an Klebrigkeit, Sämigkeit und Pampigkeit weit übertraf. Und weil das so war, sollte sie auch mit einem Slogan beworben werden, wie er eingängiger und treffender noch nicht erdacht worden war. Diese Aufgabe nun fiel unserem Werbemann zu, doch wie er sich auch anstrengte, alles, was ihm einfiel, war der Spruch „Meyers Pampe ist die beste". Diesen Vorschlag hatte er auch beim Kreativdirektor eingereicht, doch wie er des Abends Überstunden machte, da hörte er, wie der Kreativdirektor dem Agenturchef auf dem Flur sagte: „So geht es nicht weiter mit unserem Werbemann. Er ist alt und zahnlos geworden. Das Beste ist, wenn wir ihn so bald wie möglich schlachten."

Da krampfte sich das Herz des Werbemanns zusammen, und er dachte bei sich: „Bevor es soweit kommt, da will ich lieber in die Fremde ziehen."

Und noch in derselben Nacht schnürte er sein Bündel und wanderte zur Stadt hinaus. Bald gelangte er in einen tiefen Wald, wo er sich ermattet ins Gras sinken ließ. „Ach", dachte er glücklich, „wie schön ist es doch hier im Wald. Hier will ich mein Leben beschließen. Was brauch ich denn? Wasser gibt's hier im Überfluss, Pilzchen und Würzelchen ebenfalls. Und Ruhe! Wenn ich dagegen an die Hetze in der Agentur denke!" Und unter solchen Gedanken schlief er ein.

Am folgenden Morgen tat er sich zunächst am Quell gütlich, dann verspeiste er einige Wildkirschen, die ihm köstlich mundeten, und schließlich streckte er sich auf der Wiese aus und ließ sich die Sonne recht ordentlich auf den Pelz brennen. Als er so eine Weile gelegen hatte, da sah er einen Hasen über die Wiese hoppeln, und unwillkürlich ging ihm das folgende Verslein durch den Kopf: „Selbst der braune Meister Lampe greift erfreut nach Meyers Pampe."

Das aber ärgerte ihn, und so verscheuchte er jeglichen Gedanken an Meyers Pampe aus dem Kopf und konzentrierte sich auf ein allerliebstes Meisenpaar, das auf dem Ast einer Buche turtelte. Doch auch bei diesem Anblick ging es ihm nicht besser. „Die Meise ruft es vom Geäste: Meyers Pampe ist die beste!", reimte er wider Willen. Das ärgerte ihn noch mehr und laut rief er aus: „Ach Scheiße, was geht mich denn jetzt noch diese Pampe an!"

Doch schon im selben Moment schoss ihm wieder ein Verslein durch den Kopf: „Ach Scheiße, ruft der Werbemann, nichts reicht an Meyers Pampe ran!" – und so ging es ihm mit jedem Ding, das er betrachtete und bedachte, bis es ihn nicht länger hielt. „Was habe ich hier im Wald verloren?", dachte er bei sich. „Ein kreatives Talent wie ich gehört nun mal in eine Agentur!" Und er begann so schnell wie möglich in die Stadt zurückzuwandern. Da geschah es, dass ihm am Waldrand eine Fee begegnete.

„Guten Tag, lieber Werbemann", sagte die Fee. „Ich weiß, dass du ein unschuldiges Gemüt hast, und deswegen sollst du jetzt drei Wünsche frei ha…"

Doch der Werbemann war so in Gedanken versunken, dass er gar nicht auf das hörte, was die Fee sagte, ja, er unterbrach sie sogar und rief ihr zu: „Du tust mir in der Seele weh, weil ich dich ohne Meyers Pampe seh!"

Und mit diesen Worten ließ er die verdutzte Fee stehen und eilte in die Agentur zurück, wo er dem Kreativdirektor sogleich seine neuen Slogans unterbreitete. Diese Vorschläge freilich stießen auf eine derartige Ablehnung, dass der Werbemann noch am selben Nachmittag geschlachtet wurde.

Die Fee aber nahm sich seine Worte so sehr zu Herzen, dass sie fortan nur noch Meyers Pampe benutzte. Und da sie der erste Versuch sehr zufrieden stellte, benutzt sie sie wohl noch heute.

Streuselschnecke (2000)

Julia Franck

Der Anruf kam, als ich vierzehn war. Ich wohnte seit einem Jahr nicht mehr bei meiner Mutter und meinen Schwestern, sondern bei Freunden in Berlin. Eine fremde Stimme meldete sich, der Mann nannte seinen Namen, sagte mir, er lebe in Berlin, und fragte, ob ich ihn kennenlernen wolle. Ich zögerte, ich war mir nicht sicher. Zwar hatte ich schon viel über solche Treffen gehört und mir oft vorgestellt, wie so etwas wäre, aber als es soweit war, empfand ich eher Unbehagen.

Wir verabredeten uns. Er trug Jeans, Jacke und Hose. Ich hatte mich geschminkt. Er führte mich ins Café Richter am Hindemithplatz und wir gingen ins Kino, ein Film von Rohmer. Unsympathisch war er nicht, eher schüchtern. Er nahm mich mit ins Restaurant und stellte mich seinen Freunden vor. Ein feines, ironisches Lächeln zog er zwischen sich und die anderen Menschen. Ich ahnte, was das Lächeln verriet. Einige Male durfte ich ihn bei seiner Arbeit besuchen. Er schrieb Drehbücher und führte Regie bei Filmen.

Ich fragte mich, ob er mir Geld geben würde, wenn wir uns treffen, aber er gab mir keins, und ich traute mich nicht, danach zu fragen. Schlimm war das nicht, schließlich kannte ich ihn kaum, was sollte ich da schon verlangen? Außerdem konnte ich für mich selbst sorgen, ich ging zur Schule und putzen und arbeitete als Kindermädchen. Bald würde ich alt genug sein, um als Kellnerin zu arbeiten, und vielleicht würde ja auch noch eines Tages etwas Richtiges aus mir.

Zwei Jahre später, der Mann und ich waren uns noch immer etwas fremd, sagte er mir, er sei krank. Er starb ein Jahr lang, ich besuchte ihn im Krankenhaus und fragte, was er sich wünsche. Er sagte mir, er habe Angst vor dem Tod und wolle es so schnell wie möglich hinter sich bringen. Er fragte mich, ob ich ihm Morphium besorgen könne. Ich dachte nach, ich hatte einige Freunde, die Drogen nahmen, aber keinen, der sich mit Morphium auskannte. Auch war ich mir nicht sicher, ob die im Krankenhaus herausfinden wollten und würden, woher es kam.

Ich vergaß seine Bitte. Manchmal brachte ich ihm Blumen. Er fragte nach dem Morphium und ich fragte ihn, ob er sich Kuchen wünsche, schließlich wusste ich, wie gern er Torte aß. Er sagte, die einfachen Dinge seien ihm jetzt die liebsten – er wolle nur Streuselschnecken, nichts sonst. Ich ging nach Hause und buk Streuselschnecken, zwei Bleche voll. Sie waren noch warm, als ich sie ins Krankenhaus brachte. Er sagte, er hätte gerne mit mir gelebt, es zumindest gerne versucht, er habe immer gedacht, dafür sei noch Zeit, eines Tages – aber jetzt sei es zu spät. Kurz nach meinem siebzehnten Geburtstag war er tot.

Meine kleine Schwester kam nach Berlin, wir gingen gemeinsam zur Beerdigung.

Meine Mutter kam nicht. Ich nehme an, sie war mit anderem beschäftigt, außerdem hatte sie meinen Vater zu wenig gekannt und nicht geliebt.

Julia Franck (*1970): eine deutsche Schriftstellerin.

Hindemithplatz: kleiner Platz im Berliner Ortsteil Charlottenburg

Rohmer, Éric (1920–2010): französischer Film- und Theaterregisseur

Aufgaben

1. Lesen Sie den Text von Robert Gernhardt und zeigen Sie anhand bestimmter Merkmale, um was für eine Textsorte es sich handelt.
2. a) Lesen Sie die Kurzgeschichte von Julia Franck und fassen Sie sie in eigenen Worten kurz zusammen.
   b) Erläutern Sie, welches Verhältnis die Erzählerin zu ihrem Vater hat und warum dies so ist.
3. a) Schreiben Sie den Text von Robert Gernhardt in einen eigenen kurzen Text um. Setzen Sie für den Beruf *Werbemann* Ihre eigene Berufsbezeichnung ein und denken Sie sich ab Zeile 76 einen anderen Schluss aus.
   b) Lesen Sie Ihr Ergebnis in der Klasse vor.

6.4 Lyrik – oder: Gedichte

Der Begriff Lyrik als Bezeichnung stammt aus der Zeit der griechischen Antike. Lyrische Texte werden auch als Gedichte bezeichnet.
Typische Merkmale von Gedichten sind Strophe, Vers, Reim und Metrum.
Heutzutage gibt es aber auch viele Gedichte, die diese Merkmale entweder nur teilweise oder auch gar nicht aufweisen.

Da Gedichte zumeist in Versen und mit Reimen verfasst sind, entsprechen sie nicht der alltäglichen Sprechweise. Und auch ihr Sinn ist nicht immer auf den ersten Blick erkennbar, sondern muss oft wie ein Rätsel entschlüsselt werden.
Dabei löst die häufig bildhaft verwendete Sprache beim Leser bestimmte Empfindungen aus. Eine so durch ein Gedicht erzeugte Stimmung kann z. B. von Fröhlichkeit über Melancholie hin bis zur Traurigkeit reichen.

6.4.1 Grundbegriffe

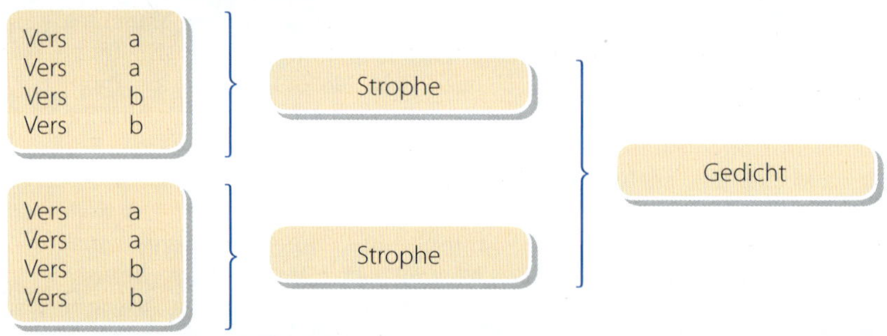

Erfahrung (1891)
Hugo von Hofmannsthal

Vers	Reim	Erläuterung
		1. Strophe
		4 Verse (Quartett)
Ich kann so gut verstehen die ungetreuen Frauen,	a	Reim:
So gut, mir ist, als könnt' ich in ihre Seelen schauen.	a	Paarreim
Ich seh um ihre Stirnen die stumme Klage schweben,	b	Paarreim
Die Qual am langen, leeren, am lebenleeren Leben.	b	Alliteration
Ich seh in ihren Augen die Lust, sich aufzugeben,	a	**2. Strophe**
Im Unergründlichen, Verbotenen zu beben,	a	4 Verse (Quartett)
Die Lust am Spiel, die Lust, das Letzte einzusetzen,	b	
Die Lust am Sieg und Rausch, am Trügen und Verletzen.	b	
		3. Strophe:
Ich seh ihr Lächeln und die heimlichen, die Tränen,	a	1. Vers
Das rätselhafte Suchen, das ruhelose Sehnen.	a	2. Vers
Ich fühle, wie sie's drängt zu törichten Entschlüssen,	b	3. Vers
Wie sie die Augen schließen, und wie sie quälen müssen;	a	**4. Strophe:**
Wie sie für jedes Morgen ein jedes Heut' begraben,	b	3 Verse (Terzett)
Und wie sie nicht verstehen, wenn sie getötet haben.	b	Anapher

Reim

Es lassen sich im Wesentlichen vier Endreime unterscheiden.

griechische Antike: der Zeitraum etwa vom 8. Jahrhundert vor Christus bis 146 vor Christus.
Der Begriff Lyrik wurde von Lyra abgeleitet. Die Lyra war ein beliebtes Instrument im antiken Griechenland und ähnelt der heutigen Harfe. Diese Herkunft des Begriffs Lyrik zeigt die enge Verwandtschaft von Dichtkunst und Musik.

Melancholie: eine durch Schwermut, Schmerz, Traurigkeit oder Nachdenklichkeit geprägte Gemütsstimmung

Strophe: Abschnitt eines Gedichts/lyrischen Textes

Reim: gleichklingende Wörter am Ende von Versen, meistens innerhalb einer Strophe

Vers: Zeile in einem Gedicht

Versmaß: die regelmäßige Abfolge von betonten und unbetonten Silben

Alliteration: aufeinanderfolgende Wörter beginnen mit demselben Buchstaben, siehe Seite 182

Quartett: vierzeilige Strophe (vier Verse)

Terzett: dreizeilige Strophe (drei Verse)

Anapher: Wiederholung eines Wortes (oder einer Wortgruppe) am Anfang aufeinander folgender Verse, Strophen oder Sätze, siehe Seite 184

Heinrich Heine: Nachtgedanken

Paarreim:

Denk ich an Deutschland in der Nacht,	a
dann bin ich um den Schlaf gebracht,	a
ich kann nicht mehr die Augen schließen,	b
und meine heißen Tränen fließen.	b

Clemens Brentano: Der Spinnerin Nachtlied

umarmender Reim:

Als wir zusammen waren	a
Da sang die Nachtigall	b
Nun mahnet mich ihr Schall	b
Dass du von mir gefahren.	a

Conrad Ferdinand Meyer: Zwei Segel

Kreuzreim:

Zwei Segel erhellend	a
Die tiefblaue Bucht!	b
Zwei Segel sich schwellend	a
Zu ruhiger Flucht!	b

Matthias Claudius: Der Mond ist aufgegangen

Schweifreim:

Der Mond ist aufgegangen,	a
Die goldnen Sternlein prangen	a
Am Himmel hell und klar;	b
Der Wald steht schwarz und schweiget,	c
Und aus den Wiesen steiget	c
Der weiße Nebel wunderbar.	b

Sprachliche Mittel

In Gedichten werden sehr viele unterschiedliche sprachliche Mittel eingesetzt: so zum Beispiel Wortwiederholungen (Anaphern), gleiche Buchstaben am Anfang aufeinanderfolgender Wörter (Alliteration). Eine Übersicht finden Sie auf den Seiten 178–185.

Lyrisches Ich

Das „Ich" im Gedicht erlebt Stimmungen, Gefühle, Eindrücke und gewinnt Einsichten, von denen im jeweiligen Gedicht die Rede ist. Achtung: Dieses Ich des Gedichts ist nicht immer mit der Autorin oder dem Autor gleichzusetzen.

Metrum (Versmaß)

Unter Metrum versteht man die regelmäßige Abfolge von betonten und unbetonten Silben in einem Vers. Die kleinste Einheit des Metrums ist der Versfuß. Es werden im Wesentlichen vier Arten des Versfußes unterschieden:

Trochäus	Nach jeder **betonten Silbe** folgt eine unbetonte (— ◡). **Beispiel:** *Freude, schöner Götterfunken Tochter aus Elysium* — ◡ — ◡ — ◡ — ◡ — ◡ — ◡ — ◡ —
Jambus	Nach jeder unbetonten Silbe folgt eine **betonte** (◡ —). **Beispiel:** *Am grauen Strand, am grauen Meer* ◡ — ◡ — ◡ — ◡ —
Daktylus	Auf eine **betonte Silbe** folgen zwei unbetonte (— ◡ ◡). **Beispiel:** *Wollt ihr die Freiheit, so seid keine Knechte …* — ◡ ◡ — ◡ ◡ — ◡ ◡ — ◡
Anapäst	Auf zwei unbetonte Silben folgt eine **betonte** (◡ ◡ —). **Beispiel:** *Vegetarisch lebt selten die Löwin im Busch.* ◡ ◡ — ◡ ◡ — ◡ ◡ — ◡ ◡ —

Silbe: kleinste Sprecheinheit. Sie besteht in der Regel mindestens aus einem Vokal und gegebenenfalls zusätzlich aus mehreren Konsonanten.
Beispiele: *po-e-tisch, Ba-de-meis-ter.*

Vokal und Konsonant: siehe Seite 14

Hinweis
Durch das **Metrum**, also die Betonung innerhalb eines Verses, bekommen Gedichte einen Takt, so wie es auch bei Liedern der Fall ist. In Verbindung mit Sprechgeschwindigkeit und den Pausen zwischen den Versen erhalten Gedichte dann einen ganz eigenen Rhythmus. Dies ist von einer Dichterin oder einem Dichter ein bewusst eingesetztes Mittel, um einen bestimmten Effekt zu erreichen.

Aufgaben

1. a) Einigen Sie sich in Ihrer Klasse auf ein Thema (z. B. Liebe, Freundschaft, Arbeit usw.) und verfassen Sie ein Gedicht mit zwei Strophen zu je vier Zeilen. Verwenden Sie eine der vier aufgeführten Reimformen.
   b) Überlegen Sie, welche Wirkung diese auf den Leser bzw. Hörer hat.

6.4.2 Häufige Gedichtformen

Gedichte können ganz unterschiedliche Formen aufweisen, wie die ausgewählten Beispiele auf den folgenden Seiten zeigen.

Bekannte Formen sind zum Beispiel:

- Sonett
- Lied
- Ode
- freie Rhythmen
- Ballade
- Hymne

Sonett

Ein Sonett hat eine streng festgelegte Form. Es besteht aus 14 Versen, gegliedert in zwei Vierzeiler (Quartette) und zwei Dreizeiler (Terzette). Zudem weißt es einen inhaltlichen Bruch zwischen den Terzetten und Quartetten auf. Es liegt ein typisches Reimschema vor, das aber leicht variieren kann; so zum Beispiel:

abba – cddc – eef – ggf oder abba – cddc – eff – egg

Fabrikstraße tags (1922)
Paul Zech

Nichts als Mauern. Ohne Gras und Glas
zieht die Straße den gescheckten Gurt
der Fassaden. Keine Bahnspur surrt,
immer glänzt das Pflaster wassernass.

Streift ein Mensch dich, trifft sein Blick dich kalt
bis ins Mark; die harten Schritte haun
Feuer aus dem Turmhoch steilen Zaun,
noch sein kurzes Atmen wolkt geballt.

Keine Zuchthauszelle klemmt
in ein Eis das Denken wie dies Gehen
zwischen Mauern, die nur sich besehn.

Trägst du Purpur oder Büßerhemd -:
Immer drückt mit riesigem Gewicht
Gottesbahnfluch: uhrenlose Schicht.

Ode

Eine reimlose, lange Gedichtform, die in Strophen gegliedert ist. Sie kann, muss aber kein festes Metrum aufweisen. Die Ode zeichnet sich durch einen feierlichen und erhabenen Stil aus. Dies spiegelt sich in einem pathetischen, hohen Sprachstil wider, der zur Größe und Würde des behandelten Themas passt.

An die Freude (1808) (Auszug)
Friedrich Schiller

Freude, schöner Götterfunken,
Tochter aus Elisium,
Wir betreten feuertrunken,
Himmlische, dein Heiligthum.
Deine Zauber binden wieder,
Was die Mode streng getheilt,
Alle Menschen werden Brüder,
Wo dein sanfter Flügel weilt.

Sonett: von lateinisch *sonus* ‚Klang, Schall', auch: *Klanggedicht*.

Paul Zech (1881–1946): ein deutscher Schriftsteller

Friedrich Schiller (1759–1805): Dichter, Philosoph und Historiker. Er gilt als einer der bedeutendsten deutschsprachigen Dichter.

pathetisch: feierlich, sehr gefühlvoll

Elisium: (auch Elysium oder Elysion): die „Insel der Seligen" in der griechischen Mythologie. Alle, die von den Göttern geliebt werden oder denen sie Unsterblichkeit schenkten, gelangen dort hin.

Hinweis
An die Freude ist eines der berühmtesten Gedichte Friedrich Schillers. Es entstand im Sommer 1785 und wurde unter anderem durch Ludwig van Beethoven im 4. Satz seiner 9. Sinfonie vertont.
Eine Instrumentalversion ist seit 1985 die offizielle Hymne der Europäischen Union.

Ballade

Eine Ballade ist ein in seiner Form nicht festgelegtes mehrstrophiges, erzählendes Gedicht, das aber meistens in Versen verfasst ist und einen Reim aufweist.

Erlkönig (1782)

Johann Wolfgang von Goethe

Wer reitet so spät durch Nacht und Wind?
Es ist der Vater mit seinem Kind;
Er hat den Knaben wohl in dem Arm,
Er fasst ihn sicher, er hält ihn warm.

Mein Sohn, was birgst du so bang dein Gesicht? —
Siehst, Vater, du den Erlkönig nicht?
Den Erlenkönig mit Kron' und Schweif? —
Mein Sohn, es ist ein Nebelstreif. —

„Du liebes Kind, komm, geh mit mir!
Gar schöne Spiele spiel' ich mit dir;
Manch' bunte Blumen sind an dem Strand,
Meine Mutter hat manch gülden Gewand." —

Mein Vater, mein Vater, und hörest du nicht,
Was Erlenkönig mir leise verspricht? —
Sei ruhig, bleibe ruhig, mein Kind;
In dürren Blättern säuselt der Wind. —

„Willst, feiner Knabe, du mit mir gehn?
Meine Töchter sollen dich warten schön;
Meine Töchter führen den nächtlichen Reihn
Und wiegen und tanzen und singen dich ein." —

Mein Vater, mein Vater, und siehst du nicht dort
Erlkönigs Töchter am düstern Ort? —
Mein Sohn, mein Sohn, ich seh' es genau:
Es scheinen die alten Weiden so grau. —

„Ich liebe dich, mich reizt deine schöne Gestalt;
Und bist du nicht willig, so brauch' ich Gewalt." —
Mein Vater, mein Vater, jetzt fasst er mich an!
Erlkönig hat mir ein Leids getan! —

Dem Vater grauset's; er reitet geschwind,
Er hält in Armen das ächzende Kind,
Erreicht den Hof mit Mühe und Not;
In seinen Armen das Kind war tot.

Hinweis

Typisch für die Ballade ist, dass sie grundlegende Merkmale der Gattungen Dramatik, Epik und Lyrik vereint und somit ein Mittelding zwischen ihnen ist. Im Mittelpunkt der Ballade steht oft ein Held, dessen Taten oder auch herausragende Ereignisse.

Johann Wolfgang von Goethe (1749–1832): einer der bedeutendsten deutschen Dichter. Er forschte und veröffentlichte auch auf verschiedenen naturwissenschaftlichen Gebieten. Goethes Werk umfasst Dramen, Lyrik, literatur- und kunsttheoretische sowie naturwissenschaftliche Schriften. Auch sein Briefwechsel ist von großer literarischer Bedeutung. Bis heute wird sein Werk zu den Höhepunkten der Weltliteratur gezählt.

Aufgaben

1. Weisen Sie anhand der beschriebenen Merkmale nach, inwieweit es sich bei dem Gedicht von Paul Zech um ein Sonett handelt.
2. a) Besorgen Sie sich eine vertonte Version (Europahymne) der Ode *An die Freude*.
   b) Weisen Sie nach, inwieweit die Merkmale der Ode zutreffen.
   c) Recherchieren Sie, warum die Ode zur Europahymne wurde.
3. Fassen Sie in eigenen Worten interpretierend zusammen, von was für einem Ereignis der *Erlkönig* handelt.

Song: ein gesungenes Gedicht, bei dem sich in der Regel Strophen und Refrain abwechseln. Die Melodik und die Inhalte sind weitgehend durch die aktuelle anglo-amerikanische Popkultur geprägt.

Icke & Er: ein Rap-Duo, das über ein selbst gedrehtes Musikvideo mit dem Titel *Richtig geil*, das sie im Internet veröffentlichten, bekannt wurde. Das Lied wurde mehrere zehntausendmal heruntergeladen. Dieser Erfolg führte zu zahlreichen Presseartikeln und Fernsehbeiträgen. Nach eigenen Angaben stammen die Musiker aus Berlin-Spandau. Das Lied zeichnet sich durch die Verwendung eines besonders breiten Berliner Dialekts aus.

Lied

Ein Lied ist ein einfaches Gedicht, was gesungen werden kann. Eine besondere Form ist der Song. Die mit dem Text verbundene Musik bzw. Melodie spielt eine besonders wichtige Rolle. In der Regel hat ein Lied einen Reim, es sind aber auch Lieder ohne Reim möglich. Oft gibt es auch einen Refrain (Kehrreim), d. h., die regelmäßige Wiederholung von einem oder mehrerer Verse an einer bestimmten Stelle einer Strophe.

Richtig geil (Auszug)

Icke & Er

Icke und Er ihr erster Hit. Richtig geil!
Geh' ick mit meinen Kumpels in'n Club. Richtig geil.
Ha'ick keene Kumpels, keinen Club. Auch richtig geil.

Bin ich morgens jut drauf, is det richtig geil.
Ha'ick urst scheiss Laune, is det richtig geil.
Jibt et Rippe mit Gemüse, sa'ick richtig geil.
Jibt et korrekte Bratwurst, find ick richtig geil.

(Refrain)
Korrekt, korrekt, jefällt ma, jeht ab.
Ick sach korrekt, korrekt, jefällt ma, det jeht ab hier.
Korrekt, korrekt, jefällt ma, geht ab, wa?
Es jefällt ma so, es jefällt ma so, wa?

Ick und meine Homies, is det richtig geil.
Ick und keene Homies, is det richtig geil.
Ha'ick Stress zu hause. Is det richtig geil.
Ist zu hause allet ne Wolke. Richtig geil.
Ist Weihnachten und Ostern, is det richtig geil.
Is irgendwat im November, is det richtig geil.
Bin ick mal im Urlaub, ist das richtig geil.
Bin ick in Berlin, Alter, richtig geil.

Ick sach korrekt, korrekt, [...]

Party hier, Party da. Richtig geil.
Nüscht los. Nüscht los. Richtig geil.
Ha'ick wat zu tun, ist das richtig geil.
Ha'ick nie wat zu tun, hey richtig geil.
Ick und ne jeile Villa, is det richtig geil.
Ick in der ursten Butze, is det richtig geil.
Ha'ick ne große Karre, is det richtig geil.
Ha'ick nich mal nen Führerschein, Alter, richtig geil.

Ick sach korrekt, korrekt, [...]

Ha'ick nen ursten Job, is det richtig geil.
Bin ich mal wieder auf Stütze, auch richtig geil.
Muss ich morgen in den Krieg, is det richtig geil.
Kann ich noch ein bischen Playstation spielen, richtig geil.

Ha'ick ordentlich was zu tun, richtig geil.
Ha'ick nie was zu tun, ick sach's euch, richtig geil.
Is meine Mutti mies drauf, sa'ick mir richtig geil.
Is meine Mutti jut drauf, find ich det auch richtig geil.

Gedichtarten

Gedichte lassen sich auch inhaltlich von einander unterscheiden. Sie können je nach Thema oder Motiv in folgende Gedichtarten eingeteilt werden. Allerdings kann zwischen den Gedichtarten nicht immer ganz eindeutig unterschieden werden, da fließende Übergänge bestehen:

- **Dinggedicht:** Ein Gegenstand oder Lebewesen wird beschrieben. Es soll das Innere und das Wesen des Gegenstandes zum Ausdruck kommen.
- **symbolisches Gedicht:** Das Symbol steht für ein Wort, dem im Rahmen des Textes eine neue, unübliche, oftmals verschlüsselte Bedeutung zukommt.
- **Gedankenlyrik:** Eine Form der lyrischen Dichtung, bei der im Unterschied zur Erlebnislyrik nicht das unmittelbar Erlebte im Vordergrund steht, sondern Überlegungen der Autorin oder des Autors.
- **Erlebnislyrik:** Eine seelische Stimmung wird unvermittelt dargestellt. Erlebnislyrik wurde lange im Gegensatz zur **Gedankenlyrik** gesehen.
- **politisches Gedicht:** Es nimmt eine bestimmte Situation zum Anlass und verfolgt ein bestimmtes Ziel. Es ist eher einfach im Aufbau, eingängig mit Parolen, Refrain und Reimen. Diese enthalten zwar Ich-Aussagen, aber keine privaten Botschaften.

Boheme: ungebundene, ungezwungen lebende (Künstler-)Gruppe

Rezept (1966)
Mascha Kaléko

Jage die Ängste fort
Und die Angst vor den Ängsten.
Für die paar Jahre
Wird wohl alles noch reichen.
Das Brot im Kasten
Und der Anzug im Schrank.

Sage nicht mein.
Es ist dir alles geliehen.
Lebe auf Zeit und sieh,
Wie wenig du brauchst.
Richte dich ein.
Und halte den Koffer bereit.

Es ist wahr, was sie sagen:
Was kommen muß, kommt.
Geh dem Leid nicht entgegen.
Und ist es da,
Sieh ihm still ins Gesicht.
Es ist vergänglich wie Glück.

Erwarte nichts.
Und hüte besorgt dein Geheimnis.
Auch der Bruder verrät,
Geht es um dich oder ihn.
Den eignen Schatten nimm
Zum Weggefährten.

Feg deine Stube wohl.
Und tausche den Gruß mit dem Nachbarn.
Flicke heiter den Zaun
Und auch die Glocke am Tor.
Die Wunde in dir halte wach
Unter dem Dach im Einstweilen.

Zerreiß deine Pläne. Sei klug
Und halte dich an Wunder.
Sie sind lang schon verzeichnet
Im großen Plan.
Jage die Ängste fort
Und die Angst vor den Ängsten.

Mascha Kaléko (1907–1975): eine deutschsprachige Dichterin. Als Tochter einer Österreicherin und eines russischen Vaters im polnischen Schidlow geboren, lebte sie seit 1918 in Berlin, arbeitete in der jüdischen Gemeinde der Stadt und gehörte Ende der 20er-Jahre zur künstlerischen Boheme.

Aufgaben

1. a) Weisen Sie an dem Text *Richtig geil* nach, dass es sich um einen Lied- bzw. Songtext handelt.
   b) Erläutern Sie, was die Rapper aussagen wollen und begründen Sie dies anhand von Textausschnitten.
2. a) Arbeiten Sie die besonderen Merkmale des Gedichts von Mascha Kaléko heraus (Aufbau, Reimform usw.). Verwenden Sie dazu die Grundbegriffe der Gedichtinterpretation von Seite 198.
   b) Diskutieren Sie das Gedicht: Was für ein Rezept wird hier beschrieben?
   c) Versuchen Sie, das Gedicht einer bestimmten Gedichtart zuzuordnen.

6.5 Zum Spielen geschrieben – Dramatik

Hinweis
Das **Lesedrama** ist eine spezielle Form des Dramas. Es soll nicht in erster Linie aufgeführt, sondern wie ein Roman gelesen werden. Berühmte Lesedramen sind etwa Goethes *„Faust"* oder Schillers *„Die Räuber"*. Sie wurden später aber auch im Theater aufgeführt.

Als Dramatik werden alle Bühnenstücke bezeichnet: z. B. Theaterstücke, Drehbücher, Operntexte oder Hörspielmanuskripte.
Das einzelne Werk nennt man Drama. Das Wort Drama stammt aus dem Griechischen und bedeutet *„Handlung"*.
Das Drama ist für die Bühne geschrieben, um durch Schauspieler aufgeführt zu werden.

Ein Drama besteht aus einer abgeschlossenen Handlung, die sich im Laufe der Zeit immer weiter zuspitzt und einen Konflikt darstellt. Es ist im Normalfall in Akte gegliedert, die wiederum in Auftritte bzw. Szenen unterteilt sind.

Der Handlungsverlauf eines Dramas kann durch eine **Spannungskurve** dargestellt werden. Die Spannung steigt bis zu einem Punkt (Höhepunkt) und fällt dann wieder ab. Dabei ist das typische Drama in drei oder fünf Akte eingeteilt. Der Aufbau sieht folgendermaßen aus, wobei der 2. und 4. Akt auch fehlen können:

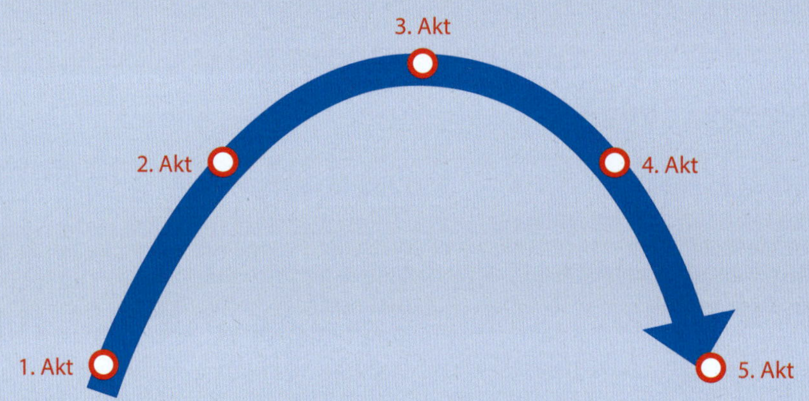

1. Akt: Einleitung
2. Akt: steigende Handlung, Spannung wird aufgebaut
3. Akt: Höhepunkt, oft Wendepunkt im Schicksal der Hauptfigur
4. Akt: fallende Handlung, Verzögerung der Handlung
5. Akt: Auflösung des Konflikts („Happy End" oder Katastrophe)

Akt (oder Aufzug): im Drama ein Hauptabschnitt der Handlung, an dessen Schluss der Vorhang fällt

Szene: Ursprünglich (und häufig noch heute in der Theaterpraxis) bezeichnete *die Szene* das Bühnenbild des Dramas. Der Begriff wird oft auch gleichbedeutend mit *Auftritt* verwendet, obwohl im strengen Sinn eine Szene mehrere Auftritte umfassen kann.

Komödie: endet mit einem glücklichen Ende („Happy End")

Tragödie: endet in einer Katastrophe

Tragikomödie: Tragödie, die neben den tragischen auch komische Bestandteile enthält

Dialog: Gespräch zwischen zwei Personen

Monolog: Eine Person spricht zu sich selbst und formuliert eigene Gedanken laut.

Der Ausgang eines Schauspiels entscheidet darüber, welcher Unterform ein Drama zugeordnet werden kann. Zum Drama gehören die Unterformen Komödie, Tragödie und Tragikomödie.

Man darf nicht glauben, dass man Dramen nur im klassischen Theater findet. Durch die (neuen) Medien sind völlig neue Formen wie z. B. Fernsehfilme, Kinofilme, Hörspiele u. a. entstanden. Die Verwendung von dramatischen Merkmalen hat zum Beispiel viele Filme aus Hollywood zum Erfolg geführt.

Wichtige Merkmale von dramatischen Texten sind:
- Der Text ist in Akte und Szenen eingeteilt.
- Der Haupttext besteht aus Dialogen und/oder Monologen (Figurenrede).
- Es gibt einen Nebentext, der wichtige Hinweise für die Aufführung enthält.

Liebelei (Auszug)

Arthur Schnitzler

2. Akt

[…]

Christine Du selbst bist schuld daran. Weil du immer Geheimnisse vor mir hast! … Weil du mir gar nichts von dir erzählst. – Was tust du so den ganzen Tag?

Fritz Aber Schatz, das ist ja sehr einfach. Ich geh' in Vorlesungen – zuweilen – dann geh' ich ins Kaffeehaus … dann les' ich … manchmal spiel' ich auch Klavier – dann plauder' ich mit dem oder jenem – dann mach' ich Besuche … das ist doch alles ganz belanglos. Es ist ja langweilig, davon zu reden. – Jetzt muss ich übrigens gehn, Kind …

Christine Jetzt schon –

Fritz Dein Vater wird ja bald da sein.

Christine Noch lange nicht, Fritz. – Bleib noch – eine Minute bleib noch –

Fritz Und dann hab' ich … der Theodor erwartet mich … ich hab' mit ihm noch was zu sprechen.

Christine Heut?

Fritz Gewiss heut.

Christine Wirst ihn morgen auch sehn!

Fritz Ich bin morgen vielleicht gar nicht in Wien.

Christine Nicht in Wien? –

Fritz (ihre Ängstlichkeit bemerkend, ruhig – heiter) Nun ja, das kommt ja vor! Ich fahr' übern Tag weg – oder auch über zwei, du Kind.

Christine Wohin?

Fritz Wohin! … Irgendwohin – Ach Gott, so mach' doch kein solches Gesicht … Aufs Gut fahr' ich zu meinen Eltern … na … ist das auch unheimlich?

Christine Auch von denen, schau, erzählst du mir nie!

Fritz Nein, was du für ein Kind bist … Du verstehst gar nicht, wie schön das ist, dass wir so vollkommen mit uns allein sind. Sag, spürst du denn das nicht?

Christine Nein, es ist gar nicht schön, dass du mir nie was von dir erzählst … Schau, mich interessiert ja alles, was dich angeht, ach ja … alles – ich möcht' mehr von dir haben als die eine Stunde am Abend, die wir manchmal beisammen sind. Dann bist du ja wieder fort, und ich weiß gar nichts … Da geht dann die ganze Nacht vorüber und ein ganzer Tag mit den vielen Stunden – und nichts weiß ich. Darüber bin ich oft so traurig.

Fritz Warum bist du denn da traurig?

Christine Ja, weil ich dann so eine Sehnsucht nach dir hab', als wenn du gar nicht in derselben Stadt, als wenn du ganz woanders wärst! Wie verschwunden bist du da für mich, so weit weg …

Fritz (etwas ungeduldig) Aber …

Christine Na schau, es ist ja wahr!

Arthur Schnitzler (1862–1931): ein österreichischer Erzähler und Dramatiker. Er gilt als einer der bedeutendsten Vertreter der Wiener Moderne (Kulturbetrieb in der österreichischen Hauptstadt von etwa 1890 bis 1910).

Hinweis

Es gibt noch weitere Gestaltungsmittel im Drama:

- **Botenbericht:** Eine Figur berichtet über Dinge, die auf der Bühne nicht direkt dargestellt werden können.
- **Prolog:** Vorrede, die das Drama eröffnet.
- **Epilog:** Schlussrede am Ende des Dramas.
- **Chor:** Ein Chor kann eingesetzt werden, um bestimmte Handlungsweisen zu kommentieren.

Aufgaben

1. Verdeutlichen Sie am Text die besonderen Merkmale des Dramas.
2. Lesen Sie den Text mit verteilten Rollen und überlegen Sie sich ein passendes Bühnenbild zu dieser Szene. Welche Requisiten sind dazu nötig?
3. a) Schreiben Sie eine Fortsetzung des Textes mit einem dramatischen Ende.
   b) Bilden Sie Gruppen und stellen Sie Ihre Szenen in der Gruppe vor. Wählen Sie dann eine Szene aus und spielen Sie diese nach.

6.6 Übersicht zu den Epochen deutscher Literatur

Epoche: längerer geschichtlicher Abschnitt mit bestimmten Merkmalen

Die deutsche Literatur hat sich bis zur ihrer heutigen Form seit dem Frühmittelalter (500–1120 n. Chr.) entwickelt. Sie lässt sich in ihrer Entwicklung in literarische Epochen einteilen. Eine **literarische Epoche** ist ein Abschnitt der Literaturgeschichte. Welchen Zeitraum eine Epoche genau umfasst, ist jedoch nicht immer ganz eindeutig, denn die einzelnen Epochen gehen fließend ineinander über.

Wichtige geschichtliche Hintergründe (Auswahl):	Zeitspanne	Epoche	Beispiele für Autoren/Autorinnen
Reformation und Gegenreformation, Dreißigjähriger Krieg →	1600–1720	Barock	Andreas Gryphius, Paul Flemming
naturwissenschaftliche Entdeckungen →	1720–1785	Aufklärung	Sophie von La Roche, Johann Christoph Gottsched, Gotthold Ephraim Lessing
Kampf des erstarkenden Bürgertums gegen den Adel →	1765–1785	Sturm und Drang	Johann Wolfgang von Goethe, Johann Gottfried Herder
Französische Revolution, Reformen in Preußen →	1786–1805	Klassik	Johann Wolfgang von Goethe, Friedrich Schiller
Befreiungskriege, Wiener Kongress →	1790–1830	Romantik	Bettina von Arnim
Bürgerlich-demokratische Revolution von 1848 →	1815–1850	Biedermeier und Vormärz	Louise Aston, Heinrich Heine
Gründung des Deutschen Reiches; Sozialismus →	1850–1890	Realismus	Annette von Droste-Hülshoff, Theodor Fontane
Industrielle Revolution →	1880–1900	Naturalismus	Gerhart Hauptmann, Arno Holz
Internationale Krisen, Erster Weltkrieg →	1910–1925	Expressionismus	Else Lasker-Schüler, Georg Trakl, Gottfried Benn
Weimarer Republik →	1924–1932	Neue Sachlichkeit	Irmgard Keun, Mascha Kaléko, Erich Kästner
Machtergreifung, Bücherverbrennung, Zweiter Weltkrieg →	1933–1945	Literatur in der Zeit des Nationalsozialismus, Exilliteratur und Innere Emigration	Thomas Mann, Anna Seghers, Bertolt Brecht
Nachkriegszeit, Studentenrevolte, atomare Bedrohung →	1890–1980	Moderne	Franz Kafka, Arthur Schnitzler, Hermann Hesse, Ilse Aichinger
Mauerfall; Europäische Einigung →	1980–2015	Postmoderne und Gegenwartsliteratur	Juli Zeh, Julia Franck, Patrick Süskind

1600–1720

Peter Paul Rubens (1577–1640): *Die Folgen des Krieges* (1638)

Barock (1600–1720)

„Ungläubigen die Wahrheit preisen, heißt Blinden schöne Dirnen weisen."

Andreas Gryphius (1616–1664)

Themen & Stichworte

- Vergänglichkeit alles Irdischen (Vanitas)
- Hoffnung auf besseres Leben im Jenseits
- Leben als Jammertal (Krieg)

Aufklärung (1720–1785)

„Aufklärung ist der Ausgang des Menschen aus seiner selbstverschuldeten Unmündigkeit."

Immanuel Kant (1724–1804)

Themen & Stichworte
- Vorrang der Vernunft
- Auflösung kirchlicher Dogmen durch naturwissenschaftliche Erkenntnisse
- Humanität: naturgegebene Gleichheit aller Menschen

Joseph Wright of Derby (1734–1797): ***An Experiment on a Bird in the Air Pump*** (1768)

Sturm und Drang (1765–1785)

„Auch aus Steinen, die einem in den Weg gelegt werden, kann man Schönes bauen."

Johann Wolfgang von Goethe (1749–1832)

Themen & Stichworte
- Kritik an den gesellschaftlichen Verhältnissen
- Freiheit des Individuums
- Geniekult: Herausragen des Einzelnen
- Naturverbundenheit

Caspar Wolf (1735–1783): ***Der Lauteraargletscher mit Blick auf den Lauteraarsattel*** (1776)

Klassik (1786–1805)

„Liebe Freunde! Es gab schönre Zeiten/ Als die unsern – das ist nicht zu streiten!"

Friedrich Schiller (1759–1805)

Themen & Stichworte
- griechische Antike als Vorbild
- Geist und Gefühl; Dichter als Erzieher der Menschheit
- Menschenbild: gebildet, klug und frei
- Harmoniebedürftigkeit, Schönheit, Maß, Bildung

Jacques Louis David (1748–1825): ***Die Liebe von Paris und Helena*** (1788)

Romantik (1790–1830)

„„Alles mag man fürchten, nur nicht, was man bekämpft."

Bettina von Arnim (1785–1859)

Themen & Stichworte
- symbolhafte Sprache, romantische Darstellung der Wirklichkeit
- Betonung der Motive Fernweh, Reisen, Romantik, Träume, Phantasie, Nacht, Märchen
- Abgrenzung von Aufklärung und Klassik
- Liebe, Freundschaft, Geselligkeit

Caspar David Friedrich (1774–1840): ***Gebirgslandschaft mit Figur*** (1810)

1815–1850

Carl Spitzweg (1808–1885): ***Der Sonntagsspaziergang*** (1841)

Biedermeier und Vormärz (1815–1850)

„Denk ich an Deutschland in der Nacht, so bin ich um den Schlaf gebracht."

Heinrich Heine (1797–1856)

Themen & Stichworte

- Biedermeier: Zurückgezogenheit und Wunsch nach familiärer Idylle, Geborgenheit, Weltschmerz, Ehe, Familie, Liebe
- Vormärz: Kritik, Massenarmut, Unterdrückung, Wunsch nach Demokratie, Ablehnung der bestehenden Ordnung

1850–1890

Fritz von Uhde (1848–1911): ***Der Leierkastenmann kommt*** (1883)

Realismus (1850–1890)

„Der eigentliche Kern der Freundschaft: ein Glaube, ein Hoffen, ein gemeinsames Werk!"

Annette von Droste-Hülshoff (1797–1848)

Themen & Stichworte

- Orientierung an der Lebensrealität, am Alltag
- Suche nach dem Echten, dem Wahren
- Menschliche Grunderfahrungen (Liebe, Ehe, Tod usw.)
- Aufgabe der Literatur: Beobachten

1880–1900

Robert Koehler (1850–1917): ***Der Streik*** (1886)

Naturalismus (1880–1900)

„Der organisierte Wahnsinn ist die größte Macht der Welt."

Gerhart Hauptmann (1862–1946)

Themen & Stichworte

- Darstellung der Probleme der Gesellschaft
- Verhältnis von Mensch und Technik
- Soziale Milieus und Großstadtleben
- Festgelegtheit des menschlichen Denkens und Handelns

1910–1925

Paula Modersohn-Becker (1876–1907): ***Mädchen mit Kind vor roten Blumen*** (1902)

Expressionismus (1910–1925)

„Der Mensch, das sonderbare Wesen: Mit den Füßen im Schlamm, mit dem Kopf in den Sternen."

Else Lasker-Schüler (1869–1945)

Themen & Stichworte

- Weltuntergangsstimmung
- Vereinzelung, Entfremdung
- radikales Erleben von Gefühlen (Aufschrei)
- neuer Mensch: Revolution, Aufbruch
- Rausch, Traum, Wahnsinn

1924–1932

Neue Sachlichkeit (1924–1932)

„Phantasie – Flucht vor der Wirklichkeit? – Flucht in eine bessere Wirklichkeit?"

Irmgard Keun (1905–1982)

Themen & Stichworte
- dokumentarisch-exakte Darstellung
- Klarheit im Ausdruck
- Bedürfnis nach Einfachheit
- objektive und genaue Wiedergabe der Realität

Carl Grossberg (1894–1940): ***Fabriklandschaft im Schnee*** (1923)

1933–1945

Literatur während der NS-Zeit (1933–1945)

„Kennst Du das Land, wo die Kanonen blühn?
Du kennst es nicht? Du wirst es kennenlernen!"

Erich Kästner (1899–1974)

Themen & Stichworte
- Exilliteratur: kritische Auseinandersetzung mit dem Geschehen in Deutschland
- innere Emigration: verhüllte Kritik
- Nationalsozialismus: Krieg, Kampf, Rasse, Volk

Felix Nussbaum (1904–1944 (Auschwitz)):
Selbstbildnis mit Judenpass (1943)

1890–1980

Moderne (1890–1980)

„Kommt uns nicht mit Fertigem. Wir brauchen Halbfabrikate./Weg mit dem Rehbraten – her mit dem Wald und dem Messer."

Volker Braun (*1939)

Themen & Stichworte
- Sozialismus
- Probleme des Privatlebens
- atomare Bedrohung, Umweltbewegung
- rascher technologischer Fortschritt
- Unterdrückung der Frau

Elfriede Lohse-Waechtler (1899–1940):
Eifersucht (1929)

1980–heute

Postmoderne und Gegenwartsliteratur (1980 bis heute)

„Demokratie ist nicht die Methode zum Ermitteln des besten Ergebnisses, sondern nur eine Methode, um Macht zu zerstreuen."

Juli Zeh (*1974)

Themen & Stichworte
- Medien, Technik im Mittelpunkt
- künstlerische und kulturelle Freiheit
- Identitätsverlust
- Mauerfall

Matthias Koeppel (*1937): ***Die Öffnung der Berliner Mauer*** (Mittelteil des Triptychons) (1996/97)

Anschauen – Aneignen – Anwenden

Wo kann ich das Gelernte im Alltag, in der Ausbildung und im Beruf anwenden? In der folgenden Mindmap finden Sie erste Anhaltspunkte.

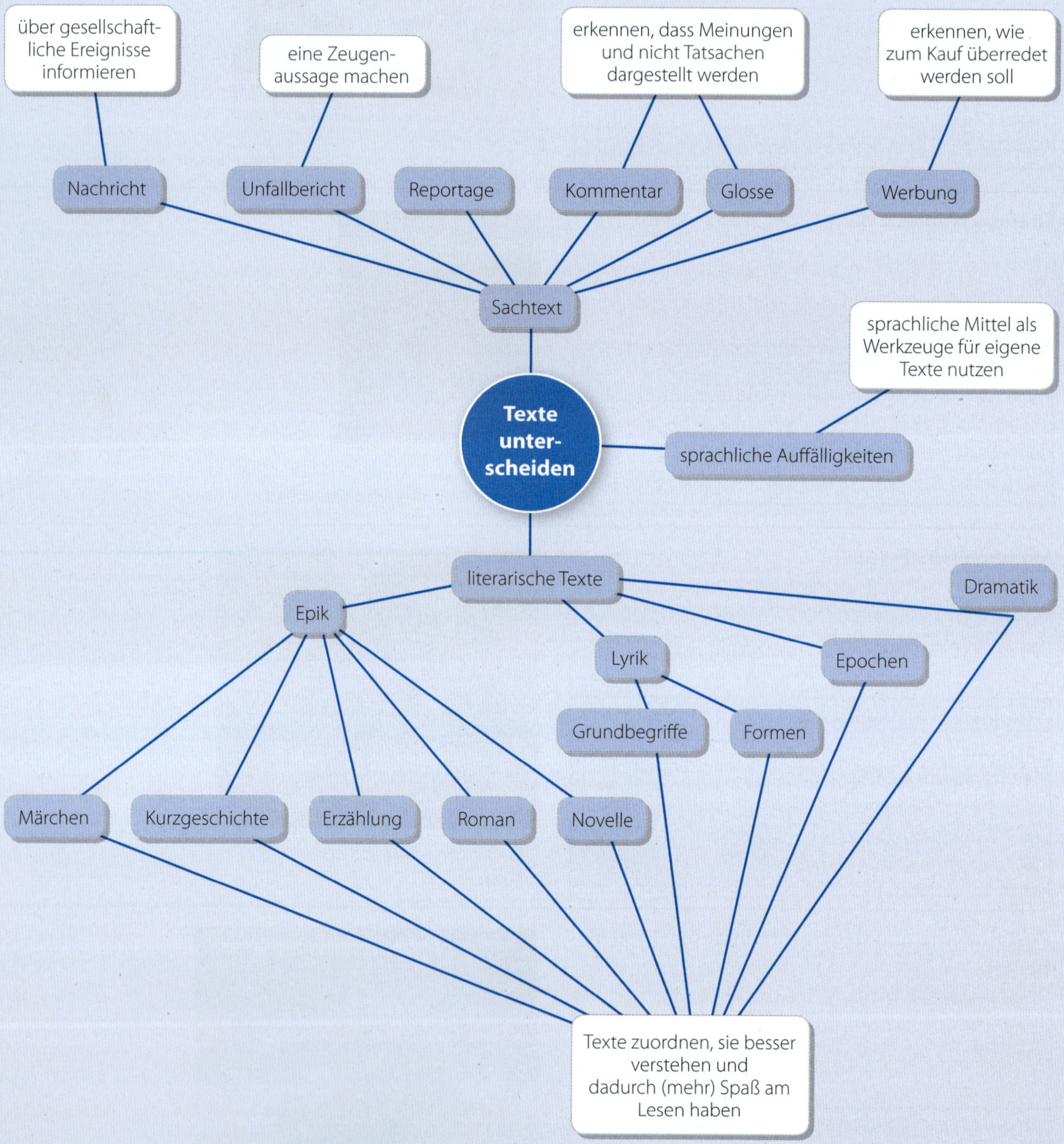

Aufgabe

Finden Sie weitere Anlässe (weiße Endpunkte der Verzweigung), um das Gelernte (farbige Verzweigungspunkte) anzuwenden.

TEXTE VERFASSEN

7.1 Die Inhaltsangabe

Eine Inhaltsangabe liefert jeweils einen knappen und sachlichen Überblick über den Inhalt eines Textes, eines Filmes oder einer Radiosendung.
Eine gelungene Inhaltsangabe beschränkt sich auf den wesentlichen Inhalt eines Textes und seinen Grundaufbau. Alles, was für den Sinn des Textes oder für den Handlungszusammenhang unwichtig ist, wird in einer Inhaltsangabe weggelassen.
An der Inhaltsangabe kann man erkennen, inwieweit ihr Schreiber den Ausgangstext verstanden hat.

Thema: Gegenstand eines Textes; womit sich der Text im Großen und Ganzen beschäftigt

Textsorte: siehe Seite 164 und Seite 166

literarische Texte: siehe Seite 186

Sachtexte: siehe Seite 166

Intention: Absicht

Aufbau
Eine Inhaltsangabe besteht aus zwei Teilen:

1. **Basissatz / Aussagekern** (Einleitung): In ungefähr zwei Sätzen werden Angaben zum Titel, zum Autor, zur Textsorte, zum Thema und eventuell zu Erscheinungsort und -jahr aufgeschrieben.
2. **Inhaltswiedergabe** (Hauptteil):
Der Inhalt des Textes wird schrittweise, sachlich und auf das Wichtigste beschränkt wiedergegeben. Der Text wird nicht einfach nur nacherzählt. Bei literarischen Texten und Spielfilmen werden wesentliche Informationen zum Verlauf der Handlung dargestellt (Ort und Zeit, Figuren, was geschieht warum). Bei Sachtexten wird der gedankliche Aufbau des jeweiligen Textes veranschaulicht.

Sie können auch einen Schlusssatz schreiben, der die Meinung des Autors oder seine Intention zusammenfasst.

Zu einer Inhaltsangabe gehört es normalerweise nicht, dass Sie Ihre eigene Meinung zum Text äußern. Nur wenn die Aufgabenstellung (z. B. in einer Klausur) zusätzlich und ausdrücklich zur Stellungnahme auffordert, sollten Sie Ihre Meinung aufschreiben.
Bitte beachten Sie: Eine Inhaltsangabe sollte deutlich kürzer als der Ausgangstext sein.

Sprachliche Gestaltung

Eine Inhaltsangabe verwendet eine einfache und sachliche Sprache. Es sollten dabei unbedingt eigene Worte gewählt werden. Wörtliche Zitate aus dem ursprünglichen Text gehören nicht in eine Inhaltsangabe. Sollte es nicht vermeidbar sein, Formulierungen aus dem Text zu übernehmen, so stehen sie in der indirekten Rede (siehe Seite 168).

Präsens und Perfekt: siehe Seite 33 bis 34

Eine Inhaltsangabe steht immer im Präsens (Gegenwart). Dabei ist es egal, in welcher Zeitform der Ausgangstext steht. Will man allerdings darstellen, dass etwas vor der eigentlichen Handlung geschehen ist, nutzt man das Perfekt (vollendete Gegenwart).

Pisa: Hier ist die PISA-Studie gemeint, *Programme for International Student Assessment* (Programm zur internationalen Schülerbewertung).

Altphilologe: Sprach- und Literaturwissenschaftler für alte Sprachen

Pisa für Erwachsene (Auszug)

von Dietmar Wischmeyer

[…] Das Land der Dichter und Denker: eine einzige Wüstenei mit verdorrenden Altphilologen. Nichts wächst nach, keine Elite, keine Ingenieure, und die breite Masse knipst bei sich selber oben das Licht aus. Schon lange ist mir aufgefallen, wie nach und nach die Schrift auf den Verkehrszeichen verschwindet und durch Comic-

Symbole ersetzt wird. „Eingeschränktes Lichtraumprofil" hieß es noch vor wenigen Jahren am Alleenrand. Heute können zwanzig Prozent der Dösbaddel hinterm Steuer zwei Wörter mit so viel Buchstaben erst gar nicht im Vorbeifahren lesen, 60 Prozent wissen mit dem Begriff „Lichtraum" nichts anzufangen, zehn kennen „Profil" nur als nichtvorhandenes auf ihren Reifen, und der kümmerliche Rest, der's versteht, hat keinen LKW. Drum zieren heute ein krummer Baum und ein drunterherkratzender Laster das Schild. Und damit keiner glaubt, der liebe LKW stütze nur den alten, kranken Straßenbaum, ist dem Kontaktbereich beider noch ein roter Comic-Splash hinzugefügt.

Auf diesem Niveau wird also mittlerweile der StVO-Absolvent angesprochen. Weil die Bürger aber nicht nur Verkehrsteilnehmer sind, sondern auch noch andere Rollen spielen im Staate Käsequark, werden nach und nach alle öffentlichen Schriftzeichen in Doofmann-Piktogramme umgetauscht. Statt des Wortes „Finanzamt" überm Amtsportal leuchtet weit ein Hai in Neon mit Geldbündeln im zahnbewehrten Maul. Statt der Aufschrift „Polizei" am hässlichen Mittelklassewagen prangt eine gefesselte Panzerknackerfigur aus Polyester auf dem Dach. Dann endlich ist die Geschichte an ihrem Ende angelangt. Denn am Anfang war das Wort, und wenn das Wort nicht mehr ist, war's das.

Allee: Straße, die auf beiden Seiten von Bäumen begrenzt ist

Dösbaddel: plattdeutsch für Dummkopf

StVO: Straßenverkehrsordnung

Piktogramm: vereinfachte bildhafte Darstellung von etwas. Ein Piktogramm soll kurz und knapp eine bestimmte Information vermitteln (siehe auch Seite 11).

Glosse: siehe Seite 174

Beispiel für eine Inhaltsangabe:

Basissatz / Aussagekern	Zu der Glosse „Pisa für Erwachsene" von Dietmar Wischmeyer aus dem Jahr 2003 liegt ein Textauszug vor. In diesem Auszug geht es um das Bildungsniveau der Bevölkerung Deutschlands.
Inhaltswiedergabe	Der Autor behauptet, dass in Deutschland keine Elite nachwachse und die Masse der Bevölkerung immer dümmer werden würde. Als Beleg dafür weist er darauf hin, dass auf Verkehrsschildern nur noch Comic-Symbole zu sehen seien. Wischmeyer malt sich eine Zukunft aus, in der die Schrift überall durch Symbole ersetzt würde und man keine Worte mehr gebrauche. Das wäre für ihn das Ende der Geschichte und der Zivilisation.

Wir. Rügen. Spanien. (Auszug)

von Peter Dausend

Mach es wie die Truppe: Welcher Slogan wem Erfolg verspricht

Wir. Dienen. Deutschland. So lautet der Slogan, mit dem die Bundeswehr seit nunmehr drei Jahren für sich selbst und um Nachwuchs wirbt. Von besonderer Bedeutung, das haben überbezahlte Werbefuzzis einst nicht unpfiffig erkannt, sind dabei die drei Punkte. Zum einen, weil sie Subjekt. Prädikat. Objekt. trennen und *Wir. Dienen. Deutschland.* dadurch Entschlossen. Kernig. Willensstark. klingt. Und zum anderen, weil sich so jedem Teil von *Wir. Dienen. Deutschland.* eine soldatische Tugend zuschreiben lässt: Geschlossenheit. Gehorsam. Vaterlandsliebe.

Uns. Überzeugt. Das.

Und zwar so sehr, dass wir anderen Berufsgruppen Werbung nach Art der Bundeswehr empfehlen. Konditoren könnten fortan mit *Wir. Backen. Franzbrötchen.* werben, Finanzberater mit *Wir. Verarschen. Leute.*, Hotelbesitzer an der Ostsee mit *Wir. Rügen. Spanien.* [...]

Aufgaben

1. a) Schreiben Sie eine Inhaltsangabe des Textes „Wir. Rügen. Spanien."
   b) Arbeiten Sie heraus, was der Text kritisiert, woran man die Kritik erkennt und beziehen Sie Stellung.
2. Fertigen Sie eine kurze Inhaltsangabe Ihres aktuellen Lieblingsbuchs oder -films an.

7.2 Die freie Erörterung

Erörtern bedeutet, sich mit einem Problem, einer Behauptung (These) oder einer Fragestellung auseinanderzusetzen, die Pro- und Kontra-Argumente gegeneinander abzuwägen und einen eigenen Standpunkt zu finden.

Es gibt zwei grundlegende Formen von Erörterungen:

- die **freie Erörterung** (auch Problemerörterung genannt) und
- die **textgebundene Erörterung** (siehe Seite 228).

Debatte: siehe Seite 92

Eine **freie Erörterung** stellt, wie eine Debatte, entgegengesetzte Meinungen einander gegenüber. Jedoch werden im Unterschied zur Debatte die entgegengesetzten Meinungen nicht von verschiedenen Rednerinnen und Rednern geäußert. Bei der freien Erörterung führt allein der einzelne Autor bzw. die einzelne Autorin die unterschiedlichen Meinungen und ihre Argumentationen an. Dabei ist es zunächst egal, welche Meinung sie oder er persönlich vertritt, beide Seiten – Pro und Kontra – werden angeführt.

Die lineare Erörterung:
Auf diesen und den folgenden Seiten wird gezeigt, wie Sie die freie Erörterung als dialektische Erörterung schreiben. Es gibt eine weitere Art der freien Erörterung: **die lineare Erörterung**. Im Fall einer linearen Erörterung stellen Sie nur Ihre eigene Position dar. Das bedeutet: Wenn Sie der These zustimmen, schreiben Sie **nur** über die Pro-Seite, wenn Sie der These widersprechen, schreiben Sie **nur** über die Kontra-Seite. Eine lineare Erörterung unterscheidet sich im Wesentlichen im Hauptteil (siehe oben auf der rechten Seite) von einer dialektischen Erörterung. Im Hauptteil argumentieren Sie, indem Sie das schwächste Argument zuerst, dann das nächst stärkere und ganz zum Schluss das stärkste Argument aufführen:

- Argument 1 (das schwächste) mit Beleg und Beispiel
- Argument 2 (das zweitschwächste) mit Beleg und Beispiel
- …
- Argument 5 (das stärkste) mit Beleg und Beispiel

Erschließung des Themas

Für eine gelungene Erörterung ist es zunächst wichtig, dass eigentliche Thema innerhalb des Problems, der These oder der Fragestellung zu erkennen. Das bedeutet, dass es klar werden muss, was der Pro- und was der Kontra-Standpunkt ist. Hier bietet es sich an, die beiden Standpunkte auf einem Vorbereitungsblatt auszuformulieren.

Ein Beispiel
Sie erhalten z. B. die Aufgabe: *Erörtern Sie die folgende These:*
„Eine Ausbildung ist für die Karriere wichtig."

- Dann würde der Pro-Standpunkt lauten:
  Ja, es ist wichtig für die Karriere, eine Ausbildung abzuschließen.
- Der Kontra-Standpunkt hieße:
  Nein, für die Karriere braucht man keine abgeschlossene Ausbildung.

Sie sollten als Grundlage für die zu schreibende Erörterung für beide Standpunkte Argumente, Belege und Beispiele sammeln.
Dazu bietet sich auf Ihrem Vorbereitungsblatt die Form einer Tabelle an (siehe rechts). Nutzen Sie jeweils eine Pro- und eine Kontra-Spalte. Notieren Sie dabei für jedes Argument auch Belege und Beispiele. Nur so kann ein Argument tatsächlich überzeugend wirken.

Haben Sie ausreichendes Material in der Tabelle gesammelt, ist es für den späteren Aufsatz hilfreich, die Argumente nach ihrer Wichtigkeit zu ordnen. Nummerieren Sie Ihre Argumente in jeder Spalte am besten durch. Das hilft Ihnen bei der Konstruktion des Aufsatzes.

Argumente, Belege und Beispiele: siehe Seite 86

Noch bevor Sie den eigentlichen Aufsatz schreiben, sollten Sie sich Ihre eigene Meinung zum Thema bilden, da sich der Aufbau des Textes an Ihrem Standpunkt orientieren sollte. Sie können der Pro-Meinung sein, den Kontra-Standpunkt vertreten oder eine Sowohl-als-auch-Haltung einnehmen. Alles müssen Sie begründen können.

Aufbau einer freien Erörterung

Einleitung Relevanz des Themas deutlich machen z. B.:	• Anlass des Themas • aktuelles Ereignis, das im Zusammenhang zum Thema steht • persönliche Erlebnisse mit dem Thema
Hauptteil Argumentation formulieren	• im Block oder • im Wechsel
Schluss eigenen Standpunkt deutlich machen, Schlussfolgerungen darstellen	• Pro-, Kontra- oder Sowohl-als-auch-Haltung darlegen, dann: • persönliche Konsequenzen • politische Forderungen • vermutliches Szenario

Bevor Sie mit dem eigentlichen Schreiben des Aufsatzes beginnen, sollten Sie sich für eine der zwei Formen für den Hauptteil entschieden haben:

- **Erörterung im Block** (siehe Seite 218) oder
- **Erörterung im Wechsel** (siehe Seite 219).

Bei einer Erörterung im Block werden zunächst alle Argumente des einen Standpunktes dargestellt und danach alle Argumente des anderen Standpunktes. Diese Form ist einfach zu formulieren und übersichtlich zu lesen (siehe auch Seite 218).

Eine Erörterung im Wechsel ist wie ein Gespräch aufgebaut. Die einander widersprechenden Argumente werden im Wechsel wie die Zähne bei einem Reißverschluss aneinandergereiht (siehe hierzu auch Seite 219). Bei dieser Form ist die logische Verknüpfung der Argumente schwieriger zu konstruieren. Sie wirkt jedoch sehr lebendig und wird häufig lieber gelesen als die Erörterung im Block.

Wie Sie genau und schrittweise vorgehen, lesen Sie auf den folgenden Seiten.

Beispiel für eine Tabelle:

Pro	Kontra
• Argument 1 • Beleg • Beispiel	• Argument 1 • Beleg • Beispiel
• Argument 2 • Beleg • Beispiel	• Argument 2 • Beleg • Beispiel
...	...

Hinweis

- Stellen Sie zuerst den Standpunkt dar, den Sie **nicht** vertreten. Danach wird dann der Standpunkt dargestellt, dem Sie zuneigen.
- Die Argumente sollten in steigernder Form angeordnet werden, sodass Sie mit dem schwächsten beginnen und mit dem stärksten enden.
- Der Hauptteil sollte immer mit dem stärksten Argument enden, dass Ihren eigenen Standpunkt stützt.
- Verbinden Sie die einzelnen Argumente durch Überleitungen wie zum Beispiel: *aber, jedoch, dennoch, zusätzlich, außerdem, obendrein, hingegen.*

Aufgaben

1. Recherchieren Sie zu den folgenden Erörterungsthemen und tragen Sie Informationen zusammen:
   a) Soll eine Rente ab 70 eingeführt werden?
   b) Eine achtjährige Schulpflicht reicht aus.
   c) Soll man die Möglichkeit bekommen, Tätowierungen auf Kosten der Krankenkassen entfernen zu lassen?
2. a) Wählen Sie aus Aufgabe 1 ein Thema aus.
   b) Sammeln Sie zu diesem Thema Argumente, Belege und Beispiele.
   c) Ordnen Sie Ihre Argumente nach Pro und Kontra und nach der Stärke der Argumente.

7.2.1 Schritt für Schritt vorgehen

Seit einiger Zeit wird häufig darüber diskutiert, ob es sinnvoll wäre, Vegetarier zu werden. Dabei bleiben die Diskussionen zwischen Vegetariern und Fleischessern selten sachlich. Die Art der Ernährung scheint für viele eine wichtige persönliche Frage zu sein.

Sollten wir alle Vegetarier werden? – Antworten aus einer Internetbefragung

1. Auf der ganzen Welt essen Menschen Fleisch und Fisch. Jede Kultur hat eigene Fleischrezepte.
2. Der menschliche Stoffwechsel braucht Mischkost. Und Mischkost heißt zwar auch Gemüse, Obst, Teigwaren, aber auch Wurst und Fleisch.
3. Fleischessen ist bestialisch. Auch Kühe lieben ihre Kälber und Schweine lieben ihre Ferkel. Wer einmal gesehen hat, wie einer Kuh ihr Kälbchen weggenommen wird, der weiß, wie das Tier leidet.
4. Fleischessen macht fett und picklig. Ärzte gehen davon aus, dass das Fett, das tierische Protein und die Hormone in Milch und Fleisch unreine Haut verursachen.
5. Vegetarier haben einen niedrigeren Cholesterinspiegel als Fleischesser. Deswegen sterben Vegetarier seltener an Herzerkrankungen oder Krebs.
6. Fleischessen kann nicht falsch sein, denn der Mensch hat schon immer Fleisch gegessen.
7. Wir sollen uns alle vegetarisch ernähren, denn Fleischessen ist unmoralisch, weil andere Lebewesen zu Schaden kommen. Wir sind ja auch gegen Sklaverei oder Kinderarbeit.
8. Die Tiere in der Massentierhaltung leiden an zahlreichen gesundheitlichen Problemen. Das ist Tierquälerei.
9. Wegen der vielen Weideflächen für Rinder werden riesige Urwaldgebiete abgeholzt, die wichtig für das Weltklima sind.
10. So ist nun mal der Lauf der Dinge: Um zu leben, muss man töten – pflanzliches oder eben auch tierisches Leben.
11. Vegetarier leiden häufig unter Eisenmangel. Daher greifen sie zu Ersatzpräparaten.
12. Die Massentierhaltung trägt erheblich zur Klimaerwärmung bei. Sie lässt 40 % mehr Treibhausgase entstehen als alle Verkehrsmittel zusammen.
13. Vegetarier leben länger und haben eine deutlich geringere Krebsrate. Das beweist eine seriöse wissenschaftliche Studie.
14. Wenn wir nicht so viel Getreide an die Tiere verfüttern würden, könnten wir alle hungernden Menschen auf der ganzen Welt retten.
15. Wenn unsere Vorfahren nicht irgendwann begonnen hätten, Fleisch in größeren Mengen zu essen, dann hätte sich unser Gehirn nicht so weit entwickeln können.
16. In der freien Wildbahn sind Fleischfresser wichtig, da sonst Pflanzenfresser überhand nehmen würden und die Welt kahl fressen würden. Wenn es wie heute zu wenig Raubtiere gibt, dann muss der Mensch diese Rolle übernehmen und Pflanzenfresser essen.
17. In Deutschland essen die Menschen viel Fleisch und Wurst. Und trotzdem steigt die Lebenserwartung.
18. Der Mensch steht nun einmal an der Spitze der Nahrungskette und die Stärkeren fressen nun einmal die Schwächeren.

Vegetarier unglaubwürdig – Studie deckt auf:

Die meisten Vegetarier bestehen aus Fleisch!

Vorbereitende Schritte für eine Erörterung

Schritt ❶:
Zunächst muss man sich klar werden, was die widersprüchlichen Behauptungen (Thesen) sind. Erörtert man z. B. die Frage „Sollten wir alle Vegetarier werden?", sind folgenden Behauptungen möglich:
a) Ja, wir sollten alle Vegetarier werden (Pro-These).
b) Nein, wir sollten nicht alle Vegetarier werden (Kontra-These).

Schritt ❷:
Für beide Thesen werden die Argumente gesammelt. Dazu bietet sich eine Tabelle mit einer Pro- und einer Kontra-Spalte an (siehe unten).

Schritt ❸:
Am besten ist es, wenn Sie die Argumente nach ihrer Wichtigkeit nummerieren. Das heißt, das stärkste Pro-Argument erhält die Nummer 1, das zweitstärkste die Nummer 2 usw. Das Gleiche machen Sie mit der Kontra-Spalte. Diese Ordnung ist später beim Schreiben der Erörterung wichtig.

Schritt ❹:
Formulieren Sie für jedes Argument einen Beleg bzw. ein Beispiel, um das Argument zu untermauern.

Schritt ❺:
Jetzt sollten Sie einen eigenen Standpunkt entwickeln. Ihr Standpunkt kann auch ein Sowohl-als-auch sein. Notieren Sie ihn in einem Satz und auch Ihre Begründung dafür. Es kann Sie z. B. ein besonders starkes Argument überzeugt haben oder die Menge der Argumente.

Beleg:
Belege sollen die Argumente stützen. Als Belege können Sie z. B. anführen:
- statistische Daten
- Forschungsergebnisse
- Meldungen in den Medien
- allgemein bekannte Tatsachen
- Hinweis auf mögliche Folgen
- allgemein anerkannte Wertvorstellungen
- Äußerungen von Autoritäten

Weitere Hinweise finden Sie auf Seite 86.

Beispieltabelle:

Ja, wir sollten alle Vegetarier werden (Pro-Argumente).	Nein, wir sollten nicht alle Vegetarier werden (Kontra-Argumente).
Vegetarier leben länger und haben eine deutlich geringere Krebsrate. Das beweist eine seriöse wissenschaftliche Studie.	Auf der ganzen Welt essen Menschen Fleisch und Fisch. Jede Kultur hat eigene Fleischrezepte.
...	...

Aufgaben

1. Übernehmen Sie die oben stehende Beispieltabelle in Ihre Notizen. Ordnen Sie dann jeweils fünf Pro- und fünf Kontra-Argumente aus der Internetbefragung in die Tabelle ein.
2. Ergänzen Sie die Argumente der Befragung durch eigene Argumente. Sie können auch Statistiken und weitere Meinungsumfragen einbeziehen.
3. Ordnen Sie die Argumente in jeder Spalte nach ihrer Wichtigkeit.
4. Notieren Sie sich für jedes der in der Tabelle aufgelisteten Argumente einen Beleg bzw. ein Beispiel.
5. Notieren Sie Ihre eigene Meinung zum Thema und Ihre Begründung.

Mit einer Tabelle, die die Pro- und Kontra-Argumente auflistet und sie bereits nach ihrer Wichtigkeit ordnet, besitzen Sie bereits eine wesentliche Vorbereitung. Jetzt können Sie zum nächsten Schritt übergehen.

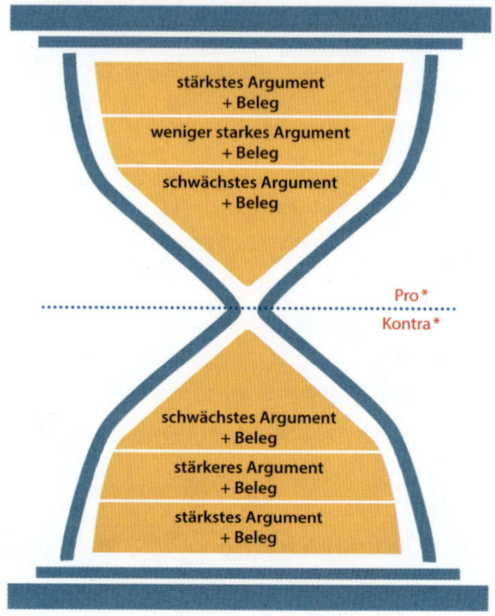

(* Je nach eigener Position)

Erörterung im Block: Man spricht hier vom Sanduhrprinzip, weil ihr Aufbau an eine Sanduhr erinnert: Pro- und Kontra-Argumente werden in der Form einer Sanduhr angeordnet.

Schritt ❻:
Fertigen Sie als Nächstes einen Schreibplan, also eine stichpunktartige Gliederung der Erörterung an. Orientieren Sie sich am Aufbau von Seite 215 „Einleitung – Hauptteil – Schluss".
Die folgende Übersicht stellt eine Erörterung im Block dar (Sanduhrprinzip).

Aufbau einer Erörterung im Block

Struktur/Aufbau	Formulierungsbeispiele
Einleitung Führen Sie zum Thema hin durch: • eine Erläuterung des Themas oder • ein kurze Darstellung der Bedeutung des Themas oder • eine Anknüpfung an einen aktuellen Anlass, eine eigene Erfahrung, einen Bericht in den Medien oder eine aktuelle Diskussion. Wesentlich ist, dass Sie eindeutig die Pro- und die Kontra-Haltung herausarbeiten und benennen.	• Im Folgenden soll das Thema/die Frage … erörtert werden. • Die Frage … wird in letzter Zeit gerade unter Jugendlichen häufig diskutiert. • Während meiner letzten Urlaubsreise lernte ich ein paar neue Freunde kennen, denen die Frage/das Thema sehr wichtig war. • In den letzten Wochen wird in den Talkshows immer wieder darüber diskutiert, … • Während die einen die These vertreten: …, sind die anderen der Meinung: …
Hauptteil Der Hauptteil wird in der Erörterung in einen Pro- und einen Kontra-Block unterteilt, der jeweils durch die Pro- bzw. Kontra-These eingeleitet wird. **Wichtig ist,** dass Sie mit dem Block beginnen, der **nicht** Ihrer eigenen Position entspricht. Stellen Sie hingegen den Block, der Ihrem Standpunkt entspricht, an das Ende des Hauptteils. Bei dem 1. Block beginnen Sie mit dem stärksten Argument und enden mit dem schwächsten. Beim 2. Block, also Ihrer eigenen Position, machen Sie es umgekehrt. Sie beginnen mit dem schwächsten Argument und enden mit dem stärksten und überzeugendsten.	**1. Block** • Das wichtigste Argument ist … • Besonders wichtig ist … • Außerdem … • Des Weiteren … • Ebenso wichtig ist … • Ein weiterer Punkt ist … • Zudem sollte man bedenken … **Übergang** • Andererseits muss man aber bedenken … • Auf der anderen Seite spricht aber dagegen … **2. Block** • Wichtig ist die Tatsache … • Beachtenswert ist auch … • Noch wichtiger erscheint mir … • Bedeutsam ist ebenso … • Am wichtigsten ist aber …

Schluss Sie beziehen eine persönliche Position, indem Sie die Argumente bewerten. Argumente können aufgrund persönlicher Erfahrungen oder Einstellungen als wichtig oder unwichtig eingestuft werden. Sie können dabei eine Pro- oder Kontra-Haltung, aber auch eine Position des Sowohl-als-auch einnehmen.	• Meiner Ansicht nach … • Ich meine … • In bin der Meinung … • Ich stehe auf dem Standpunkt … • Nachdem ich mich eingehend mit den Argumenten der beiden Seiten beschäftigt habe, komme ich zu der Ansicht …

Aufbau einer Erörterung im Wechsel

Eine Erörterung kann nicht nur im Block (Sanduhrprinzip) aufgebaut werden, sondern auch im Wechsel (Reißverschlussprinzip) aufgebaut sein. Eine **dialektische Erörterung** im Wechsel ist meist jedoch etwas komplizierter zu schreiben, denn Pro- und Kontra-Argumente wechseln sich gegenseitig ab.

Wichtig ist, dass Sie schon beim Erstellen des Schreibplans darauf achten, dass die einzelnen Pro- und Kontra-Argumente nicht beliebig aneinander gereiht werden. Auch hier beginnt man mit dem schwächsten Argument und verwendet zum Schluss das stärkste, das die eigene Meinung am meisten stützt.

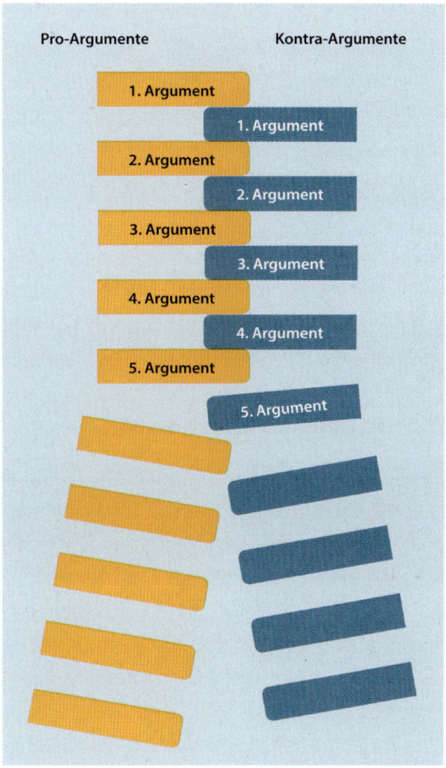

Erörterung im Wechsel:
Man spricht hier vom Reißverschlussprinzip, weil ihr Aufbau an einen Reißverschluss erinnert: Pro- und Kontra-Argumente werden in der Form eines Reißverschlusses angeordnet.

Hinweis
Der Begriff **„Dialektik"** lässt sich aus dem Lateinischen ableiten und bedeutet soviel wie „die Kunst, ein Gespräch zu führen".

Aufgaben

1. Entscheiden Sie sich für eines der folgenden Erörterungsthemen:
   a) Führt das Internet zu größerem Erfolg in der Schule?
   b) Alkohol ist für eine gute Party notwendig.
   c) Heutzutage braucht man keinen Fernseher mehr, denn das Internet reicht.
   d) Muss man als junger Mensch in sozialen Netzwerken beteiligt sein?
   e) Man sollte schon jung Kinder kriegen und nicht erst, wenn man über 30 ist.
2. Formulieren Sie zu dem gewählten Thema eine Pro- und eine Kontra-These.
3. Sammeln Sie in einer Tabelle Pro- und Kontra-Argumente und ordnen Sie diese nach ihrer Wichtigkeit.
4. Ergänzen Sie zu jedem Argument einen Beleg.
5. Notieren Sie Ihren eigenen Standpunkt zum Thema und Ihre Begründung für diese Position.
6. Erstellen Sie zu dem gewählten Thema einen Schreibplan für eine Erörterung im Block (Sanduhrprinzip).
7. Schreiben Sie auf der Grundlage Ihres Schreibplans eine vollständige Erörterung.

7.3 Einen Sachtext analysieren – die Textanalyse

Sachtext: Text mit der Absicht (Intention), Informationen zu einem Sachverhalt zu liefern (z. B. die Textsorten Nachricht, Kommentar, Glosse, Reportage, Interview; siehe hierzu die Seiten164 bis 175).

Um einen Sachtext besser zu verstehen, ist es sinnvoll, ihn zu analysieren. Das bedeutet, dass Sie

1. zunächst den zu untersuchenden Text aufmerksam durchlesen. Markieren Sie dabei Unklarheiten und unverständliche Wörter. Klären Sie dann diese Fälle mithilfe von Nachschlagewerken, des Internets oder durch das Befragen sachkundiger Personen.
2. den Text danach noch mehrmals lesen und alle Formulierungen, die Ihnen auffallen, kennzeichnen. Das können z. B. Wortwiederholungen oder andere sprachliche Mittel oder auffällige Satzkonstruktionen sein. Notieren Sie sich kurz alles, was Ihnen an dem Text auffällt. Hinweise dazu, wie Sie einen Text richtig lesen und dabei bearbeiten, finden Sie auf Seite 150.
3. den Text dann in seine einzelnen Bestandteile zerlegen (Inhalt, Argumentationsstruktur, Sprache).
4. danach die Teile und ihre Funktionen genau beschreiben.

Durch die Beschreibung der einzelnen Bestandteile kann man am Ende der Analyse den gesamten Text besser verstehen.

Oft wird in Klassenarbeiten und Klausuren in der Schule eine Sachtextanalyse gefordert. Wird Ihnen die folgende oder eine ähnliche Aufgabe gestellt: „Analysieren Sie den folgenden Text.", empfiehlt sich der folgende Aufbau für Ihren Aufsatz.

Aufbau einer Sachtextanalyse

❶ Einleitung:
Notieren Sie die Antworten zu den folgenden Fragen.
- Wie ist der Titel des Sachtextes?
- In welchem Medium ist der ursprüngliche Text erschienen? (Zum Beispiel in einem Buch, einer Zeitschrift, einer Zeitung oder als Rede.)
- Wie heißt der Autor bzw. die Autorin?
- In welchem Jahr ist der Text erschienen und zu welchem Anlass?
- Zu welcher Textsorte gehört der Text und woran erkennen Sie das? (Zum Beispiel Kommentar, Glosse, Bericht usw.)
- Was ist das Thema des Textes (die Kernaussage)? Also: Wovon handelt der Text grundsätzlich?

❷ Hauptteil:
Inhalt des Textes
- Führen Sie kurz in die Problematik ein: Stellen Sie einen Bezug zu einem aktuellen Ereignis her oder erklären Sie knapp einen der wichtigsten Begriffe des Textes.
- Geben Sie eine kurze Inhaltsangabe und notieren Sie den Leitgedanken (d. h., die wichtigste Aussage) des Textes.

Struktur des Textes (Argumentationsweise)
Finden Sie heraus,
- welche Formulierungen Thesen sind.

These: Behauptung, Werturteil, Empfehlung oder auch Forderung. Steht häufig am Anfang eines Textes, kann auch als rhetorische Frage formuliert sein. Siehe hierzu Seite 86.

- durch welche Argumente die jeweiligen Thesen gestützt werden.
- durch welche Belege oder Beispiele wiederum die Argumente veranschaulicht werden.
- ob der Autor Gegenargumente anführt und was er damit erreichen will.
- welche Argumenttypen der Autor im Einzelnen verwendet. (Siehe hierzu Seite 86.)
- ob der Text das Thema linear oder dialektisch behandelt.
- ob der Autor deduktiv oder induktiv vorgeht.

Sprache des Textes
Notieren Sie, was Ihnen an der Sprache des Textes auffällt.

- Gibt es z. B. viele Adjektive oder häufen sich Substantive usw.?
- Ist etwas am Satzbau auffällig? Gibt es mehr Hypotaxen oder Parataxen? Sind Aussage-, Frage- oder Ausrufesätze besonders häufig?
- Werden besondere Wörter verwendet wie Neologismen, Archaismen, Fremdwörter, Modewörter usw.?
- Welche rhetorischen Mittel werden verwendet? (Siehe Seite 179.)
- Welcher Sprachebene (Varietät) kann die Sprache des Textes zugeordnet werden? (Fach-, Umgangs-, Standardsprache usw., siehe Seite 67.)

Benennen Sie nicht nur die sprachlichen Auffälligkeiten. Erwähnen Sie auch unbedingt, welche Funktionen sie jeweils erfüllen, also was mit diesen Formulierungen Ihrer Meinung nach erreicht werden soll.

Absicht des Textes (Intention)
Bestimmen Sie die Absicht mit Hilfe Ihrer bisherigen Untersuchungsergebnisse und der folgenden Fragen:

- Welches Ziel verfolgt der Autor mit dem Text? Sollen die Leser zu bestimmten Handlungen veranlasst werden, sollen Sie von etwas überzeugt werden usw.?
- Wird das Ziel ausdrücklich genannt oder kann man es an bestimmten Formulierungen zwischen den Zeilen erkennen?
- Wer soll durch den Text angesprochen werden? Wendet sich der Autor an einzelne Personen, an eine bestimmte Gruppe von Menschen oder an nicht bestimmbare Massen?

❸ Schluss:
Bewerten Sie den Text und die Absicht (Intention) des Autors.
Überprüfen Sie dazu, ob

- die Argumentation stichhaltig und schlüssig ist.
- die Argumentation die Leser überzeugen oder manipulieren will.
- der Text sprachlich den Erwartungen der Zielgruppe entspricht.
- der Autor bei der Zielgruppe die Wirkung erreicht, die er beabsichtigt.
- die Haltung des Autors Ihrer Meinung nach (ethisch) vorbildlich, akzeptabel oder verwerflich ist.

Formulieren Sie mit den Ergebnissen Ihrer Überprüfung ein Fazit bzw. eine persönliche Stellungnahme zum vorliegenden Sachtext.

lineare Argumentation: Da die These eigentlich unstrittig ist, werden nur Argumente angeführt, die die These unterstreichen.

dialektische Argumentation: Da die These umstritten ist, werden unterschiedliche Ansichten (Pro- und Kontra-Argumente) zu dem Thema dargestellt. Siehe hierzu auch Seite 218.

deduktiv: Es wird von einer allgemeinen Aussage auf Einzelfälle geschlossen.
Beispiel: *Heute weiß man, dass man Lungenkrebs bekommt, wenn man raucht. Da werden Kevin, Paul und ein paar meiner Freunde, weil sie rauchen, irgendwann schwer erkranken.*

induktiv: Es wird von Einzelfällen auf eine allgemeine Aussage geschlossen.
Beispiel: *Ein Onkel von mir, ein Freund meines Vaters und die Oma einer Freundin haben geraucht und Lungenkrebs bekommen. Das heißt also: Wenn man raucht, bekommt man Lungenkrebs.*

Beleg: siehe Seite 86

Hypotaxe: siehe Seite 179

Parataxe: siehe Seite 179

Neologismus: siehe Seite 183

Archaismus: siehe Seite 182

Modewort: siehe Seite 69

7.3.1 Beispiel für eine Textanalyse

Kolumne: siehe Seite 308

Kolumne Wutbürger

Düdel-dü-di, düdeldüdidü

Die Telefonie im öffentlichen Raum ruft nach Notwehrmaßnahmen. Nach drastischen Notwehrmaßnahmen. Und ich antworte.

von Isabell Lott

Manchmal träume ich davon, das Handy wäre nie erfunden worden. Dieses Gerät und seine Nutzer haben sich inzwischen zu einer echten Plage entwickelt. Es gibt keinen Ort mehr, nicht einmal das Kino, an dem die Leute nicht in ihr Handy quatschen.

Obwohl es die Mehrzahl aller von mir Befragten als störend empfindet, schreiten die wenigsten ein. Diese Duldsamkeit geht mir ab, daher bilde ich eine individuelle kämpferische Einheit.

Ich habe verschiedene Strategien entwickelt, um die „Ins-Handy-Schreier" zu stoppen. Den gestressten Jungunternehmer, der glaubt, seine Anweisungen ans Personal in der Straßenbahn geben zu müssen, frage ich voller Mitleid, warum er sich kein Büro leisten könne. Der legt dann meistens ziemlich hastig auf, denn so will er auf keinen Fall wirken.

Manche Unterhaltungen unterbreche ich auch gern und frage, ob sie das Problem mit ihrer Einkommensteuer wiederholen könnten, das hätte ich jetzt nicht richtig kapiert. Gut funktioniert auch die Frage, ob sie das Gespräch auf laut stellen könnten, damit ich hören kann, was die Gegenseite dazu meint. Danach ist meistens Ruhe.

Eine Methode, von der ich gehört habe, soll absolut effizient sein. Einfach „Komm ins Bett, Schatz, mir ist kalt" in das fremde Handy zu rufen. So weit bin ich aber noch nicht. Ich muss auch zugeben, dass ich Kampfhundbesitzer und solche Mitbürger, die ausstrahlen, Konflikte vorwiegend nonverbal zu lösen, aus Feigheit ignoriere.

Trotzdem bin ich weit davon entfernt, mich zu ergeben, obwohl der aktuelle TV-Spot eines Mobilfunkanbieters doch ziemlich ernüchternd ist. Der Film zeigt tanzende junge Menschen, dann klingelt das Smartphone einer jungen Frau, die natürlich sofort rangeht und beteuert, der Anrufer störe nicht. Sie verlässt die Tanzfläche und dreht dem DJ ganz cool die Musik ab. Die Stimme im Off säuselt: „Fühl dich wie zu Hause." Und zu Hause ist, wo dein Smartphone klingelt.

In meinem Spot würde der DJ ihr das Teil abnehmen und in die Tonne treten.

(Quelle: www.taz.de vom 11. 08. 2013)

Das folgende Beispiel folgt dem Aufbau einer Textanalyse, so wie er auf den Seiten 220 bis 221 dargestellt wurde.

Am Rand des Textes finden Sie die stichpunktartigen Hinweise für die inhaltliche Gestaltung der Einleitung, des Hauptteils und des Schlusses, so wie sie auf den Seiten 220 bis 221 angegeben wurden. Nutzen Sie diese Angaben auch für die Lösung der Aufgaben auf Seite 227.

Beispiel für eine Sachtextanalyse

❶ Einleitung

Der Titel des Textes: „Düdel-dü-di, düdeldüdidü", besteht aus einer Lautmalerei. Erst der Untertitel lässt vermuten, dass der Titel das Klingeln eines Handys darstellen soll: „Die Telefonie im öffentlichen Raum ruft nach Notwehrmaßnahmen. Nach drastischen Notwehrmaßnahmen. Und ich antworte."

- Titel des Textes

Der Text ist in der Tageszeitung taz am 11. August 2013 erschienen. Geschrieben hat ihn die Journalistin Isabel Lott. Vermutlich haben persönliche Erlebnisse Sie veranlasst, den Text zu schreiben. Sie hat dazu die Textsorte Kolumne gewählt, wie man über der Überschrift lesen kann. Dabei handelt es sich um einen kurzen journalistischen Text, bei dem die Autorin oder der Autor seine persönliche Meinung zu einem Thema darstellt.

Das Thema des Textes wird bereits im Untertitel deutlich: die Belästigung durch öffentliches Telefonieren.

- Medium, in dem der ursprüngliche Text erschienen ist
- Autorin
- Erscheinungsjahr und Anlass
- Textsorte und woran das zu erkennen ist
- Thema des Textes (Kernaussage): Wovon der Text handelt.

❷ Hauptteil

Zunächst beschreibt die Autorin das Problem: Die Handynutzung in der Öffentlichkeit würde mittlerweile von vielen Menschen als eine Plage empfunden, jedoch wehre sich kaum jemand dagegen. Isabel Lott behauptet, sie würde jetzt mit verschiedenen Strategien gegen die Plage vorgehen, indem sie Lauttelefonierer bei ihren Telefonaten lächerlich mache und somit störe. Im Text stellt Lott vier Methoden vor. Zunächst wird ein Jungunternehmer gefragt, ob er sich kein Büro leisten könne. Dann bittet sie die Telefonierenden, doch mal ihr Problem mit der Einkommensteuer zu erklären oder das Gespräch laut zu stellen, um den Gesprächspartner auch zu hören. Von einer vierten, sehr wirksamen Methode, meint sie, hätte sie nur gehört: Man ruft intime Äußerungen in das fremde Handy. Daraufhin schränkt sie ein, dass sie Leute, die gefährlich aussehen, bei ihren Telefonaten nicht stören würde. Am Ende des Textes beschreibt sie einen TV-Spot eines Mobilfunkanbieters, in dem rücksichtsloses Telefonieren beworben wird.

Die Autorin schließt damit, dass sie das beworbene Verhalten nicht dulden und das Handy in den Müll werfen würde.

- Einführung in die Problematik
- Leitgedanken (d.h., die wichtigste Aussage) des Textes.
- kurze Inhaltsangabe

Struktur des Textes (Argumentationsweise)

- Struktur/Gliederung
- Thesen
- Argumente, die die jeweiligen Thesen stützen
- Gegenargumente und was damit erreicht werden soll.
- Argumenttypen, die im Einzelnen verwendet werden (siehe hierzu auch Seite 86)
- Belege oder Beispiele, die die Argumente veranschaulichen

Der Text lässt sich in vier kurze Abschnitte unterteilen. Im ersten Abschnitt bis zum 3. Satz wird die These des Textes deutlich. Es wird behauptet, dass sich Handys und ihre Nutzer zu einer Plage entwickelt hätten, vor der man nirgendwo mehr sicher sei. Im zweiten Abschnitt im 4. Satz wird das einzige Argument angeführt, mit dem die These untermauert werden soll: Die Autorin hat eine unbestimmte Zahl von Personen befragt, ob sie die Handynutzung in der Öffentlichkeit als störend empfänden, wobei die Mehrzahl der Befragten dies bejaht hat. Hier handelt es sich um einen besonderen Argumenttyp: das sogenannte Argumentum ad populum. Dabei wird die These gestützt, indem die Meinung einer Mehrheit von relevanten Personen angeführt wird. Die These soll also deswegen richtig sein, weil viele Menschen dieselbe Meinung haben. Isabel Lott meint weiterhin, dass aber nur sehr wenige Menschen gegen die Störung durch die Handynutzung einschreiten würden. Ohne weitere Argumente für die These anzufügen, sagt sie, dass sie selbst nicht duldsam sei und einschreiten würde. Danach, im dritten Abschnitt, zählt die Autorin die vier Beispiele für Maßnahmen gegen die „Plage" auf. Das abschließende Beispiel des TV-Spots im vierten Textabschnitt nutzt sie dazu, den Text mit einer überraschend harten Reaktion, das Handy „in die Tonne" (letzte Zeile) zu treten, interessant zu beenden.

Sprache des Textes

Auffälligkeiten:

- Wortwahl
- rhetorische Mittel (siehe Seite 179)
- Sprachebene (Varietät) des Textes (Fachsprache, Umgangssprache, Standardsprache usw., siehe hierzu Abschnitt 67)
- Benennen Sie nicht nur die sprachlichen Auffälligkeiten, sondern erwähnen Sie auch, was mit diesen Formulierungen Ihrer Meinung nach erreicht werden soll.

Die Sprache des Textes zeigt einige Auffälligkeiten. So macht bereits die Lautmalerei der Überschrift sehr deutlich, dass bereits das Klingeln eines Handys auf die Nerven gehen kann. Der tragende Gedanke des Textes, dass es wichtig sei, sich gegen das Telefonieren in der Öffentlichkeit zu wehren, wird in der Wortwiederholung von „Notwehrmaßnahmen" und der Ellipse: „Nach drastischen Notwehrmaßnahmen.", im Untertitel deutlich. Die Wortwahl zeigt die ablehnende Haltung der Autorin gegenüber dem Handy durch distanzierende Wörter wie „Gerät" (Zeile 7) und „das Teil" (Zeile 35), negative Wörter wie „Plage" (Zeile 7) und „störend" (Zeile 10) oder aggressive Ausdrücke wie „kämpferische Einheit" (Zeile 12) und „in die Tonne treten" (Zeile 35). Die Sprache wechselt zwischen der Standard- und der Umgangssprache, erkennbar an den Wörtern „quatschen" (Zeile 9), „rangeht" (Zeile 31) oder „ganz cool" (Zeile 32). Die Autorin will damit vermutlich eine jüngere Leserschaft erreichen und nicht als die meckernde unzufriedene Alte erscheinen.

Isabel Lott will mit Ihrem Text erreichen, dass sich die Leserinnen und Leser, die sich wie sie durch öffentliches Telefonieren gestört fühlen, dagegen zur Wehr setzen. Dazu macht sie konkrete Vorschläge, wie die Störer lächerlich gemacht werden können.

- Ziel, das mit dem Text verfolgt wird. Handlungen, zu denen die Leser veranlasst werden.

Absicht des Textes (Intention)

Es findet allerdings nur eine sehr knappe Argumentation statt. Sicherlich wird sich niemand, der unschlüssig ist oder gar eine andere Meinung als die Autorin hat, von dem Text überzeugen lassen. Leserinnen und Leser, die von vornherein die Meinung der Autorin teilen, werden über die dargestellten Methoden des Widerstandes gegen zu lautes Telefonieren in der Öffentlichkeit vielleicht amüsiert sein und Anregungen für ihr eigenes Verhalten bekommen.

Da ich mich selbst oft über die Lauttelefonierer ärgere, finde ich die Absicht des Textes richtig und nachvollziehbar. Allerdings hätte ich mir eine tatsächliche Argumentation mit mehreren Argumenten und Belegen zu dem Thema gewünscht.

- Bewerten Sie den Text und die Absicht (Intention) der Autorin.

❸ Schluss

Aufgaben

1. Lesen Sie den Text und überprüfen Sie dann, ob alle auf den Seiten 220 bis 221 genannten Aspekte in der Analyse vorhanden sind.
2. Nennen Sie sprachliche Mittel, die Ihnen aufgefallen sind und die nicht in der Textanalyse erwähnt werden. Eine Übersicht zu den sprachlichen Mitteln finden Sie auf den Seiten 178 bis 185.

Wichtige Hinweise für das Schreiben einer Textanalyse

- Verwenden Sie, bevor Sie Ihre Analyse schreiben, genügend Zeit für das ausführliche Lesen und Analysieren des Sachtextes (ca. 2/3 der Gesamtzeit).
- Jede Aussage, die über den Sachtext getroffen wird, sollte mit einem Zitat mit Zeilenangabe belegt werden (siehe hierzu Seite 272).
- Beschränken Sie sich auf die Analyse des Textes und erörtern Sie die Äußerungen des Autors nur, wenn dies ausdrücklich in der Aufgabenstellung gefordert wird.
- Verwenden Sie den Konjunktiv, wenn Sie über die Argumentation des Autors schreiben.

Konjunktiv: siehe Seite 36

Kolumne: siehe Seite 308

Kolumne Wutbürger

Für immer draußen, verdammt

Laufbier, Grillabende – und Frauen, die sich draußen die Nägel feilen: Weite Teile der Bevölkerung bereiten sich auf ihre drohende Entmietung vor.

von Isabell Lott

Was man früher in seinem Badezimmer, der Küche oder im Schlafzimmer erledigt hat, verlagert sich immer mehr in den öffentlichen Raum. An die To-go-Becher-Horden habe ich mich ja schon gewöhnt. Aber als sich ein Pärchen, zehn U-Bahn-Stationen lang, vor mir abschleckte und befummelte, dachte ich dann doch: Haben die keine Wohnung?

Inzwischen vermute ich, dass sich weite Teile der Bevölkerung unbewusst auf ihre drohende Entmietung vorbereiten. Warum sonst sollte sich eine junge Frau nachts auf der Straße ausführlich die Nägel feilen? Und dann das flächendeckende Phänomen des „Laufbiers". Die jungen Leute ahnen instinktiv, dass es bei ihnen in absehbarer Zeit nicht mal mehr für einen Stuhl reichen wird. Ein weiteres Indiz für meine Beobachtung ist die wachsende Begeisterung fürs Grillen. Anstatt sich zu freuen, noch eine Wohnung mit Küche und Tisch zu haben, drängt alles ins Freie. Selbst Freunde, für die Dekantiertrichter und Buttermesser in der Küchenschublade eine Selbstverständlichkeit sind, laden nur noch ans offene Feuer.

Egal ob es draußen zu nass, zu kalt oder zu heiß ist. Penetrant wird bei dieser Form des geselligen Beisammenseins die Gemütlichkeit beschworen, auch wenn es nur Stehplätze gibt. Die befinden sich meistens in Hinterhöfen oder überfüllten Parks. Da steht man dann mit seinem Pappteller vor dem gestressten Grillmeister und wartet. Der hat entweder seine Kohlen oder sein Grillgut nicht im Griff. Die meisten Gäste dieser Veranstaltungsform sind total entspannt, warten gern etwas länger auf ihr verkohltes Fleisch. Hauptsache, sie essen unter freiem Himmel. Da ich etwas ungeduldig bin, vor allem wenn ich Hunger habe, und dann noch darauf bestehe, dass mein Tofuwürstchen mit einer Extragabel gewendet wird, werde ich kaum noch eingeladen. Kein Drama, wäre die Saison auf den Sommer beschränkt. Aber die Aussichten auf mein Sozialleben sind eher negativ. Der neue Trend ist „Immer grillen", da wird Silvester abgegrillt und an Neujahr schon wieder angegrillt.

(Quelle: www.taz.de, 24. 08. 2013)

Indiz: Hinweis

Dekantiertrichter: ein Trichter zum Dekantieren

dekantieren: das vorsichtige Umfüllen von Wein direkt aus der Flasche in ein anderes Gefäß. Damit nichts verschüttet wird, kann man einen Trichter verwenden.

penetrant: aufdringlich

Tofu: asiatisches Nahrungsmittel; wird auch als Bohnenquark bezeichnet. Tofu wird zunehmend auch in der westlichen Welt gegessen und insbesondere von Vegetariern und Veganern verwendet.

Tofuwürstchen: (Grill-) Würstchen aus Tofu

Geldbeutel bleibt zu

Ruth Moschner läutet Wochen der Shopping-Diät ein

von Ruth Moschner

Ich hab's satt. Dieses ständige Konsumieren! Als wären wir hilflose Hafermast-Gänse, die sich nicht dagegen wehren können, dass ihnen ständig was in den Rachen gestopft wird. Im April haben alleine in meiner nächsten Umgebung gefühlt einhundert neue Läden eröffnet, die einen herzlichst einladen, sich neu auszustatten.

Die Frühjahrskollektion ist da! Und was sind das alles wieder für herrlich frische Farben und Schnitte! Aber ich brauche doch gar nichts! Mir fehlt wirklich nichts, will ich in die Läden zurückrufen, wie ein Kleinkind seiner Mutter, die zum zwanzigsten Mal versucht, die warme Winterjacke überzustülpen wie ein mobiles Gefängnis. Aber nicht nur draußen, auch zu Hause lauern Verlockungen. Online-Shopping im Internet zum Beispiel ist eine super Alternative – und das sogar 24 Stunden am Tag und zufällig immer an den persönlichen Bedarf angepasst.

Neben der NSA werden wir schließlich auch völlig hemmungslos von Google, Youtube und all den anderen Schnüfflern abgetastet, um unser Surfverhalten in nigelnagelneue Waren umzuwandeln. Ich kaufe, also bin ich. Es gibt ja auch nichts Schöneres als Post zu bekommen. Muss nicht mal von einem Freund sein, davon hat man ja auf Facebook ausreichend viele.

Ich habe heute Geburtstag und wünsche mir übrigens nichts. Ganz offiziell. Ich bin wirklich gespannt, wer sich dran hält. Falls aber das Projekt „Bescheidenheit" scheitern sollte, starte ich jedoch gleich mit etwas anderem, und würde mich freuen, wenn Sie mitmachen! Die Shopping-Diät! Ich werde ab sofort nichts mehr kaufen und zwar für volle zwei Wochen. Lebensmittel, Medikamente und andere Dinge für den täglichen Gebrauch sind natürlich erlaubt. Ansonsten bleibt der Geldbeutel verschlossen. In 14 Tagen werde ich berichten und Sie mir hoffentlich auch!

(Quelle: www.berliner-kurier.de, 10.04.2014)

Hafermast-Gans: eine ca. ein Jahr alte, für den Verzehr gezüchtete Gans. Außerhalb Deutschlands werden in einigen EU-Ländern Gänse noch gemästet, indem ihnen die Nahrung in den Hals gestopft wird.

NSA: *National Security Agency* (deutsch: *Nationale Sicherheitsbehörde*), der größte Auslandsgeheimdienst der USA. Sie ist für die weltweite Überwachung, Entschlüsselung und Auswertung elektronischer Kommunikation zuständig.

Aufgaben

1. a) Lesen Sie den Text von Isabell Lott.
   b) Fassen Sie in wenigen Sätzen zusammen, welches Thema dieser Text behandelt.
   c) Schreiben Sie eine Textanalyse. Beachten Sie dabei die Hinweise auf den vorhergehenden Seiten.
2. a) Lesen Sie den Text von Ruth Moschner.
   b) Fassen Sie in wenigen Sätzen zusammen, welches Thema der Text behandelt.
   c) Schreiben Sie eine Textanalyse. Beachten Sie dabei die Hinweise auf den vorhergehenden Seiten.
   d) Erörtern Sie die Position der Autorin. Hinweise zum Vorgehen finden Sie auf Seite 218.

7.4 Die textgebundene Erörterung

Der Ausgangspunkt für eine textgebundene Erörterung ist kein freies Thema, sondern ein bereits vorliegender Text. Das kann eine Rede sein oder ein Zeitungstext (z. B. eine Glosse, ein Kommentar oder ein Essay).
Eine textgebundene Erörterung ist eine kritische Auseinandersetzung mit der Argumentation der Autorin oder des Autors eines Textes:

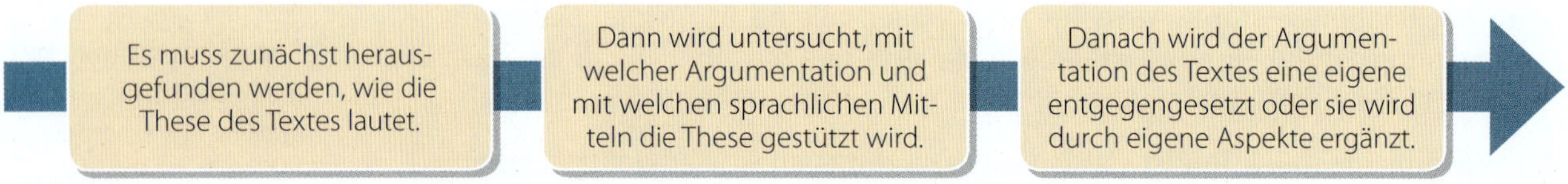

Glosse: siehe Seite 174

Kommentar: siehe Seite 172

Essay: schriftlicher Aufsatz, der eine Frage in knapper und anspruchsvoller Form behandelt. Im Mittelpunkt steht die persönliche Auseinandersetzung der Autorin bzw. des Autors mit dem jeweiligen Thema. Als Textsorte weist der Essay viele Ähnlichkeiten mit der Glosse, der Kolumne und dem Kommentar auf.

manipulativ: beeinflussend

Zur Vorbereitung auf das Schreiben einer textgebundenen Erörterung sind folgende Arbeitsschritte empfehlenswert:

1. Lesen Sie den Text und notieren Sie alles, was Ihnen spontan dazu einfällt.
2. Markieren Sie beim nochmaligen Lesen Wichtiges und Auffälliges. Machen Sie sich dazu Randnotizen.
3. Unterstreichen Sie unklare Wörter. Klären Sie dann deren Bedeutung (mithilfe des Internets, eines Lexikons usw.).
4. Kennzeichnen Sie den Namen des Autors oder der Autorin, den Erscheinungsort und das -datum sowie die Quelle des Textes.
5. Notieren Sie, worum es im Text geht (Thema).
6. Fertigen Sie eine Skizze zur Argumentationsstruktur (Gliederung) des Textes (Thesen, Pro- und Kontra-Argumente, Belege, Beispiele) an.
7. Bestimmen Sie die Textabsicht (Intention) und die vermutliche Zielgruppe.
8. Überprüfen Sie die Argumente des Textautors: Sind sie sachlich richtig oder manipulativ, ausgewogen oder einseitig?
9. Suchen und notieren Sie eigene Argumente zu den Behauptungen des Textes.

Aufbau einer textgebundenen Erörterung

Schreiben Sie in die **Einleitung**	• wer die Autorin oder der Autor des Textes ist, • wie der Titel lautet, • in welchem Ort und wann der Text erschienen ist, • woher Sie den Text haben (Quelle), • wenn möglich den Anlass der Textveröffentlichung, • das Thema des Textes, • die Textsorte und die Intention des Textes.
Schreiben Sie in den **Hauptteil**	• zunächst eine kurze und knappe Analyse des Textes (siehe Kapitel „Sachtextanalyse", Seite 220): Inhalt, Struktur und auffällige sprachliche Mittel. • dann die eigentliche Erörterung: Setzen Sie sich kritisch mit der Argumentation des Textes auseinander. Also: Widersprechen Sie den Argumenten des Textes oder ergänzen Sie sie mit eigenen Argumenten, Belegen und Beispielen. Sie können auch teilweise zustimmen (siehe Seite 217, Schritt ❺). Achten Sie darauf, dass Sie den Bezug zu der Argumentation des Ausgangstextes behalten. Überprüfen Sie Ihre eigene Argumentation daraufhin, ob sie schlüssig ist und ob Ihre Belege treffend sind.
Schreiben Sie in den **Schluss**	• ein Fazit Ihrer Argumentation, • einen persönlichen Appell oder • eine eigene kurze Stellungnahme.

Nicht mehr Wegducken

von Erhard Böhmer

Saufen bis der Arzt kommt: Der platte Spruch trifft es in zu vielen Fällen. Jedes Jahr aufs Neue schrecken steigende Zahlen auf: 2012 waren es weit mehr als 25 000 junge Menschen, die mit einem Vollrausch ins Krankenhaus kamen. Eine Zunahme von 90 Prozent im Zehn-Jahres-Vergleich lässt keinen Interpretationsspielraum: Die Auswüchse sind so gravierend, dass ein Wegducken nicht mehr hinnehmbar ist.

Soweit die Diagnose. Die Behandlung ist ungleich schwerer. Mehr Kontrollen, härtere Strafen für Händler, die auf den Umsatz schielen und nicht auf den Ausweis des Kunden; dazu groß angelegte Kampagnen mit bunten Plakaten und lustigen Kinospots. Das klingt gut, riecht nach Aktivität, hilft aber nur bedingt. Mit härteren Gesetzen oder Vorschriften wird sich das Problem nicht lösen lassen. Vielmehr entwickeln gerade Jugendliche einen besonderen Ehrgeiz und große Kreativität, wenn es darum geht, Regeln zu umgehen. Kurz: Wer an Bier, Schnaps und Wein kommen will, schafft es meist auch.

Extremer Alkoholkonsum ist letztlich Ausdruck vielfältiger gesellschaftlicher Probleme. Viele – unabhängig vom Alter – greifen zur Flasche, um den wachsenden Arbeitsstress oder andere Sorgen runterzuspülen. Andere treibt die Perspektivlosigkeit. Die Ursachen zu behandeln ist deutlich schwieriger, als an den oberflächlichen Symptomen herumzudoktern.

(Erschienen am 15.12.2013 in der Neuen Osnabrücker Zeitung, Quelle: http://www.presseportal.de/print/2621814-neue-oz-kommentar-zu-komasaufen.html, abgerufen am 18.06.2015)

Diagnose: Feststellung; Bestimmung einer Krankheit (durch einen Arzt)

Symptom: Anzeichen einer Krankheit oder Entwicklung

Einleitung
- Autorin oder Autor
- Titel
- Erscheinungsort
- Erscheinungsdatum
- Quelle
- Anlass der Textveröffentlichung
- Thema des Textes
- Textsorte
- Absicht des Textes

Beispieltext zu den Aufgaben 1 – 4:
Textgebundene Erörterung zum Text „Nicht mehr Wegducken"

Der Text mit dem Titel „Nicht mehr Wegducken" erschien am 15.12.2013 in der Neuen Osnabrücker Zeitung. Der Autor Erhard Böhmer schrieb den Artikel vermutlich, weil eine Statistik über „junge Menschen, die mit einem Vollrausch ins Krankenhaus kamen" veröffentlicht wurde.

Im Text geht es darum, wie die Gesellschaft auf die steigende Zahl von extrem besoffenen Jugendlichen reagieren sollte. Der Autor will mit seinem Kommentar erreichen, dass die Ursachen für das sogenannte Komasaufen beseitigt werden.

Hauptteil

Analyse des Textes:
- Inhalt
- Struktur
- auffällige sprachliche Mittel
- Thesen
  Argumente
  Belege

Der Text besteht aus drei Abschnitten mit unterschiedlichen Funktionen.

Der 1. Abschnitt beschreibt das Problem. Er führt zunächst als Belege an, dass 25000 junge Menschen 2012 mit einem Vollrausch in Krankenhäuser eingeliefert wurden und diese Fälle in den letzten 10 Jahren um 90 Prozent zugenommen haben (Zeile 6). Dieser Textteil endet mit der These, dass das Problem des extremen Alkoholkonsums unter Jugendlichen so schwerwiegend ist, dass darauf reagiert werden müsse (Zeile 7–8).

Der 2. Abschnitt stellt kurz die bisherigen Lösungsversuche für das Problem dar. Hier wird eine zweite These angeführt: „Mit härteren Gesetzen oder Vorschriften wird sich das Problem nicht lösen lassen." (Zeile 14). Diese These wird gestützt durch das Argument, dass besonders Jugendliche es verstehen, Regeln zu umgehen und sich Alkohol zu besorgen.

Der 3. Abschnitt benennt die Ursachen des extremen Alkoholkonsums: Arbeitsstress, Sorgen und Perspektivlosigkeit. Der Text endet mit dem Resümee, dass es schwieriger sei, die Ursachen zu behandeln als die „oberflächlichen Symptome" (Zeile 19). Eigentlich will der Autor damit wohl aufrufen, eben diese Ursachen zu bearbeiten.

Erhard Böhmer will mit einem knappen journalistischen Stil überzeugen. Dieser Stil wird besonders an der Häufung von Ellipsen deutlich. Die knappen Formulierungen lassen die Argumentation allerdings verkürzt und unvollständig erscheinen.

eigentliche Erörterung:
kritisches Auseinandersetzen mit der Argumentation des Textes: Widersprechen Sie den Argumenten des Textes oder ergänzen Sie sie mit eigenen Argumenten, Belegen und Beispielen. Sie können auch teilweise zustimmen. Achten Sie darauf, dass Sie den Bezug zu der Argumentation des Ausgangstextes behalten.

Der Autor behauptet, dass auf den extremen Alkoholkonsum unter Jugendlichen reagiert werden müsse. Das ist richtig. Allerdings reicht als Begründung dafür nicht der Hinweis auf besonders viele junge Menschen, die mit einem Vollrausch in Krankenhäuser eingeliefert wurden. Das Wort Vollrausch klingt hier sehr verharmlosend für eine lebensbedrohliche Alkoholvergiftung, die auch immer wieder zu Todesfällen führt. Neben diesem gefährlichen Risiko besteht außerdem die Gefahr der Erkrankung an Alkoholismus, eine nur sehr schwer heilbare Krankheit, die erhebliche körperliche Schädigungen nach sich zieht.

Das hat dann auch für die Gesellschaft erhebliche Auswirkungen: die Kosten für die Krankenbehandlung, die Arbeitsunfähigkeit, die Frühverrentung, die alkoholbedingten Verkehrsunfälle und Straftaten.

Aus diesen schwerwiegenden Gründen ist es notwendig, dass Staat und Gesellschaft etwas gegen den Trend des Komasaufens unternehmen.

Überprüfen Sie Ihre eigene Argumentation, ob sie schlüssig ist und ob Ihre Belege treffend sind.

Die zweite These des Autors, dass mit härteren Gesetzen oder Vorschriften sich das Problem nicht lösen lassen wird, stimmt nur teilweise. Sicherlich kann man den Alkoholkonsum der Jugendlichen nicht vollständig durch Verbote verhindern, er kann aber eingedämmt werden. Eine Möglichkeit dazu wäre es, grundsätzlich zu verbieten, in der Öffentlichkeit zu trinken. Dann könnte bei Verstößen gegen das Verbot die Polizei eingreifen. Wirkungsvoll würde auch ein Verbot des nächtlichen Verkaufs in Tankstellen oder Spätverkaufsstellen sein. Das fordern auch die Fachleute von der Deutschen Hauptstelle für Suchtfragen. Sicherlich würde auch eine deutliche Verteuerung von Alkohol den Konsum einschränken. Die höhere Besteuerung der sogenannten Alkopops (süße hochprozentige alkoholische Getränke) im Jahr 2004 hatte zum Beispiel zur Folge, dass diese Getränke sich kaum noch verkauft haben und mittlerweile kaum noch im Handel erhältlich sind.

Erhard Böhmer hat Recht, wenn er darauf hinweist, dass man nicht nur an den Symptomen „herumdoktern", sondern die Ursachen bekämpfen müsse. Wenn er aber als Ursachen nur Arbeitsstress, Sorgen und Perspektivlosigkeit nennt, so verschweigt er eine wichtige gesellschaftliche Ursache: Alkohol ist bei uns in Deutschland eine anerkannte Droge, die einfach und billig zu beschaffen ist und deren Konsum in bestimmten Situationen regelrecht erwartet wird. Insbesondere in Männergruppen, aber auch in gemischten Gruppen von Jugendlichen wird oft eine gewisse Trinkfestigkeit als Beweis von Belastbarkeit erwartet. Diese Ursache zu bekämpfen dürfte besonders schwer sein, da man tief in die Gewohnheiten und in die Lebensweisen der Mehrheit der Gesellschaft eingreifen müsste.

Wenn wir es allerdings schaffen würden, dass bei allen ein Vollrausch verpönt wäre, dass es uncool wäre, besoffen umherzutorkeln, dann würde zwar der eine oder die andere noch Alkohol trinken, die Zahlen der Jugendlichen mit Vollrausch würden jedoch deutlich sinken.

Schluss
- Fazit Ihrer Argumentation,
- persönlicher Appell oder
- eine eigene kurze Stellungnahme.

Aufgaben

1. Beurteilen Sie begründet, ob die vorliegende textgebundene Erörterung alle notwendigen Inhalte enthält.
2. Beschreiben Sie mit Ihren eigenen Worten, welche Position in der textgebundenen Erörterung vertreten wird.
3. Listen Sie die Argumente der textgebundenen Erörterung stichpunktartig auf und ergänzen Sie diese um mindestens drei weitere Argumente, die Ihnen zu den Thesen des Ausgangstextes einfallen.
4. Äußern Sie Ihre persönliche Meinung zu den Thesen des Ausgangstextes und stützen Sie Ihre Position mit einer gut durchdachten Argumentation.

kontraproduktiv: ungut; negativ; bestimmten Interessen zuwiderlaufend

Helm? Ja! Zwang? Nein! (gekürzt)

von Felix Werdermann

Radfahren – Ein Helm bietet den Radlern zwar guten Schutz. Eine Pflicht wäre aber kontraproduktiv. Dann würden die Autos gewinnen und das macht den Verkehr unsicherer.

Das sollte zu denken geben: Selbst die deutschen Fahrradhelm-Hersteller sind gegen eine Pflicht zum Kopfschutz. Der Allgemeine Deutsche Fahrradclub (ADFC) lehnt den Zwang ebenso ab wie der CSU-Verkehrsminister Alexander Dobrindt. [...]

Umstieg aufs Auto

Aber auch der Bundestag sollte die Bürger nicht dazu zwingen, einen Helm zu tragen. Für die einzelne Radfahrerin bringt der Helm sicherlich mehr Sicherheit, für den gesamten Verkehr jedoch nicht unbedingt. Bei einem Zwang würden nämlich vermutlich viele Radler aufs Auto umsteigen, das zeigen Beispiele aus anderen Ländern. Der ADFC verweist etwa auf Studien aus Kanada und Australien.

Wer aber in die Blechkiste steigt, schadet damit nicht nur der eigenen Gesundheit, weil der Sport wegfällt. Er schadet auch anderen Radlern, denn je mehr Autos unterwegs sind, desto gefährlicher wird der Straßenverkehr – auch, weil die Autofahrer dann noch weniger Rücksicht auf Radler nehmen.

Riskante Überholmanöver

Kann der Helm überhaupt helfen? Schließlich ist auch erwiesen, dass Autofahrer beim Überholen einen größeren Bogen um Radler ohne Helm machen. Helmträger radeln also in mancher Hinsicht auch gefährlicher. Doch dieser Effekt spricht keinesfalls gegen die freiwillige Nutzung des Helms. Schließlich ist nicht davon auszugehen, dass Autofahrer die Helmträger extra gefährden und künftig mehr riskante Überholmanöver wagen, sollten mehr Menschen freiwillig einen Helm tragen. Vielmehr dürften die Autofahrer weitgehend auf solche Manöver verzichten, wenn der Helm erstmal zur Normalität geworden ist und sich an ihm nicht mehr die erfahrenen Vielfahrer erkennen lassen. Und wenn es erstmal zum Unfall kommt, dann kann der Helm das Leben retten.

Mehr Werbung für den Helm

Vielleicht kann eine Helmpflicht auf lange Sicht sinnvoll sein. Vielleicht steigen kurzfristig einige Leute aufs Auto um, die dann aber nach einiger Zeit wieder aufs Rad zurückkehren – weil sie merken, was sie daran haben. Das ist durchaus vorstellbar. Allerdings müsste vor der Einführung einer Helmpflicht wohl erstmal die Akzeptanz dafür gesteigert werden. Heute tragen laut Bundesanstalt für Straßenwesen etwa 15 Prozent der erwachsenen Radfahrer einen Kopfschutz.

Akzeptanz: Bereitschaft, etwas anzuerkennen

Wenn irgendwann die Mehrheit freiwillig einen Helm trägt, dürfte der Übergang zur Pflicht einfacher sein. Zudem wären dann die negativen Folgen geringer, weil sich für viele Menschen gar nichts ändert und sie somit keinen Grund haben, aufs Auto umzusteigen.

Daher muss die Politik jetzt stärker dafür werben, freiwillig einen Helm zu tragen. Vielleicht können auch die Krankenkassen ein paar Helme spendieren oder zumindest Zuschüsse gewähren. Das dürfte für sie billiger werden als hinterher die Behandlung der Unfallopfer zu zahlen.

(Quelle: http://www.freitag.de/autoren/felix-werdermann/helm-ja-zwang-nein, abgerufen am 15.07.2017)

Fahrradfahren mit und ohne Helm

Kinder unter 10 Jahren

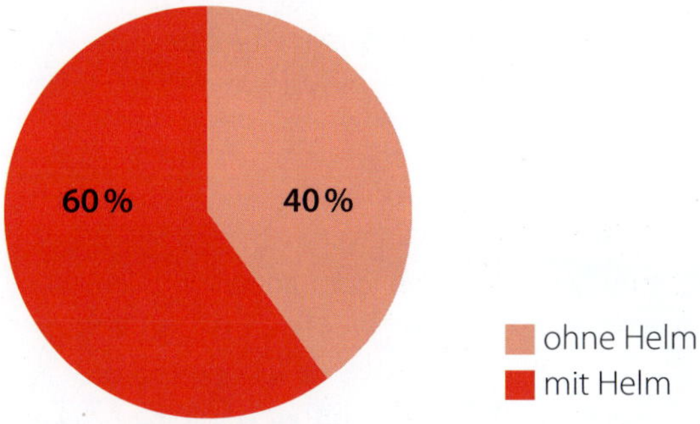

Radfahrer insgesamt

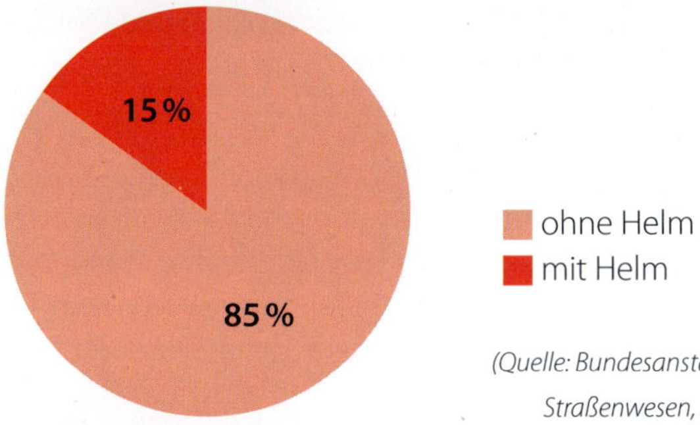

(Quelle: Bundesanstalt für Straßenwesen, 2017)

Aufgaben

1. a) Führen Sie die vorbereitenden Arbeitsschritte für eine textgebundene Erörterung zum Text „Helm? Ja! Zwang? Nein!" durch (siehe Seite 228).
   b) Fassen Sie die Aussagen des Textes zusammen und setzen Sie sich kritisch mit den Argumenten des Autors auseinander. (Fertigen Sie also eine textgebundene Erörterung auf der Grundlage Ihrer Vorbereitung an.)
2. a) Interpretieren Sie die Grafik (Hinweise hierzu finden Sie auf den Seiten 156 – 157) und stellen Sie Überlegungen dazu an, warum nur so wenige Erwachsene einen Fahrradhelm tragen.
   b) Sammeln Sie in der Klasse Argumente, die für bzw. gegen das Tragen eines Helms sprechen.
   c) Führen Sie in der Klasse eine Diskussion zum Thema „Helmpflicht, ja oder nein?". (Hinweise für eine Diskussion finden Sie auf Seite 90.)

7.5 Politische Reden verstehen

Liebe Mitbürgerinnen und Mitbürger, sehr geehrte Bürgermeisterin, ich möchte mich bei Ihnen bedanken, bei Ihnen allen bedanken.

Wir haben zusammen Großartiges erreicht. Gemeinsam haben wir es geschafft, dass unser schönes Städtchen endlich den lange erwarteten Anschluss an die Welt bekommen hat. Wir alle haben erlebt, dass Solidarität stark macht. Endlich ist die Zeit gekommen. Endlich wird die Landesregierung uns einen Autobahnzubringer bauen lassen.

Es war kein leichter Weg. Doch die Gerechtigkeit hat gesiegt. Auch wir können jetzt genau wie die Bürger von Neustadt in kurzer Zeit die Autobahn und damit die Welt erreichen. Wir werden eine schnellere Verbindung in die Landeshauptstadt bekommen, wir werden schneller an unseren Arbeitsplätzen sein und wir werden schneller zu unseren Urlaubszielen kommen.

Was mussten wir uns von dieser ganz kleinen Gruppe von selbsternannten Umweltschützern alles anhören: die Großtrappe, dieser ungeschickte Vogel, würde nicht mehr genug Platz zum Landen haben, oder angebliche Feuchtgebiete, in denen Schlangen und Ungeziefer lebten, würden zerstört. Da frage ich Sie, liebe Mitbürgerinnen und Mitbürger dieser, unserer schönen Stadt: Wie viele Arbeitsplätze haben Großtrappen und Reptilien bisher geschaffen? Das ist doch wichtig!

Bekanntlich schaffen gute Verkehrsverbindungen einen wirtschaftlichen Aufschwung. Und so wird auch der Autobahnanschluss Arbeitsplätze und Wohlstand schaffen. Nicht nur wir alle, nein auch kommende Generationen werden die Früchte ernten.

Auch ich persönlich möchte etwas zum Aufschwung beitragen. In meiner Eigenschaft als Betreiber unseres Entsorgungsparks werde ich meine geschäftlichen Aktivitäten erweitern und einigen Menschen neue berufliche Perspektiven eröffnen. Danken wir unserer Bürgermeisterin dafür, dass sie Verantwortung übernommen hat. Danken wir, indem wir ihr unsere Stimmen geben.

Bei dieser politischen Rede ist es recht offensichtlich, was der Redner erreichen will. Das ist nicht bei allen politischen Reden so klar. Gemeinsam ist ihnen aber: Sie versuchen, die Haltungen und Handlungen der Zuhörerinnen und Zuhörer im Sinne der Redner zu beeinflussen: z. B. jemanden wählen, ein Projekt unterstützen oder einem Gesetz zustimmen. Daher handelt es sich bei politischen Reden um **appellative Texte**.

Um sich nicht zu einer Handlung überreden zu lassen, die man eigentlich nicht will, muss man erkennen, was ein Redner mit seiner Rede erreichen möchte und mit welchen Mitteln er es versucht. Eine Analyse mithilfe der folgenden vier Schritte hilft dabei.

pathetisch: feierlich, übertrieben gefühlvoll

mögliche Merkmale politischer Reden:

- pathetische Sprache: Adjektive im Superlativ (z. B. *am schnellsten*, siehe Seite 38), Wiederholungen
- Abwertung des Gegners durch stark wertende Attribute (z. B. *selbsternannt*),
- häufiger Gebrauch der Befehlsform (Imperativ) und des Verbs „müssen",
- Verwendung mehrdeutiger Wörter, verschwommener Ausdrücke (z. B. *ungeschickter Vogel*),
- vermeintlich logische Argumente erweisen sich bei näherer Betrachtung als unlogisch,
- Behauptungen werden als selbstverständliche Tatsachen ausgegeben, z. B.: *„Bekanntlich ist es so, dass …", „Wie wir alle wissen …", „Schon immer haben Menschen …",*
- Gegner werden von oben herab behandelt, z. B.: *„Auch Sie müssen zugeben, dass …", „Sie haben anscheinend nicht verstanden, worum es hier geht."*

appellativer Text: siehe Seite 164

7.5.1 Eine politische Rede analysieren

Schritt ❶: Analysieren Sie zunächst die Situation.

Redner:
Wer redet? In welcher Rolle oder Funktion redet sie oder er? Wie ist ihr oder sein Image in der Öffentlichkeit?

Publikum:
- Wer befindet sich im Publikum? Sind es eher Anhänger oder Gegner des Redners? Welche Erwartungen wird das Publikum vermutlich an den Redner haben?
- Wie reagiert das Publikum auf die Rede?

Anlass:
- In welcher politischen, wirtschaftlichen oder sozialen Situation wurde die Rede gehalten?
- Was war der konkrete Anlass der Rede (z. B. Vorstellung eines politischen Programms, Gedenken an ein Ereignis, Parteitag, Wahlkampf)?

Medien:
Welche Medien werden genutzt (z. B. Radio, regionales oder überregionales Fernsehen, direkt an eine versammelte Menschenmenge)?

Umstände:
- Wo wurde die Rede gehalten? Gab es eine besondere Inszenierung (z. B. durch das vorherige Abspielen der Nationalhymne oder eine besondere Beleuchtung)?
- Gab es einen Auftraggeber für die Rede und wer ist das?

Schritt ❷: Analysieren Sie den Inhalt der Rede.

Inhalt:
- Was ist das Thema der Rede? Werden wichtige Sachverhalte verschwiegen oder verkürzt dargestellt?
- Werden nebensächliche Sachverhalte zu stark betont?

Argumentation:
Was sind Behauptungen? Wie werden sie begründet und unterstützt? Ist die Argumentation nachvollziehbar und logisch oder eher wirr?

Redetechniken:
- Will der Redner eher den Zuhörern etwas einreden und ihr selbstständiges Urteil verhindern?
- Oder will er eher durch Fakten und Argumente die Zuhörer überzeugen?

Taktik:
- Behauptet der Redner, dass eine bestimmte Entwicklung unabwendbar ist? Will er Ängste bei seinen Zuhörerinnen und Zuhörern wecken? Nutzt er für seine Argumentation Klischees oder Stammtischparolen?
- Wertet der Redner eine bestimmte Gruppe auf und eine andere ab? Mit welchen Mitteln macht er das?

Sollten Ihnen nicht nur der Text der Rede vorliegen, sondern eine **Film- oder Tonaufnahme**, so können Sie folgende Punkte untersuchen:
- Welche Gesten und welche Gesichtsausdrücke nutzt der Redner?
- Spricht der Redner eher langsam oder schnell?
- Betont er bestimmte Wörter oder Sätze besonders?
- An welchen Stellen wird er lauter oder leiser?
- Wie versucht der Redner Kontakt mit dem Publikum aufzunehmen?
- Werden Medien eingesetzt, um die Rede wirkungsvoller zu machen (z. B. Musikeinspielungen, Bildeinblendungen)?

Martin Luther King (1929–1968): Menschenrechtsaktivist

Helmut Schmidt (1918–2015): Politiker

Frank-Walter Steinmeier (1956): Bundespräsident

Sprachebene:
siehe Seite 67

sprachliche Mittel:
siehe hierzu die Seiten 178 bis 185

berühmte Reden,
die die Welt veränderten:

Bertha von Suttner:
Rede zur Verleihung des Friedensnobelpreises (1906)

Marie Curie:
„Die Entdeckung des Radiums.", Rede beim Empfang des Nobelpreises für Chemie (1911)

Michail Gorbatschow:
Perestroika-Rede (1987)

Martin Luther King:
„Ich habe einen Traum" (1963)

Nelson Mandela:
Rede bei seiner Amtseinführung als südafrikanischer Präsident (1994)

Winston Churchill:
„Blut, Schweiß und Tränen"-Rede (1940)

John F. Kennedy:
„Ich bin ein Berliner" (1963)

Ronald Reagan:
„Herr Gorbatschow, reißen Sie diese Mauer nieder" (1987)

Barack Obama:
„Yes, we can!" (2008)

Hinweis
Beachten Sie, dass eine Rede in einer bestimmten historischen Situation gehalten wurde und wir vermutlich heute uns einen größeren Überblick über die Entwicklungen der jeweiligen Zeit verschaffen können.

Schritt ❸: Analysieren Sie, mit welchen sprachlichen Mitteln der Redner seine Argumentation unterstützt. Untersuchen Sie dabei auch, welche besondere Wirkung jedes sprachliche Mittel erreichen soll.

Stil:
Welche Sprachebene wird genutzt (Umgangssprache, Hochsprache, Fachsprache)? In welchem Ton ist die Rede gehalten (höflich, verbindlich, kämpferisch, feierlich, sachlich, freundlich, aggressiv, ermutigend)?

Wortwahl:
- Welche Wörter kommen häufig vor? Wird eine Wortart besonders häufig benutzt (z. B. Substantive – Nominalstil)? Wie wirkt das auf die Zuhörer?
- Werden Adjektive eher schmückend oder wertend benutzt? Werden Adjektive gesteigert verwendet?
- Unterscheidet der Redner zwischen „uns" und „den anderen"?
- Wofür werden positiv wirkende Wörter verwendet (z. B. *Frieden, Glück, Solidarität, Gerechtigkeit*), wofür negativ wirkende (z. B. *Gewalt, Flut, Verbrechen, Ungerechtigkeit, Gift, Tod*)?
- Nutzt der Redner Wörter, die keine eindeutige Bedeutung haben (z. B. *Umstrukturierung, Verantwortung*)?

Satzbau:
Sind vor allem Hauptsätze aneinandergereiht oder sind die Sätze in Haupt- und Nebensätzen verschachtelt? An welchen Stellen nutzt der Redner Frage- oder Aufforderungssätze und wozu?

Sprachliche Mittel:
Welche sprachlichen beziehungsweise rhetorischen Mittel nutzt der Redner und was will er damit erreichen?

Schritt ❹: Bestimmen Sie die Absicht des Redners, also was er mit der Rede erreichen möchte.

- Welche politische Haltung des Redners wird deutlich und woran?
- Wozu will der Redner seine Zuhörerinnen und Zuhörer veranlassen?
- Legt er seine eigenen Interessen offen?

Liebe Freunde, Mitbürger, es ist, als habe einer die Fenster aufgestoßen nach all den Jahren der Stagnation, der geistigen, wirtschaftlichen, politischen, den Jahren von Dumpfheit und Mief, von Phrasengewäsch und bürokratischer Willkür, von amtlicher Blindheit und Taubheit. Welche Wandlung! Vor noch nicht vier Wochen die schön gezimmerte Tribüne hier um die Ecke, mit dem Vorbeimarsch, dem bestellten, vor den Erhabenen! Und heute! Heute Ihr, die Ihr Euch aus eigenem freiem Willen versammelt habt, für Freiheit und Demokratie und für einen Sozialismus, der des Namens wert ist.

In der Zeit, die hoffentlich jetzt zu Ende ist, wie oft kamen da die Menschen zu mir mit ihren Klagen. Dem war Unrecht geschehen, und der war unterdrückt und geschurigelt worden. Und allesamt waren sie frustriert. Und ich sagte: So tut doch etwas! Und sie sagten resigniert: Wir können doch nichts tun. Und das ging so in dieser Republik, bis es nicht mehr ging. Bis sich so viel Unwilligkeit angehäuft hatte im Staate und so viel Unmut im Leben der Menschen, dass ein Teil von ihnen weglief. Die anderen aber, die Mehrzahl, erklärten, und zwar auf der Straße, öffentlich: Schluß, ändern. Wir sind das Volk!

Einer schrieb mir – und der Mann hat recht: Wir haben in diesen letzten Wochen unsere Sprachlosigkeit überwunden und sind jetzt dabei, den aufrechten Gang zu erlernen. Und das, Freunde, in Deutschland, wo bisher sämtliche Revolutionen danebengegangen, und wo die Leute immer gekuscht haben, unter dem Kaiser, unter den Nazis, und später auch. Aber sprechen, frei sprechen, gehen, aufrecht gehen, das ist nicht genug. Lasst uns auch lernen zu regieren. Die Macht gehört nicht in die Hände eines einzelnen oder ein paar weniger oder eines Apparates oder einer Partei. Alle müssen teilhaben an dieser Macht. Und wer immer sie ausübt und wo immer, muss unterworfen sein der Kontrolle der Bürger, denn Macht korrumpiert. Und absolute Macht, das können wir heute noch sehen, korrumpiert absolut. Der Sozialismus – nicht der Stalinsche, der richtige –, den wir endlich erbauen wollen zu unserem Nutzen und zum Nutzen ganz Deutschlands, dieser Sozialismus ist nicht denkbar ohne Demokratie. Demokratie aber, ein griechisches Wort, heißt Herrschaft des Volkes.

Hintergrund:
Am 4. November 1989 fand in Ost-Berlin die erste offiziell genehmigte Demonstration in der DDR statt, die nicht staatlich gelenkt wurde. Die Mauer war zu dieser Zeit für die DDR-Bürger noch geschlossen. Die Demonstranten waren für die Presse-, Meinungs- und Versammlungsfreiheit auf die Straße gegangen.
Die Veranstaltung wurde live im Staatsfernsehen der DDR übertragen, obwohl sie sich gegen die Politik der Regierung richtete.
Auf der Abschlusskundgebung der Demonstration auf dem Alexanderplatz hielt neben anderen der Schriftsteller Stefan Heym eine Rede, deren Wortlaut hier abgedruckt ist.

Stefan Heym (1913–2001): ein deutscher Schriftsteller.

Aufgaben

1. Lesen Sie noch einmal die Rede auf Seite 234. Beantworten Sie von den Fragen, die in den vier Schritten gestellt werden, so viele wie möglich.
2. Vergleichen Sie Ihre Antworten mit den Antworten eines Mitglieds Ihrer Lerngruppe. Diskutieren Sie die Unterschiede.
3. Bewerten Sie die Rede von Seite 234: Ist sie Ihrer Meinung nach klar verständlich? Wird sie die angestrebte Wirkung erreichen? Ist das Anliegen der Rede Ihrer Meinung nach redlich?
4. Recherchieren Sie, was jede der berühmten Reden in der Randspalte links jeweils bewirkt hat.

7.5.2 Eine Redeanalyse schreiben

Im Folgenden wird Ihnen gezeigt, wie Sie anhand des Textes von Seite 234 eine schriftliche Redeanalyse aufbauen können.

Struktur einer Redeanalyse:

1. Einleitung
Gehen Sie auf folgende Fragen ein:

❶ Wer ist der Redner?

❷ Wann spricht er, wo, zu wem, zu welchem Thema?

❸ Was ist der Anlass der Rede?

❹ Liegt der Text der Rede vollständig vor oder als Auszug?

2. Hauptteil

❶ Fassen Sie den Text kurz zusammen. Machen Sie dabei den Aufbau der Rede deutlich. Nutzen Sie dazu den Konjunktiv (Hilfe hierzu finden Sie auf Seite 36).

Einleitung

❶ Der Redner wird namentlich nicht genannt. Der Text weist aber darauf hin, dass er ein Unternehmer in der Entsorgungsbranche ist, der sich lokalpolitisch engagiert.

❷ Es geht aus dem Text nicht hervor, wann genau die Rede gehalten wird. Es wird jedoch klar, dass der Zeitpunkt vor einer Bürgermeisterwahl liegt. Die Rede wird vermutlich in der Stadt, die das Thema betrifft, vor den wahlberechtigten Einwohnern gehalten.

❸ Anlass für die Rede ist der Beschluss der Landesregierung, einen Autobahnzubringer für die Stadt zu bauen.

❹ Es liegt die vollständige Rede vor.

Hauptteil

❶ Zunächst begrüßt der Redner freundlich die Anwesenden und besonders die Bürgermeisterin des Ortes, in dem die Rede gehalten wird. Dann dankt er allen für die Zusammenarbeit und lobt die gemeinsame Arbeit (Zeilen 1 bis 5).

Als Nächstes erwähnt er, dass die Landesregierung jetzt einen Autobahnzubringer bauen ließe. Das ist der Anlass der Rede.

Daraufhin betont der Redner die Schwierigkeiten des Weges, um gleich die Vorteile des Autobahnzubringers für die Bewohner der Stadt aufzuzählen (Zeilen 11 bis 15).

Er geht kurz auf die Argumente von Umweltschützern gegen das Projekt ein, wobei er diese Argumente damit abtut, dass durch Umweltschutz keine Arbeitsplätze geschaffen würden.

Dagegen setzt er die Behauptung, dass ein Autobahnanschluss die Wirtschaft ankurbele und somit Arbeitsplätze schaffe. Diese Behauptung verstärkt er, indem er hinzufügt, dass die Vorteile auch künftigen Generationen zugutekämen (Zeile 25).
Im Weiteren beschreibt der Redner seine eigene Rolle bei der weiteren wirtschaftlichen Entwicklung der Stadt. Er informiert darüber, dass sein eigenes Unternehmen, eine Abfallentsorgungsfirma, infolge des neuen Autobahnanschlusses expandieren würde. In diesem Zusammenhang geht er nicht auf die eigenen Vorteile ein, sondern erwähnt nur die neuen beruflichen Perspektiven der noch einzustellenden Mitarbeiter (Zeile 29).
Als Letztes dankt er der Bürgermeisterin für ihre Arbeit und fordert die Anwesenden auf, bei der kommenden Wahl die Bürgermeisterin zu wählen.

❷ Der Zweck der Rede besteht darin, die Wähler des Ortes davon zu überzeugen, bei der kommenden Bürgermeisterwahl die amtierende Bürgermeisterin wiederzuwählen.

❷ Erläutern Sie den Zweck der Rede.

❸ Um diesen Zweck zu erreichen, setzt der Redner nicht nur Argumente ein, sondern nutzt auch verschiedene sprachliche Mittel.
Es fällt besonders auf, dass der Redner von der Höflichkeitsform „Ihnen" bereits im zweiten Satz zum „wir" wechselt und die Gemeinschaft betonende Wörter wie „gemeinsam", „unser" und „Solidarität" nutzt. Damit will er bei den Zuhörern ein Gefühl der Verbundenheit erzeugen, gemeinsam etwas gegen Widerstände geschafft zu haben. Dagegen setzt er die Gruppe der Anderen, der Gegner des gemeinschaftlichen Vorhabens: die Umweltschützer. Diese versucht er abzuwerten, indem er sie als „ganz kleine(n) Gruppe" darstellt (Zeile 16). Auch das Wort „selbsternannt" soll die gegnerische Gruppe abwerten, denn es bedeutet, dass die Gruppe nicht allgemein anerkannt ist. Zusätzlich wertet er die Themen der Umweltschützer ab: Er bezeichnet die Großtrappe als einen „unge-

❸ Führen Sie die genutzten sprachlichen Mittel an und erläutern Sie, was jedes von ihnen beim Zuhörer bewirken soll.

schickten Vogel" und die vom Straßenbau betroffenen Biotope als „angebliche Feuchtgebiete". Von den betroffenen Tieren spricht er als „Ungeziefer" (Zeilen 17 bis 19). Der Redner verwendet zudem den Konjunktiv, um die Äußerungen der Umweltschützer infrage zu stellen. So sagt er, die Großtrappe „würde nicht mehr genug Platz zum Landen haben" und „die Feuchtgebiete würden zerstört". Weiterhin stellt er, um das Anliegen der Umweltschützer als unwichtig zu kennzeichnen, die rhetorische Frage: „Wie viele Arbeitsplätze haben Großtrappen und Reptilien bisher geschaffen?" (Zeile 21). Hierauf erwartet er selbstverständlich keine Antwort. Den Zuhörern soll aber klar werden, dass die Entscheidung für den Bau des Autobahnzubringers richtig gewesen ist.

Mit der Formulierung „Anschluss an die Welt" nutzt der Redner das sprachliche Mittel Metonymie und überbetont damit die Bedeutung des Autobahnanschlusses. Selbstverständlich war die Stadt bisher schon wie jede andere in Deutschland mit anderen Städten und Regionen verbunden. Er suggeriert, dass die Stadt erst mit der neuen Verkehrsverbindung zur Welt gehört und nicht mehr nur Provinz ist.

In Zeile 13 bis Zeile 15 wird dreimal „wir werden" am Beginn von Teilsätzen verwendet. Es handelt sich also um eine Anapher, durch die der Redner die Hoffnungen und Wünsche der Befürworter des Autobahnanschlusses und die Richtigkeit der Entscheidung für das Projekt besonders betont.

Interessant ist auch, wie der Redner sich selbst und seine geschäftlichen Pläne vorstellt. So bezeichnet er seinen Betrieb nicht als Müllkippe, sondern als „Entsorgungspark" (Zeile 28). Mit dieser Beschönigung (Euphemismus) versucht er den eher schlechten Ruf seiner Branche und damit sich selbst positiv darzustellen. Das Gleiche versucht er, indem er außerdem sagt, dass er Menschen „neue berufliche Perspektiven eröffnen" will (Zeile 29), anstatt einfach: „Ich werde Arbeiter einstellen."

Metonymie: übertragener Gebrauch eines Wortes oder mehrerer Wörter für einen verwandten Begriff; z. B.: „Jung und Alt" für „alle". Siehe auch Seite 180.

Euphemismus: mildernde oder beschönigende Umschreibung für ein anstößiges oder unangenehmes Wort; z. B.: „verscheiden" statt „sterben". Siehe auch Seite 182.

Schluss

❶ Die Rede ist im Wesentlichen klar und verständlich, weil fast nur allgemein verständliche Fremdwörter verwendet werden.

❷ Vermutlich fühlen sich die Zuhörer wegen der angeführten Vorteile des Autobahnanschlusses durch die Rede in ihrer Unterstützung des Projektes bestätigt. Wahrscheinlich sind sie der Bürgermeisterin dankbar und werden der Aufforderung des Redners folgen und die Politikerin wählen.
Auf mich als Leser wirkt die Rede nicht überzeugend, da die Situation zu sehr schwarz-weiß dargestellt wird.

❸ Der Redner versucht verdeckt durch eine einseitige Argumentation und durch sprachliche Mittel wie Wortwiederholungen und eine abwertende Wortwahl für die Gegner des Projektes, die Zuhörer zu beeinflussen. Erst am Ende der Rede fordert er offen die Zuhörer auf, die Bürgermeisterin zu wählen. Diese Vorgehensweise ist zwar in der Politik üblich, ich meine aber, dass auch ein Redner in der Politik mit offenen Karten spielen und die Zuhörer nicht überrumpeln sollte.

❹ Der Redner bevorzugt eindeutig die wirtschaftlichen Aspekte vor denen des Umweltschutzes, auch um selbst einen höheren Gewinn zu machen. Diese Sichtweise lehne ich ab. Ich meine, dass die Wirtschaft sich dem Schutz der Umwelt unterordnen sollte, da der Erhalt der Natur für das Überleben der Menschheit wichtiger ist.

3. Schluss

❶ Beurteilen Sie die Klarheit und Verständlichkeit der Rede.

❷ Schätzen Sie die vermutliche Wirkung der Rede auf die Zuhörerinnen und Zuhörer ein. Beschreiben Sie kurz die Wirkung auf Sie als Leser.

❸ Beurteilen Sie, ob der Redner offen oder verdeckt versucht, Einfluss auf die Zuhörerinnen und Zuhörer zu nehmen. Werten Sie seine Vorgehensweise.

❹ Bewerten Sie kritisch die Einstellung des Redners (Ideologie, Grundeinstellung, Weltanschauung). Stellen Sie dabei Ihre eigene Sicht gegen die des Redners.

Wörterreservoir für die Redeanalyse:
mitteilen, versichern, erklären, zitieren, zugeben, ermahnen, bitten, versprechen, ermutigen, schlussfolgern, verurteilen, bekräftigen

Aufgaben

1. Lesen Sie die Rede von Stefan Heym auf Seite 237 durch.
2. a) Schreiben Sie eine eigene Redeanalyse zum Text von Heym. Orientieren Sie sich hierzu an der Struktur, die auf den Seiten 238–241 in der Randspalte vorgegeben ist: Nutzen Sie die Anweisungen, die in den drei Teilen *Einleitung*, *Hauptteil* und *Schluss* vorgegeben sind.
   b) Beziehen Sie auch die Hintergrundinformationen zu Heyms Rede auf Seite 237 mit ein.

Anschauen – Aneignen – Anwenden

Wo kann ich das Gelernte im Alltag, in der Ausbildung und im Beruf anwenden? Erste Anhaltspunkte finden Sie in der folgenden Mindmap.

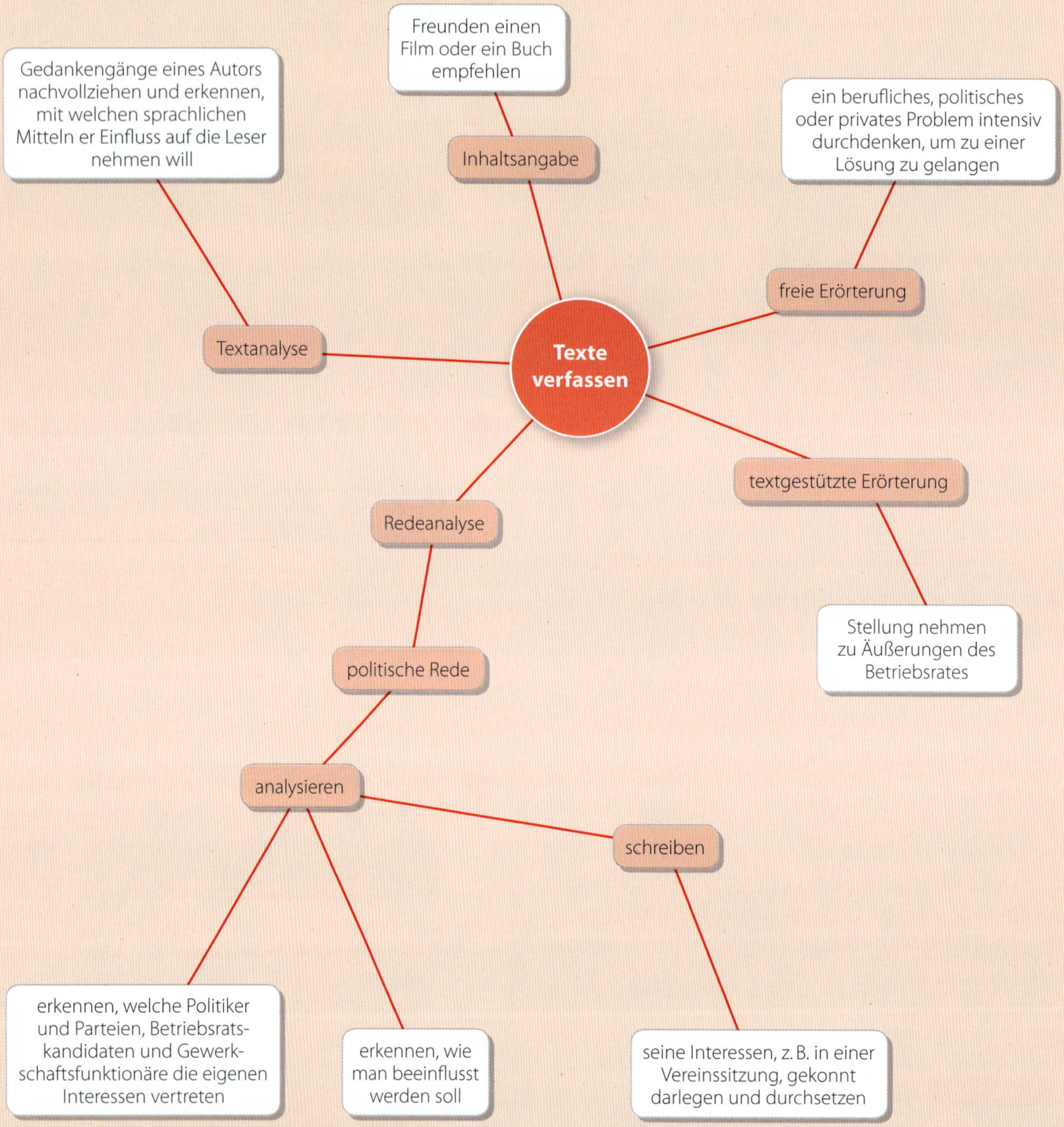

Aufgabe

Finden Sie weitere Anlässe (weiße Endpunkte der Verzweigung), um das Gelernte (farbige Verzweigungspunkte) anzuwenden.

MEDIEN

8

8.1 Was sind Medien?

Medium, das (Mehrzahl: Medien): Das Wort leitet sich vom lateinischen Wort „medium" ab, was so viel wie „Mitte" bedeutet. In der heutigen Alltagssprache wird das Wort Medium meistens gleichbedeutend mit *(Massen-)Kommunikationsmittel* verwendet.

Print, der: Druck; Printmedien: gedruckte Medien

audiovisuell: zugleich hör- und sichtbar

audio-: Bestimmungswort in Zusammensetzungen mit der Bedeutung *hörbar*, z. B. Audiodatei

Sender/Empfänger: siehe Seite 60

vierte Gewalt: Bezeichnung für öffentliche Medien wie Presse und Rundfunk. Gemeint ist damit, dass außerhalb des staatlichen Systems der Gewaltenteilung (Exekutive, Legislative und Judikative) eine weitere Gewalt existiert: die Medien. Obwohl die Medien keine eigene Gewalt zur Änderung der Politik oder zur Ahndung von Machtmissbrauch besitzen, können sie durch Berichterstattung und öffentliche Diskussion das politische Geschehen stark beeinflussen.

kognitiv: das Wahrnehmen, Denken, Erkennen betreffend; verstandesmäßig

Medien sind Kommunikationsmittel. Sie dienen als Informationsüberträger zwischen einem Sender und einem Empfänger und kommen auf ganz verschiedene Weise vor:

- **Printmedien:** Bücher, Zeitungen, Zeitschriften, Plakate usw.
- **audio- bzw. audiovisuelle Medien:** Fernsehen, Rundfunk, das Internet usw.

Gleichzeitig sind diese Medien in unserer Gesellschaft auch **Massenmedien,** weil sie überall zugänglich sind und mit ihnen Nachrichten an eine große Zahl von Menschen übertragen werden können.

Funktion der Medien

Die Massenmedien dienen in unserer Gesellschaft dazu, die Menschen zu informieren und ihnen bei der Meinungsbildung zu helfen. Sie dienen auch dazu, Missstände in Politik und Gesellschaft aufzuspüren und öffentlich zu machen. Auf diese Weise helfen sie mit, die Parteien, die Verwaltung usw. zu kontrollieren und sie gegebenenfalls zu kritisieren. Man spricht in diesem Zusammenhang davon, dass die Medien die **vierte Gewalt** im Staat darstellen.
Ebenso haben die Medien einen großen Anteil an der **Bildung** und der **Unterhaltung.** Sie dienen aber auch der **Werbung** und der **Manipulation**.

Mediengesellschaft

Ein großer Teil des Wissens, aber auch der Wahrnehmungen und Erfahrungen werden durch die Medien geprägt. Auch die Art und Weise wie wir miteinander kommunizieren und uns zueinander verhalten oder unsere Freizeit gestalten, wird durch die Medien beeinflusst. Darum sagt man, dass wir in einer Mediengesellschaft leben.

❶ Mediennutzung verändert das Gehirn

von Kathrin Rothfischer

Schon immer haben Medien menschliches Verhalten und Erleben verändert. Das Gehirn passt sich den Herausforderungen und veränderten Verhaltensweisen an, neue Formen der Kommunikation und Informationsverarbeitung entstehen. Kinder und Jugendliche etwa reagieren schon heute schneller, spontaner und flexibler als noch vor 15 Jahren. Sie sind sehr geschickt darin, Informationen visuell zu verarbeiten. Was sie allerdings immer weniger können, ist über längere Zeit jemandem zuhören, mit jemandem reden oder ein Buch lesen. Vor allem in der Schule führt dies zu Problemen. Obwohl viele Kritiker es immer wieder behaupten, ein Zeichen von Intelligenzverlust ist das nicht.

Problematischer sind viel mehr die gesellschaftlichen Auswirkungen, die damit einhergehen. „Es könnte eine Kluft entstehen", erklärt Medienpsychologe Gary Bente. „Auf der einen Seite gibt es Menschen, die Medien kritisch und produktiv nutzen. Auf der anderen Seite stehen diejenigen mit intensivem, einseitigem Mediengebrauch, deren soziale und kognitive Fähigkeiten im Alltag leiden."

(aus: www.focus.de, 12.06.2012, 13:23)

❷ Besser als in echt

Dass Fernsehen die Realität verzerrt, wussten wir schon lange. Jetzt ist bewiesen: Die Realität ahmt sogar das Fernsehen nach. [...] In Deutschland ist es nun passiert. Keine zehn Jahre versuchen sich Profirichterin Salesch und ihre Kollegen als Amateurschauspieler, und – zack – schon vertraut die Bevölkerung der Glotze mehr als der Realität. Seitdem, so klagt jetzt der deutsche Richterbund, würden immer mehr Zuschauer während der Verhandlungen ihre Kommentare in den Saal hineinrufen. Und sie glauben, alle Fälle drehten sich um Sex und Überraschungszeugen, die in letzter Sekunde das Blatt wenden, klagen die Richter. Dabei weiß, wer einmal eine deutsche Gerichtsverhandlung besucht hat: Weniger Action gibt es nicht mal bei der Liveübertragung der Papst-Ostergrüße.

(aus: Financial Times Deutschland, 20.04.2009)

Salesch, Barbara: deutsche Juristin, Richterin; spielte von 2000 bis 2012 in der Fernsehsendung *Richterin Barbara Salesch* die Richterin in gestellten Gerichtsverhandlungen

Johannes Gutenberg (1397–1468): Erfinder des Buchdrucks.

Entwicklung der Massenmedien (Auszug)

1445	*Buchdruck*
1605	*Wochenzeitung (in Straßburg)*
1650	*Tageszeitung (in Leipzig)*
1794	*optischer Telegraf (Frankreich)*
1837	*elektrischer Telegraf (von S. Morse)*
1839	*Fotographie*
1876	*Telefon (von G. Bell)*
1888	*Grammofon*
1888	*Fotoapparat*
1886	*Setzmaschine*
1895	*Stummfilm*
1897	*drahtlose Telegrafie*
1906	*Rundfunktechnik*
1923	*Rundfunksender*
1924	*Tonfilm*
1925	*Fernsehtechnik*
1945	*Computer (ENIAC)*
1947	*Transistorradio*
1952	*öffentliches Fernsehen in Deutschland*
1969	*Videorecorder*
1969	*ARPANET (Vorläufer des Internet)*
1972	*Videospiele*
1977	*PC (Apple II)*
1979	*Walkman*
1981	*Internet*
1982	*CD (Compact Disc)*
1984	*Privatfernsehen (in Deutschland)*
1985	*Handy (C-Netz)*
1988	*E-Book*
1989	*World Wide Web (www)*
1992	*kommerzieller Mobilfunk*
1996	*DVD (Digital Versatile Disc)*
2001	*MP3-Player*
2003	*soziale Medien*
2005	*Web 2.0*
2007	*Smartphone*
2010	*Touchpad/Tablet*
	...

Hinweis

Die Erfindung des Buchdrucks durch Johannes Gutenberg gilt als Geburtsstunde der modernen Massenmedien. Für den Druck der ersten 180 Bibeln (Gutenberg-Bibel) wurden drei Jahre benötigt. Das war auch der Zeitraum, den man bis dahin für die Abschrift einer einzigen Bibel benötigte.

Aufgaben

1. a) Lesen Sie Text ❶ und fassen Sie in eigenen Worten zusammen, welche Auswirkungen der Medien auf den Einzelnen und die Gesellschaft dort beschrieben werden.
   b) Diskutieren Sie, wie die negativen Wirkungen der Mediennutzung abgeschwächt oder vermieden werden können.
2. a) Lesen Sie Text ❷ und beschreiben Sie, welcher Einfluss des Fernsehens dort dargestellt wird.
   b) Notieren Sie drei Ihrer Lieblingssendungen und diskutieren Sie in der Klasse, was man aus ihnen lernen kann und was nicht.
3. Führen Sie die Übersicht zur Entwicklung der Massenmedien fort. Zählen Sie hierzu die Ihnen bekannten Entwicklungen der letzten Jahre auf.

8.1.1 Zeigen Medien die Wirklichkeit?

Es ist nicht immer einfach, bei dem, was in den Medien dargestellt wird, zwischen **Fiktion** und **Realität** zu unterscheiden. Oftmals sind die Grenzen fließend.

Spielfilme und Serien

Spielfilme und Serien können erfundene (fiktionale) Geschichten erzählen.
Zum Beispiel: *Die Tribute von Panem.*
Andererseits kann ein Spielfilm aber auch eine wahre Geschichte nacherzählen. Die Schauspieler spielen dann das, was andere Personen erlebt haben. Zum Beispiel: *Hotel Ruanda.*

Es gibt aber auch Serien im Fernsehen, in denen Menschen sich selbst spielen (z. B. „Die Geissens") oder aber unter Anleitung eines Moderators oder einer Moderatorin z. B. über ihre Probleme sprechen oder sich streiten. Auftretende Konflikte werden aber von einer Moderatorin oder einem Moderator gesteuert und zugespitzt, sodass sie für die Zuschauer unterhaltsam sind.

Nachrichten und Berichterstattung

Die tägliche Berichterstattung in Zeitungen, im Internet und in den Fernsehnachrichten liefert uns Informationen über das, was in der Welt geschieht. Darum ordnen wir diese Informationen der Realität zu.
Nachrichten im Fernsehen oder in einer Zeitung werden danach ausgesucht, ob sie die Zuschauer oder Leser interessieren (siehe Seite 248). Gleichzeitig werden sie aus einem bestimmten Blickwinkel dargestellt und präsentieren so eine bestimmte Sichtweise auf ein Geschehen.

Oftmals werden Nachrichten mit Fotos oder Filmen versehen, damit man sich das Gemeinte besser vorstellen kann. Diese Bilder präsentieren aber nur einen bestimmten Ausschnitt der Realität, nie das ganze Geschehen.
Die Medien geben also immer nur einen Ausschnitt aus der Realität wieder.

Beispiel: Nach dem terroristischen Anschlag auf die französische Satirezeitschrift Charlie Hebdo im Januar 2015 kam es in Paris zu Massenprotesten der Bevölkerung, der sich auch führende Politiker vieler Nationen anschlossen. Das erste Foto erweckt den Eindruck, dass die Politiker die Menschenmassen in Paris anführen.

Fiktion: etwas Erfundenes, Inszeniertes, Ausgedachtes, dem in der Wirklichkeit nichts Tatsächliches entspricht

Realität: Wirklichkeit, die keine Illusion ist und nicht von den Wünschen oder Überzeugungen eines Einzelnen abhängig ist

Die Tribute von Panem: ein US-amerikanischer Science-Fiction-Roman, der auch für das Kino verfilmt wurde

Hotel Ruanda: ein Spielfilm über den Völkermord in Ruanda im Jahre 1994, der auf einer wahren Geschichte beruht

Hinweis:
Auf Seite 164 können Sie nachlesen, inwieweit Texte in fiktionale und pragmatische Texte unterschieden werden.

Perspektive: Betrachtungsweise von einem bestimmten Standpunkt aus; Blickwinkel. Siehe auch Seite 255.

Live-Übertragung: Es wird von tatsächlichen Ereignissen zum Zeitpunkt des Geschehens berichtet; z. B. von einem Fußballländerspiel.

Das zweite, aus einer anderen Perspektive aufgenommene Foto zeigt, dass sich die Politiker für ihre Solidaritätsbekundung an einem besonderen Ort getroffen haben.

manipulieren: beeinflussen; durch bewusste Beeinflussung jemanden in eine bestimmte Richtung lenken oder drängen

Manipulation durch Medien: Können Bilder lügen?

Von Manipulation spricht man dann, wenn durch eine verdeckte Einflussnahme einzelne Personen oder ganze Gruppen gezielt beeinflusst und gesteuert werden, was den Betroffenen aber verborgen bleiben soll.

Das kann auf ganz unterschiedliche Weise erfolgen, z. B. durch

- das Verbreiten von Gerüchten und falschen Informationen,
- die Bearbeitung von Bildern oder deren falsche Beschriftung,
- die bewusst falsche Zusammenstellung von Nachrichten und Bildern,
- usw.

Beispiel: Ein Schnitt entscheidet über die Aussage des Bildes aus dem Irakkrieg. Das Bild in der Mitte ist das Originalbild. Das rechte und das linke Bild wurden auch veröffentlicht.

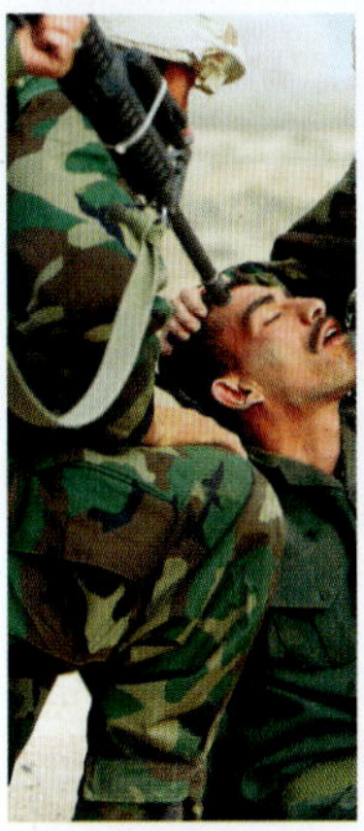

In Deutschland gilt als Richtlinie für seriöse journalistische Arbeit der **Pressekodex**. In ihm wird festgehalten, nach welchen Grundsätzen Nachrichten und Fotos bzw. Filme veröffentlicht werden sollen.

Auszug aus dem Pressekodex:
[. . .] Zur Veröffentlichung bestimmte Informationen in Wort, Bild und Grafik sind mit der nach den Umständen gebotenen Sorgfalt auf ihren Wahrheitsgehalt zu prüfen und wahrheitsgetreu wiederzugeben. Ihr Sinn darf durch Bearbeitung, Überschrift oder Bildbeschriftung weder entstellt noch verfälscht werden. Unbestätigte Meldungen, Gerüchte und Vermutungen sind als solche erkennbar zu machen. [. . .]
(aus: Publizistische Grundsätze (Pressekodex), Fassung vom 13. März 2013, S. 4)

Hinweis
Das Originalbild in der Mitte zeigt einen irakischen Soldaten umgeben von US-Soldaten während des Irak-Kriegs 2003. Die Fotomontage wurde angefertigt, um zu zeigen, wie unterschiedliche Bildausschnitte die Interpretation eines Bildes beeinflussen können.

seriös: vertrauenswürdig, glaubwürdig, zuverlässig

Aufgaben

1. a) Erklären Sie in eigenen Worten den Unterschied zwischen Realität und Fiktion.
   b) Nennen Sie Ihre Lieblingsfilme und Fernsehserien und ordnen Sie sie ein: Handelt es sich um Fiktion oder Realität?
2. Lesen Sie den Auszug aus dem Pressekodex und erläutern Sie, inwieweit gegen ihn verstoßen würde, wenn zu einer Nachricht nur der linke oder rechte Teil der Kriegsfotografie gezeigt wird.

8.2 Presse – Boulevard und Abonnement

Mit der Erfindung des Buchdrucks revolutionierte Johannes Gutenberg im 15. Jahrhundert den Vervielfältigungsprozess von Texten. Wurden Texte vorher nur durch das Abschreiben reproduziert, so konnten sie jetzt schneller und in größerer Zahl vervielfältigt werden. Damit bildet der Buchdruck den Ausgangspunkt für die heutigen Massenmedien. Mit der Technik des Buchdrucks erhöhte sich erstmals merklich die Menge an verfügbaren Informationsträgern und ebenso die Geschwindigkeit ihrer Produktion. Mehr Informationen erreichten schneller mehr Menschen.

Ursprünglich wurde das Wort **Zeitung** für eine beliebige Nachricht verwendet. Heutzutage bezeichnet man damit Druckerzeugnisse mit aktuellen Texten, die Zeitungsartikel genannt werden.
Die ersten Zeitungen entstanden am Anfang des 17. Jahrhunderts (siehe Seite 245). Durch die Erfindung weiterer, schnellerer Drucktechniken wurde die Zeitung zum beherrschenden Medium des 19. Jahrhunderts.

Und auch heute noch gehört die Zeitung zu den wichtigen Informationsmedien. Sie besteht in der Regel aus

- einem redaktionellen Teil, der journalistische Texte enthält, und
- einem Anzeigenteil, da sich viele Zeitungen zu einem Großteil aus Werbeanzeigen finanzieren.

Immer mehr Zeitungen liegen heutzutage auch digital vor und können z. B. über das Internet genutzt werden.

8.2.1 Von der Information zum Zeitungsartikel

Bei den Presseagenturen gehen täglich ungeheure Mengen an Informationen aus aller Welt ein. Bereits in den Agenturen wird aus diesen Informationen ausgewählt.
Aus diesen dann bereitgestellten Informationen wählen die einzelnen Zeitungsredaktionen dann wiederum solche Informationen aus, von denen sie glauben, dass sich ihre Leser dafür interessieren.
Gleichzeitig arbeiten aber auch noch Journalisten für einzelne Zeitungen. Sie recherchieren zu bestimmten Themen und schreiben eigene Zeitungsartikel.

Die Redaktion einer Zeitung entscheidet aber nicht nur, welche Informationen bzw. Nachrichten in ihrer Zeitung erscheinen sollen, sondern bereitet sie auch für ihre Leser auf. Das bedeutet, dass sie

- die Informationen für ihren Leserkreis in eine verständliche Form bringt,
- aussagekräftige Überschriften für die einzelnen Zeitungsartikel sucht,
- Nachrichten eigener Journalisten, Agenturmeldungen und Bilder sinnvoll miteinander verknüpft,
- die Texte so aufbereitet und korrigiert, dass sie gesetzt und gedruckt bzw. digital veröffentlicht werden können.

Die gesamte Redaktion einer Zeitung ist in der Regel in einzelne Abteilungen gegliedert, die sogenannten Ressorts. In einem Ressort sind Redakteure für einen bestimmten Fachbereich zuständig, z. B. für Sport, Politik oder Wirtschaft usw.

Durch die Auswahl und Aufbereitung der Informationen trägt die Redaktion zur Meinungsbildung bei.

Johannes Gutenberg: siehe Seite 245

reproduzieren: etwas erneut herstellen, wieder hervorbringen

Hinweis:
In Deutschland gibt es zurzeit ca. 329 Tageszeitungen, 20 Wochenzeitungen und sechs Sonntagszeitungen. Zusammen haben sie eine Auflage von rund 22,2 Millionen Exemplaren

Auflage: Anzahl der gedruckten Exemplare

redaktionell: von der Redaktion ausgehend

Presseagentur: Unternehmen, das Nachrichten über aktuelle Ereignisse liefert. Die Informationen werden als vorgefertigte Meldungen (Text, Bilder, Audio- oder Filmmaterial) für Massenmedien zur Verfügung gestellt. Weltweit gibt es zurzeit mehr als 180 Presseagenturen.

Redaktion: Abteilung, Geschäftsstelle, Büro bei einer Zeitung, einer Rundfunkanstalt o. Ä., in dem Redakteure arbeiten

Redakteur: Berufsbezeichnung für jemanden, der für eine Zeitung, für Rundfunk oder Fernsehen Beiträge auswählt, bearbeitet oder selbst schreibt

Aufbau einer Titelseite

Die Titelseite einer Zeitung ist so aufbereitet, dass sie bei den Leserinnen und Lesern Interesse wecken soll. Dafür wird eine Gestaltung (Aufmachung der Zeitung) gewählt, die ansprechen soll.

Gleichzeitig werden bestimmte Nachrichten in den Vordergrund gestellt, von der die Redaktion der Zeitung annimmt, dass sie ihre Leserinnen und Leser besonders anspricht.

Beispiel:

❶ **Eimsbütteler Bote**

❷ Lokalausgabe | ❸ Hamburg, 18. November 2017 | ❹ 18. Jahrgang / 46. Woche/Nr. 267 / 0,90 €

❻

a) **17-jähriger beim Fischefüttern verletzt**

b) *Der Freundschaftsdienst eines Schülers endet mit einer unvorhergesehenen Verletzung beim Füttern von Aquarienfischen.*

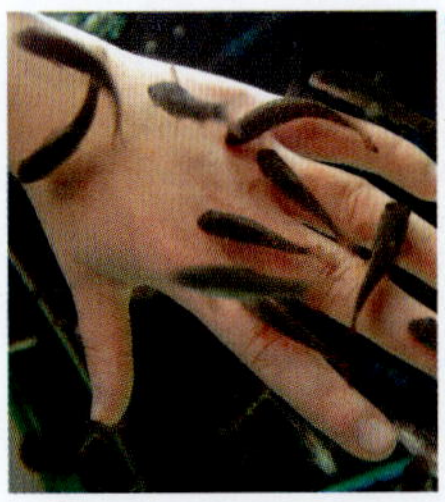

c) **Hamburg.** Der 17-jährige Schüler Adrian S. hatte seinem Klassenkameraden versprochen, sich während der Ferienzeit um dessen Aquarium zu kümmern. Um in das hoch stehende Aquarium Fischfutter einzufüllen, stellte er sich auf einen Stuhl. Als ihm die Futterdose in das Aquarium fiel, griff er ins Wasser. Was er nicht wusste: Bei den Aquariumfischen handelt es sich um einen Schwarm rötlicher Saugbarben, auch Kangalfische genannt. Weiter auf **Seite 3**.

❺

INHALT

❼ **Die besten Pommes der Stadt**

Im Restaurant Pomm-King werden ausschließlich originale Vlaamse Frites serviert – belgische Pommes Frites. Der Unterschied zu den fabrikproduzierten, vorfrittierten und tiefgekühlten Pommes liegt darin, dass die Vlaamse Frites aus frischen Kartoffeln hergestellt werden.

Lesen Sie den vollständigen Bericht unseres Restauranttesters Gottlieb Bräge auf **Seite 3**.

❼ **Kickbees werden Vizemeister**

Die Mädchenmannschaft des ETV hat gestern den Vize-Titel geholt! Ein großer Tag für den Frauenfußball. Die Zuschauer erwartete ein spannendes Tunier mit Höhepunkten bis zum Schluss. Lesen Sie den Kommentar von Thomas Mucha auf **Seite 7**.

❼ **Großes Fest am Isebek**

Am Wochenende steigt die Party im Stadtviertel. Besondere Gäste: Die DJs Jana Blunck und Kasimir Woltzly. **Seite 11**.

❽ *Nur diese Woche:* ***Schollenfilet XXL für 3,99 € in der Brutzelbude am Idunaplatz 9.***

❶ Logo der Zeitung

❷ Ausgabe
❸ Erscheinungsort und -datum
❹ laufende Nummer und Preis
❺ Inhaltsverzeichnis
❻ Hauptmeldung mit Bild
a) Schlagzeile
b) Vorspann (Lead)
c) Nachrichtenteil (Body)

(siehe auch Seite 167)

❼ weitere wichtige Meldungen

❽ Werbeanzeige

Aufgaben

1. Beschaffen Sie sich eine Ausgabe Ihrer lokalen Tageszeitung und bestimmen Sie den Aufbau und die Elemente der Titelseite.
2. a) Entwerfen Sie zu einem aktuellen Thema eine eigene Titelseite für eine Schülerzeitung.
   b) Erläutern Sie,
      - warum Sie genau Ihre Form der Aufmachung gewählt haben und
      - was Sie damit erreichen möchten.

8.2.2 Zeitungen unterscheiden

Eine Zeitung hat die Aufgabe zu informieren sowie Ereignisse zu kommentieren und zu analysieren.
Vier Merkmale zeichnen eine Zeitung aus:

- Sie ist allgemein zugänglich, d. h., jeder kann sie kaufen.
- Sie ist aktuell, d. h., sie berichtet über das, was sich gegenwärtig ereignet.
- Sie erscheint regelmäßig, z. B. Tageszeitungen fünfmal die Woche.
- Sie ist inhaltlich vielfältig, d.h., sie behandelt verschiedene Themen wie z. B. Politik, Gesellschaft, Sport usw.

Grundsätzlich werden Zeitungen danach unterschieden, wie sie vertrieben, d.h. verkauft, werden.

Hinweis:
Eine Tageszeitung muss mindestens zweimal die Woche erscheinen, anderenfalls wird sie als Wochenzeitung bezeichnet.

Abonnement: (Abkürzung: Abo) der regelmäßige Bezug einer Leistung (z. B. Zeitschrift, Eintrittskarten, Kabelfernsehen usw.). Das Wort stammt aus dem Französischen und wird in Deutschland seit dem 18. Jahrhundert verwendet.

Abonnementzeitung

Die Abonnementzeitung ist eine Zeitung, die Leser und Leserinnen überwiegend im Abonnement beziehen und zugestellt bekommen. Für die Mehrheit der regionalen und lokalen Tageszeitungen ist das Abonnement die wichtigste Vertriebsform. Sie werden deshalb auch als Abonnementzeitungen bezeichnet.

Boulevard: breite, meist als Straßenring angelegte Straße in Großstädten

Seriosität: Ernsthaftigkeit; in Verbindung mit Zeitungen auch auf die Glaubwürdigkeit bezogen

Boulevardzeitung

Eine Boulevardzeitung, meist eine Tageszeitung, erscheint in hoher Auflage. Ihrer Berichterstattung wird aber nur eine eingeschränkte Seriosität zugeschrieben. Die ersten Zeitungen dieser Art konnte man nur auf der Straße (Boulevard) kaufen, nicht im Abonnement.

Hinweis:
Die Unterscheidung zwischen Abonnementen- und Boulevardzeitung ist heutzutage nicht mehr so eindeutig wie noch vor wenigen Jahren, da man sich Boulevardzeitungen heute auch im Abonnement zustellen lassen kann.

Besondere Merkmale von Boulevardzeitungen

Mit der Boulevardzeitung hat sich der Begriff *Boulevardjournalismus* eingebürgert. Damit ist eine besondere Art der Aufmachung der Zeitung, der Zeitungsartikel und der darin enthaltenen Berichterstattung gemeint.

Boulevardzeitungen haben meistens eine aufsehenerregende Aufmachung, die durch

- große Überschriften,
- ansprechende, reißerische Schlagzeilen und
- großflächige Fotos

erreicht wird. Auf dem Titelblatt nehmen Bilder und Überschriften den meisten Platz ein. Die Texte sind oftmals kurz und verzichten häufig auf Hintergrundinformationen.

Boulevardzeitungen berichten vor allem über Themen, die sich dazu eignen, Gefühle (Emotionen) zu wecken. Sachbetonte Nachrichten werden meistens aus einer gefühlsbetonten Sichtweise dargestellt. Dafür werden oft wenig bedeutsame Informationen eines Ereignisses zur Kernaussage einer Nachricht gemacht.
Besonders häufig wird auch über Prominente, Gerichtsverhandlungen, Polizeieinsätze und Sport berichtet.
In einigen Boulevardzeitungen werden auch wenig bekleidete oder nackte Frauen abgebildet.

Angriff der Hautfresser-Fische!

17-jähriger Schüler schwer verletzt!

Hamburg. Als Adrian S. (17) in das Aquarium seines Kumpels greift, stürmen sie auf seinen Arm zu. Was er nicht weiß: Im Aquarium befinden sich Kangalfische. Sie leben ursprünglich in den Flüssen Euphrat und Tigris (Irak). Jetzt haben sie es auf die Haut abgesehen: Der Kangalfisch – auch rote Saugbarbe genannt – ernährt sich von Menschenhaut!

Adrian S. steht auf einem Stuhl, als er in das Becken fasst. Vor Schreck zieht er den Arm aus dem Aquarium und verliert dabei das Gleichgewicht. Er stürzt zu Boden: Becken zertrümmert!

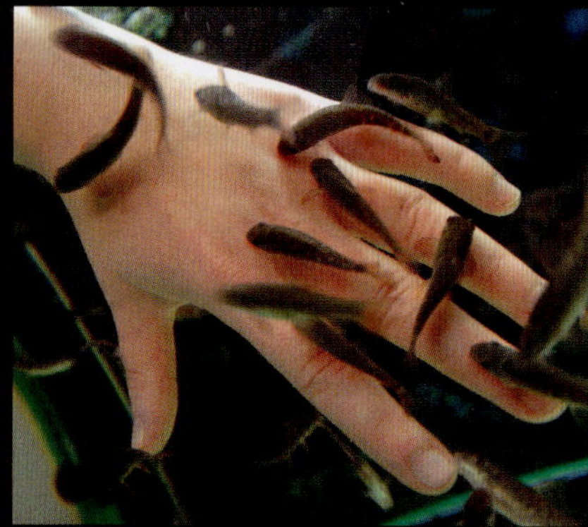

Kangalfische beim Fressen

17-jähriger Schüler stürzt beim Fischefüttern

Der Freundschaftsdienst eines Schülers endet mit einer unvorhergesehenen Verletzung beim Füttern von Aquarienfischen.

Hamburg. Der 17-jährige Schüler Adrian S. hatte seinem Klassenkameraden versprochen, sich während der Ferienzeit um dessen Aquarium zu kümmern. Um in das hoch stehende Aquarium Fischfutter einzufüllen, stellte er sich auf einen Stuhl. Als ihm die Futterdose in das Aquarium fiel, griff er ins Wasser. Was er nicht wusste: Bei den Aquarienfischen handelt es sich um einen Schwarm rötlicher Saugbarben, auch Kangalfische genannt.

Ursprünglich kommt der harmlose, bis zu 14 Zentimeter große Schwarmfisch aus der Familie der Karpfenfische in einigen fließenden Süßgewässern des Jordan- und des Euphrat-Tigris-Systems sowie in einigen Küstenflüssen Nordsyriens und der südlichen Türkei vor. Bekannt wurde vor allem eine Population aus der Region Kangal in der Türkei, wonach der Fisch auch benannt wird. Typisches Erkennungsmerkmal ist eine rötliche Färbung der Schwanzflosse.

Kangalfische können in der Hautpflege eingesetzt werden, da sie Schuppen und alte Hautteile abknabbern. Als Adrian S. ins Wasser griff, fingen die Fische sofort an, sich auf seinen Arm zu setzen, um mit kaum spürbaren Stupsbewegungen alte Hautschuppen zu lösen. Der Schüler bekam durch das unerwartete Verhalten der Fische einen Schreck, verlor das Gleichgewicht und stürzte unglücklich vom Stuhl. Durch den Sturz zog er sich einen schweren Beckenbruch zu.

Aufgaben

1. Zählen Sie mindestens fünf Zeitungen auf, die Sie kennen und versuchen Sie, diese anhand ihrer Merkmale zuzuordnen: Handelt es sich jeweils um eine Boulevardzeitung oder nicht?
2. Lesen Sie die beiden oben stehenden Zeitungsartikel durch und arbeiten Sie heraus,
   a) welche Kerninformation im jeweiligen Zeitungsartikel im Vordergrund steht;
   b) welche Hintergrundinformationen Sie erhalten;
   c) welche Aufmachung die zwei Artikel auszeichnet;
   d) welcher Artikel eher einer Boulevardzeitung zuzuordnen ist. Begründen Sie Ihre Antwort.
3. Wählen Sie ein aktuelles Ereignis aus, das Sie interessiert und verfassen Sie zwei kurze Artikel: Einmal einen herkömmlichen Bericht (Hinweise dazu, wie ein Bericht aufgebaut ist, finden Sie auf Seite 167) und einmal als Artikel für eine Boulevardzeitung.

8.3 Filme

Der Film hat sich seit dem 20. Jahrhundert zu einem der wichtigsten Massenmedien entwickelt. Filme können wir zum Beispiel im Kino, im Fernsehen und im Internet sehen.

Ein Film ist eine aneinandergefügte Abfolge von bewegten Bildern. In diesen Bildern sind

- Raum, Zeit, Ort,
- die Art und Weise, wie Figuren handeln, entscheiden und erleben

bewusst zusammengestellt. Diese Zusammenstellung wird in einem Drehbuch verschriftlicht. Daher muss sich der Zuschauer darüber im Klaren sein, dass es sich bei einem Film immer um eine Inszenierung handelt.

Inszenierung: etwas öffentlich zur Schau stellen

Drehbuch: die Vorlage für einen Film in Textform. Sie wird von einem Drehbuchautor verfasst.

8.3.1 Filme unterscheiden und verstehen

Auch Filme lassen sich danach einteilen, ob

- sie erfunden (fiktional) sind oder
- sich mit der Wirklichkeit beschäftigen (real sind).

Fiktion: siehe Seite 186

fiktional: erfunden

pragmatisch: siehe hierzu Seite 164

Genre: Art, Gattung (siehe auch Seite 188)

Filmgenre: Einteilung von Spielfilmen unter anderem nach ihrem Inhalt, der Handlung, der Erzählform, z. B.:
- Abenteuerfilm,
- Actionfilm,
- Erotikfilm,
- Fantasyfilm,
- Horrorfilm,
- Kriegsfilm,
- Kriminalfilm,
- Liebesfilm.

Eine solche Unterscheidung findet sich beispielsweise im Fernsehprogramm zwischen „Spielfilm" und „Reportage/Dokumentarfilm".

Oft ist es bei Filmen schwer festzustellen, ob sie fiktional oder pragmatisch sind. Hier hängt es vom eigenen Vorwissen und der Einstellung ab, wie man einen Film und seinen Inhalt versteht. So sind z. B. in der letzten Zeit Fernsehsendungen in Mode gekommen, in denen Laienschauspieler Geschichten aus ihrem Berufsleben spielen und das Ganze dann wie ein Dokumentarfilm aufgemacht ist (z. B. Polizisten, die bei ihren Einsätzen mit der Kamera begleitet werden). Ein Zuschauer muss sich dann die berechtigte Frage stellen, ob es sich hier tatsächlich um etwas Reales (also Wirkliches) handelt, oder ob das Ganze nicht doch gespielt ist (siehe auch Seite 246).

Filme können zum Beispiel unterteilt werden in

- **Spielfilme:** Filme mit einer fiktionalen Handlung, die unter Umständen realen Ereignissen bzw. Personen nachempfunden sein können. Spielfilme lassen sich in eine Vielzahl von Filmgenres einteilen.
- **Dokumentarfilme:** nichtfiktionale Filme, die bestrebt sind, ein tatsächliches Geschehen möglichst genau abzubilden.
- **Nachrichtenfilme:** Kurze Filme, die aktuelle Ereignisse dokumentieren. Sie werden zum Beispiel in Nachrichtensendungen eingebaut.
- **Unterrichtsfilme:** Für Unterrichtszwecke produzierte Filme, um Wissen zu vermitteln.
- **Werbespots:** kurze Filme, mit denen für eine Ware, eine Marke oder eine Dienstleistung geworben wird.

Story: Geschichte

Spielfilme

Die Story von Spielfilmen kann man wie einen literarischen Text untersuchen und analysieren (siehe auch Abschnitt 6.5).

Um Spielfilme einzuordnen und zu verstehen, ist es sinnvoll, folgende Fragen zu stellen:

- Was ist das Thema des Films?
- Um was für ein Genre handelt es sich?
- Welche Figuren kommen vor? Z. B. Wer sind Hauptfiguren, wer Nebenfiguren?
- Welche Erzählperspektive wird verwendet?

Erzählperspektive: siehe Seite 187

8.3.2 Fernsehen – das beliebteste Massenmedium

Fernsehen ist ein audiovisuelles Medium und hat sich seit den 1950er Jahren zum beliebtesten Massenmedium entwickelt. Man kann sagen, dass das Fernsehen das Leitmedium unserer Gesellschaft ist. Öffentlich-rechtliche Rundfunkanstalten und private Fernsehsender bieten eine große Anzahl an Filmen und Fernsehsendungen an. Hier muss jeder selbst – je nach Interesse – entscheiden und auswählen.

öffentlich-rechtliche Rundfunkanstalten: Sie haben einen staatlich festgelegten Programmauftrag, an dem sich die Inhalte zu orientieren haben. Sie finanzieren sich zu einem Großteil aus staatlich festgelegten Beiträgen (Rundfunkgebühren) und zu geringen Teilen aus Werbung.

private Fernsehsender: Sie finanzieren sich fast ausschließlich durch Werbung. Ein Großteil der Programminhalte wird gekauft oder lizenziert. Fernsehproduktionen werden meistens in Auftrag gegeben.

Laie: jemand, der auf einem bestimmten Gebiet keine Fachkenntnisse hat

Reportage: siehe Seite 170

Realitätsfernsehen (Reality-TV): Fernsehprogramme, in denen vorgeblich oder tatsächlich versucht wird, die Wirklichkeit abzubilden

Auszug aus dem Fernsehprogramm

Das Erste	ZDF	SAT 1	ProSieben	NDR
20:00 Tagesschau Nachrichten **20:15 Fußball: DFB-Pokal Fußball Viertelfinale:** *Bayer 04 Leverkusen – FC Bayern München* **23:00 Sportschau-Club** Fußballtalk 23:30 **Maria Wern, Kripo Gotland** TV-Krimi, S 2011	**20:15 Aktenzeichen XY… ungelöst** TV-Fahndung **21:45 heute-journal** Nachrichten **22:15 auslandsjournal** Reportage-magazin **22:45 ZDFzoom** *Millionen im Namen des Volkes – Wie Richter Bußgelder verteilen,* Reportage **23:15 Markus Lanz** Talkshow	**ab 19:55 Sat.1 Nachrichten** Nachrichten **20:15 The Biggest Loser** Abspecksoap **22:30 Sat.1-Reportage** Reportage **23:25 24 Stunden** *Schicksale unter'm Hammer! Auktionator Wallow schlägt zu.* Reportage	**ab 19:05 Galileo** Wissensmagazin **20:15 The Philosophers** Psychothriller, USA/RI 2013 **22:20 The Big Bang Theory** Sitcom **22:45 The Big Bang Theory** Sitcom **23:15 Vikings** Abenteuerserie	**20:00 Tagesschau** Nachrichten **20:15 Expeditionen ins Tierreich** Tierdoku **21:00 Unsere Geschichte** Reportage **21:45 NDR aktuell** Magazin **22:00 Großstadtrevier** Polizeiserie **22:50 extra 3** Satiremagazin

Scripted Reality
Hierbei handelt es sich um Fernsehsendungen, in denen die Dokumentation realer Ereignisse vorgetäuscht wird. Scripted-Reality-Sendungen sind Teil des sogenannten Realitätsfernsehens. Die Szenen werden meist von Laiendarstellern gespielt, die nach Regieanweisung (Skript) handeln.
Viele dieser Serien werden von den Fernsehsendern irreführend als „Doku-Soaps" bezeichnet, da sie den Anschein einer Dokumentation bzw. Reportage erwecken sollen. Sie haben meistens alltägliche, zwischenmenschliche Situationen zum Thema.

Aufgaben

1. Wählen Sie einen aktuellen Spielfilm aus und beschreiben Sie Thema, Genre, Figuren und Erzählperspektive.
2. Untersuchen Sie das abgebildete Fernsehprogramm und bestimmen Sie, bei welchen Beiträgen es sich möglicherweise um reale und bei welchen es sich um fiktive Beiträge handelt.
3. a) Nennen Sie aktuelle Serien, die Ihrer Meinung nach zum Realitätsfernsehen gehören.
   b) Beschreiben Sie, was diese Serien kennzeichnet und inwieweit sie real wirken.
   c) Diskutieren Sie in der Klasse, was das Problematische an Scripted-Reality-Sendungen ist.

8.3.3 Die Kamera fängt ein, was wir sehen sollen

In einem Film werden viele Einzelbilder hintereinander abgespielt, sodass beim Betrachten der Eindruck erweckt wird, dass „sich die Bilder bewegen". Ein Kinofilm hat zum Beispiel eine Bildgeschwindigkeit von 24 Bildern pro Sekunde.
Was aber genau zu sehen ist, wird durch die **Kameraeinstellung** festgelegt. Mit ihr bestimmt eine Regisseurin bzw. ein Regisseur, was wir sehen.

Die Totale: Diese Einstellung wird dann verwendet, wenn eine Person oder Gruppe in ihrer Umgebung gezeigt werden soll.

Die Halbtotale: Diese Einstellung wird für Menschengruppen oder für körperliche Aktionen verwendet. Die Personen werden von Kopf bis Fuß gezeigt.

Halbnah: Eine Person wird vom Kopf bis zur Hüfte gezeigt. Diese Einstellung wird häufig in Dialogszenen, aber auch in geschlossenen Räumen verwendet.

amerikanische Einstellung: Personen werden bis zu den Knien gezeigt. Diese Einstellung ist in Western beliebt, da so das Augenmerk auf das Ziehen des Colts fällt.

Nah: Die Person wird vom Kopf bis zur Mitte des Oberkörpers gezeigt. Diese Einstellungsgröße wird oft in Gesprächsszenen verwendet, wenn es auf die Mimik und Gestik ankommt.

Groß: Der Kopf und ein Teil der Schultern werden abgebildet. Die Mimik steht im Vordergrund. Die Einstellung wird z. B. verwendet, um Gefühlsregungen zu zeigen.

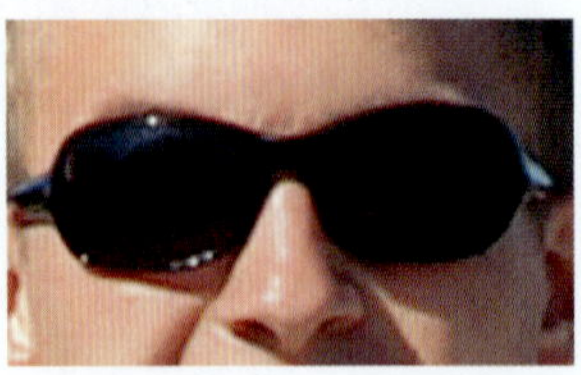

Detail: Es wird nur ein Ausschnitt des Gesamtbildes gezeigt. Zum Beispiel: die Worte, die auf einem Abschiedsbrief stehen.
Eine besondere Art ist die „italienische Detailaufnahme", bei der nur die Augen der Person gezeigt werden.

Mimik und Gestik:
siehe Seite 304

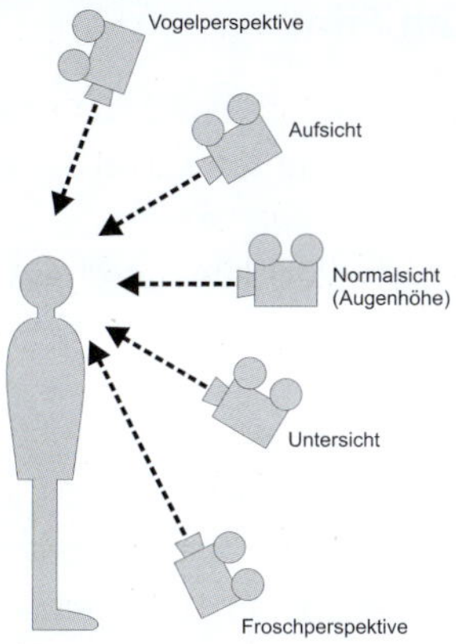

Neben der Kameraeinstellung ist die **Kameraperspektive** ein wichtiges Mittel für die Gestaltung eines Films. Die Kamera zeigt das, was eigentlich die Augen des Zuschauers sehen. Der Zuschauer übernimmt also den Blick der Kamera.
Die Kameraperspektive ist damit der Blickwinkel, aus dem auf etwas geschaut wird. Je nachdem von welcher Höhe aus man blickt, kann z. B. eine Person oder ein Gegenstand eine ganz unterschiedliche Wirkung haben.

Perspektive: Blickwinkel

vertikal: senkrecht; rechtwinklig zur Erdoberfläche bzw. auf den Erdmittelpunkt gerichtet

Hinweis:
Ein weiteres wichtiges Gestaltungselement in Filmen ist die **Kamerabewegung**. Hier gibt es ganz unterschiedliche Möglichkeiten, z. B.:
- Die Kamera bleibt an einer festen Position und wird nur geschwenkt.
- Die ganze Kamera wird bewegt: Ranfahrt, Parallelfahrt und Verfolgungsfahrt.

Die Kameraperspektiven können grob unterteilt werden in:
- **Normalsicht** (Augenhöhe): Die Kamera befindet sich auf der gleichen Höhe des gefilmten Gegenstandes. Handelt es sich z. B. um einen Schauspieler, befindet sich die Kamera dann auf dessen Augenhöhe. Die Normalsicht dient im Allgemeinen dazu, die natürliche perspektivische Wahrnehmung nachzuahmen – also das zu zeigen, was die Augen eines Betrachters sehen würden, wenn er z. B. vor einer anderen Person steht.
- **Untersicht:** Etwas wird aus einer niedrigen, vertikalen Position mit der Kamera aufgenommen. Eine solche Aufnahme kann dazu verwendet werden, um beim Zuschauer z. B. Ehrfurcht zu erwecken oder die Größe und Höhe des Gegenstandes oder der Person zu verstärken. So kann z. B. auf diese Art die Überlegenheit einer Person dargestellt werden. Die extreme Untersicht ist die Froschperspektive.
- **Aufsicht:** Etwas wird aus einer höheren, vertikalen Position mit der Kamera aufgenommen. Dadurch blickt die Kamera auf etwas herab. Eine Aufsicht kann eingesetzt werden, um die Unterlegenheit oder Ohnmacht einer Person darzustellen. Aber auch, um eine Szene mit vielen Personen zu zeigen, z. B. ein Fußballspiel. Die extreme Aufsicht ist die Vogelperspektive.

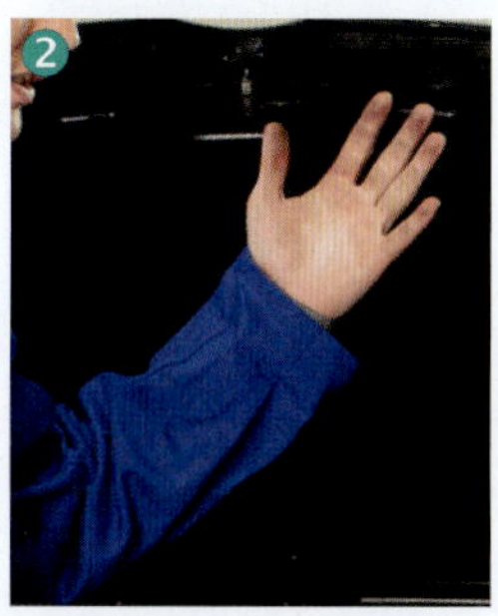

Aufgaben

1. a) Betrachten Sie die Abbildung rechts in der Randspalte und bestimmen Sie die Kameraperspektiven.
   b) Beschreiben Sie, welche Wirkung die jeweilige Kameraperspektive für den abgebildeten Gegenstand hat.
2. Bestimmen Sie in den Fotos ❶ bis ❸ die Kameraeinstellung.
3. a) Wählen Sie einen Ausschnitt aus einem Film Ihrer Wahl (z. B. als Bild aus dem Internet) und bestimmen Sie die Kameraeinstellung sowie die Kameraperspektive.
   b) Erklären Sie, inwieweit Einstellung und Perspektive die Wirkung des Dargestellten beinflussen.

8.3.4 Von einzelnen Aufnahmen zum ganzen Film

Filme erzählen eine Geschichte und haben oft auch eine Botschaft. Jemand, der einen Film ansieht, nimmt ihn als Ganzes wahr. Dabei ist ein Film ein Zusammenspiel aus Bildern, Tönen und Sprache. Dies alles wird miteinander kombiniert. Erst so wird z. B. eine Geschichte auf eine Art und Weise filmisch erzählt, die für den Zuschauer anschaulich und nachvollziehbar ist.

Das Drehbuch

Da Filme sehr komplex sind, müssen sie entsprechend vorbereitet werden, bevor man mit dem Drehen beginnt. Hierfür wird ein Drehbuch geschrieben, das die einzelnen Ebenen des Films miteinander verbindet. Im Drehbuch müssen Angaben dazu gemacht werden, was in den einzelnen Szenen zu sehen sein soll und was beispielsweise die Figuren (Schauspieler) sagen und wie sie sich verhalten.
Professionelle Drehbücher richten sich an Schauspielerinnen und Schauspieler, folgen bestimmten Regeln und haben eine besondere Form.

Storyboard bzw. **Szenenbuch:** eine gezeichnete Version eines Drehbuchs

Um selbst ein Drehbuch für einen eigenen kurzen Film zu schreiben, können Sie sich nach dem folgenden Schema richten. In ihm werden die verschiedenen Elemente miteinander verbunden.

Nr.	Länge der Szene	Handlung/Inhalt	Dialog	Kamera	Musik/ Geräusche	Bemerkung
1	14 Sekunden	Einsamer Spaziergänger geht durch eine Großstadt.		Totale und Aufsicht	Verkehrsgeräusche	
2	5 Sekunden	Stadt und Abendhimmel mit Vollmond.		extreme Totale	Verkehrsgeräusche	nur Stadtsilhouette und Abendhimmel sind zu sehen
3	3 Sekunden	Gesicht der Person, panischer Blick.	„Wer ist da?“	Nah, Normalsicht	Klirren von Glas	Verkehrsgeräusche im Hintergrund
4	10 Sekunden	Drei weitere Personen erscheinen aus einer dunklen Ecke.	„Hey, was geht, Fremder?“	Halbtotale, Normalsicht		Verkehrsgeräusche im Hintergrund
5	10 Sekunden	Spaziergänger zieht eine Pistole.		Halbtotale, Normalsicht		nur der Spaziergänger und 1 weitere Person im Bild
6	4 Sekunden	Die drei Personen heben erschrocken die Hände.	„Huch!“	Halbtotale, Normalsicht	Verkehrsgeräusche	

Schnitt: übergangsloses Aufeinanderfolgen unterschiedlicher Kameraeinstellungen

Blende: kontinuierlicher Übergang von einer Kameraeinstellung zu einer anderen, z. B. durch Verwischen oder Überblenden der Bilder

Storyboard

Ein Storyboard ist eine gezeichnete Bildfolge, die die Kameraeinstellungen eines Films bildhaft darstellt. Ein Storyboard wird vor Drehbeginn angefertigt und ist eine Art Leitfaden für das Vorgehen von Regisseur und Kameramann während der Dreharbeiten. Storyboards sind meist in der Art eines Comics entworfen.

Montage

Als Montage werden die Auswahl und die Verknüpfung von Bild und Ton zu einem Film bezeichnet.
Die einzelnen Kameraeinstellungen werden durch Schnitt oder Blende miteinander verbunden.
Eine Folge von Kameraeinstellungen, die inhaltlich, räumlich oder zeitlich im Zusammenhang stehen, nennt man Sequenz.
Erst durch die Montage wird ein Film dynamisch und effektvoll.

Beispiel für ein Storyboard

extreme Totale: auch *Panorama* oder *Weite*. Menschen erscheinen darin sehr klein, der Bildinhalt ist eine Landschaft (Stadt, Land, Fluss usw.). Diese Kameraeinstellung wird beispielsweise verwendet, um die Umgebung des Geschehens zu zeigen.

extreme Totale

Totale

Töne und Musik

Ist die Quelle eines Tons im Film sichtbar, z. B. ein vorbeifahrender Zug, nimmt ein Zuschauer das Geräusch nicht besonders wahr. Sitzt zum Beispiel jemand im Film auf einer Wiese und man hört im Hintergrund Vögel und Insekten, ohne sie zu sehen, untermalen die Geräusche die Filmsequenz und verstärken das zu Sehende.

Geräusche und Musik können aber auch eingesetzt werden, um einen Film besonders zu gestalten. Dabei wird vor allem Musik dazu verwendet, den Handlungsverlauf eines Films zu unterstützen. So werden beispielsweise viele Sequenzen in Horrorfilmen erst dadurch spannend, dass sie mit einer entsprechenden Musik untermalt sind.

Musik dient im Film im Wesentlichen dazu,

- die Wahrnehmung des Geschehens zu verstärken und zu intensivieren. Durch sie wird eine Szene z. B. spannender, gruseliger oder romantischer.
- das Verstehen des Geschehens zu erleichtern. Durch sie werden Filmsequenzen zueinander in Beziehung gesetzt. Zum Beispiel kann sie dabei helfen, unterschiedliche Handlungsstränge zu kennzeichnen, wenn einzelne Sequenzen mit unterschiedlicher Musik unterlegt sind.

Aufgaben

1. Planen Sie die Vorlage für einen kurzen Film Ihrer Wahl (Arbeitsvorgang, Krimi, Horrorfilm oder Ähnliches).
   a) Entwerfen Sie ein Drehbuch wie in der Vorlage links.
   b) Zeichnen Sie ein Storyboard, das die jeweiligen Kameraeinstellungen wiedergibt.
2. Analysieren Sie eine wichtige Szene (Sequenz) aus Ihrem Lieblingsfilm:
   a) Benennen Sie die Kameraeinstellungen und erläutern Sie, welchen Einfluss sie auf die Wirkung der Szene haben.
   b) Beschreiben Sie, welchen Einfluss die Musik auf die Wahrnehmung der Szene hat.
3. Lesen Sie den Text *Der Sandmann* auf Seite 122 und entwerfen Sie zu dieser Geschichte ein kurzes Storyboard.

8.4 Neue Medien

Im Zusammenhang mit den Medien muss man beachten, dass das Wort *neu* zeitgebunden ist. *Neu* bedeutet, dass es sich um Medien handelt, die heutzutage entstehen oder erst vor relativ kurzer Zeit entstanden sind. Vor über 500 Jahren war das Buch ein neues Medium und vor rund 80 Jahren ebenso das Fernsehen.

8.4.1 Neue Medien sind digitale Medien

Wenn heutzutage von den Neuen Medien gesprochen wird, sind damit meistens Medien gemeint,

- die auf Daten in digitaler Form zugreifen können (z. B. DVD, Blu-ray, usw.) oder
- die Daten in digitaler Form übermitteln (z. B. E-Mail, Internet).

Oft sind damit in jüngster Zeit auch die Dienste gemeint, die über das Internet möglich sind (z. B. Internettelefonie, Spiele, Chat).

Besondere Kennzeichen der Neuen Medien sind:

- Sie sind rechnergestützt (man benötigt einen Computer, Smartphone usw.),
- sie verwenden digitalisierte Daten (die Daten liegen in Form von besonders kodierten Signalen vor) und
- sie sind interaktiv (ein Informationsaustausch zwischen Anwender und Computer ist möglich).

Im Gegensatz zu „älteren" Medien haben die neuen Medien nicht nur einen großen Einfluss auf das Freizeitverhalten, sondern bestimmen auch immer mehr die Arbeitswelt. Dies gilt für die Computertechnik, die in den letzten drei Jahrzehnten einen starken Einzug in die Arbeitswelt gefunden hat, und heutzutage für das Internet.

Gleichzeitig verändert sich durch die Neuen Medien auch die Art und Weise, auf die einzelne Medien genutzt werden.

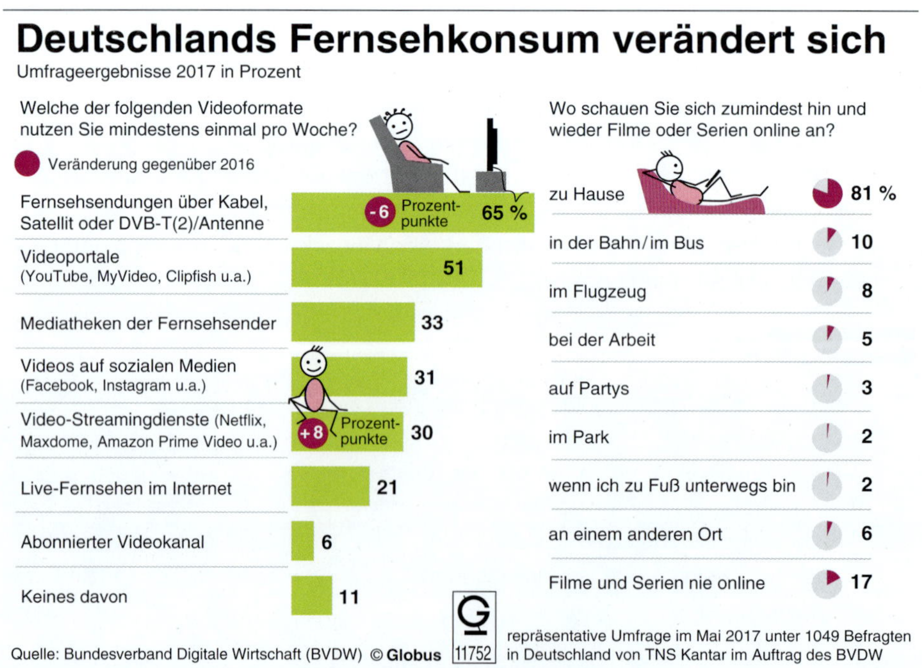

Hinweis:
Manchmal wird statt des Begriffs *Neue Medien* auch der Begriff *Multimedia* verwendet. Mit Multimedia sind Werke und Inhalte gemeint, die sich aus verschiedenen digitalen Medien zusammensetzen, wie z. B. aus Grafik, Text und Audio oder z. B. aus Fotografie, Animation und Video usw.

kodiert: verschlüsselt

Hinweis:
Bei digitalen Daten handelt es sich um binär kodierte Signale.

Interaktivität: das wechselseitige Handeln zwischen Menschen und hochkomplexen technischen Systemen wie z. B. dem Internet

Digital Native: (deutsch: „digitaler Ureinwohner") Bezeichnung für eine Person, die in der digitalen Welt aufgewachsen ist

The Guardian: eine britische Tageszeitung

Millenniumsgeneration: die Jahrtausendergeneration; auch Generation Y. Die Generation, deren Mitglieder im Zeitraum von etwa 1990 bis 2010 zu den Teenagern zählten. Im Text scheint aber die Generation gemeint zu sein, deren Mitglieder um die Jahrtausendwende geboren wurden (Generation Z).

Gadgettime: gemeint ist hier die Zeit, die man mit technischem „Spielzeug" verbringt

Jugend und digitale Technik: Wir Scheibenwischer

Als Kleinkinder wischen sie schon auf Touchscreens herum, mit sechs Jahren verstehen sie mehr von digitaler Technik als viele Erwachsene. Eine britische Studie hat den Medienkonsum der echten Digital Natives untersucht. […]

Eine neue Studie aus Großbritannien zeigt jetzt: […] Der durchschnittliche Sechsjährige kennt sich mit digitaler Technologie besser aus als ein typischer 45-Jähriger, zu diesem Schluss kommt die britische Medienaufsichtsbehörde Office of Communications (Ofcom). Sie ließ für den Communication Market Report 2000 Erwachsene sowie 800 Kinder und Jugendliche befragen, darüber berichtet hat unter anderem der „Guardian".

Hier die wichtigsten Ergebnisse im Überblick:

- Wer nach dem Jahrtausendwechsel geboren ist, hat ein vollkommen anderes Kommunikationsverhalten entwickelt als frühere Generationen und nutzt Medien anders.
- Das Telefon nutzen Kinder und Jugendliche immer seltener zum Telefonieren. Mehr als 90 Prozent der Zeit, die sie das Gerät nutzen, verbringen sie damit, SMS zu schreiben, Fotos und Videos zu verschicken, zu chatten und „Likes" in sozialen Netzwerken zu verteilen. Die Autoren der Studie formulieren es sehr zugespitzt so: „Die Millenniumsgeneration verliert ihre Stimme."
- E-Mails werden immer unwichtiger. Während Erwachsene ihre „Gadgettime" zu gut einem Drittel mit E-Mails verbringen, machen das bei den Kindern nur zwei Prozent.
- Kinder und Jugendliche sehen anders fern als Erwachsene – und insgesamt wird weniger ferngesehen. Zum ersten Mal seit fünf Jahren ist die durchschnittliche tägliche TV-Zeit gesunken, wenn auch nur um zehn Minuten auf 3 Stunden und 52 Minuten. Die Jugend entscheidet sich häufiger dafür, Filme und Serien zu streamen, und macht sich so unabhängig vom Fernsehprogramm.

(aus: www.spiegel.de, 07.08.2014)

Aufgaben

1. a) Sammeln Sie in Ihrer Klasse in einer gemeinsamen Liste alle Medienarten, die für Sie im Alltag von Bedeutung sind.
   b) Stimmen Sie ab, welche Medien für alle Schülerinnen und Schüler Ihrer Klasse am wichtigsten sind. Für die Abstimmung bekommt jede Schülerin und jeder Schüler drei Stimmen.
2. a) Arbeiten Sie anhand der Grafik auf der linken Seite heraus, welchen Stellenwert bei Jugendlichen insbesondere die Neuen Medien haben. Hilfe dazu, wie Sie eine Grafik interpretieren, finden Sie auf Seite 156.
   b) Vergleichen Sie das Ergebnis Ihrer Umfrage mit den Angaben in der Grafik. Beschreiben Sie die Unterschiede.
3. Ordnen Sie die in der Grafik aufgeführten Medien danach ein, ob sie Ihrer Meinung nach eher in der Freizeit oder eher im beruflichen bzw. schulischen Bereich genutzt werden.
4. Lesen Sie den Text und fassen Sie seine Kernaussagen kurz zusammen.

8.4.2 Web 2.0 – Möglichkeiten im Internet

Jeder kann am Internet teilnehmen – und gefragt oder ungefragt seine Meinung äußern und Beiträge veröffentlichen. Die Grundlage hierfür bieten Plattformen. Diese Plattformen werden in vielen Fällen von Unternehmen bereitgestellt und betrieben. Die Unternehmen finanzieren sich in der Regel über Werbeeinnahmen oder über Gebühren, die sie vom Nutzer für ihre Dienstleistungen erheben.

Es gibt aber auch kostenlose und über Spenden finanzierte Dienste, wie z. B. das Online-Lexikon Wikipedia.

Chat
„to chat" bedeutet plaudern. Chatter schreiben Textnachrichten in Echtzeit. Um Zeit zu sparen, werden oft viele Abkürzungen verwendet. Chatten kann man in Internetforen, aber auch in den sozialen Netzwerken.

Soziales Netzwerk
Hier werden Lebensläufe und Steckbriefe ins Netz gestellt oder Fotoalben angelegt. An Freunde und Kollegen, die im eigenen Adressbuch stehen, kann mit wenigen Klicks z. B. eine Nachricht, ein Link oder aber Grüße gesendet werden.

Blog
In einem Blog kann jeder seine Gedanken veröffentlichen, dabei ist es egal, ob es sich um Kochrezepte, Modetipps oder Kommentare zur politischen Weltlage handelt. Die Einträge erscheinen in chronologischer Reihenfolge und sind mit einem Tagebucheintrag vergleichbar. Für andere Leser ist es möglich, diese Einträge zu kommentieren.

Wiki
Ein Hypertext-System für Webseiten. Wikis dienen dazu, gemeinsam an einem Text zu arbeiten. Ziel ist es, gemeinschaftlich Wissen und Erfahrung zu sammeln und dies in verständlicher Form zu dokumentieren. Jeder Teilnehmer kann etwas hinzufügen, löschen oder einen Link zu einem anderen Text setzen. Meinungsverschiedenheiten werden auf einer Diskussionsseite schriftlich ausgetragen.

Netcast (auch: **Podcast**)
Meistens handelt es sich bei Netcasts um private Sendungen. Sie sind mit einer Radiosendung vergleichbar, die sich einem bestimmten Thema widmet. Es werden aber auch immer häufiger professionell produzierte Netcasts angeboten. Ebenso werden zusehends mehr audiovisuelle Sendungen produziert, da man für die Produktion lediglich ein Mikrofon und eine Webcam benötigt.

Videoportale
Auf ihnen kann jeder Filme ansehen oder selbst hochladen. Oft handelt es sich dabei um Ausschnitte aus Fernsehsendungen, aber es werden auch Kurzfilme oder z. B. die eigenen Urlaubsaufnahmen hochgeladen.

Web 2.0: Der Begriff bezieht sich auf eine neue Generation des Internets. Wie bei neuen Versionsnummern von Softwareprodukten steht hier die 2.0 für die neuen Eigenschaften und Nutzungsarten. Statt Web 2.0 wird aber immer mehr der Begriff *soziale Medien* benutzt.

soziale Medien: digitale Medien und Technologien, die es Internetnutzern ermöglichen, sich auszutauschen und mediale Inhalte einzeln oder gemeinschaftlich zu erstellen

audiovisuell: zugleich hör- und sichtbar

Hinweis:
Abkürzungen in Chats sollen in der Regel dazu dienen, ein schnelleres Kommunizieren zu ermöglichen, z. B.:
- Durch die Verwendung von Asterisken (Sternchen):
  - *g* = *grins* = grinsen
  - *lol* = *laugh out loud* = laut lachen
- Durch die Verwendung von Abkürzungen:
  - HDL = Hab Dich Lieb
  - Noob = Anfänger
- Durch das Ersetzen von Buchstaben/Wörtern durch Zahlen, Sonderzeichen oder andere Buchstaben:
  - 4u = for you (für dich)
  - n8 = night (Nacht)

Seht her, ich bin beliebt! (Auszug)

Chatroulette ist schon länger out, der neuste Streaming-Trend heißt YouNow. Der lockt vor allem Minderjährige vor die Kamera. Daten- und Kinderschützer warnen.

von Eike Kühl

Donnerstagmorgen im Internet. In den deutschen Kanälen auf der Streaming-Plattform YouNow ist noch nicht viel los. Amy* sitzt im Schneidersitz auf ihrem Bett und erklärt knapp 50 Zuschauern, wie sie ihre Haare stylt. Auf einem anderen Kanal tauschen Mirko und Angela musikalische Vorlieben aus. Von Tolga dagegen ist nur ein struwweliger Kopf zu sehen: Er schläft selig und hat offenbar vergessen, die Webcam auszuschalten. Und die 14-Jährigen Melina und Markus beteuern: „Wir sind keine Schulschwänzer, echt nicht!" […]

„Für die Jugendlichen ist es nichts Besonderes mehr von allem ein Foto oder Video zu machen. Die Entwicklung des mobilen Internets führt dazu, dass Livestreams aus allen Lebenslagen uns künftig noch stärker beschäftigen werden", sagt Markus Merkle, der im Auftrag der Landesanstalt für Medien NRW das Jugend-Informationsportal Handysektor betreibt.

Wie auf anderen Streaming-Plattformen wie etwa twitch.tv werden die Sendungen erst durch den Chat und den Austausch interessant. Hier lockt YouNow mit dem Belohnungsprinzip: Zuschauer können die Streamer empfehlen oder ihnen kleine virtuelle Geschenke zukommen lassen. Je mehr Zuschauer und Empfehlungen jemand hat, desto höher ist sein Level auf der Plattform. Das zeigt ihm und anderen: Seht her, ich bin beliebt! Doch die Freude an der Selbstdarstellung birgt Gefahren – vor allem für Minderjährige. Schon ein kurzes Zapping durch die Kanäle zeigt, wie leichtfertig viele auf Nachfrage ihren Namen und ihr Alter herausrücken. Einige verraten Adressen oder Telefonnummern, manche Mädchen zeigen sich freizügig, vielleicht ohne zu ahnen, welche Risiken das mit sich bringen kann. Und durch die Tatsache, dass viele sich über Facebook anmelden, tauchen die echten Namen oft in der Kanalbeschreibung auf. Aus vielen kleinen Informationen lassen sich schnell Rückschlüsse auf die Identität ziehen.

**(Name geändert)*

(aus: www.zeit.de, 5. Februar 2015)

Aufgaben

1. Nennen Sie weitere Abkürzungen, die Sie beim Bloggen oder SMS-Schreiben verwenden und erklären Sie deren Bedeutung.
2. a) Erstellen Sie ein Fake-Profil (auf einem Blatt Papier oder am Computer) mit persönlichen Angaben. Verwenden Sie Angaben, die üblicherweise auch in sozialen Netzwerken gemacht werden, denken Sie sich diese Angaben aber aus.
   b) Tauschen Sie die erstellten Profile innerhalb der Klasse aus und beurteilen Sie das erhaltene Profil: Was verrät es alles über die Person?
   c) Nennen Sie Grenzen der Selbstdarstellung: Wie viele und welche Informationen sollte man im Netz veröffentlichen und was sollte man auf keinen Fall öffentlich machen? Begründen Sie Ihre Antworten.
3. Zählen Sie Plattformen auf, die Sie kennen und erläutern Sie, welchen Zweck sie haben und wozu sie genutzt werden.
4. Lesen Sie den Auszug aus dem Zeitungsartikel.
   a) Schreiben Sie alle Fremd- und Fachwörter heraus und erklären Sie deren Bedeutung. Hilfe dazu, wie man mit einem Nachschlagewerk im Internet und in Buchform umgeht, finden Sie auf Seite 154.
   b) Arbeiten Sie stichpunktartig die Gefahren heraus, auf die der Artikel aufmerksam macht.

Anschauen – Aneignen – Anwenden

Wo kann ich das Gelernte im Alltag, in der Ausbildung und im Beruf anwenden? Die folgende Mindmap gibt Ihnen erste Anhaltspunkte.

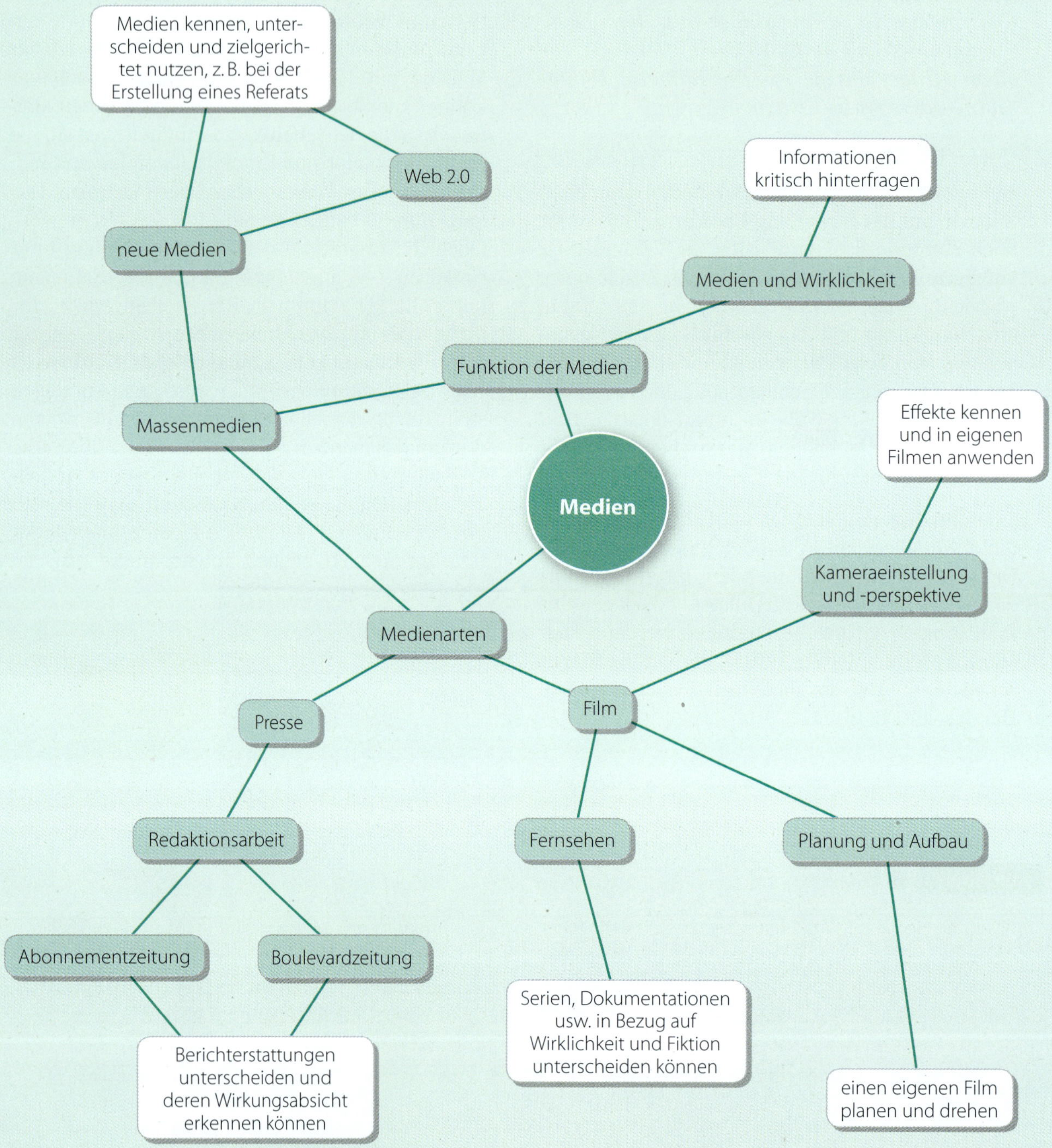

Aufgabe

Finden Sie weitere Anlässe (weiße Endpunkte der Verzweigung), um das Gelernte (farbige Verzweigungspunkte) anzuwenden.

REFERIEREN UND PRÄSENTIEREN

9.1 Referat und Präsentation

Ob in der Schule, der Ausbildung, dem Studium, der Fort- und Weiterbildung oder während einer Prüfung – jeder wird mal mit der Aufgabe konfrontiert, ein Referat oder eine Präsentation zu einem bestimmten Thema zu erarbeiten und vorzustellen.

Der Schriftsteller Kurt Tucholsky gab 1930 ironische Hinweise, die Ihnen auch heute noch bei einem Referat hilfreich sein können.

Kurt Tucholsky (1890–1935): deutscher Journalist und Schriftsteller. Er warnte frühzeitig vor dem Nationalsozialismus.

ironisch/Ironie: (griech: „Verstellung, Vortäuschung") Eine Äußerung ist ironisch gemeint, wenn sie zum Schein das Gegenteil behauptet.

Pensum: in einer bestimmten Zeit zu erledigende Aufgabe oder Arbeit

Cicero (106 v. Chr. – 43 v. Chr.): Politiker, Anwalt, Schriftsteller, Philosoph und der berühmteste Redner des Römischen Reichs.

Ratschläge für einen schlechten Redner

Kurt Tucholsky

Fang nie mit dem Anfang an, sondern immer drei Meilen ‚vor' dem Anfang! Etwa so: „Meine Damen und meine Herren! Bevor ich zum Thema des heutigen Abends komme, lassen Sie mich Ihnen kurz …"
Hier hast du schon ziemlich alles, was einen schönen Anfang ausmacht: eine steife Anrede; der Anfang vor dem Anfang; die Ankündigung, dass und was du zu sprechen beabsichtigst, und das Wörtchen kurz. So gewinnst du im Nu die Herzen und Ohren der Zuhörer.
Denn das hat der Zuhörer gern: dass er deine Rede wie ein schweres Schulpensum aufbekommt; dass du mit dem drohst, was du sagen wirst, sagst und schon gesagt hast. Immer schön umständlich.
Sprich nicht frei – das macht einen so unruhigen Eindruck. Am besten ist es: du liest deine Rede ab. Das ist sicher, zuverlässig, auch freut es jedermann, wenn der lesende Redner nach jedem viertel Satz misstrauisch hochblickt, ob auch noch alle da sind.
Wenn du gar nicht hören kannst, was man dir so freundlich rät, und du willst durchaus und durchum frei sprechen… du Laie! Du lächerlicher Cicero! Nimm dir doch ein Beispiel an unsern professionellen Rednern, an den Reichstagsabgeordneten – hast du die schon mal frei sprechen hören? Die schreiben sich sicherlich zu Hause auf, wann sie „Hört! Hört" rufen … ja, also wenn du denn frei sprechen must:

Sprich, wie du schreibst. Und ich weiß, wie du schreibst.
Sprich mit langen, langen Sätzen – solchen, bei denen du, der du dich zu Hause, wo du ja die Ruhe, deren du so sehr benötigst, deiner Kinder ungeachtet, hast, vorbereitest, genau weißt, wie das Ende ist, die Nebensätze schön ineinander geschachtelt, so dass der Hörer, ungeduldig auf seinem Sitz hin und her träumend, sich in einem Kolleg wähnend, in dem er früher so gern geschlummert hat, auf das Ende solcher Periode wartet … nun, ich habe dir eben ein Beispiel gegeben. So musst du sprechen.

Fang immer bei den alten Römern an und gib stets, wovon du auch sprichst, die geschichtlichen Hintergründe der Sache. Das ist nicht nur deutsch – das tun alle Brillenmenschen. Ich habe einmal an der Sorbonne einen chinesischen Studenten sprechen hören, der sprach glatt und gut französisch, aber er begann zu allgemeiner Freude so:
„Lassen Sie mich in aller Kürze die Entwicklungsgeschichte meiner chinesischen Heimat seit dem Jahre 2000 vor Christi Geburt …"

Er blickte ganz erstaunt auf, weil die Leute so lachten. So musst du das auch machen. Du hast ganz recht: man versteht es ja sonst nicht, wer kann denn das alles verstehen, ohne die geschichtlichen Hintergründe ... sehr richtig! Die Leute sind doch nicht in deinen Vortrag gekommen, um lebendiges Leben zu hören, sondern das, was sie auch in Büchern nachschlagen können ... sehr richtig! Immer gib ihm Historie, immer gib ihm. Kümmere dich nicht darum, ob die Wellen, die von dir ins Publikum laufen, auch zurückkommen – das sind Kinkerlitzchen. Sprich unbekümmert um die Wirkung, um die Leute, um die Luft im Saale; immer sprich, mein Guter. Gott wird es dir lohnen.

Du musst alles in Nebensätze legen. Sag nie: „Die Steuern sind zu hoch." Das ist zu einfach. Sag: „Ich möchte zu dem, was ich soeben gesagt habe, noch kurz bemerken, dass mir die Steuern bei weitem..." So heißt das. Trink den Leuten ab und zu ein Glas Wasser vor – man sieht das gern. Wenn du einen Witz machst, lach vorher, damit man weiss, wo die Pointe ist.

Eine Rede ist, wie könnte es anders sein, ein Monolog. Weil doch nur einer spricht. Du brauchst auch nach vierzehn Jahren öffentlicher Rednerei noch nicht zu wissen, dass eine Rede nicht nur ein Dialog, sondern ein Orchesterstück ist: eine stumme Masse spricht nämlich ununterbrochen mit. Und das musst du hören. Nein, das brauchst du nicht zu hören. Sprich nur, lies nur, donnere nur, geschichtele nur. Zu dem, was ich soeben über die Technik der Rede gesagt habe, möchte ich noch kurz bemerken, dass viel Statistik eine Rede immer sehr hebt. Das beruhigt ungemein, und da jeder imstande ist, zehn verschiedene Zahlen mühelos zu behalten, so macht das viel Spaß.

Kündige den Schluss deiner Rede lange vorher an, damit die Hörer vor Freude nicht einen Schlaganfall bekommen. Paul Lindau hat einmal einen dieser gefürchteten Hochzeitstoaste so angefangen: „Ich komme zum Schluss." Kündige den Schluss an, und dann beginne deine Rede von vorn und rede noch eine halbe Stunde. Dies kann man mehrere Male wiederholen.
Du musst dir nicht nur eine Disposition machen, du musst sie den Leuten auch vortragen – das würzt die Rede.
Sprich nie unter anderthalb Stunden, sonst lohnt es sich gar nicht erst anzufangen.
Wenn einer spricht, müssen die andern zuhören – das ist deine Gelegenheit! Missbrauche sie.

Kolleg: eine akademische Studiengemeinschaft; hier im Text eine Art Unterrichtsstunde

Sorbonne: erste Universität von Paris und Frankreich

Satire: Heutzutage versteht man darunter einen Text, in dem Personen, Ereignisse oder Zustände mittels Ironie und Übertreibung verspottet, der Lächerlichkeit preisgegeben oder angeprangert werden.
In seinen älteren Bedeutungen wurde der Begriff Satire mit *Spottgedicht* und *Spottschrift* gleichgesetzt.
Satire ist aber auch eine Kunstgattung, da sie in Form von Literatur, Karikatur und Film erscheint.

Aufgaben

1. Lesen Sie den Text „Ratschläge für einen schlechten Redner". Notieren Sie sich in Stichpunkten mindestens fünf Ratschläge in die linke Spalte einer zweispaltigen Tabelle.
2. Stellen Sie den Notizen zu Aufgabe 1 mindestens fünf Ratschläge für einen guten Redner in der rechten Spalte der Tabelle gegenüber. Formulieren Sie diese in ganzen Sätzen.

9.2 Ein Referat verfassen

Ein **Referat** ist ein mündlicher **Vortrag**, der ein Thema übersichtlich darstellen soll, um den Zuhörerinnen und Zuhörern die wichtigsten Informationen zum Thema wiederzugeben. Häufig wird auch eine mehr oder weniger ausführliche Stellungnahme zum Thema erwartet.

Ein Referat wird in einer begrenzten Zeit gehalten. In der Regel sind es maximal 20–30 Minuten, häufig jedoch weniger. Die Dauer wird meist durch den Lehrer oder den Veranstalter vorgegeben und kann auch von der Themenwahl abhängen.

Eine **Präsentation** ist ein **Referat mit Medienunterstützung** (Folien, Powerpoint, Videos, Karten usw.).
Ein Referat erfüllt im Wesentlichen vier Funktionen:

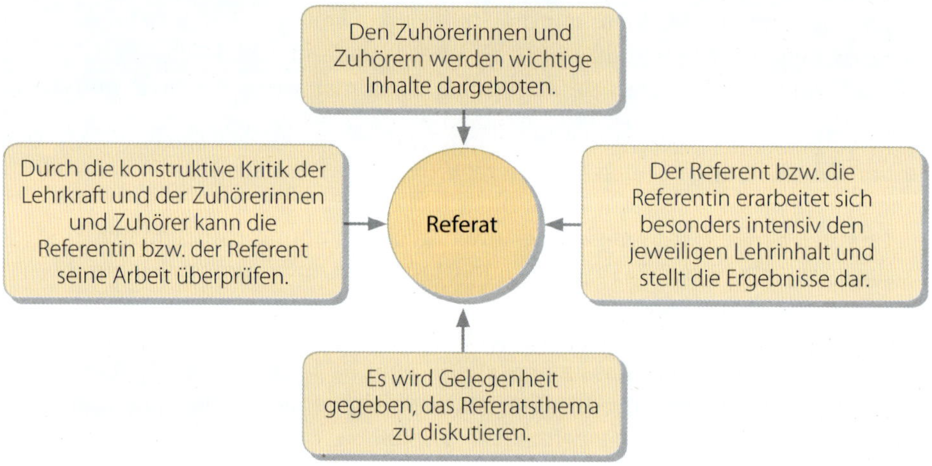

Tipp
Besprechen Sie mit Ihrer Lehrerin oder Ihrem Lehrer die Kriterien für ein gutes Referat. Klären Sie auch, worauf bei der Bewertung des Referates besonders Wert gelegt wird. Mit diesen Informationen können Sie sich besonders effektiv vorbereiten.
Folgende Kriterien können in die Bewertung einfließen:
- fachliche Korrektheit und Vollständigkeit,
- klare Gliederung, zielorientierter Aufbau,
- sprachliche Korrektheit, Verständlichkeit,
- Zitiertechnik, Quellenangaben,
- Flexibilität, Eingehen auf Fragen, eigenes Urteil,
- Medieneinsatz, Handout,
- Vortragstechnik, stimmliche Variation, Körpersprache.

konstruktiv: aufbauend; einen brauchbaren Beitrag liefernd

Arbeitsschritte

Die folgenden Arbeitsschritte haben sich bei der Erarbeitung eines Referates bewährt, sie werden im Einzelnen auf den folgenden Seiten dargestellt.

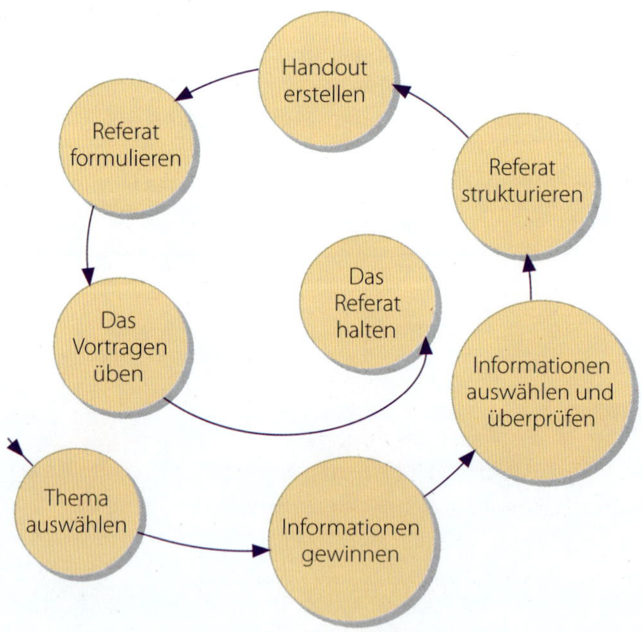

9.2.1 Ein Thema auswählen

Wählen Sie, wenn möglich, ein Thema für das Referat aus, dass Sie auch tatsächlich interessiert. Denn so sind Sie motivierter, nach Material für Ihr Referat zu suchen, und es fällt Ihnen auch leichter, vor einer Gruppe Ihr Wissen darzustellen. Als Zuhörerin oder Zuhörer merkt man sehr schnell, ob sich der Vortragende für sein Thema interessiert.

Geben Sie bei Ihrer Vorbereitung nicht gleich auf. Häufig zeigt sich, dass man während der intensiven Sichtung des Materials Interesse für das Thema entwickelt, auch wenn es einem zunächst nicht zusagte. Sollten Sie dennoch kein Interesse entwickeln können, versuchen Sie, in Abstimmung mit dem Lehrer oder der Lehrerin, ein anderes Thema auszuwählen. Das setzt allerdings voraus, dass noch genügend Zeit bis zum festgelegten Termin für die Fertigstellung des Referats verbleibt.

Tipp
Es ist sinnvoll, beim Recherchieren einen Schreibblock oder Karteikarten dabei zu haben, um sich Notizen zu machen.

Sagen Sie weder während der Vorbereitung des Referates zu sich selbst und noch später Ihren Zuhörern Sätze wie: „Ich weiß auch nicht, was daran interessant sein soll“. Derartige Sätze blockieren und demotivieren Sie selbst und sorgen bei Ihren Zuhörern dafür, dass ein mögliches Interesse erst gar nicht geweckt wird. Gleichzeitig würdigt dies Ihre Arbeit herab.

demotivieren: jemandes Interesse an etwas schwächen

Aufgaben

1. a) Wählen Sie einen Spielfilm, eine Dokumentation, eine Serie oder Ähnliches zu einem bestimmten Thema, das Sie besonders interessiert. Notieren Sie in Stichpunkten, was Sie bereits darüber wissen. Informationen finden Sie z. B. auf den Seiten 254 bis 255.
   b) Erklären Sie einem Mitschüler oder einer Mitschülerin, warum Ihre Wahl auf dieses Thema gefallen ist. Nutzen Sie dazu Ihre Stichpunkte.

9.2.2 Informationen gewinnen

Tipp
Wecken Sie von Beginn an die Aufmerksamkeit des Publikums für Ihr Referat, indem Sie z. B. mit einer kurzen interessanten und passenden Geschichte beginnen oder eine interessante rhetorische Frage stellen oder ein interessantes Bild, vielleicht eine Karikatur zeigen usw.

Sie haben durch Ihr Referat die Möglichkeit, mehr zum Thema zu wissen als Ihre Mitschülerinnen und Mitschüler und manchmal auch mehr als die Lehrerin oder der Lehrer. Nutzen Sie diese Gelegenheit, um Experte für Ihr Thema zu sein.

Sammeln Sie für Ihr Referat aus unterschiedlichen Quellen viele Informationen, aber immer nur zum Thema passendes Material. Sie können dazu folgende Medien nutzen:

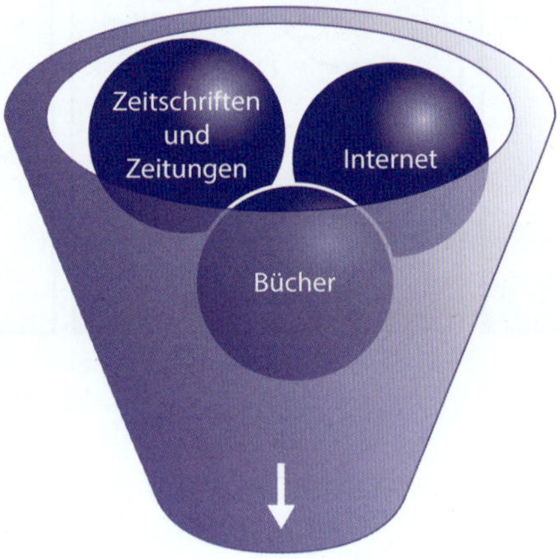

Bibliothek

Da es sehr teuer werden kann, wenn Sie sich alle infrage kommenden Bücher, Zeitungen und Zeitschriften kaufen würden, ist es ratsam, in einer öffentlichen Bibliothek nach Material zu suchen. Das kostet vergleichsweise wenig, oft ist es sogar kostenlos.

Suchen Sie am besten im **Katalog der Bibliothek** nach Stichwörtern zu Ihrem Thema. Sollten Sie noch keine Erfahrung mit dieser Suche besitzen, dann lassen Sie sich vom Personal der Bibliothek einweisen. Viele Bibliotheken bieten auch die Möglichkeit, im Online-Katalog im Internet zu recherchieren.
Das erspart Ihnen, ganze Bücherregale durchsuchen zu müssen.

Beachten Sie aber, dass in einem **Online-Katalog** immer nur genau der Begriff gesucht wird, den Sie in den Suchschlitz eintippen.

Auf diese Art werden aber oft sehr viele Treffer gefunden, die nicht alle auf Ihr Suchthema zutreffen müssen. Um die richtigen Bücher oder Artikel herauszufiltern, sollten Sie sich einiger Hilfsmittel bedienen. Hierfür stehen eine Reihe an Operatoren zur Verfügung, die die Suche einschränken (siehe hierzu Seite 88, dort werden die wichtigen Operatoren gezeigt).

Auch bietet fast jeder Online-Katalog eine erweiterte Suche an. Dort können Sie Filtereinstellungen vornehmen, die die Suche einschränken. Z. B.:

- Welche Erscheinungsjahre sollen berücksichtigt werden?
- Welche Dokumenttypen (Zeitungsartikel, Buch, Aufsatz)?

Sie können die Suche auf einzelne Suchfelder beschränken: Titelstichwörter, Personennamen, Schlagworte.
Es gilt: Je genauer Sie die Suchanfrage stellen, desto zutreffender sind die Ergebnisse in der Trefferliste.

Internet

Neben der Suche in der Bibliothek, kann auch die Recherche nach Texten, Bildern, Videos und Musik im Internet erfolgreich sein.

Um zeitsparend interessante Internetseiten zu finden, nutzen Sie am besten ein Suchprogramm, auch Suchmaschine genannt.

Ebenso kann Ihnen das Internet-Lexikon Wikipedia hilfreich sein. Beschränken Sie sich aber nicht auf die Texte von Wikipedia, sondern suchen Sie auch nach anderen, zusätzlichen Informationen. Überlegen Sie sich aber grundsätzlich vor der eigentlichen Internet-Recherche, welche Fragen Sie zu Ihrem Thema haben und welche Stichworte Ihnen einfallen.

Hinweis
Informationen zur Durchführung einer Recherche im Internet finden Sie auf Seite 88.

Sicherlich werden Sie beim Recherchieren bemerken, dass Sie immer mehr Zusammenhänge und Querverbindungen entdecken. Das liegt unter anderem daran, dass Sie die eine oder andere Information bei verschiedenen Autoren unterschiedlich formuliert wiedererkennen. So werden Sie langsam zur Fachfrau bzw. zum Fachmann für Ihr Thema.

Die Quelle angeben

Achten Sie bei Ihren Recherchen, ob in Druckerzeugnissen oder auf Internetseiten, unbedingt darauf, sich die genaue Quelle des gefundenen Materials zu notieren. So können Sie später beim Vortrag und in einer eventuell abzugebenden schriftlichen Version des Referats darüber Auskunft geben. Ist es Ihnen nicht möglich, über Ihre Quellen Auskunft zu geben, kann es passieren, dass Ihr Referat schlecht oder gar nicht bewertet wird.

Hinweis
Wie Sie richtig zitieren und eine Quellangabe wiedergeben, können Sie ausführlich auf Seite 272 nachlesen.

Aufgaben

1. Schätzen Sie ein, ob die Texte mit den folgenden Überschriften für das Thema „Referat" relevant sein könnten. Begründen Sie Ihre Einschätzung, indem Sie Vermutungen über den Inhalt der Texte äußern.
   a) Richtig zitieren – einige Ratschläge.
   b) Die Aufgaben des Referatsleiters in der Arbeitsorganisation.
   c) Der Einsatz von Medien in Referaten.
   d) Die Entwicklung der Berufsbildung – ein Referat.
   e) Schülerreferate als Form des Unterrichts.
   f) Die Rolle des Referates 385 „Entwicklungszusammenarbeit mit dem Partnerland Ruanda" im Innenministerium von Rheinland-Pfalz.
   g) Skandal – nach dem Referat Beleidigung der Lehrerin.
   h) Junge verschwindet – aus Angst vor einem Referat.
   i) Das Münchner Kreisverwaltungsreferat wird 60 Jahre.
   j) Wie baut man einen Vortrag auf?
2. Suchen Sie aus der folgenden Wortliste mögliche Stichwörter zum Thema „Referat" heraus. Notieren Sie diese Wörter und ergänzen Sie eigene Stichwörter. Begründen Sie Ihre Auswahl.
   Projektarbeit, Recherche, Referatsaufbau, richtig zitieren, exzerpieren, Lampenfieber, Lektor, Themenwahl, Publikum, Zuhörer, Informationssuche, Redner, Romane, Deutschunterricht, Präsentation, Sprache von Referaten.

9.2.3 Informationen auswählen und überprüfen

Besonders wichtig und schwierig ist es, die **Menge der Informationen auf das Wesentliche zu reduzieren.** Sie sollen also nicht alles das, was Sie lesen, auch vortragen.

Bei der Auswahl der geeigneten Informationen aus der Fülle des Materials können Ihnen die folgenden Fragen helfen:

- Was ist besonders bemerkenswert oder eindrucksvoll an meinem Thema?
- Welche Teilüberschriften bieten sich an, um mein Referat zu gliedern?
- Ist diese Information wirklich wichtig für mein Thema?
- Ist diese Information zwar nicht wesentlich, aber lockert sie das Referat vielleicht auf?
- Welche Grafiken, Fotos oder Ähnliches möchte ich zur Veranschaulichung an welcher Stelle zeigen?
- Besteht die Möglichkeit, mein Referat mit kurzen Geschichten, Anekdoten oder Ähnlichem aufzulockern?

Anekdote: In der Alltagssprache bezeichnet Anekdote die (meist mündliche) Schilderung einer kuriosen, ungewöhnlichen oder komischen Begebenheit (ohne jeden literarischen Anspruch).

Exzerpieren

Wenn Sie einen Text gefunden haben, der Aussagen zu Ihrem Thema enthält, dann bietet sich die Methode des Exzerpierens an, um das Wesentliche vom Unwesentlichen zu trennen.

Man exzerpiert einen Sachtext, indem man wichtige Zitate, Argumente und Ideen auswählt, die sich unmittelbar auf die Fragestellung bzw. auf das Thema beziehen. Was für das Thema nicht wichtig ist, wird weggelassen. Es ist zwar möglich, wortwörtlich aus dem Text herauszuschreiben, besser ist aber, wenn man die Informationen mit eigenen Worten notiert. Exzerpieren heißt aber nicht nur, die wichtigsten Informationen zusammenzufassen, sondern auch, die logische Gliederung des Textes herauszuarbeiten. Hilfreich kann dabei sein, im Text zu unterstreichen und sich am Rand Notizen zu machen.

exzerpieren: aus dem Lateinischen mit der Bedeutung „herausklauen", „herauslesen"

Exzerpt: schriftlicher, mit dem Text der Vorlage übereinstimmender Auszug aus einem Werk

Nutzen Sie dabei Zeichen und Abkürzungen. Möglich sind z. B.:

?	**Verstehe ich (noch) nicht.**	**Th**	**These**
!	**Wichtig**	**Arg**	**Argument**
#	**Ich bin anderer Meinung.**	**Bsp**	**Beispiel**

Hinweis
Siehe auch die Anmerkungen auf Seite 148 zu den eigenen Zeichen und Abkürzungen.

Damit Sie nicht nur das unterstreichen, was Sie auf Anhieb verstehen, ist es besser, wenn Sie nicht gleich beim ersten Lesen im Text unterstreichen.
Unterstreichen Sie nicht alles, was irgendwie wichtig sein könnte, sondern wählen Sie sehr bewusst aus. Eine Faustregel lautet, dass nur ungefähr 10 bis 15 % des Textes unterstrichen sein sollten.
Notieren Sie sich unbedingt die **korrekte Quellenangabe** mit Seitenzahl (siehe hierzu Seite 272).

Hinweis
Informationen dazu, wie Sie einen Text zielgerichtet lesen und markieren, finden Sie in den Abschnitten 5.1 und 5.2.

Vom Nutzen des Exzerpierens

Warum sollen Schülerinnen und Schüler exzerpieren? Wir können doch heutzutage alle Texte kopieren, einscannen und aus dem Internet herunterladen. Alles kann problemlos im Originaltext nachgelesen werden. Quält man die Schülerinnen und Schüler nicht unnötig?

Nein, denn das Exzerpieren unterstützt das Lernen ungemein. So wird durch das intensive Arbeiten mit dem Text beim Exzerpieren ein sehr viel besseres Textverständnis erreicht als beim normalen Lesen. Außerdem wird das Wichtige des gelesenen Textes gesichert und für das weitere Lernen, für Referate oder Prüfungen in gut zugänglicher Form aufbereitet. Den Lernenden ist daher sogar zu raten, dass sie alle wichtigen Texte, die für schriftliche Arbeiten oder Prüfungen benötigt werden, exzerpieren.

Grundsätzlich gibt es zwei Arten des Exzerpierens.

- Zum einen kann man einen Text exzerpieren, um ganz allgemein die wesentlichen Aussagen des Textes strukturiert zusammenzufassen. Dabei wird für jeden Absatz stichwortartig notiert, was sein Thema und seine Kernaussage ist.
- Zum anderen, wenn nicht die Gesamtaussage des Textes im Vordergrund steht, kann unter einer spezifischen Fragestellung exzerpiert werden. Das ist der Fall, wenn man z. B. ein Referat oder eine schriftliche Arbeit vorbereitet, für die das Thema und die wichtigen Fragen klar sind. Dabei ist es wichtig, dass nur besonders wichtige Textstellen wörtlich abgeschrieben werden. Alle anderen Notizen sollten in eigenen Worten formuliert sein.

Hinweis
Es ist wichtig, Quellen für Ihre Zitate aus einem Text richtig und einheitlich wiederzugeben. Beachten Sie hierzu die Hinweise in Abschnitt 9.2.4.

Aufgaben

1. Kopieren Sie sich den Text „Vom Nutzen des Exzerpierens". Exzerpieren Sie den Text unter der Fragestellung „Warum ist das Exzerpieren eine gute Lernmethode?".
2. Formulieren Sie mit Ihren eigenen Worten eine Antwort auf die Fragestellung der Aufgabe 1.

9.2.4 Die Quellenangabe muss sein – richtig zitieren

Ein Zitat ist eine wörtlich übernommene Stelle aus einem anderen Text. Ein Zitat kann das auf den Punkt bringen, was Sie zu einem bestimmten Problem zu sagen haben. Sie müssen sich also nicht lange und umständlich mit Formulierungen quälen, sondern dürfen das übernehmen, was jemand vor Ihnen schon treffsicher formuliert hat.

Ist ein Zitat gut ausgewählt, kann es zum Beispiel
- eine Rede oder einen Text einleiten oder mit einem guten Abschluss versehen,
- komplizierte Argumente auf den Punkt bringen und Sachverhalte sehr genau zusammenfassen,
- zeigen, dass Sie sich gründlich mit dem Thema beschäftigt haben,
- eigene Aussagen glaubhaft bekräftigen, z. B. dann, wenn das Zitat von einer Autorität eines Sachgebiets stammt,
- gegenteilige Meinungen belegen.

Argument: siehe Seite 86

Autorität: einflussreiche, maßgebende Persönlichkeit von hohem (fachlichen) Ansehen

Wichtig ist, dass Sie das, was Sie von jemand anderem übernehmen, immer auch **als Zitat kennzeichnen**.

In einer mündlichen Rede oder einem Referat weist man auf ein Zitat hin, indem man vor dem Zitat sagt: „Ich zitiere."

Beispiel: *„Um es mit den Worten von Harald Schmidt zu sagen, ich zitiere: ‚Der Vorteil bei Trennung im Urlaub ist: Die Koffer sind schon gepackt.'"*

Regeln für das schriftliche Zitieren

Jedes Zitat muss **wörtlich genau** sein. Es wird im Text durch Anführungszeichen gekennzeichnet. Sogar Fehler im Originaltext sollen übernommen werden. Um nicht selber in den Verdacht fehlerhafter Schreibweisen zu geraten, kann man hinter dem vorgefundenen Fehler ein [sic] setzen.

Beispiel: *„Er hat dem [sic] schwarze Auto gesehen!"*

Lässt man eine Stelle im Zitat aus, so wird folgendermaßen darauf hingewiesen: […].

Beispiel: *„Nicht nur Messer, Gabel, Schere, Licht […], sondern auch Medikamente gehören nicht in Kinderhand."*

[sic]: Das Wort sic (lateinisch für „wirklich so") wird in eckigen Klammern in Zitaten verwendet, um darauf hinzuweisen, dass die vorangehende Stelle des Zitats korrekt zitiert und das Original nicht verändert wurde, obwohl ein inhaltlicher Widerspruch, eine veraltete Schreibweise oder ein Rechtschreibfehler im Original vorhanden ist.

Quellenangabe

Um die Herkunft oder den Fundort eines Zitats oder eines Textes anzugeben, erstellt man eine Quellenangabe.

Die folgenden Beispiele entsprechen dem, was allgemein üblich ist.

- **Buchtitel**

Name, Vorname: Titel. Untertitel. Verlagsort (und Name des Verlags), Erscheinungsjahr, Auflage als hochgestellte Ziffer nach dem Erscheinungsjahr. Seite.

Beispiel: *Dienstbier, Donata: Abgefüllt. Komasaufen als Lebensmotto. Hamburg, 2015. S. 10–18.*

- **Zeitschriften- oder Zeitungsartikel**

Name, Vorname: Titel des Aufsatzes. Untertitel. In: Name der Zeitung oder Zeitschrift. Genaues Erscheinungsdatum oder Ausgabe/Jahr. Seite.

Beispiel: *März, Ursula: Literarischer Kugelblitz. Im Koksnebel: Helene Hegemanns heftiges Romandebüt „Axolotl Roadkill". In: Die Zeit.4/2004. S. 16.*

Wichtig

Quellenangaben sollten in der ganzen schriftlichen Arbeit **einheitlich** ausgeführt werden. Wenn Sie von den Beispielen rechts abweichen, indem Sie beispielsweise an einer bestimmten Stelle einen Punkt statt eines Kommas setzen oder zuerst den Vor- und dann den Nachnamen nennen, dann sollten Sie dies einheitlich bei allen Quellenangaben tun.

- Texte von Internetseiten

Die Quellenangabe von Internetseiten richtet sich nach der Quellenangabe bei Büchern. Wichtig ist allerdings, das Datum anzugeben, an dem Sie das letzte Mal auf die Seite zugegriffen haben, da sich Internetseiten kurzfristig ändern können.

Beispiel: *Siever, Torsten: Zitieren von Internet-Quellen.*
http://www.mediensprache.net/de/publishing/zitieren.
04. 08.2015, 11:45 Uhr.

Da häufig bei Internetquellen weder Autor noch irgendein Datum angegeben sind, wird oft eine vereinfachte Quellenangabe benutzt:

Beispiel: *http://de.wikipedia.org/wiki/Zitieren_von_Internetquellen.*
04.08.2015, 11:45 Uhr.

Plagiat: Immer dann, wenn man ein Zitat nicht als solches kennzeichnet, nennt man das Plagiat. In einem solchen Fall schmückt man sich mit fremden Federn, da man so tut, als sei ein Textabschnitt von einem selbst erstellt. Solch ein Handeln kann dazu führen, dass Ihr Referat als „ungenügend" bewertet wird.

Wo werden die Quellenangaben eingefügt?

Alle Quellen, die Sie verwenden, werden in einer Liste am Ende einer Arbeit oder auf einem Handout unten auf der Seite in alphabetischer Reihenfolge erstellt. Dort werden ebenfalls alle Werke aufgeführt, die Sie nicht wörtlich zitieren, sondern nur sinngemäß verarbeitet haben.

Hinweis

Oft werden in der Quellenangabe auch zuerst der Vorname und dann der Nachname genannt. Wenn Sie es jedoch wie im Beispiel machen, lässt sich die Liste der Quellen leichter alphabetisch ordnen.

Wenn Sie wörtlich zitieren, muss die Quellenangabe (zusätzlich zur Liste der Quellen) direkt beim Zitat stehen. Das macht man am besten mit einer Fußnote. Hierzu fügt man eine Fußnotenzahl direkt im Anschluss an das Zitat ein (siehe unten).

> Leider hat gerade in den letzten Jahren das Komasaufen auf vielen Partys ungemein zugenommen. Dienstbier behauptet sogar: *„Unlängst werden auf Partys kaum noch Gespräche geführt [...], sondern nur noch betrunken rumgelegen."*[1]
> *„Die Statistiken sprechen eine mehr als deutliche Sprache!"*[2], stellt Dienstbier weiterhin fest. Und weist im Weiteren auf die Folgen hin:
> *„Autounfälle, Vergiftungen und sinnlose Gewalt gehen Hand in Hand."*[3]
>
> [1] *Dienstbier, Donata: Abgefüllt. Komasaufen als Lebensmotto. Hamburg, 2015. S. 10–18*
> [2] *Dienstbier: S. 21*
> [3] *Dienstbier: S. 22*

Handout: siehe Seite 274

Wird eine Quelle zum ersten Mal zitiert, gibt man alle Elemente an (siehe Fußnote 1). Zitiert man mehrmals aus der gleichen Quelle, reichen ab dem zweiten Mal abgekürzte Quellenangaben (siehe Fußnote 2 und 3).

Aufgaben

1. a) Notieren Sie Fragen und Stichworte zum Thema „Jugendliche und Komasaufen".
   b) Recherchieren Sie im Internet mindestens fünf informative Internetseiten zum Thema und machen Sie korrekte Quellenangaben zu diesen Seiten.
2. Zitieren Sie aus den gefundenen Internetseiten mindestens drei Ihrer Meinung nach interessante Textstellen. Verwenden Sie dazu die oben angegebenen Regeln.

9.2.5 Ein Referat strukturieren und ein Handout erstellen

Wenn ein Referat eine klare Struktur besitzt, behalten Sie als Rednerin bzw. Redner einen besseren Überblick über Ihre Arbeit. Außerdem werden die Zuhörer Ihren Ausführungen besser folgen können. Das Referat sollte im Wesentlichen aus folgenden Teilen bestehen:

❶ **Einleitung** (ca. 10 % des Referates)
Erregen Sie Interesse bei den Zuhörern! Dazu reicht es nicht, einfach nur den Titel vorzulesen. Sie sollten kurz umreißen, warum Ihr Thema wichtig ist und was Sie daran besonders interessiert. Erklären Sie auch kurz, wie Sie Ihr Thema strukturiert und warum Sie es so gegliedert haben.

❷ **Hauptteil** (ca. 80 % des Referates)
Im Hauptteil wird das Thema ausführlich abgehandelt. Dazu leiten Sie zunächst inhaltlich in das Thema ein und stellen dann Ihre wichtigen Aussagen dar. Dabei sollten die Zusammenhänge der einzelnen Ausführungen immer klar erkennbar sein.

❸ **Schluss** (ca. 10 % des Referates)
Im Schlussteil werden kurz nur die wichtigsten Aussagen des Referates zusammengefasst. Vermeiden Sie es, in diesem Teil noch einmal neue inhaltliche Aussagen anzuführen. Sie können an dieser Stelle aber noch Fragen oder Thesen aufwerfen, um eine Diskussion anzuregen. Geben Sie auch dem Publikum die Gelegenheit, auf das Thema bezogene Fragen an Sie zu richten. Sie sollten inhaltlich so gut vorbereitet sein, dass Sie auf diese Fragen sicher antworten können.

Es gibt zwei Arten von Handouts:
1. Das **Thesenpapier**: eine Gliederung des Referates und dessen wichtigsten Behauptungen (Thesen).
2. Das **normale Handout**: Eine Zusammenfassung der Informationen des Referates.

prägnant: etwas in knapper Form genau und treffend darstellend.

Wenn Sie den Text Ihres Referates fertig gestellt haben, ist es sinnvoll, dazu ein Handout anzufertigen. Ein Handout ist ein Papier, das ein Referent oder eine Referentin seinen bzw. ihren Zuhörern in die Hand gibt, damit sie der Rede besser folgen können. Es wird manchmal auch als **Handzettel** oder **Tischvorlage** bezeichnet.

Warum ist ein Handout notwendig?

Vielfach steht ein Redner vor dem Problem, dass nicht alle seiner Zuhörer seinen Aussagen über die gesamte Länge des Referats folgen können. Diese Schwierigkeit kann unterschiedliche Ursachen haben, die nicht unbedingt mit dem Referat zu tun haben. Ein Handout hilft z. B., wenn eine Zuhörerin, weil sie kurzzeitig abgelenkt war, nicht mehr weiß, an welcher Stelle des Referats man sich momentan befindet.

Wie kann ein Handout den Zuhörern helfen?

Es kann helfen, indem es den Inhalt des Vortrages in prägnanter und kurzer Form darstellt. Somit bietet es den Zuhörern Orientierung und kann als roter Faden durch das Referat führen.
Deswegen sollte das Handout unbedingt die inhaltliche Struktur des Vortrags wiedergeben. Das heißt, dass das Publikum den argumentativen Aufbau des Vortrages auf dem Handout deutlich erkennen muss. Sie sollten also die wichtigsten Thesen, Meinungen und Argumente in kurzen Stichworten darstellen.

Ein Handout kann den Zuhörern auch helfen, indem es ihnen eine ganze Menge **Schreibarbeit erspart**, da sie die wichtigsten Aussagen ja bereits gedruckt erhalten. Außerdem kann ein gutes Handout für die Teilnehmer des Vortrages auch später noch eine große Hilfe sein. Wenn es nämlich wesentliche und verständliche Definitionen, erklärende Abbildungen und erläuternde Beispiele enthält, ist es gut für die Vorbereitung auf einen Test geeignet.

Wie sollte ein Handout strukturiert sein?

Übersichtlichkeit ist für ein wirklich gutes Handout ganz besonders wichtig. Dazu gehört auch, dass als erstes der Name des Referenten, das Datum des Referates und das Unterrichtsfach, in dem das Referat gehalten wird, zu lesen sind. Danach folgt das Thema. So kann das Papier durch die Zuhörer auch später noch richtig eingeordnet werden. Versuchen Sie, nur die wichtigsten Informationen auf das Handout zu schreiben. Es ist zwar schwierig, das Wichtigste aus dem Referat auszuwählen, aber nur so ist ein Handout für die Zuhörer sinnvoll.

Auf dem Blatt sollte, wenn möglich, auch freier Platz gelassen werden, auf dem jeder Zuhörer seine eigenen Notizen ergänzen kann. Es reicht aus, wenn auf dem rechten Rand des Blattes eine ca. 3 bis 4 cm breite Spalte frei gelassen wird (siehe unten).

Welche Form sollte ein Handout haben?

- Achten Sie darauf, dass ein Handout nicht mehr als ein bis zwei DIN-A4-Seiten umfasst. Je kürzer ein Handout ist, desto prägnanter und eindrücklicher kann es wirken.
- Die Schriftgröße sollte nicht zu klein gewählt werden, damit auch wirklich das gesamte Publikum während des Referates ohne Probleme das Handout mitlesen kann.
- Das Handout sollte, wenn möglich, nicht per Hand, sondern am Computer geschrieben werden. Nutzen Sie dabei unbedingt die Rechtschreibkontrolle, denn eine falsche Rechtschreibung kann den gesamten Vortrag abwerten.

Was sollte in einem guten Handout außerdem enthalten sein?

- Informationen, die das Verständnis des Vortrags erleichtern (z. B. Erklärungen von wichtigen Begriffen)
- Verweise auf weiterführende Quellen (z. B. Fachliteratur oder Webseiten)
- eine Liste der verwendeten und zitierten Literatur (nach Autorennamen alphabetisch geordnet)

Hinweis

Mitunter legen Lehrerinnen und Lehrer einen großen Wert auf ein Handout und geben teilweise sogar darauf eine eigene Note. Fragen Sie am besten einige Tage, bevor Sie das Referat halten, ob ein Handout erwartet wird und wie es aufgebaut sein sollte. Dann sind Sie auf der sicheren Seite.

Paul Frykman 27.03.20 . .

Unterrichtsfach: Deutsch

Thema: Die Wortbildung

- Neue Wörter einer Sprache entstehen durch Entlehnungen aus anderen Sprachen, durch Wortneuschöpfungen oder meistens durch Wortbildung.
- Wortbildung ist die Bildung neuer Wörter auf der Basis schon vorhandener sprachlicher Mittel (z. B. Silben, Fugenelemente, Wörter).
- Es gibt zwei Arten:
  a) Gelegenheitswortbildungen, die nur in der Situation oder in bestimmten Zusammenhängen eine Rolle spielen (z. B. Problembär);
  b) Wortbildungen, die in den festen allgemeinen Wortschatz eingegangen sind (z. B. Rollkoffer, Fettabsaugung).

Notizen:

____

____

____

____

____

Aufgaben

1. Fertigen Sie zum Lehrbuchtext dieser Doppelseite ein Handout wie für ein Referat. Orientieren Sie sich am abgebildeten Ausschnitt eines Handouts.
2. Lesen Sie das Handout Ihres Sitznachbarn. Beurteilen Sie es danach, inwiefern es Ihnen als Zuhörer bzw. als Zuhörerin helfen würde und inwiefern nicht.

9.2.6 Ein Referat formulieren – die Sprache eines Referates

Ihr Referat gelingt, wenn Sie die folgenden Hinweise beachten.

❶ Formulieren Sie vor allem kurze und einfache Sätze.
So nicht: Die Sprache ist ein System von Einheiten und Regeln, das nur den Menschen als Mittel der Verständigung dient und das von Tieren, auch wenn diese miteinander z. B. durch Töne kommunizieren, nicht genutzt werden kann.
Sondern so: Die Sprache ist ein System von Einheiten und Regeln. Nur Menschen nutzen sie zur Verständigung. Tiere können dies nicht. Ihre Verständigung, z. B. durch Töne, ist keine Sprache.

❷ Vermeiden Sie Füllwörter.
So nicht: Meines Erachtens wird allenthalben dann und wann behauptet, liebe Zuhörerinnen und Zuhörer, dass Tiere eine gewisse Sprachfähigkeit besitzen.
Sondern so: Manche Menschen behaupten: Tiere besitzen eine Sprachfähigkeit.

❸ Nutzen Sie keine Abkürzungen. Wenn Abkürzungen unverzichtbar sind, erklären Sie diese kurz.
So nicht: Auf den Internetseiten der DGfS oder auch in der DS oder ZS kann man viele Informationen zur Herkunft der Sprache finden.
Sondern so: Auf den Internetseiten der Deutschen Gesellschaft für Sprachwissenschaft oder auch in den Zeitschriften „Deutsche Sprache" und „Zeitschrift für Sprachwissenschaft" kann man viele Informationen zur Herkunft der Sprache finden.

Nominalstil: siehe Seite 178

Verbalstil: siehe Seite 178

❹ Verwenden Sie statt des Nominalstils den Verbalstil.
So nicht: Die wissenschaftliche Beschäftigung mit der menschlichen Sprache trägt die Bezeichnung Linguistik (Sprachwissenschaft).
Sondern so: Die Wissenschaft, die sich mit der menschlichen Sprache beschäftigt, wird als Linguistik (Sprachwissenschaft) bezeichnet.

❺ Formulieren Sie lieber im Aktiv statt im Passiv.
So nicht: Sprachliche Zeichen können mittels grammatikalischer Regeln zu unendlich vielen Aussagen verknüpft werden.
Sondern so: Menschen können sprachliche Zeichen mittels grammatikalischer Regeln zu unendlich vielen Aussagen verknüpfen.

Indikativ: siehe Seite 36

Konjunktiv: siehe Seite 36

❻ Nutzen Sie, wenn möglich, den Indikativ statt des Konjunktivs.
So nicht: Manche Hundehalter vertreten die Meinung, dass ihre Tiere die menschliche Sprache verstünden.
Sondern so: Manche Hundehalter vertreten die Meinung: Mein Tier versteht die menschliche Sprache.

❼ Unterlassen Sie unnötige Fremdwörter.
So nicht: Ferdinand de Saussure konzipierte das sprachliche Zeichen als Verbindung von Signifiant und Signifié.
Sondern so: Ferdinand de Saussure behauptete, dass das sprachliche Zeichen zwei Seiten hat: die Lautverbindung (also das Wort) und unsere gedankliche Vorstellung von dem, was das Wort bedeutet.

❽ Sollten neue Fachbegriffe notwendig sein, so müssen Sie diese erklären.
So nicht: Linguisten schätzen die Zahl der Sprachen auf der Welt auf über 6.500.
Sondern so: Linguisten, das sind Sprachwissenschaftler, schätzen die Zahl der Sprachen auf der Welt auf über 6500.

❾ Vermeiden Sie Aussagen, die das Publikum verleiten, nicht zuzuhören.
So nicht: Für einige wird das Folgende nichts Neues sein./Das ist jetzt nicht ganz so wichtig.
Sondern so: Für einige wird das Folgende eine Auffrischung sein./Auch das Folgende ist interessant.

❿ Stellen Sie auch mal rhetorische Fragen. Die Zuhörerinnen und Zuhörer fühlen sich dadurch miteinbezogen.
So nicht: Als Nächstes erzähle ich euch etwas darüber, was Linguisten gegen das Verschwinden von Sprachen unternehmen.
Sondern so: Doch was können Linguisten gegen das Verschwinden der Sprache tun?

rhetorische Frage: siehe Seite 185

Linguistik: Sprachwissenschaft

Population: Gruppe von Lebewesen einer Art

variieren: ändern, verändern

DGfS: Deutsche Gesellschaft für Sprachwissenschaft

Auszug aus einem Schülerreferat

Heute gibt es auf der gesamten Welt, das haben Linguisten herausgefunden, die durch die meisten Länder gereist sind, ungefähr 6500 verschiedene Sprachen, die sich auf alle Kontinente, außer auf die Antarktis, verteilen.
So leben etwa 12 %, liebe Zuhörerinnen und Zuhörer, aller Menschen in Europa, hier würden aber, so sagen die Wissenschaftler, nur 3 % der 6500 Sprachen gesprochen.

Im pazifischen Raum wäre dies völlig anders. Nur ungefähr 1 % der Gesamtpopulation der Welt lebt dort, jedoch würden wohl so an die 20 % aller Sprachen der Welt im pazifischen Raum gesprochen. Das Folgende ist vielleicht nicht so sehr interessant. Allein in Indonesien werden 300 verschiedene Sprachen gesprochen. Auf der Insel Neuguinea werden sogar 1.089 verschiedene Sprachen gesprochen.

Die Größe der jeweiligen Sprachgemeinschaft, also die Gesamtheit der Sprecher, die eine bestimmte Sprache aktiv sprechen, variiert außerordentlich stark.
Viele Sprachen finden teilweise nur die Anwendung von 4000 Sprechern. Dies ist die minimal nötige Größe einer Population, die die Sprache sprechen muss, um diesem Kommunikationsmittel den Weiterbestand zu ermöglichen. Ungefähr die Hälfte aller Sprachen ist heutzutage vom Aussterben bedroht. Die DGfS gibt auf ihrer Website für die deutsche Sprache Entwarnung, Deutsch würde noch nicht aussterben.

Aufgaben

1. a) Benennen Sie Textstellen aus dem obigen Text, die nicht gelungen sind. Nennen Sie dazu die Zeilennummer und den nicht beachteten Hinweis.
   b) Verbessern Sie die Textstellen und schreiben Sie diese auf.
2. Tauschen Sie Ihren verbesserten Text mit Ihrer Tischnachbarin oder Ihrem Tischnachbarn. Versuchen Sie nun, den getauschten Text noch klarer und verständlicher zu machen. Streichen Sie dazu Textstellen durch und schreiben Sie die besseren Formulierungen darüber.
3. Begründen Sie Ihrer Tischnachbarin oder Ihrem Tischnachbarn die Veränderungen in den Texten.
4. a) Wählen Sie gemeinsam den gelungeneren Text von beiden aus.
   b) Stellen Sie Ihren Text der Klasse vor und begründen Sie, warum Sie diesen Text ausgewählt haben.

9.2.7 Das Vortragen üben und das Referat halten

Angst, vor Publikum zu sprechen? – Diese Tipps helfen:
- Proben Sie Ihr Referat mindestens fünfmal.
- Lernen Sie die ersten fünf Sätze des Referates auswendig. Dadurch bekommen Sie einen sicheren Einstieg.
- Gehen Sie nach der letzten Probe am Vorabend Ihres Referates früh ins Bett, damit Sie beim Referat erholt und munter sind.
- Gehen Sie ruhig nach vorn. Schauen Sie freundlich ins Publikum und atmen Sie drei Mal ruhig und gleichmäßig. Dann erst beginnen Sie mit Ihrem Vortrag.

Schritt ❶: Sprechzettel anfertigen

Ein Referat sollte auf keinen Fall nur vom Blatt abgelesen werden. Nur wenige Menschen können allerdings völlig frei ohne Notizen einen Vortrag halten. Zu Ihrer Unterstützung können Sie einen **Sprechzettel oder Sprechkarten nutzen**, auf denen Sie Ihren Vortrag in Stichpunkten notiert haben.
Schreiben Sie also zunächst Ihren vorher ausformulierten Referatstext in Stichwörtern auf. Da ein guter Beginn Ihnen die Aufmerksamkeit Ihres Publikums garantiert, sollten Sie die **ersten Sätze des Textes ausformuliert** stehen lassen.
Genauso sollten Sie mit Zitaten und besonders wichtigen Passagen verfahren. Ebenso sind die **letzten Sätze des Referates wichtig**, da sie den Hörern ganz besonders stark in Erinnerung bleiben.
Sie sollten unbedingt gut lesbar und lieber etwas größer als normalerweise schreiben.

Wörter oder Wortgruppen, die Sie besonders betonen wollen, unterstreichen Sie am besten. Weil auch **Pausen** an den richtigen Stellen die Wirkung des Referates verstärken können, sollten Sie auch diese **auf dem Sprechzettel markieren**.

Schritt ❷: Vortragen üben

Um ein gutes Referat auch gut vorzutragen, ist es empfehlenswert, das **Sprechen** des Vortrages **mit dem Sprechzettel zu üben**. Das macht man am besten zu Hause.

Es ist hilfreich, um eventuelle Probleme besser zu erkennen, wenn Sie Ihre Übungen mit der Diktierfunktion Ihres Mobiltelefons aufnehmen oder sich beim Üben filmen. Wahrscheinlich werden Sie bei der ersten Aufnahme eher unzufrieden mit Ihrer Leistung sein. Es hat sich jedoch gezeigt, dass man mit jeder Sprechübung besser wird und Ihnen das Sprechen immer leichter fällt.

Um sich wirklich gut vorzubereiten, sollten Sie **ein paar Tage vor dem Präsentationstermin eine Generalprobe durchführen**. Halten Sie dazu Ihren vollständigen Vortrag vor mindestens einer anderen Person. Das könnten z. B. Freunde oder Verwandte sein. Ihr Probepublikum kann Ihnen dann sagen, wo Ihr Referat noch Schwächen hat: z. B. im Aufbau, in der Verständlichkeit oder in Ihrer Redegeschwindigkeit. Bei einer rechtzeitigen Generalprobe, haben Sie noch genug Zeit, um Fehler und Schwächen zu beheben.

Schritt ❸: Weitere Vorbereitungen

- Bereiten Sie sämtliche von Ihnen für den Vortrag benötigten Medien rechtzeitig vor. Vor der Generalprobe sollten Bilder, Folien, Kopien und Modelle ausgewählt und fertig aufbereitet sein.
- Überprüfen Sie mindestens einen Tag vor Ihrer Präsentation, ob Ihre benötigten Dateien auf dem Computer und mit dem Projektor korrekt dargestellt werden.
- Planen Sie ungefähr eine große Unterrichtspause vor der Präsentation ein, in der Sie wichtige Begriffe für die Zuhörerinnen und Zuhörer auf die Tafel oder ein Flipchart schreiben.
- Reservieren Sie sich die benötigten Geräte wie Computer und Laptop eine Woche vor der Präsentation.

- Sollten Sie Kopien eines Handouts an Ihre Zuhörerinnen und Zuhörer verteilen wollen, bitten Sie spätestens am Tag vorher die Lehrperson darum, die Kopien auf einem Schulkopierer anzufertigen.
- Platzieren Sie vor Beginn der Präsentation eine Uhr so, dass Sie sie während Ihres Referates immer sehen können. Das ist wichtig, um kontrollieren zu können, ob Sie Ihre Zeitvorgabe einhalten.

Schritt ❹: Den Vortrag halten

In der Regel sollte ein Vortrag nicht länger als 15 Minuten dauern. Es kann jedoch sein, dass Ihnen Ihre Lehrerin oder Ihr Lehrer eine andere Richtzeit vorgibt. Halten Sie sich in diesem Fall an die Vorgabe der Lehrperson.

- Nachdem Sie nach vorn gegangen sind, stehen Sie bewusst aufrecht. Vermeiden Sie es, Ihre Hände in die Hosentaschen zu stecken oder Ihre Arme zu verschränken. Dadurch wirken Sie sicherer.
- Warten Sie so lange, bis aufmerksame Ruhe herrscht. Erst dann fangen Sie mit dem Sprechen an. Ein paar Augenblicke zu warten, schafft Aufmerksamkeit bei den Zuhörenden.
- Geben Sie am Anfang bekannt, dass Fragen erst am Ende des Referates beantwortet werden. Dadurch wird Ihr Vortrag nicht unterbrochen und Sie werden nicht aus dem Konzept gebracht.
- Reden Sie langsam und deutlich, damit alle gut mitkommen.
- Machen Sie Sprechpausen nach wichtigen oder komplizierten Textstellen. Das hilft beim Zuhören.
- Um das Zuhören spannender zu machen, können Sie die Lautstärke variieren.
- Vermeiden Sie eintöniges Reden.
- Suchen Sie immer wieder mal den Augenkontakt mit den Zuhörenden. So können Sie sehen, ob noch alle bei der Sache sind. Augenkontakte tragen dazu bei, dass die Aufmerksamkeit der Zuhörenden auf Sie gerichtet bleibt.

Hinweis

Die Körpersprache ist in allen Situationen, in denen man sich präsentiert, besonders wichtig! Siehe hierzu auch Seite 304.

Exkurs: eine freie Reden halten

Es gibt viele andere Anlässe, zu denen man gebeten werden kann, ein paar Worte zu sagen oder eine kurze Rede zu halten: Geburtstagsfeiern, Jubiläen, Verabschiedungen usw. Auch hier fällt es einem viel leichter zu sprechen, wenn man vorbereitet ist. Meistens reicht hier schon ein „roter Faden", also eine Kurzgliederung als Vorbereitung, damit man während des Sprechens nicht vor lauter Aufregung die Übersicht verliert. Wie so eine Kurzgliederung aussehen kann, sehen Sie am rechten Seitenrand.

Kurzgliederung einer freien Rede
(z. B. zu einer Hochzeit)

- Anrede
- Begrüßung
- Anlass
- Wünsche
- z. B. Trinkspruch
- Appell oder Wünsche für die Zukunft
- Danksagung

Aufgaben

1. Notieren Sie die Themen der Referate, die Sie bereits irgendwann gehalten haben. Schreiben Sie zu jedem Thema in Stichpunkten auf, was gut gelaufen ist.
2. a) Formulieren Sie aus Ihren persönlichen Erfahrungen Tipps für das Halten eines Referates.
   b) Tauschen Sie die Tipps in Ihrer Lerngruppe aus.
3. Erläutern Sie, auf welche Punkte Sie besonders achten würden, wenn ein Mitschüler oder eine Mitschülerin Sie bittet, sich die Generalprobe eines Referates anzuhören und Ratschläge zu geben. Schreiben Sie eine Liste dieser Punkte auf.
4. Entwerfen Sie einen roten Faden für eine kurze Rede zu einem besonderen Anlass Ihrer Wahl (z. B. Verabschiedung, Dankesrede).

9.2.8 Eine Bildschirmpräsentation erstellen

Eine gelungene Bildschirmpräsentation kann ein Referat hervorragend unterstützen. Allerdings liegt der Schwerpunkt auf dem gesprochenen Referat. Die Folien, aus denen eine Präsentation besteht, dienen nur dazu, den Zuhörenden das Erinnern an das Gesprochene zu erleichtern.

Um eine Präsentation zu erstellen, benötigt man ein Computerprogramm. Hierfür gibt es Programme verschiedener Anbieter.

OpenOffice: ein Paket von frei nutzbaren Computerprogrammen für die Textverarbeitung, die Tabellenkalkulation, die Präsentation und zum Zeichnen.

Bevor Sie damit beginnen, eine Bildschirmpräsentation anzufertigen, sollte Ihr Vortrag fertig vorbereitet sein. Schreiben Sie sich die wichtigsten Aussagen Ihres Vortrages heraus. Das ist das Grundmaterial für Ihre Bildschirmpräsentation.
Beachten Sie bei der Anfertigung der Präsentation die Hinweise auf den abgebildeten Folien:

Hinweis
Weitere Tipps und Hinweise zu bildschirmbasierten Texten finden Sie auf Seite 134.

Das Vortragen des Referates darf auf keinen Fall nur darin bestehen, die Folien vorzulesen. Das würde die Zuhörenden langweilen, selbst wenn die Präsentation gut aussieht. Die Folien sollten am besten die gesprochenen Worte erläutern, sehr kurz zusammenfassen oder durch Bilder verständlicher machen, anstatt diese nur zu wiederholen. Außerdem können Sie nur Blickkontakt mit den Zuhörenden herstellen, wenn Sie nicht die ganze Zeit auf Ihre eigenen Folien schauen.

Um die Aufmerksamkeit der Zuhörenden auf die Folien zu lenken, sollten Sie Bilder, Grafiken oder kurze Videos einsetzen. Verwenden Sie dazu ruhig eigenes Material. Das wirkt kreativ und originell. Sie können aber auch Medien aus dem Internet verwenden.

Möchten Sie, dass die Zuhörenden an einer wichtigen Stelle besonders aufmerksam auf Ihre gesprochenen Worte hören, so können Sie auch mal eine leere Folie einfügen.

Wenn Sie Ihre Folien fertiggestellt haben, fragen Sie eine Testperson, einen Freund, eine Freundin oder Ihre Eltern, ob etwas an der Präsentation stört, nicht verständlich ist oder nicht ansprechend aussieht. Achten Sie besonders darauf, dass es keine Rechtschreib- oder Grammatikfehler gibt. Nehmen Sie sich für die Korrektur ausreichend Zeit.

Wenn Sie dann Ihr Referat mit der Präsentation halten, achten Sie auf richtiges Timing. Geben Sie den Zuhörenden ausreichend Zeit, um den Inhalt einer Folie zu verarbeiten. Wechseln Sie erst danach zu einer neuen Folie und Ihren nächsten Worten.

Wollen Sie vermeiden, dass die Zuhörenden abgelenkt sind, sollten Sie die Handouts (Handzettel) erst nach Ihrer Präsentation verteilen.
Wollen Sie jedoch, dass die Zuhörenden sich Notizen zu Ihrem Referat machen, so können Sie bereits am Beginn Ihres Vortrages die Handouts austeilen. Diese Blätter können auch schon Ihre Folien im Miniformat enthalten. Fügen Sie am besten neben den Folien leere Zeilen für die Notizen ein.

Bilder aus dem Internet
Jedes Bild aus dem Internet darf zwar für den Unterricht verwendet, aber nicht „veröffentlicht" werden. Allerdings müssen die Quelle und der Fotograf oder Zeichner namentlich genannt werden. Sobald die Präsentation bei einer Schulveranstaltung oder auf einer Webseite gezeigt wird, darf man nur noch eigene Bilder oder Bilder nutzen, deren Veröffentlichung ausdrücklich erlaubt ist.
Es gibt einige Webseiten, auf denen Fotos zu finden sind, die man auch für Veröffentlichungen nutzen darf. Bei diesen Bildern genügt es, den Namen des Fotografen auf die Folie zu schreiben. Frei nutzbare Fotos besitzen eine so genannte Creative Commons Lizenz.

Aufgaben

1. Formulieren Sie die wesentlichen Aussagen des Textes auf dieser Seite stichpunktartig.
2. Gestalten Sie aus diesen Aussagen auf Papier oder am PC einzelne Seiten, die sich als Folien für eine Bildschirmpräsentation eignen.
3. Stellen Sie einzelne Ihrer Folien der Klasse vor und begründen Sie die von Ihnen gewählte Gestaltung der Folien.

9.3 Die Projektarbeit

In vielen Firmen ist Projektarbeit eine wichtige Arbeitsform. Sie kann bereits im Unterricht erlernt und geübt werden.

Bei der Projektarbeit treffen nicht die Lehrer, sondern alle Beteiligten die Entscheidungen, sie kooperieren miteinander und werten selbständig ihre Arbeits- und Lernprozesse aus. Das Ende eines Projektes ist auf einen bestimmten Termin festgelegt. An diesem Termin muss das vorher verabredete Produkt fertiggestellt sein.

Projektarbeit findet als Gruppenarbeit statt. Jede Gruppe hat dabei einen festgelegten Teil der Arbeit zu erledigen. Das Endprodukt ist das Arbeitsergebnis aller beteiligten Gruppen.

Wichtige Hinweise
- Die **Zeitplanung** muss sehr genau beachtet werden, da der Endzeitpunkt eines Projektes unbedingt eingehalten werden muss. Der Endzeitpunkt steht in der Regel bereits am Beginn eines Projektes fest.
- Die **Verteilung der unterschiedlichen Aufgaben** muss allen Beteiligten klar sein, damit es keine doppelten Arbeiten gibt oder wichtige Aufgaben nicht bearbeitet werden.
- Eine **rücksichtsvolle Zusammenarbeit und Kommunikation** der am Projekt Beteiligten ist sehr wichtig für das Gelingen einer Projektarbeit.

Beispiel:

Projekt: Schülerzeitung
Thema: sich journalistisch mit Ereignissen in und um die Schule beschäftigen

Folgende **Projektschritte** sind sinnvoll:

Projektschritt ❶: Orientierung
- Gemeinsam das Thema des Projektes festlegen.
- Material zum ersten Mal grob sichten.

Beispiel:
Besprechen, welche Ereignisse, Entwicklungen, Probleme usw. dargestellt werden könnten.

Projektschritt ❷: Planung
- Gemeinsam festlegen, was das Endprodukt sein soll und zu welchem Termin es fertig sein soll.
- Einzelne Arbeitsschritte mit Terminen planen.
- Die Zusammensetzung der Gruppen und die Verantwortlichkeiten der einzelnen Gruppen und Gruppenmitglieder festlegen.

Beispiel:
- Festlegen, dass eine Schülerzeitung entstehen soll, die genau in einem Monat verkauft werden kann.
- Erarbeiten, welche Rubriken (z.B. Nachrichten, Anzeigen, Kommentare, Sportteil usw.) die Zeitung enthalten soll.
- Festlegen, wie viele Seiten die Zeitung umfassen soll.
- Besprechen, welche Erwartungen die möglichen Käufer an die Zeitung haben (von den eigenen Erwartungen ausgehen):
  - Wie hoch der Preis maximal sein darf,
  - herausfinden, ob es eventuell andere Schülerzeitungen gibt, und diskutieren, was an der eigenen Zeitung anders oder besser werden soll,
  - entwickeln des Titels der Zeitung.
- Termine der einzelnen Redaktionssitzungen, letzte Termine für die Abgabe der Texte und Bilder usw. festlegen.

- Sich nach Themen, Interessen, Erfahrungen in Gruppen aufteilen (z. B. Reporterteam, Layoutteam, Fototeam, Redaktionsteam, Werbeteam, Finanzteam).
  - Klar die Aufgaben der einzelnen Teams festlegen.
  - In den Gruppen festlegen, wer welche konkrete Aufgabe erfüllen muss.

Beispiel für ein Titelblatt

Projektschritt ❸: Erarbeitung/Durchführung
Produkt herstellen und immer wieder den Zeitplan überprüfen.

Beispiel:

- **Finanzteam:**
  - realistisch einschätzen, welche konkreten Kosten wo entstehen,
  - Sponsoren (Geldgeber) oder andere Möglichkeiten wie z. B. Werbeanzeigen finden, um ausreichend Geld zur Verfügung zu haben,
  - Geld verwalten,
  - die Verwendung des voraussichtlichen Gewinnes planen (z. B. für Hilfsbedürftige, soziale Projekte oder eine Klassenfahrt).
- **Reporterteam/Fototeam**
  - Interviews durchführen,
  - recherchieren,
  - Artikel schreiben,
  - fotografieren.
- **Redaktionsteam**
  - alle Beiträge lesen, überarbeiten (Rechtschreibung und Grammatik korrigieren, Stil anpassen, eventuell kürzen),
  - auf die Einhaltung der Abgabetermine achten,
  - gute und interessante Beiträge für die Veröffentlichung auswählen.

(siehe die folgende Seite →)

- **Layoutteam**
  - Titelblatt entwerfen,
  - Schrifttyp und Schriftgrößen der Überschriften und der Texte festlegen,
  - Seitenaufteilung gestalten (an welcher Stelle soll welcher Artikel oder welches Bild stehen),
  - eventuell schmückende Grafiken entwickeln.
- **Werbeteam**
  - Plakate gestalten, mit denen für die Zeitung geworben wird,
  - wirksame Werbesprüche entwickeln,
  - bei Facebook, Twitter, im Schulradio, auf der Internetseite der Schule oder auf dem Schwarzen Brett in der Schule oder im Jugendclub werben.

Projektschritt ❹: Präsentation des Produktes

- Festlegen, wie präsentiert werden soll.
- Präsentation vorbereiten – Produkt der Öffentlichkeit (z. B. der Klasse, der Schulkonferenz) vorstellen.

Beispiel:

- Vorbestellungen einholen.
- Ausreichend Papier und Druckerpatronen beschaffen.
- Zeitung drucken, Seiten sortieren und zusammenfügen.
- Vorbestellte Exemplare ausliefern.
- Verkaufen der restlichen Exemplare während der Pausen oder bei Schulveranstaltungen.

Projektschritt ⑤: Auswertung

- Gemeinsames Dokumentieren der Ergebnisse und Erfahrungen.
- Besprechen, was gut gelaufen ist und was beim nächsten Projekt besser gemacht werden könnte.
- Diskutieren, was gelernt wurde.

Beispiel:

- Eigene Erfahrungen durch jeden Einzelnen notieren.
- Zusammentragen der Ergebnisse und auswerten, welche Erfahrungen die wichtigsten waren.
- Gemeinsam besprechen und dann auf einem Flipchart aufschreiben, was gut gelaufen ist, und auf einem anderen, was schlecht gelaufen ist.
- Diskutieren, wie Fehler beim nächsten Mal vermieden werden können.

Aufgaben

1. Erstellen Sie in Projektarbeit einen Entwurf für eine Klassenzeitung. Orientieren Sie sich beim Vorgehen an den dargestellten Vorgehensschritten.
2. a) Sammeln Sie in Partnerarbeit Vorschläge für Projektthemen, die Sie interessant finden.
   b) Stellen Sie Ihre Vorschläge der gesamten Klasse vor.
   c) Entscheiden Sie sich durch eine Abstimmung für ein Projektthema für die gesamte Klasse und führen Sie dieses Projekt durch.

Anschauen – Aneignen – Anwenden

Wo kann ich das Gelernte im Alltag, in der Ausbildung und im Beruf anwenden? Die folgende Mindmap gibt Ihnen erste Anhaltspunkte.

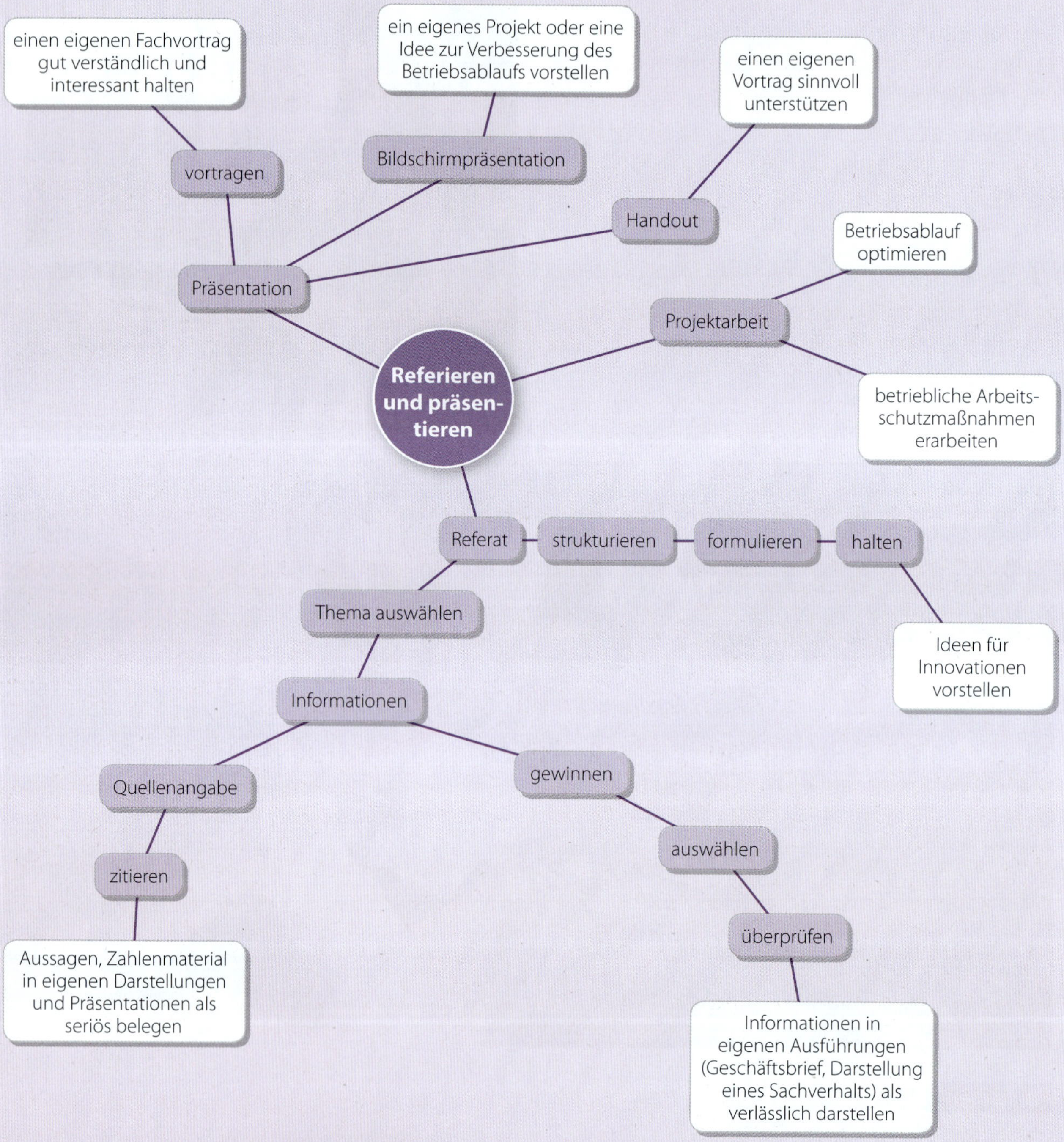

Aufgabe

Finden Sie weitere Anlässe (weiße Endpunkte der Verzweigung), um das Gelernte (farbige Verzweigungspunkte) anzuwenden.

SICH BEWERBEN

10

10.1 Stellenanzeigen bewerten

Wenn Sie auf der Suche nach einer neuen Ausbildungs- oder Arbeitsstelle sind, sollten Sie unbedingt Stellenanzeigen in Zeitungen und Zeitschriften beachten. Die meisten Stellenanzeigen findet man oft in der Samstagsausgabe der Tageszeitung. Auch in Online-Jobbörsen kann sich die Suche lohnen. Eine Stellenanzeige kann bereits viel über den Ausbildungs- oder Arbeitsplatz verraten. Dazu muss man allerdings genau hinschauen und die Anzeige analysieren.

Als Grundlage für eine Bewerbung hat sich bewährt:

❶ Die Anzeigen filtern

Nur einige der Stellenanzeigen werden für Sie persönlich interessant sein. Grenzen Sie daher die Suche ein. Schauen Sie nur in die Rubrik, die für Sie in Frage kommt. Sie brauchen also z. B. nicht bei medizinischem Personal schauen, wenn Sie als Bürokauffrau arbeiten wollen.

❷ Die Anzeigen genau lesen

Nach dem ersten Filtern der Anzeigen, sollte man etwas genauer lesen. Schauen Sie, welche Qualifikationen von Ihnen gefordert werden. Beurteilen Sie ehrlich, ob Sie diese Anforderungen erfüllen können und wollen, sonst schreiben Sie die Bewerbung umsonst oder sind später von der Arbeitsstelle überfordert oder enttäuscht. Lassen Sie sich jedoch von den Formulierungen der Anzeige auch nicht einschüchtern, denn selten müssen sämtliche Qualifikationen erfüllt werden. Qualifikationen, die unbedingt notwendig sind, erkennt man daran, dass sie in der Anzeige als „Voraussetzung", „notwendig", „erforderlich" oder „unabdingbar" beschrieben werden.

Aus der Stellenanzeige können Sie neben dem Namen des Unternehmens mitunter auch erfahren, zu welcher Branche es gehört, welche Standorte es hat und mehr. Die Größe der Stellenanzeige weist auf die Größe des Unternehmens hin. Sie können mit diesen Angaben über die Firma im Internet weiter recherchieren. Versuchen Sie, so viel wie möglich über das Unternehmen zu erfahren.

❸ Die Anzeigen für die Bewerbung aufbereiten

Schneiden Sie interessante Stellenanzeigen aus und heften Sie sie zu den Kopien der Bewerbungsunterlagen und den recherchierten Informationen über das entsprechende Unternehmen. So behalten Sie den Überblick über Ihre Bewerbungen. Unterstreichen Sie in der Stellenanzeige die Wörter und Formulierungen, die Sie ansprechen. Wenn Sie nun zu einem Vorstellungsgespräch eingeladen werden, können Sie schnell nachsehen, was Ihnen an der Anzeige gefallen hat und warum Sie sich gerade bei dieser Firma beworben haben.

Die Punkte, die dem Unternehmen wichtig sind, unterstreichen Sie in der Anzeige mit einer anderen Farbe. Hierauf sollten Sie dann im Anschreiben und im Lebenslauf Bezug nehmen. Die Personalabteilung sieht daran, dass Sie die Stellenanzeige aufmerksam gelesen haben.

1

Malereifachbetrieb
sucht ab sofort
einen Maler
Voraussetzungen:
Berufsabschluss und ein einmonatiges unbezahltes Praktikum in unserem Betrieb
Bewerbungen an:
Pinselschwinger GmbH
z. H. Herrn Zeltinger
Bornholmer Str. 123
43567 Neustadt

2

Existenzgründer
Erfolgreich selbstständig mit Sicherheit!
Ab 18 Jahre – 70 Jahre jung!
Monatlich 100.000 € bis 1.000.000 € Umsatz
Mit der Top Bier-Bar-Kiosk GmbH
in ganz Deutschland
Beratungskosten: 78,20 €
Termin auf Anfrage
Unternehmensberater
Horst Becher
Tel.: 0123/77669900 ab 18:00 Uhr

3

BRUTTO-Marken-Discount
sucht

Auszubildende für den Beruf der/des Verkäufer-in/-s

Die Ausbildung zum/r Verkäufer/in findet primär in einem unserer Märkte statt. Diese Praxiserfahrungen werden durch theoretisches Hintergrundwissen, welches in der Berufsschule und durch betriebliche Seminare vermittelt wird, unterstützt. Die Ausbildung endet mit einer Abschlussprüfung der IHK zum/r Verkäufer/in.

Dauer: 2 Jahre
Beginn: August
Bewerbungen ab: Juni
Voraussetzung: Berufsbildungsreife

Bewerbungen an:
BRUTTO-Marken-Discount,
Marx-Allee 14,
12087 Oberhofen

Fallen Sie nicht auf unseriöse Stellenangebote herein!

Die meisten Firmen machen ehrliche Angebote. Einige jedoch sind nicht vertrauenswürdig. Unseriöse Stellenanzeigen erkennt man daran, dass

- das Unternehmen nicht den Firmennamen und die Post-Anschrift, sondern z. B. nur die Handynummer angibt.
- die Firma unangemessen vertraulich auftritt: „Fragen Sie nach Frau Schmidt!" oder „Rufen Sie unseren Kevin an!".
- die Anzeige einen unrealistisch hohen Verdienst in Aussicht stellt.
- marktschreierisch von Spitzenverdienst, Selbstständigkeit, freier Zeiteinteilung und geringem Aufwand geredet wird.
- die Tätigkeit nicht genau beschrieben, sondern nur als „leicht erlernbar" bezeichnet wird.
- der bisherige berufliche Werdegang, wie z. B. eine bestimmte Ausbildung, als nicht wichtig klassifiziert wird, weil die Firma ja den neuen Mitarbeiter einarbeiten wird.
- von einem „unbedingten Willen zum Erfolg" die Rede ist – eine Formulierung, die eigentlich meint, dass für wenig Geld viel gearbeitet werden muss.
- eine Kontaktaufnahme nur über Chiffre oder Postfach möglich ist.

Seien Sie auch misstrauisch, wenn Sie zum Vorstellungsgespräch in ein Restaurant oder in ein Hotel kommen sollen. Häufig wird bei diesen Vorstellungsgesprächen versucht, an die Bewerberinnen und Bewerber irgendetwas zu verkaufen. Mitunter wird sogar verlangt, dass sie vor Arbeitsantritt erst einmal Geld investieren sollen. Das macht eine seriöse Firma nicht.

Vorsichtig sollten Sie ebenfalls sein, wenn Sie eine teure Telefonnummer anrufen oder Sie sehr lange in der Warteschleife oder am Telefon gehalten werden sollen.

4

Models gesucht
Wir sind ein junges, kreatives, seriöses Filmstudio. Wir suchen Frauen ab 18 bis 40 für Filme in der Erwachsenenunterhaltung. Wer Lust auf tolle Filme und eine gute Bezahlung hat, der melde sich.

Dann folgen alle Infos!
Handy: 0154 3647890

5

Servicekräfte (m/w)

Fastfood King GmbH – Gelsenkirchen, Nordrhein-Westfalen, Deutschland
Bei Fastfood King erwarten Sie vielfältige Aufgaben, u. a.:
- Vor- und Zubereitung von Speisen und Getränken
- Gästebetreuung und Verkauf

Wir erwarten von Ihnen:
- Flexibilität
- Motivation, Zuverlässigkeit, Einsatzbereitschaft
- Teamfähigkeit, positive Ausstrahlung

Sie können zum Erfolg unserer Firma beitragen, wenn Sie:
- Leidenschaft für Service und Verkauf mitbringen
- zuverlässig, stressresistent und wissbegierig sind

Bewerben Sie sich gleich heute, wenn Sie für diese Aufgaben bereit sind und mit engagierten Menschen arbeiten wollen! Wir freuen uns über Ihre Bewerbung!
per E-Mail: a.meier@fastfoodking-gmbh.de

6

Internationaler Handelsvertreter gesucht
Wir sind ein internationales Vertriebsbüro mit Sitz in Deutschland, das in über 30 Ländern vertreten ist. Unter anderem haben wir auch ein Büro in Moskau.
Wir möchten weiter expandieren und suchen Sie als zielorientierten zuverlässigen Vertriebler mit Visionen. Die Anstellung kann auch nebenberuflich sein.
Viele unserer Partner sind aus der Nebenberuflichkeit in die Haupttätigkeit gewechselt.
Durch Ihren Willen zum Erfolg entscheiden Sie Ihren Verdienst. Sie können bei uns 100.000 € im Jahr verdienen. Für Ihre Einarbeitung bieten wir Ihnen kostenlose Seminare.
Je nach Einsatz kann Ihnen ein kostenloses Fahrzeug bereitgestellt werden (auch privat nutzbar). Unser Produktfeld erschließt den Fitness-Bereich. Gern erwarten wir Ihre Bewerbung.

Kontakt: BIZEPS-Meier GmbH, Reeperbahn 5, 20357 Hamburg
E-Mail: bizeps-m@reeperbahn.de

Aufgaben

1. a) Lesen Sie die Anzeigen auf dieser Seite durch und notieren Sie, bei welchen Angeboten man vorsichtig sein sollte.
   b) Begründen Sie Ihre Entscheidung schriftlich.
2. Erläutern Sie, welche der Anzeigen Sie am meisten interessieren würde.
3. a) Formulieren Sie auf einem Blatt Papier eine Stellenanzeige für Ihren Traumjob.
   b) Mischen Sie sämtliche Anzeigen der gesamten Klasse. Danach zieht jeder der Klasse eine Anzeige.
   c) Die gezogenen Anzeigen werden nacheinander vorgelesen und die Gruppe rät, wer die Stellenanzeige geschrieben hat.

10.2 Die Bewerbungsunterlagen

Üblicherweise gehört zu den geforderten vollständigen Bewerbungsunterlagen:
- das **Anschreiben oder Bewerbungsschreiben**,
- ein **Deckblatt**,
- der **Lebenslauf mit einem Foto**,
- das letzte **Zeugnis** oder auch die letzten beiden **Zeugnisse**,
- **Bescheinigungen** über abgeleistete Praktika und/oder Kurse oder Fortbildungen.

Rasch kann so ein Stapel von Papieren entstehen, der von einigen Personalabteilungen nicht mehr bearbeitet wird. Der Bewerber erhält in diesen Fällen häufig ein Absageschreiben mit der Formulierung: „Zu unserer Entlastung senden wir Ihnen Ihre Unterlagen zurück." Wägen Sie daher ab, welche Bescheinigungen wirklich sinnvoll sind und welche auf Wunsch nachgereicht werden können.

10.2.1 Das Anschreiben

Ob Sie sich um eine Ausbildung oder um ein Stelle bewerben: Der erste Kontakt zum Betrieb wird in der Regel über ein Anschreiben hergestellt. Vielen Bewerbern fällt vor allem das Verfassen des Anschreibens schwer.

Da das Anschreiben in der Bewerbungsmappe die erste Arbeitsprobe ist, die das Unternehmen vom Bewerber zu sehen bekommt, sollte es besonders sorgfältig erstellt werden. Bedenken Sie, dass Sie mit dem Anschreiben für sich selbst werben. Mit dem Schreiben wollen Sie die Firma auf sich aufmerksam machen und den zuständigen Mitarbeitern klar machen, dass gerade Sie der oder die Beste für die Stelle sind.

Um die Qualität Ihres Textes einschätzen zu können, versuchen Sie Ihr Schreiben nicht nur aus Ihrem eigenen Blickwinkel zu betrachten, sondern auch aus dem des Personalleiters oder Arbeitgebers.

Stellen Sie sich dabei vor, dass Sie unter Zeitdruck stehen und täglich etliche Bewerbungen zur Durchsicht erhalten. Was könnte also diesen Leser Ihrer Bewerbung stören? Welche wichtigen Informationen könnte er eventuell übersehen? Was könnte in positiver oder negativer Hinsicht seine Aufmerksamkeit erregen?

10.2.2 Form

DIN 5008: siehe Seite 136

Achtung!
Die Vorgaben für Geschäftsbriefe werden in der DIN 5008 festgelegt. Es gibt aber keinen Standard für Bewerbungsunterlagen, denn Bewerbungsschreiben sind zwar Geschäftsbriefe, sie werden aber als privatgeschäftliche Briefe angesehen. Die in der DIN 5008 vorgegebenen Normen dienen daher nur als Orientierung. Das heißt, dass das Bewerbungsschreiben möglichst konform zu DIN 5008 erstellt werden sollte.

Das Schreiben sollte sich an die **Normen der DIN 5008** anlehnen. Es gelten folgende Vorgaben für die Seitenränder.

linker Rand: 2,41 cm	rechter Rand: 0,81 cm
oberer Rand: 1,69 cm	unterer Rand: 2,0 cm

Die einzelnen Textbausteine beginnen in der jeweiligen Zeile, wie es im Beispiel auf der rechten Seite angezeigt wird, zum Beispiel der Absender in Zeile 5, die Betreffangabe in Zeile 24 usw.

Zeile

Zeile	Element	Beispiel
5	❶ Absender	❶ Bastian Zander Weckowskiallee 12 56578 Neustadt Tel. 0469 3421982
13	❸ Anschrift	
	❷ Ort, Datum	❷ Neustadt, 2017-06-20
17		❸ Institut für Lebensmittelqualität Robert-Koch-Platz 35 56578 Neustadt
24	❹ Betreffangabe	❹ Bewerbung um eine Ausbildungsstelle als Maler und Lackierer
27	❺ Anrede	❺ Sehr geehrte Damen und Herren,
29	❻ Brieftext	❻ Sie suchten in …
58	❼ Textende	❼ … sehr freuen.
60	❽ Grußformel	❽ Mit freundlichem Gruß
62	❾ Unterschrift	❾ Bastian Zander
64	❿ Anlage(n)	❿ Tabellarischer Lebenslauf mit Foto, Zeugniskopie

Aufgaben

1. Formulieren Sie fünf Sätze, die wiedergeben, warum Sie eine offene Stelle in Ihrem Wunschberuf suchen.
2. Sie lesen in Ihrer lokalen Tageszeitung die auf Seite 288 abgebildete Stellenanzeige **3**. Erstellen Sie ein entsprechendes Anschreiben an die Firma. Verwenden Sie hierzu die auf dieser Seite angegebenen Hinweise zur Form eines Bewerbungsschreibens.

10.2.3 Inhalt eines Bewerbungsschreibens

Bewerbungsfoto

❶ Bastian Zander
Weckowskiallee 12
56578 Neustadt
Tel. 0469 3421982
bzander@hmail.de

❷ Institut für Lebensmittelqualität
Robert-Koch-Platz 35
56578 Neustadt

❸ Neustadt, 2017-06-20

❹ **Bewerbung um eine Arbeitsstelle als lebensmitteltechnischer Assistent**

❺ Sehr geehrte Damen und Herren,

❻ Sie suchten in Ihrer Anzeige im Neustädter Tageblatt vom 18. Juli 2017 einen lebensmitteltechnischen Assistenten, der teamfähig ist und präzise arbeitet. Ich bewerbe mich auf diese Stelle.

❼ Gern werde ich für das Institut für Lebensmittelqualität tätig sein, da ich mich mit den Zielen Ihres Unternehmens voll identifiziere.

In den Ferien der letzten beiden Jahre absolvierte ich Praktika in mehreren Nahrungsmittelbetrieben in der Umgebung Neustadts sowie im Gesundheitsamt der Stadt. Meine Beurteilungen zeigen Ihnen, dass die Betriebe wie auch das Amt sehr zufrieden mit meinen Arbeitsleistungen, insbesondere mit der Genauigkeit meiner Arbeit waren.

Während meiner Mitarbeit an Projekten im schulischen Teil meiner Ausbildung konnte ich zeigen, dass ich teamfähig bin und die von mir zu erledigenden Teilaufgaben verantwortlich löse.

Zurzeit befinde ich mich in der Endphase der Ausbildung am Oberstufenzentrum in Neustadt. Am 31. August werde ich meine Ausbildung voraussichtlich mit guten Ergebnissen abschließen.

Die Stelle in Ihrem Unternehmen könnte ich ab dem 1. September umgehend besetzen.

❽ Ich würde mich freuen, wenn Sie mir die Gelegenheit geben, mich in einem persönlichen Gespräch vorzustellen.

❾ Mit freundlichen Grüßen

❿ *Bastian Zander*

⓫ Tabellarischer Lebenslauf mit Foto
Zeugniskopie
Praktikabeurteilungen

In einem Bewerbungsschreiben muss Folgendes enthalten sein:

❶ die eigene **Adresse** (Straße, Hausnummer, Postleitzahl, Wohnort) mit Telefonnummer und eventuell der eigenen E-Mail-Adresse.

❷ die **vollständige Anschrift des Unternehmens**.

❸ das **Datum**.

❹ der **Zweck** des Schreibens in der „Betreffzeile" (Es muss erkennbar sein, dass es sich um eine Bewerbung handelt und um welche Stelle Sie sich bewerben.).

❺ die **Anrede**: „Sehr geehrte Damen und Herren", wenn Sie den Namen des zuständigen Mitarbeiters kennen: „Sehr geehrter Herr …" oder „Sehr geehrte Frau …".

❻ der **Einstieg**: Schreiben Sie, woher Sie erfahren haben, dass es bei dem Unternehmen freie Ausbildungsplätze oder Arbeitsstellen gibt. Geben Sie an, welche Stelle Sie besetzen wollen oder welchen Beruf Sie anstreben.

❼ der **Hauptteil:**
- Führen Sie Gründe an, warum Sie gerade in dieser Firma arbeiten wollen.
- Erklären Sie, welche Anforderungen des Unternehmens Sie erfüllen.
- Stellen Sie nachvollziehbar dar, dass genau Sie der richtige Bewerber für die zu besetzende Stelle sind. Gehen Sie dabei auf die Anforderungen der Stellenanzeige und die Bedürfnisse des Unternehmens ein.
- Geben Sie Ihre derzeitige Tätigkeit an. Schreiben Sie, falls Sie sich noch in der Ausbildung befinden, wann Sie (voraussichtlich) mit welchem Abschluss die Ausbildung abschließen. Sollten Sie sich nicht mehr in der Ausbildung befinden, notieren Sie, welche Ausbildungen Sie bisher absolviert und welche Abschlüsse Sie eventuell erzielt haben.
- Erwähnen Sie Ihre Erfahrungen, die Sie in Ihrem Beruf oder in einem verwandten Bereich gesammelt haben.

❽ der **Schluss-Satz**: z. B. „Ich würde mich über die Einladung zu einem persönlichen Vorstellungsgespräch sehr freuen."

❾ die **Grußformel**: „Mit freundlichen Grüßen".

❿ eigenhändige **Unterschrift** mit Vor- und Nachnamen.

⓫ die **Anlagen**: alle Unterlagen, die Sie beifügen (z. B. Lebenslauf, Zeugnis, Praktikumsbeurteilung).

Aufgaben

1. Zeigen Sie auf, wie die Bewerbung Bastian Zanders verbessert werden könnte. Formulieren Sie ein neues Anschreiben für Bastian.
2. Schreiben Sie eine eigene Bewerbung für eine Arbeitsstelle. Den Namen der Firma können Sie erfinden. Achten Sie dabei darauf, dass Sie:
   a) nach DIN 5008 die richtigen Zeilen und die richtigen Abstände wählen,
   b) alles aufschreiben, was in eine Bewerbung gehört,
   c) nicht dauernd Sätze mit „ich" beginnen,
   d) Rechtschreib- und Grammatikfehler vermeiden und
   e) klare und verständliche Sätze formulieren.

10.2.4 Tipps für das Bewerbungsschreiben

Floskel: inhaltsleere Formulierung

Phrase: abgenutzte, nicht bezweifelte, aber nichtssagende Redensart

Konjunktiv (Modus des Verbs, siehe auch Seite 36): wird für die Darstellung einer Möglichkeit oder eines Wunsches benutzt und daher auch als Möglichkeits- oder Wunschform bezeichnet. Es gibt zwei Arten:
Konjunktiv I: findet seine Hauptverwendung in der indirekten Rede.
Beispiel: *Mein Freund sagt, er* ***sei gegangen.***
Konjunktiv II: wird vom Präteritum abgeleitet und häufig in Konditionalsätzen genutzt.
Beispiel: *Wenn mein Freund* ***ginge, riefe*** *ich ihn zurück.*

Indikativ (siehe auch Seite 36): wird für die Darstellung der Wirklichkeit (tatsächliches Geschehen) benutzt. Der Indikativ ist der Normalmodus in allen Texten.
Beispiel: *du gehst, gingst, bist gegangen, warst gegangen, wirst gehen, wirst gegangen sein.*

Das Bewerbungsschreiben ist der erste Eindruck, den Sie einem Arbeitgeber vermitteln. Sie sollten daher nicht nur darauf achten, dass Sie formale Vorgaben beachten, sondern unbedingt auch Fehler vermeiden, denn sie können dazu führen, dass Ihre Bewerbung nicht weiter beachtet wird.

Beachten Sie Folgendes:

1. Vor der Bewerbung sollte man einen konkreten **Ansprechpartner**, der für die Bewerbung zuständig ist, herausfinden. Durch die direkte Ansprache wirkt die Bewerbung persönlicher. Rufen Sie dazu zum Beispiel in der Zentrale des Unternehmens an. Lassen Sie sich den Namen der zuständigen Person unbedingt buchstabieren.
2. **Rechtschreib- und Grammatikfehler** sind unbedingt zu vermeiden. Ihr Text sollte von zwei Personen gewissenhaft Korrektur gelesen werden, bevor Sie ihn abschicken.
3. Vermeiden Sie **Floskeln und Phrasen**. Viele Bewerber schreiben z. B., dass sie *„die Stellenanzeige mit großem Interesse gelesen"* oder *„viel gelernt"* haben. Diese Formulierungen enthalten keine oder zu ungenaue Information über den Bewerber und sollten weglassen oder aber konkreter gestaltet werden. Beschreiben Sie genau, was Sie gelernt haben und welche Erfahrungen Sie gemacht haben.
4. Fragen Sie sich bei jedem Wort, das Sie im Anschreiben schreiben: **Was will ich eigentlich damit sagen?** So spricht z. B. der Besitz eines Führerscheins nicht für „Flexibilität", sondern eher für Mobilität.
5. Überprüfen Sie, ob Ihre Aussagen auch tatsächlich zum Anforderungsprofil der Firma passen.
6. Vermeiden Sie es, **zu viele Substantive** in einem einzelnen Satz zu benutzen. Das stört den Lesefluss. Verwenden Sie dagegen mehr Verben und Adjektive. Das lässt den Text dynamischer wirken.
7. Verwenden Sie keine Worthülsen wie „Motivation", „Teamfähigkeit", „Belastbarkeit" und „Engagement", ohne konkret zu benennen, bei welchen Tätigkeiten Sie das bereits unter Beweis stellen konnten. Es reicht nicht, dass Sie Ihre positiven Eigenschaften einfach nur aufzuzählen. Belegen Sie genau, warum Sie beispielsweise belastbar, flexibel oder teamfähig sind.
8. Versuchen Sie, den Konjunktiv zu vermeiden – insbesondere das Wort „würde". Der Indikativ klingt selbstbewusster.

Sprache und Stil

Verwenden Sie eine **konkrete, präzise, klare Sprache**. Das heißt:

- Schreiben Sie kurze, unkomplizierte Sätze und vermeiden Sie Wiederholungen.
- Benutzen Sie einen klar strukturierten Satzbau und verzichten Sie auf verschachtelte Sätze.

Schreiben Sie **sachlich, aber selbstbewusst**. Das heißt:

- Vermeiden Sie unbedingt Übertreibungen wie z. B.:
  Ich bin der beste ..., Mein Wissen ist einzigartig.
- Benutzen Sie keine Relativierungen wie z. B.:
  Ich glaube, ich könnte ..., Ich würde unter Umständen ..., Vielleicht bin ich geeignet ...

- Verwenden Sie offensive Formulierungen wie z. B.:
  Ich bewerbe mich **statt** *Ich möchte mich bewerben.*

Schreiben Sie **positiv**. Das heißt:
- Vermeiden Sie unbedingt negative Formulierungen oder Verneinungen wie z. B.:
  nicht, kein, unzureichend, leider usw.
  Ich arbeite stetig an meinen Sprachkenntnissen, um den Ansprüchen des Berufes gerecht zu werden **statt** *Leider sind meine Sprachkenntnisse nicht ausreichend.*

Schreiben Sie **aktiv**. Das heißt:
- Benutzen Sie keine Passivkonstruktionen, sondern aktive Verben, wie z. B.:
  Ich eignete mir … **statt** *Mir wurde … beigebracht.*

Aktiv: Tätigkeitsform des Verbs, z. B.: *Ich trage.*

Passiv: Leidensform des Verbs, z. B.: *Ich werde getragen.*

Achtung!
Kuriose E-Mail-Adressen wie zum Beispiel hasischatzi@…, oberchecker19@… oder hirnlos29@…werden einen zukünftigen Arbeitgeber nicht beeindrucken, sondern wirken unseriös. Was im Privatleben und unter Freunden durchaus witzig sein kann, hat in einem förmlichen Anschreiben nichts zu suchen.

Sie sollten sich für Ihr Bewerbungsschreiben eine vernünftige E-Mail-Adresse anlegen, die nach Möglichkeit den vollständigen Namen beinhaltet. So kann Ihre E-Mail-Adresse Ihnen auf einen Blick zugeordnet werden.

Ist Ihr Name bereits belegt, können Sie beispielsweise Ihren Wohnort zur Mail-Adresse hinzufügen: Bastian-Zander-Neustadt@…

a) Ich besitze ein außergewöhnlich gutes technisches Verständnis.
b) Meine Eltern haben mich gelehrt, meinen Mitmenschen nicht unfreundlich gegenüberzutreten.
c) Obwohl ich, wie meine Freunde sagen, eine ausgesprochen gute Auffassungsgabe besitze, konnte ich bisher noch keine Ausbildung beginnen, da leider keine Firma bereit war, mich einzustellen.
d) Ich bin der Meinung, dass ich aufgrund meiner Fähigkeit eventuell Ihre Anforderungen erfüllen könnte.

Aufgaben

1. Formulieren Sie die oben stehenden Sätze a) bis d) so um, dass sie den sprachlichen und stilistischen Vorgaben entsprechen.
2. Verfassen Sie ein kurzes Anschreiben an eine Firma Ihrer Wahl, in dem Sie die sprachlichen und stilistischen Vorgaben umsetzen.

10.2.5 Kreatives Bewerben

Sollten Sie in Vorbereitung Ihrer Bewerbung Ratgeber-Bücher zum Thema lesen, so werden Sie bemerken, dass die Ratschläge und Empfehlungen sich oft widersprechen. Sind Sie im Zweifel über die richtige Form, orientieren Sie sich am besten an der DIN 5008.

Bewerben Sie sich in einer kreativen Branche, so können Sie durchaus Ihre Bewerbung un- oder außergewöhnlich gestalten.

Aber auch hier gilt:
- Schreiben Sie in einem freundlichen und respektvollen Ton.
- Vermeiden Sie unbedingt Rechtschreib- und Grammatikfehler.
- Achten Sie auf Benutzerfreundlichkeit. Der Empfänger will alle Daten, die für ihn wichtig sind, innerhalb weniger Sekunden finden. Vermeiden Sie also alles, was ihm mehr Arbeit macht (Puzzle, Flaschenpost, Spiegelschrift u. Ä.).
- Setzen Sie kreative Ideen sparsam ein. Das wirkt eleganter.
- Beschränken Sie sich auf maximal zwei Formatierungen und Schriftarten in Ihrer gesamten Bewerbungsmappe. Seien Sie vorsichtig mit schrillen Farben.

Ideen für eine kreative Bewerbung:
- Blätter mit **abgerundeten Ecken** benutzen,
- Seiten im **Querformat** statt im Hochformat beschreiben,
- **farbiges Papier** verwenden (aber nicht die Farbe von Seite zu Seite wechseln),
- den **Briefkopf** besonders gestalten (farbig unterlegen, Rahmen verwenden, besonders formatieren), aber auf jeder Seite den gleichen Briefkopf verwenden,
- bei schöner Handschrift das Anschreiben mit dem Füller (nicht mit dem Kugelschreiber) schreiben,
- Anschreiben und Lebenslauf zusammen auf einen ansprechenden **Flyer** drucken,
- eine weitere Betreffzeile einfügen mit einem **persönlichen Leitspruch** (z. B. *„Ich habe meinen Beruf gelernt – bei Ihnen will ich ihn anwenden"* oder *„Yes, I can . . .")*,
- bereits **auf dem Deckblatt persönliche Stärken oder Ziele** herausstellen.

Beispiel für eine kreative Bewerbung

Kontakt
Marie Magnus
Goethestraße 7
56578 Neustadt
0469/38 37 282
Marie.magnus@web.de

Vielen Dank!
Vielen Dank für Ihre Aufmerksamkeit!

Gerne schicke ich Ihnen ausführliche Unterlagen zu. Auf Ihre Rückmeldung freue ich mich.

Vielleicht lernen wir uns bei einem Kurzpraktikum kennen.

Marie Magnus

Darf ich mich vorstellen?

Anschreiben
Neustadt, 04.05.2017

Sehr geehrte Damen und Herren,

schon als kleines Mädchen habe ich mich für den Fuhrpark im landwirtschaftlichen Betrieb meiner Großeltern interessiert.

Schon früh konnte ich die einzelnen Maschinen bedienen und fahren. Auch habe ich erste Einblicke in die Konstruktionsweise und die Wartung der Fahrzeuge erhalten.

Sehr gerne möchte ich ab dem 1. September bei Ihnen eine Ausbildung beginnen.

Freundliche Grüße aus Neustadt
Marie Magnus

Mein Traumberuf: Kfz-Mechatronikerin

Mehr zu meiner Person
Eltern:
- Reinhold Magnus, Elektriker
- Regine Magnus, geb. Müller, Kauffrau

Geschwister: Bruder, 19 Jahre, Auszubildender

Familienstand: ledig
Staatsangehörigkeit: deutsch

Schulbildung:
01.09.2002 – 15.07.2006 Grundschule Nord, Neustadt

04.09.2008 – 16.07.2012 John-Lennon-Gesamtschule, Neustadt

Berufsbildungsreife

Mein Traumberuf: Kfz-Mechatronikerin

Warum ich?
Ich bin belastbar und mit ganzem Herzen bei der Arbeit.

Ich interessiere mich besonders für Motoren und die ausgefeilte Elektronik von Kraftfahrzeugen.

Mein Traumberuf: Kfz-Mechatronikerin

Video, Weblog und Freunde

Wer sich um einen Job in der Internetbranche bewirbt, sollte digitale Arbeitsproben vorweisen können oder Teile der Bewerbung digital gestalten, um zu transportieren: Ich kenne die Medien, mit denen ich arbeiten werde. Also ran an den digitalen Speck. Zum Beispiel so:

- Mail: Bitte mit nur einem Anhang, der alle Dokumente enthält, verschicken. Der Mailtext kündigt an, dass sich im Anhang eine Bewerbung befindet. Das Anschreiben an sich öffnet sich erst im PDF. Eine persönliche Note bekommt deine Bewerbungsmail durch eine eingescannte Unterschrift in der Signatur.
- Eigene Webseite: eine gute Alternative zur Mail, denn hier findet der Personaler alles auf den ersten Blick, und du beweist echtes Interesse am Medium Internet. Tipp: Sorge dafür, dass man deine Unterlagen bequem in einem Rutsch ausdrucken kann. Die Webseite sollte nur bewerbungsrelevante Daten präsentieren — Urlaubsbilder und andere private Inhalte haben hier nichts zu suchen! Ebenso wenig Links zu „witzigen" Webseiten von Freunden.
- Wie wäre es mit einem ausführlichen Praktikumsbericht im Netz? Oder einer lustigen Kolumne über deine Erlebnisse in einem Nebenjob? Ein Weblog ersetzt keine Bewerbung, kann aber im Anschreiben zur Unterstreichung deiner Medienkompetenz positiv erwähnt werden. Diese besondere Art der Arbeitsprobe ist nur etwas für gute Schreiber!
- Ein Bewerbungs-Video vermittelt einen sehr lebhaften Eindruck. Es eignet sich besonders für Sympathieträger, die bereits vor dem Vorstellungsgespräch punkten wollen. Der Film sollte nicht zu lang sein. Im Internet sprießen zurzeit Bewerber-Plattformen aus dem Boden, bei denen man sein Video präsentieren kann. Am Videodreh unbedingt Freunde beteiligen – die können besser beurteilen, ob man authentisch rüberkommt!

(Quelle: EINSTIEG abi, Magazin für Ausbildung und Studium, Nr. 1 – 14. Jahrgang, S. 64)

PDF: Portable Document Format (deutsch: (trans)portables Dokumentenformat); kann unabhängig vom ursprünglichen Anwendungsprogramm, vom Betriebssystem oder von der Hardware Dokumente originalgetreu weitergeben

Signatur: (hier elektronische Signatur) mit elektronischen Informationen verknüpfte Daten, mit denen man den Unterzeichner bzw. den Ersteller der Signatur identifizieren und Fälschungen der Informationen erkennen kann. Die elektronische Signatur erfüllt bei elektronischen Informationen den gleichen Zweck wie eine eigenhändige Unterschrift auf Papierdokumenten.

Personaler: umgangssprachlich für Personalchef; er entscheidet in einer Firma wesentlich über die Einstellungen

Drehbuch: enthält Angaben zur Zeit und zum Ort des Geschehens, Szenenbeschreibungen, Figurennamen sowie Dialoge, auch Kamera- und Regieanweisungen können enthalten sein; siehe auch Seite 256

Aufgaben

1. a) Entwickeln Sie eine kreative Bewerbung. Achten Sie besonders auf die Benutzerfreundlichkeit.
   b) Heften Sie an Ihre Bewerbung ein leeres Blatt. Lassen Sie beides in der Lerngruppe herumgehen. Jeder hat jetzt die Gelegenheit, auf das leere Blatt in maximal drei kurzen Stichpunkten zu notieren, was ihm an der jeweiligen Bewerbung gefällt und was nicht. Achten Sie auf Rechtschreib- und Grammatikfehler.
   c) Lesen Sie die Kritik an Ihrer eigenen Bewerbung. Verbessern Sie Ihren Entwurf.
2. a) Lesen Sie aufmerksam den obigen Text.
   b) Formulieren Sie eine E-Mail wie im Text erwähnt.
   c) Entwickeln Sie eine Bewerbungs-Webseite und präsentieren Sie diese der Lerngruppe. Beachten Sie die Hinweise im Text.
3. Schreiben bzw. entwerfen Sie ein kleines Drehbuch für einen kurzen Bewerbungsspot. Nutzen Sie die Hinweise auf Seite 256. Stellen Sie Ihr Drehbuch im Unterricht vor.

10.3 Der Lebenslauf

prägnant: kurz und treffend

Ihr Lebenslauf soll der Firma einen Überblick über Ihre bisherige Entwicklung geben. Ein besonderer Wert wird dabei auf den schulischen und beruflichen Werdegang gelegt. Es gilt grundsätzlich: Ihr Lebenslauf ist Ihr Werbemittel und Ihre Arbeitsprobe. Richten Sie ihn auf die Arbeitsstelle aus, auf die Sie sich bewerben. Die Fakten zu Ihrer Person müssen jedoch auf jeden Fall stimmen.

Der Text sollte leicht lesbar gestaltet sein. Das bedeutet: klare, knappe, prägnante Sätze oder Stichpunkte, eine übersichtliche Gestaltung und eine deutliche Gliederung.

Form

Früher war es üblich, den Lebenslauf per Hand in einem Fließtext zu schreiben. Das ist nicht mehr modern. Heute ist die kurze Tabellenform die Norm, weil sie dem Arbeitgeber einen schnellen Überblick über die wichtigsten beruflichen Daten eines Bewerbers bietet.

Häufig wird mittlerweile die amerikanische Version des Lebenslaufes verwendet. Dabei steht der aktuellste Stichpunkt an erster Stelle, die anderen folgen chronologisch rückwärts. Das bietet sich vor allem an, wenn man viele wichtige berufliche Stationen vorzuweisen hat. Für Jugendliche und junge Erwachsene empfiehlt sich eine normale chronologische Gestaltung, die mit dem ältesten Ereignis beginnt und mit dem aktuellsten endet. Das betont die bisherige Entwicklung. Wägen Sie ab, welche bisherigen Stationen Ihres Lebens für die Bewerbung als notwendig anzugeben sind.

Layout

In der Regel wird der Lebenslauf auf weißes, unliniertes DIN-A4-Papier geschrieben. Er sollte ein bis zwei Seiten umfassen. Die Schriftgröße sollte minimal zehn und maximal 12 Punkt betragen. Ob der Zeilenabstand ein- oder eineinhalbzeilig zu setzen ist, eine Schrift mit oder ohne Serifen, Blocksatz oder linksbündiger Satz verwendet werden, hängt von der Gestaltung der gesamten Bewerbung ab.
Schreiben Sie die Überschrift „Lebenslauf" auf die erste Zeile.
Geben Sie Ort und Datum an. Unterschreiben Sie eigenhändig mit Vor- und Nachnamen.

Inhalt

Unbedingt notwendige Angaben im Lebenslauf:

- relevante **persönliche Daten**: Vor- und Nachname mit vollständiger Adresse und Telefonnummer, E-Mail-Adresse, Geburtsort, Geburtsdatum, Staatsangehörigkeit. Bei einer Bewerbung für eine Ausbildung geben Sie auch Namen und Berufe der Eltern und eventuell die Anzahl der Geschwister an.
- Informationen über **Berufserfahrung, Qualifikationen und Ausbildung**.
- Angaben über die letzten Jobs: Firma, Position, Abteilung, Tätigkeit.

Angaben, die notwendig sind, wenn sie in Bezug auf die Ausbildung oder den Job nützlich sein könnten:

- **EDV-Kenntnisse**,
- **Sprachkenntnisse**,
- besondere **Führerscheine**,
- absolvierte **Weiterbildungen**,
- Angaben über **Bundeswehrzeiten** oder **freiwillige Dienste**,
- geleistete **Praktika**.

Schätzen Sie Ihre Kompetenzen **wahrheitsgemäß** ein. Belegen Sie diese am besten mit einem Zertifikat. Geben Sie insbesondere bei Ihren **Sprachkenntnissen** das tatsächliche Niveau an. Das Niveau wird normalerweise in den Abstufungen: „Muttersprache", „fließend in Wort und Schrift" oder „Grundkenntnisse" angegeben. Geben Sie kein zu hohes Niveau an, denn spätestens, wenn Sie die Sprachkenntnisse im Job anwenden müssen, wird es peinlich.

Entscheiden Sie selbst, ob Sie Ihren **Familienstand** angeben. Für Unverheiratete ist es nicht zwingend notwendig, anzugeben, ob man in einer Partnerschaft lebt. Für eine Führungskraft kann es aber durchaus positiv sein, Partnerschaft und Kinder zu erwähnen. Mitunter werden Bewerbungen von Frauen mit kleinen Kindern abgelehnt, weil der potenzielle Arbeitgeber häufige Ausfälle wegen der Kinder erwartet. Sollten Sie der Meinung sein, dass sich Ihr Familienstand negativ auf Ihre Bewerbung auswirkt, reicht es auch, ihn auf Nachfrage – oder spätestens sobald ein Arbeitsverhältnis vertraglich zustande gekommen ist – mitzuteilen.

Es ist Ihnen überlassen, ob Sie Ihre **Religion** angeben.

Ein Beispiel für einen Lebenslauf finden Sie auf der folgenden Seite. →

Aufgaben

1. Schreiben Sie einen eigenen tabellarischen Lebenslauf. Beachten Sie dazu die Vorgaben auf dieser Seite.
2. Beurteilen Sie den tabellarischen Lebenslauf auf Seite 300. Entsprechen alle Angaben den Vorgaben, wie sie auf diesen Seiten hier dargestellt wurden?

Beispiel für einen Lebenslauf

Lebenslauf

Persönliche Angaben

Name	Marie Magnus	
Geburtsdatum	01.01.2001	
Geburtsort	Neustadt	
Anschrift	Goethestr. 7 56578 Neustadt	
Telefon	0469 3837282	
Email	marie.magnus@web.de	
Eltern	Reinhold Magnus, Elektriker Regine Magnus, geb. Müller, Kauffrau	
Geschwister	Bruder, 19 Jahre, Auszubildender	
Familienstand	ledig	
Staatsangehörigkeit	deutsch	
Schulbildung	01.09.2007–15.07.2011	Grundschule Nord, Neustadt
	04.09.2013–16.07.2017	John-Lennon-Gesamtschule, Neustadt Berufsbildungsreife
Praktika	April 2016	14-tägiges Schülerbetriebspraktikum, Drogeriemarkt Neustadt
	Oktober 2016	7-tägiges Schülerbetriebspraktikum, Supa-Verbrauchermarkt, Neustadt
Besondere Kenntnisse	PC-Schulkenntnisse Englisch fließend in Wort und Schrift Führerschein der Klasse B	
Hobby	Handball im Verein TUS Neustadt	

Neustadt, 2017-08-04

Marie Magnus

10.3.1 Lücken im Lebenslauf

Ihr Lebenslauf sollte keine Lücken aufweisen. Das heißt nicht, dass Bewerber niemals arbeitslos gewesen sein dürfen. Zeiten der Arbeitslosigkeit werden oft aktiv für Bewerbung, Orientierungszeiten und Ähnliches genutzt und sollten auch so dargestellt werden. Eine Orientierungszeit im Ausland zeigt z. B. Flexibilität und Internationalität. Solange eine Unterbrechung der Ausbildung oder der Berufstätigkeit gut begründet ist, kann der Bewerber davon auch profitieren.

Grundsätzlich gilt: Gehen Sie offen, selbstbewusst und aktiv mit Leerstellen im Lebenslauf um. Lügen Sie aber auf keinen Fall.

Links sehen Sie ein Beispiel für einen herkömmlichen tabellarischen Lebenslauf.

Private Daten im Web

Der Mythos vom durchleuchteten Bewerber

Personalern fehlt die Zeit. Vorsicht mit privaten Daten im Internet? „Mal ehrlich, dieser Ratschlag ist doch eine Binsenweisheit", sagt Annette Gerlach, Personalerin bei einem größeren Unternehmen in der Chemiebranche und selbst gerade in der Bewerbungsphase. Dass man intensiv über einen Bewerber recherchiert, komme erst von der Führungsetage an vor, nach dem Durchschnittsbewerber werde allenfalls gegoogelt. [. . .] Die Suche nach den Partybildern oder den unseriösen Bekanntschaften der Bewerber sei ein Mythos. Dafür fehle den Personalern schlicht die Zeit. Selten habe sie erlebt, dass über Praktikanten, Auszubildende oder Mitarbeiter auf den unteren Hierarchieebenen umfangreich recherchiert wurde, sagt Annette Gerlach. [. . .]
Die Kontrolle behalte, wer häufig nach sich selbst googelt und darauf achtet, dass private Auftritte oder Partybilder nicht auf der ersten Seite in der Trefferliste zu finden sind. [. . .]

Aufgaben

1. a) Nennen Sie Beispiele dafür, wie Lücken im Lebenslauf entstehen können.
   b) Überlegen Sie, wie sich derartige Lücken begründen lassen. Formulieren Sie entsprechende Begründungen schriftlich.

10.4 Das Vorstellungsgespräch

Wie kleide ich mich zum Vorstellungsgespräch?

❶

❷

❸

Wenn Sie zu einem Vorstellungsgespräch bzw. einem Bewerbungsgespräch eingeladen werden, haben Sie gute Chancen einen Ausbildungs- oder Arbeitsplatz zu bekommen.

Ratschläge

Folgende Ratschläge sollten Sie bei einem Vorstellungsgespräch unbedingt beachten.

- Tragen Sie unbedingt **saubere Kleidung**, nicht zu modern und nicht zu ausgeflippt.
- Sie müssen selbstverständlich **pünktlich** sein. Ausreden und Entschuldigungen zählen hier nicht. Planen Sie also Zeit für die Anfahrt und das Durchfragen ein. Fahren Sie mindestens eine Bahn oder einen Bus früher, damit Sie auf jeden Fall pünktlich sind und nicht abgehetzt und aufgeregt ankommen.
- Nennen Sie, sobald Sie den Betrieb betreten haben, Ihren Namen und den Grund Ihres Kommens. Man wird Ihnen helfen, den richtigen Raum zu finden.
- Schauspielern Sie nicht. Treten Sie natürlich aber **respektvoll** auf. Seien Sie **höflich** und **freundlich**. Sprechen Sie Ihren Gesprächspartner mit seinem Namen an.
- Überlassen Sie die Gesprächsführung Ihrem Gesprächspartner.
- Reden Sie **klar** und **deutlich**.
- Hören Sie gut zu und antworten Sie auf die Fragen, die man Ihnen stellt.
- Informieren Sie sich rechtzeitig vor dem Gespräch über die Firma.

Was muss man mitnehmen?

Folgende Unterlagen sollten Sie dabei haben:

- das Einladungsschreiben,
- die Bewerbungsunterlagen, wenn sie dem Betrieb noch nicht vorliegen (Bewerbungsschreiben, Lebenslauf mit Foto, Zeugniskopien),
- den Personalausweis,
- einen Notizblock und einen Stift,
- eine Liste der Fragen, die Sie stellen wollen.

Fragen, die Sie stellen könnten:

- Wie viele Auszubildende hat die Firma?
- Findet die Ausbildung an einem Ausbildungsplatz statt oder lernt man den ganzen Betrieb kennen?
- Wo befindet sich die Berufsschule?
- Gibt es an der Berufsschule Teilzeit- oder Blockunterricht?
- Könnte ich nach der Ausbildung im Betrieb weiterbeschäftigt werden?
- Wie ist die Arbeitszeit geregelt?
- Wie hoch ist die Ausbildungsvergütung?
- Wie lange dauert die Probezeit?
- Wie lange dauert die gesamte Ausbildung?
- Wie viel Urlaub bekomme ich?
- ...

Fragen, die Bewerbern immer wieder gestellt werden:

- Wie sind Sie auf unsere Firma aufmerksam geworden?
- Warum wollen Sie gerade diesen Ausbildungsberuf erlernen?
- Welche Berufe kämen für Sie sonst noch infrage?
- Können Sie sich vorstellen, welche Arbeiten in diesem Beruf auf Sie zukommen?
- Warum halten Sie sich für diesen Beruf geeignet?
- Warum haben Sie sich gerade bei unserer Firma beworben?
- Welches sind Ihre Lieblingsfächer in der Schule?
- Wie erklären Sie sich gute und schlechte Noten in Ihrem Zeugnis?
- Mit welchem Abschluss werden Sie die Schule beenden?
- Was machen Ihre Eltern beruflich?
- Wie viele Geschwister haben Sie?
- Was unternehmen Sie in Ihrer Freizeit?
- Sind Sie Mitglied in einem Verein?
- Wie ist Ihr Gesundheitszustand/Ihre Belastbarkeit?
- Nennen Sie mir die 16 Bundesländer.
- Nennen Sie verschiedene Bundesminister mit ihren Ämtern.
- Wie viel Millionen Einwohner hat Deutschland ungefähr?
- Wann wurde die Bundesrepublik Deutschland gegründet?
- Welche Länder grenzen an Deutschland?
- Nennen Sie mir einige Millionenstädte.
- Wie heißt der höchste Berg Deutschlands?
- Können Sie die bisherigen Bundeskanzler unseres Landes nennen?

Aufgaben

1. Beurteilen Sie, ob sich die Personen auf den Fotos ❶ bis ❻ angemessen für ein Bewerbungsgespräch gekleidet haben. Geben Sie, wenn nötig, Ratschläge, was sie besser machen könnten.
2. a) Wählen Sie von den Fragen, die Bewerbern immer wieder gestellt werden, fünf Fragen aus und beantworten Sie diese schriftlich.
   b) Stellen Sie Ihre Antworten der Lerngruppe vor.
3. Bereiten Sie sich auf ein Bewerbungsgespräch als Rollenspiel vor. Ihre Lehrerin bzw. ihr Lehrer teilt ein, wer Bewerber und wer Gesprächsleiter ist.
   a) Wählen Sie als Gesprächsleiter geeignete Fragen aus.
   b) Sammeln Sie als Bewerber Fragen, die Sie stellen möchten.
   c) Führen Sie das Bewerbungsgespräch.
   d) Alle Zuhörer des Gesprächs machen sich Notizen zum Verhalten der beiden Gesprächsteilnehmer.
   e) Werten Sie das Verhalten der Bewerber aus.

10.5 Nicht zu unterschätzen – die Körpersprache

> *„Der Körper ist der Übersetzer der Seele ins Sichtbare."*
> *Christian Morgenstern*

Christian Morgenstern (1871 – 1914): ein deutscher Dichter, Schriftsteller und Übersetzer.

Die Körpersprache ist ein Teil der nichtsprachlichen (nonverbalen) Kommunikation des Menschen. Sie drückt sich durch Signale des menschlichen Körpers aus, wie z. B. durch Mimik und Gestik, durch die Körperhaltung sowie die Körperbewegung.
Körpersprache wirkt auf das Gegenüber und macht gleichzeitig Aussagen über einen selbst. Man sagt, dass die Körpersprache an der Wirkung einer Kommunikationssituation einen Anteil von 70 bis 80 Prozent hat. Die Körpersprache ist also sehr wichtig.

nonverbale Kommunikation: Teil der zwischenmenschlichen Verständigung, der nicht über Sprache erfolgt (siehe auch Seite 59)

Mimik: Sprache des Gesichtes, siehe auch Seite 58

Gestik: Ausdrucksbewegung der Arme, Hände, Finger und des Kopfes, siehe auch Seite 58

Die meisten Signale der Körpersprache sind jedoch **unbewusste** Gesten. Mit ihnen reagiert der Körper auf ganz unterschiedliche Situationen: Zum Beispiel darauf, wie man sich in einer bestimmten Situation fühlt, wie jemand einem gegenüber auftritt oder in was für einer Gesprächssituation man sich gerade befindet.

Jeder Mensch zieht aus der Beobachtung der Körpersprache anderer Menschen seine Schlüsse. Durch die Deutung der Körpersprache kann eine Gesprächspartnerin oder ein Gesprächspartner erahnen, ob man Interesse hat, sich gut fühlt oder beispielsweise einfach nur gelangweilt ist.

Es gibt aber auch **bewusste** Signale der Körpersprache. Dabei handelt es sich um gelernte bzw. antrainierte Verhaltensweisen. So zum Beispiel Reaktionen im Gespräch wie das Nicken oder Kopfschütteln, aber auch das bewusste Anlächeln des Gesprächspartners. Ebenso kann man sich eine aufrechte Körperhaltung oder einen selbstbewussten Händedruck zur Begrüßung antrainieren.

10.5.1 Verhalten im Bewerbungs- bzw. Vorstellungsgespräch

Das Wissen um die Bedeutung der Körpersprache ist besonders bei Bewerbungsgesprächen von großer Bedeutung. Man muss genau darauf achten, welche Signale man der möglicherweise zukünftigen Chefin oder dem zukünftigen Chef vermittelt.

Tipp
Achten Sie darauf, die folgenden Gesten im Bewerbungsgespräch zu vermeiden, denn sie fallen negativ auf:
- schlaffer Händedruck,
- fehlender Blickkontakt,
- Arme verschränken,
- kein Lächeln,
- zappeln, fummeln,
- mit den Haaren spielen,
- mit den Händen fuchteln,
- schlaffe Körperhaltung.

Tipps zur Mimik
- **Halten Sie Blickkontakt mit dem Gesprächspartner,** denn dadurch signalisieren Sie Interesse und Aufmerksamkeit. Vermeiden Sie es, Ihr Gegenüber starr zu fixieren, sondern schweifen Sie ca. alle 10 Sekunden kurz mit Ihrem Blick ab.
- **Schauen Sie nicht ständig auf den Boden,** denn das signalisiert Unsicherheit.
- **Freundlichkeit** – Lächeln Sie! Vermeiden Sie aber verkrampftes und eingefrorenes Lächeln. Ein freundliches Lächeln wird meistens erwidert.

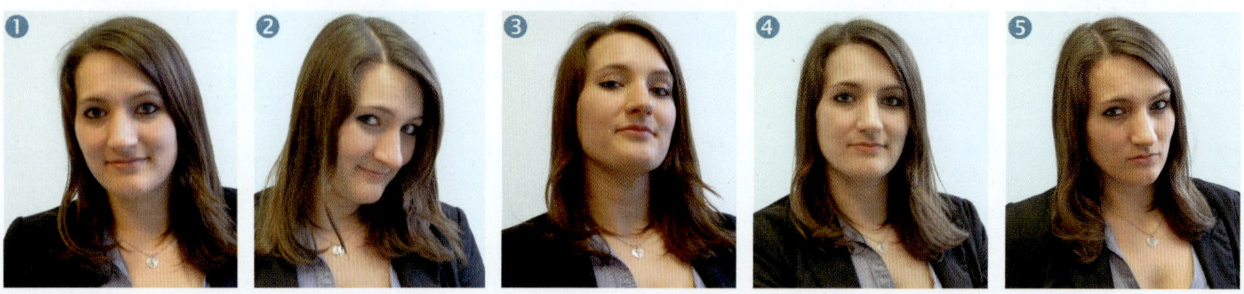

Tipps zur Gestik

- **Unterstützen Sie Ihre Aussagen durch Ihre Gestik,** indem Sie unterstützend, aber maßvoll mit den Händen gestikulieren.
  Vermeiden Sie:
  - Drohgebärden, z. B. einen erhobenen Zeigefinger;
  - heftige Armbewegungen, denn sie signalisieren Unsicherheit, Oberflächlichkeit oder sogar Aggressivität;
  - die Arme vor der Brust zu verschränken, da dies Angst, Unsicherheit oder Abwehr signalisiert.
- **Stimmen Sie den Ausführungen Ihres Gesprächspartners zu,** indem Sie beispielsweise freundlich mit dem Kopf nicken.
- **Verhalten im Sitzen:**
  Sitzen Sie entspannt und achten Sie auf Ihre Sitzhaltung, denn eine offene Sitzhaltung signalisiert Gesprächsbereitschaft. Beugen Sie sich beim Reden leicht nach vorn und lehnen Sie sich beim Zuhören leicht zurück.
  Vermeiden Sie:
  - zu lässig oder zu steif zu sitzen und auf der Kante der Sitzfläche zu sitzen.
  - die Arme unter dem Tisch zu verbergen.

❼

❽

❾

❿

❻

Aufgaben

1. Betrachten Sie die Fotos ❶ bis ❺ zur Mimik auf der linken Seite und beschreiben Sie, welche Stimmungen die verschiedenen Gesichtsausdrücke der abgebildeten Person ausdrücken.
2. Auf Foto ❻ sitzen mehrere Bewerber in einer Vorstellungsrunde, die sich in Ihrer Firma bewerben wollen. Bewerten Sie deren Körperhaltung. Erstellen Sie hierzu eine Tabelle und schreiben Sie für die jeweilige Person hinein,
   a) welche Körperhaltung die jeweilige Person einnimmt und
   b) wie diese Person durch ihre Körperhaltung auf Sie wirkt.
3. Auf den Fotos ❼ bis ❿ sehen Sie unterschiedliche Körperhaltungen in einer Bewerbungssituation.
   a) Spielen Sie diese Situation jeweils vor der Klasse nach, indem Sie die entsprechenden Körperhaltungen einnehmen.
   b) Bewerten Sie, wie die Person jeweils wirkt.

10.6 Das Thema Bewerbung in Literatur und Presse

Irvine Welsh
(* 1958 in Schottland): ein britischer Schriftsteller. Er wurde bekannt mit seinem ersten Roman „Trainspotting". Die meisten seiner Werke beschäftigen sich mit Problemen unterer sozialer Schichten. Irvine Welsh schreibt häufig im schottischen Dialekt und ignoriert dabei traditionelle Rechtschreibregeln.

glorifizierend: verherrlichend

Trainspotting (1998)

Irvine Welsh

Die Handlung des Romans

Der Roman beschreibt die von Drogen, Arbeitslosigkeit und Kriminalität geprägten Erlebnisse einer Gruppe junger Schotten in Edinburgh. Die detaillierte und nach Ansicht mancher glorifizierende Beschreibung des Drogenkonsums provoziert und machte das Buch und seine Verfilmung durch den Regisseur Danny Boyle bekannt.

Trainspotting (Auszug)

Spud, ein jugendlicher Außenseiter, soll sich in der folgenden Szene um eine Stelle als Portier in einem Hotel bewerben. Er hat kein Interesse an der Stelle, da sich sein Leben fast nur um Drogen dreht. Die Arbeitsagentur verlangt von ihm aber, dass er sich um eine Arbeitsstelle bewirbt. Sein Freund Rents hat ihm einige Tipps gegeben, wie er sich am besten verhalten soll.

Komm mir richtig dynamisch vor, verstehste, ich freu mich schon richtig auf das Interview. Rents meint: Verkauf dich anständig, Spud, sag die Wahrheit. Na, dann mal los, auf gehts …

Ich entnehme Ihrem Bewerbungsformular, daß Sie auf der George Heriot School waren. Heute nachmittag scheint es ja recht viele ehemalige Schüler von Heriot zu geben.

Ja logo, Fettsack.

Um ehrlich zu sein, muß ich da was klarstellen. Ich war auf Augie's, der St. Augustine School, dann Craigy, ähm, Craigroyston, verstehn se? Heriot hab ich bloß hingeschrieben, weil ich dachte, ich würd den Job dann eher kriegen. In dieser Stadt gibts echt zuviel Diskriminierung, Mann. Kaum sehn die Schlips-und-Kragen-Typen Heriot oder Daniel Stewarts oder Edinburgh Academy, sind se schon ganz heiß. Ich mein, hätten Sie zum Beispiel gesagt, »Wie ich sehe, waren Sie auf der Craigroyston«?

Nun, ich wollte mich nur ein wenig unterhalten, da ich selber auf der Heriot war. Ich wollte nur, daß Sie sich entspannen. Aber ich kann Sie beruhigen, was die Diskriminierung betrifft. Das wird alles von unserem neuen Gleichstellungsprogramm berücksichtigt.

Na cool, Mann. Ich bin ganz entspannt. Aber ich will diesen Job wirklich. Konnte letzte Nacht nich schlafen deswegen. Hab mir andauernd Gedanken gemacht, ich könnts versauen. Is halt so, wenn die Leute »Craigroyston« auf dem Formular sehen, dann denken sie sich gleich, na, alle, die da waren, taugen nix, stimmts?

Aber Sie kennen doch Scott Nisbet, den Fußballspieler? Der is bei den Hunnen… ähm, den Rangers und macht sich ganz prima bei den ganzen teuren Einkäufen, die Graeme Souness da vornimmt. Der Typ war ein Jahr unter mir auf der Craigie, Mann.

Nun, ich kann Ihnen versichern, Mr. Murphy, wir sind viel mehr an Ihren Qualifikationen interessiert als an der Schule, auf der Sie oder irgendein anderer Bewerber waren. Hier steht, Sie haben Ihren Hauptschulabschluß glänzend bestanden …

Moment. Ich muß Sie leider unterbrechen, Mann. Die Noten sind gelogen, verstehn se? Ich dacht, das könnt ich gut brauchen, umn Fuß in die Tür zu kriegen. Einsatz zeigen, klar? Ich will diesen Job wirklich, Mann.

Schauen Sie, Mr. Murphy, Sie sind uns von der staatlichen Arbeitsvermittlung geschickt worden. Sie brauchen nicht zu lügen, um, wie Sie sagen, den Fuß in die Tür zu kriegen.

He... wie Sie meinen, Mann. Sie sind der Boß, der Obermufti, der Typ am Hebel, sozusagen, klar?
Ja, nun, so kommen wir nicht weiter. Warum erzählen Sie uns nicht einfach, warum Sie diese Stelle so dringend wollen, daß Sie dafür lügen.
Ich brauch die Kröten, Mann.
Bitte? Was?
Den Schotter, Mensch, ähm ... die Kohle, die Piepen, klar?
Ich verstehe. Und was interessiert Sie besonders an der Freizeitindustrie?
Na, jeder wünscht sich dochn bißchen Spaß, will sichn bißchen verwöhnen lassen, oder? Das nenn ich Entspannung, Mann. Ich will, daß die Typen sich wohl fühlen, verstehn Sie?
Gut. Vielen Dank, sagt die Puppe mit der Makeup-Maske.
Also, die wär was für mich, könnt mich richtig verlieben in die ... – Worin sehen Sie Ihre Stärken? fragt sie mich.
Ähm ... Sinn für Humor, würd ich sagen. Das braucht man auch, muß man einfach haben, verstehn Se, muß man einfach. Ich muß aufhörn, andauernd »verstehn Se« zu sagen. Sonst halten mich die Typen noch für Pack.
Und Ihre Schwächen? fragt die Anzugmaus mit der Quietsch-Stimme. Das is vielleicht ne gefleckte Katze; Rents hat nich übertrieben. Das reinste Leopardenbaby.
Ich denke, ich bin zu sehr Perfektionist, verstehn Sie? Wenns bißchen knifflig wird, kann mich das nich kratzen, wissen Sie? Aber ich habn echt gutes Gefühl bei dem Gespräch hier, verstehn Se?
Herzlichen Dank, Mr. Murphy. Wir geben Ihnen Bescheid.
Nee, Mann, das Vergnügen is ganz meinerseits. Das beste Vorstellungsgespräch, das ich je hatte, verstehn Se? Ich spring auf und schüttle jedem die Pfote.
4 – Nachbesprechung
Spud und Renton wieder im Pub.
Wie isses gelaufen, Spud?
Gut, Alter, gut. Vielleicht zu gut. Ich glaub, die Typen geben mir den Job. Üble Sache. Aber mit dem Speed, da haste echt recht gehabt. Mann. Bisher konnte ich mich bei Bewerbungen nie richtig verkaufen. Echt cool, Compadre, echt cool.
Na, trinken wir noch einen auf deinen Erfolg. Willste noch was von dem Speed?
Da sag ich nich nein, Mann, da sag ich nich nein.

Speed: ist eine illegale synthetische Droge, die als stark suchtfördernd gilt. Es vermindert die Fähigkeit zur Selbstkritik. Unrast, Selbstüberschätzung und Waghalsigkeit sind die Folge. Die Droge macht aggressiv, häufig kommt es zu unkontrollierter Gewalt.

Aufgaben

1. Listen Sie Gründe dafür auf, warum Spud die Arbeitsstelle vermutlich nicht erhält.
2. Schreiben Sie eine Argumentation, um Spud zu überzeugen, warum es erstrebenswert ist, eine Arbeitsstelle zu bekommen.
3. Notieren Sie mindestens drei Tipps, mit deren Beachtung Spud größere Chancen auf die Stelle gehabt hätte.
4. Diskutieren Sie in der Klasse über die Gründe dafür, warum ein Roman wie „Trainspotting", der das Leben von Außenseitern beschreibt, so großen kommerziellen Erfolg haben kann.

Harald Martenstein (*1953): ein deutscher Journalist und Autor.

„Bei der Lektüre der Bewerbung kam ich mir durchschnittlich, faul und überbezahlt vor“

von Harald Martenstein

Ich war Dieter Bohlen. Ein paar Jahre lang bin ich, zusammen mit einem Kollegen, für die Auswahl der einzustellenden Auszubildenden zuständig gewesen.

Da gab es zum Beispiel die Bewerbung eines jungen Menschen, der in Oxford und Harvard studiert hatte. Oxford alleine ist ihm offenbar zu popelig gewesen. Er war zweifach promoviert, außerdem hatte er Praktika bei der New York Times und bei Le Monde hinter sich, beherrschte angeblich fünf Fremdsprachen fließend und verwies auf mehrere Hochbegabtenstipendien, in seiner Freizeit hatte er die deutsche Vizemeisterschaft im Kitesurfen gewonnen (Name der Sportart von der Redaktion geändert!). Dies alles im Alter von 27 Jahren.

Bei der Lektüre der Bewerbung bin ich mir durchschnittlich, faul, überbezahlt, dumm, dumpf und ehrgeizlos vorgekommen. Mein Kollege sagte: „Warum bewirbt dieser Typ sich nicht gleich als Chefredakteur?“ Ich sagte: „Falls wir ihn einstellen, wird er in spätestens zehn Jahren Chefredakteur sein. Dumme, dumpfe Leute wie uns wird er dann zweifellos entlassen. Falls er aber in zehn Jahren nicht Chefredakteur ist, wird er im ganzen Haus schlechte Laune verbreiten, Leuten wie uns wird es dann hier nicht mehr gefallen.“

Wir sortierten die Bewerbung aus, mit sehr gutem Gewissen. So ein Typ wird überall genommen, dachten wir, nur halt bei uns nicht. Ein Jahr später bewarb er sich noch einmal.

Ich unterhielt mich mit einem Freund, der in einem anderen Betrieb und einer anderen Branche für die Einstellungen zuständig ist. Er ging genauso vor. „Überehrgeizige Leute sind Stimmungskiller und bringen nur Unruhe“, sagte er. Streber, die eine makellose oder übertrieben aufgemotzte Bewerbung abgeben, ließen auf einen irgendwie schwierigen Charakter schließen und würden niemals auch nur zu Gesprächen eingeladen. Noch aussichtsloser allerdings seien bemüht launige Bewerbungen. Wer ein „witziges“ Bewerbungsfoto einreichen will, sollte sich das Porto sparen und stattdessen in der Spätvorstellung einen traurigen Film anschauen.

Der Freund sagte, dass er lange über die Bewerbung einer Frau nachgedacht habe, die schrieb, sie sei nichts Besonderes, sie habe auch keine Ahnung, ob sie für den Job wirklich geeignet sei, aber sie suche halt dringend eine Stelle und deshalb probiere sie es mal. Das fand er extrem gut.

Außerdem stand aber in dem Bewerbungsbrief, dass sie oft traurig sei, wenn sie an die verpassten Chancen in ihrer Vergangenheit denke. „Ehrlich, aber zu intim“, sagte der Freund. Dieser eine Satz in der ansonsten perfekt unperfekten Bewerbung wecke den Verdacht, dass diese Person distanzlos und

Kolumne: Der Text von H. Martenstein ist eine Kolumne. Eine Kolumne ist ein kurzer Meinungsbeitrag in einer Zeitung. Er ist meist nicht länger als eine Zeitungsspalte. Kolumnen erscheinen meist regelmäßig an gleicher Stelle mit gleichem Titel und häufig auch immer vom selben Autor.

Oxford: Stadt in England mit berühmter Universität

Harvard: berühmte Universität in Cambridge (Massachusetts), USA

promovieren: Verleihung des akademischen Grades „Doktor“ in einem bestimmten Studienfach. Dazu sind eine selbständige wissenschaftliche Arbeit, die Dissertation, und eine mündliche Prüfung notwendig.

New York Times: einflussreiche überregionale Tageszeitung aus New York City neurotisch sei und 20 Prozent ihrer Arbeitszeit weinend in seinem Büro verbringen werde, dazu habe er, bei aller Sympathie, weder Lust noch Zeit.

Wir stellten fest, dass es bei Bewerbungen nicht anders zugeht als bei den Castingshows im Fernsehen. Die idealen Bewerbungen wirken auf den ersten Blick ein bisschen graumäusig, besitzen aber eine genau dosierte Prise Individualität. Solche Leute gewinnen bei den Shows und kriegen die Jobs. „Im Grunde", sagte der Freund, „suchen wir Leute, die so sind, wie wir selbst damals gewesen sind. Ein bisschen unsicher, bestenfalls mittelmäßig kompetent, ein Mängelexemplar, aber, Gott sei mein Zeuge, verdammt talentiert." In dieser Beschreibung erkannte ich ihn überhaupt nicht wieder. Er war immer superehrgeizig und perfektionistisch. Man sucht offenbar ein Idealbild seiner selbst, aber das Ideal sieht anders aus, als die Bewerber glauben.

Le Monde: eine der wichtigsten Tageszeitungen Frankreichs

Kitesurfen: Extremsport, wobei man einen „Kite" (Lenkdrachen) für die Fortbewegung auf dem Wasser mit Hilfe eines Kiteboards verwendet

Antonym: (auch Gegensatzwort oder Gegenwort) Wörter mit gegensätzlicher Bedeutung. Zwei Wörter, die füreinander Gegensatzwörter sind, heißen Gegensatzpaar.
Beispiel: *schwarz – weiß; riesig – winzig.*

Aufgaben

1. a) Benennen Sie, welche Kriterien einer Bewerbung der in Zeile 8 bis 14 erwähnte Bewerber erfüllt. Notieren Sie diese in Stichpunkten.
   b) Führen Sie auf, welche wichtigen inhaltlichen Punkte für die Bewertung des Bewerbers hier nicht herangezogen werden. Notieren Sie diese in Stichpunkten.
   c) Beurteilen Sie aus Ihrer Sicht, warum diese Punkte für die Bewertung anscheinend keine Rolle gespielt haben.
2. Listen Sie die Gründe auf, die im Text dafür angeführt werden, warum der Bewerber nicht zu einem Bewerbungsgespräch eingeladen wird.
3. Schreiben Sie eine kurze, aber überzeugende Begründung, warum dieser Bewerber Ihrer Meinung nach zum Bewerbungsgespräch eingeladen werden sollte.
4. Stellen Sie in einer zweispaltigen Tabelle mindestens drei positiv und drei negativ besetzte Adjektive aus dem Text gegenüber. Schreiben Sie in die Tabelle für jedes dieser Adjektive ein Gegensatzwort (Antonym) auf.

Anschauen – Aneignen – Anwenden

Wo kann ich das Gelernte im Alltag, in der Ausbildung und im Beruf anwenden? Die folgende Mindmap gibt Ihnen erste Anhaltspunkte.

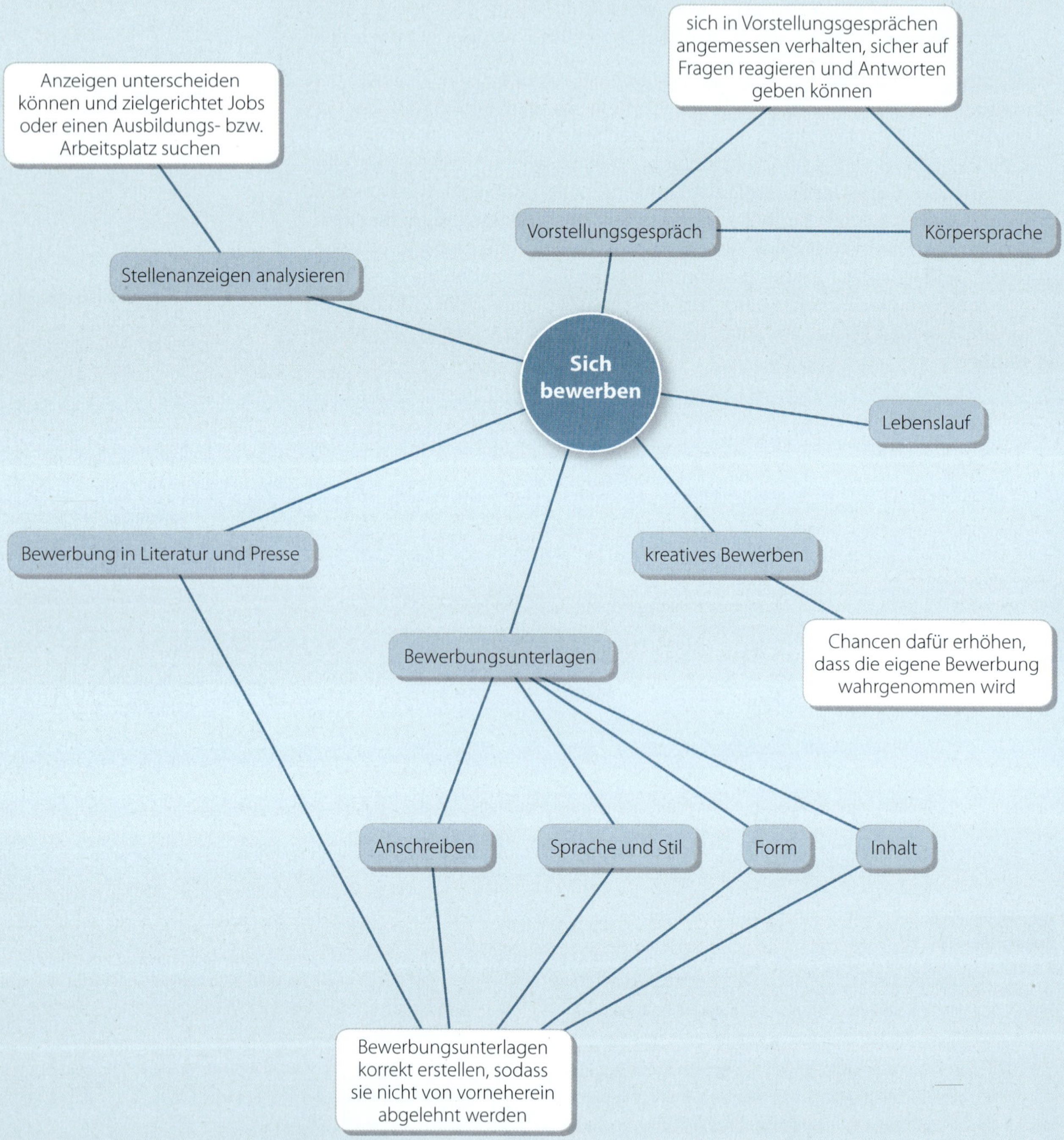

Aufgabe

Finden Sie weitere Anlässe (weiße Endpunkte der Verzweigung), um das Gelernte (farbige Verzweigungspunkte) anzuwenden.

akg-images GmbH, Berlin: S. 200; 201; 209/4 (©VG Bild-Kunst, Bonn 2015); 264
bpk – Bildagentur für Kunst und Geschichte, Berlin: S. 12/1 #
Bundesregierung/Steffen Kugler, Berlin: S. 235/3
CINETEXT Bild & Textarchiv GmbH, Frankfurt a. M.: S. 7
Dietrich, Ralf, Berlin: S. 119
DIN Deutsches Institut für Normung e. V., Berlin: S. 11/4, 5
dpa-Picture-Alliance GmbH, Frankfurt a. M.: S. 2 (Geisler Fotopress); 4 (dpaweb); 6 (dpa-report); 14/2; 15 (dpa-Film Buena Vista); 16 (dieKleinert); 17 (APA picturedesk.com); 30 (akg images); 41 (dpa-Bildarchiv); 56/1 (dpa-Bildarchiv); 68 (rtn – radio); 70 (dpa-Fotoreport); 79 (Keystone); 80 (dpa-Themendienst); 93 (Eventpress Stauffenberg; 98/2 (akg-images); 111 (dpa-web); 120 (akg-images); 121 (Chromorange); 122; 123/2 (dpa-Zentralbild); 157; 160/1; 188; 190; 195; 196 (EPA/Ingo Wagner); 197 (Erwin Elsner); 203; 205; 206; 207/1–4; 208/1–4; 209/1–3; 234 (dpa – Fotoreport); 235/1 (AP-Photo); 237/1 (Associated Press), 2 (akg-images); 245; 246 (© Pool/ T.Orban/Maxppp); 247/1 (EPA/JULIEN WARNAND), 2 (AP-Photo); 249, 251 (ZB); 258; 283/1 (dpa-Report); 284 (dpa-Zentralbild); 285/2; 298; 304/1 (akg-images); 306; 308
Ehrich, Frank, Hamburg: S. 18
El Kurdi, Hartmut, Hannover: S. 175
F1online digitale Bildagentur GmbH, Frankfurt a. M.: S. 233/2 (Corbis Premium RF); 285/1 (Hill Studios Blend Images)
Fotolia Deutschland, Berlin, © www.fotolia.de: S. 1/2 (Syda Productions), 3 (thongsee), 4 (Robert Kneschke; 5 (contrastwerkstatt); 9/1 (Syda Production), 2 (ra2studio), 3 (n!xel 66); 55/1 (Robert Kneschke), 2 (Dreaming Andy), 3 (goodluz); 56/2 (Jeremias Münch), 3 (Masson), 5 (Karin & Uwe Annas), 6 (Sergey Rusakov), 7 (Andreas Choroba); 58/8 (Thomas Hohler), 9 (Ralph Maats), 10 (F. Schmidt); 59 (iceteastock); 60/2 (Dream-Emotion); 61 (runzelkorn); 67 (Axel Bueckert); 72/1 (Alexander Raths), 2 (fotos4people), 3 (Kadmy), 4 (Scott Griessel); 76 (contrast-werkstatt); 83 (Robert Kneschke); 101/1 (Nejron Photo), 2 (nenetus), 3 (Matthias Bühner); 107 (Iceateastock) ; 134 (Cobalt); 145/1 (Marco2811), 2 (Pakhnyushchyy), 3 (goodluz); 160/2 (Pix5002); 163/1 (Phileldom), 2 (Orlando Bellini), 3 (adistock); 168/1, 2 (benjaminnolte); 211/1 (anyaberkut), 2 (photoSG), 3 (Pix5002); 243/1 (Monkey Business), 2 (vieragp), 3 (Oleksiy Mark); 255/3–5 (Runzelkorn); 257/2, 3 (stillkost); 263/2 (Robert Kneschke), 3 (Christian Schwier); 287/1 (contrast-werkstatt), 2 (Alexander Raths), 3 (Daniel Ernst); 302/3 (dash)
Getty Images Deutschland, München: S. 56/4
iStock.com, Dublin, Irland: S. 1/1 (A-Digit); 62/1 (joingate); 109 (Wave-breakmedia); 171 (Dirk Freder); 263/1 (ericsphotography); 302/1 (Alex Raths)
Kneipp GmbH, Würzburg: S. 177
MAIRDUMONT GmbH & Co. KG, Ostfildern: S. 115/2
SCHÜLERZEITUNG SchülerCocktail, Eilenburg: S. 283/2
Schulz von Thun-Institut für Kommunikation, Hamburg: S. 60/1
Shutterstock Images LLC, New York, USA: S. 11/2 (PathDoc), 3 (Black Images); 98 (Milan Markovic78); 133 (wavebreakmedia); 168/3 (Dmitry Kalinovsky); 278 (Maridav); 302/2 (Thai Soriano); 303/1 (Sean Nel), 2 (Ljupco Smokovski), 3 (East)
Spehzies Illustration, Hamburg: S. 12/2,3; 13; 14/1; 32-36; 64; 110; 113; 169; 216; 267; 301
Verlag Handwerk und Technik, Hamburg: S. 51; 130; 150–152; 165; 254; 255/1; 257/1; 280; 281; 292; 304/2–6; 305

Seite im Buch

Allen, Woody: *Überlegung*. In: Ders.: *Alles von Allen*. Rowohlt Taschenbuch Verlag, Reinbek 2003, S. 9 – 11. 41

Böhne, Sabine: *Die Trennung schmerzt*. In: www.stern.de, 01.08.2009. 147, 149

Böhmer, Erhard: *Nicht mehr Wegducken*. In: Neue Osnabrücker Zeitung, Neue Osnabrücker Zeitung GmbH & Co. KG, Osnabrück 15.12.2013. 229

Bonner, Stefan, Anne Weiss: *Generation Doof. Wie blöd sind wir eigentlich?* (Auszug). In: Dies.: *Generation Doof. Wie blöd sind wir eigentlich?* Bastei Lübbe, Bergisch Gladbach 2008, S.117. 165

Boyle, T. C.: *Was ist mir in meinem Leben gelungen?* Übersetzer: Werner Richter. In: Ders.: *Grün ist die Hoffnung*. Deutscher Taschenbuch Verlag, München 1996, S. 9. 4

Brentano, Clemens: *Der Spinnerin Nachtlied* (Auszug). In: *Deutsche Gedichte: Von den Anfängen bis zur Gegenwart*. Cornelsen Verlag, Berlin 2010. 199

Buchczik, Claudia: *Alles Quak!* In: www.kidsweb.de, 25.06.2015. 153

Claudius, Matthias: *Der Mond ist aufgegangen* (Auszug). In: Ders.: *Der Mond ist aufgegangen*. Anaconda Verlag GmbH, Köln 2012. 199

Dausend, Peter: *Wir. Rügen. Spanien.* (Auszug). In: Die Zeit, Nr. 14/2014, Zeitverlag Gerd Bucerius GmbH & Co. KG, Hamburg 27.03.2014. 213

El Kurdi, Hartmut: *Backen mit Blutfett*. In: www.taz.de, 30.01.2013. 174 f.

Fln: *Jugendwort des Jahres: Läuft. Bei. Dir.* (Auszug). In: www.spiegel.de, 23.11.2014. 129

Franck, Julia: *Streuselschnecke*. In: Dies.: *Bauchlandung*. Deutscher Taschenbuch Verlag, München 2000, S. 55. 197

Gernhardt, Robert: *Die Waldfee und der Werbemann*. In: Ders.: *Achterbahn*. Insel Verlag, Berlin 1993, S. 16. 196

Goethe, Johann Wolfgang von: *Erlkönig*. In: *Klassische Deutsche Dichtung, Band 19: „Balladen"*. Herder Verlag, Freiburg 1967, S. 139f. 201

Goldt, Max: *Monolog des morganatischen Maurers*. In: Ders.: *Die Radiotrinkerin*. Diana Verlag, München 2002, S. 94. 70f.

Seite im Buch

Hahne, Peter: *Rettet die Kinderbücher vor der Sprachpolizei!* In: www.bild.de, 13.01.2013. 173

Heine, Heinrich: *Nachtgedanken* (Auszug). In: Ders.: *Neue Gedichte*. Hoffmann und Campe Verlag GmbH, Hamburg 1983. 199

Herrndorf, Wolfgang: *Tschick* (Auszug). In: Ders.: *Tschick*. Rowohlt Verlag, Reinbek 2010, S. 7. 188f.

Hesse, Hermann: *Der Steppenwolf* (Auszug). In: Ders.: *Der Steppenwolf*. Aufbau-Verlag, Berlin und Weimar 1986, S. 6f. 120f.

Heym, Stefan: *Als habe einer die Fenster aufgestoßen* (Auszug). In: Ders.: *Offene Worte in eigener Sache*. Verlagsgruppe Random House GmbH, München 2003. S. 237

Hoffmann, E.T.A.: *Der Sandmann*. In: Ders.: *Nachtstücke*. Deutscher Taschenbuch Verlag, München 1984. 122

Hofmannsthal, Hugo von: *Erfahrung*. In: Ders.: *Die Gedichte*. Insel Verlag, Berlin 2000. 198

Holm, Carsten: *Bomben-Strände* (Auszug). In: Der Spiegel, Nr. 15/2013, Spiegel-Verlag Rudolf Augstein GmbH & Co. KG, Hamburg 08.04.2013, S. 51f. 171

Hornby, Nick: *Coolnesstest* (Auszug). In: Ders.: *About a boy*. Droemersche Verlagsanstalt, München 2000, S.13f. 6f.

Icke und Er: *Richtig geil*. © Icke & Er Edition bei Sony/ATV Music Publishing (Germany) GmbH, Berlin. 202

Jüttner, Julia: *Ich bin eher der Typ für schmalen Cord. Interview mit Christian Ulmen*. In: www.spiegel.de, 24.06.2008. 2f.

Kaléko, Mascha: *Rezept*. In: Dies.: *Die paar leuchtenden Jahre*. Deutscher Taschenbuch Verlag, München 2003, S. 21. 203

Kühl, Eike: *Seht her, ich bin beliebt!* (Auszug). In: www.zeit.de, 05.02.2015. 261

Loriot: *Bettenkauf* (Auszug). In: Ders.: *Gesammelte Prosa*. Copyright © Diogenes Verlag AG, Zürich 2006. 79

Lott, Isabell: *Düdel-dü-di, düdeldüdidü*. In: www.taz.de, 11.08.2013. 222

Lott, Isabell: *Für immer draußen, verdammt*. In: www.taz.de, 24.08.2013. 226

Malecha, Herbert: *Die Probe*. In: Die Zeit, Nr.48/1954, Zeitverlag Gerd Bucerius GmbH & Co. KG, Hamburg 02.12.1954. 193ff.

Seite im Buch

Martenstein, Harald: *Bei der Lektüre der Bewerbung kam ich mir durchschnittlich, faul und überbezahlt vor.* In: Die Zeit, Nr. 1/2010, Zeitverlag Gerd Bucerius GmbH & Co. KG, Hamburg 31.12.2009. 308f.

Meyer, Conrad Ferdinand: *Zwei Segel* (Auszug). In: *Die besten deutschen Gedichte.* Insel Verlag, Berlin 2012, S. 127. 199

Moschner, Ruth: *Ruth Moschner läutet Wochen der Shopping-Diät ein.* In: www.berliner-kurier.de, 10.04.2014. 227

Özdogan, Selim: *Interview.* In: www.selimoezdogan.de. 17

Rothfischer, Kathrin: *Mediennutzung verändert das Gehirn.* In: www.focus.de, 12.06.2012. 244

Rutenberg, Jürgen: *Was du heute kannst besorgen, das verschiebe nicht auf morgen.* In: Zeitmagazin, Nr. 45/2011, Zeitverlag Gerd Bucerius GmbH & Co. KG, Hamburg 2011. 29

Schiller, Friedrich: *An die Freude* (Auszug). In: Ders.: *Gedichte und Prosa.* Verlagsgruppe Random House GmbH, München 1984. 200

Schnitzler, Arthur: *Liebelei* (Auszug). In: Ders.: *Reigen, Liebelei.* S. Fischer Verlag GmbH, Frankfurt a. M. 1960. 205

Schnurre, Wolfdietrich: *Politik.* In: Ders.: *Fabeln, Parabeln, Gleichnisse.* Deutscher Taschenbuch Verlag, München 1970, S. 252. 195

Schwarz, Stefan: *Nicht alles sinkt.* In: Das Magazin, Heft 9, Kurznachzehn Verlag GmbH, Berlin 2011. 29

Sick, Bastian: *Safran, öffne dich!* (Auszug). In: *Der Dativ ist dem Genitiv sein Tod, Folge 4.* Verlag Kiepenheuer & Witsch GmbH & Co KG, Köln 2009. 68

Strunk, Heinz: *Die Jungschützenkönigin* (Auszug). In: Ders.: *Fleisch ist mein Gemüse.* Rowohlt Taschenbuch Verlag, Reinbek 2004, S. 124. 190f

Tucholsky, Kurt: *Ratschläge für einen schlechten Redner.* In: Ders.: *Gesammelte Werke in 10 Bänden.* Herausgegeben von Mary Gerold-Tucholsky und Fritz J. Raddatz, Band 8, Rowohlt, Reinbek 1996. 264f.

Twain, Mark: *Bummel durch Europa* (Auszug). In: Ders.: *Bummel durch Europa.* Aufbau-Verlag, Berlin und Weimar 1984, S. 302. 30

Welsh, Irvine: *Trainspotting* (Auszug). In: Ders.: *Trainspotting.* Verlagsgruppe Random House GmbH, München 1998. 306f.

Seite im Buch

Werdermann, Felix: *Helm? Ja! Zwang? Nein!* (Auszug). In: www.freitag.de, 18.06.2014. 232f.

Wischmeyer, Dietmar: *Pisa für Erwachsene* (Auszug). In: Zitty, Nr. 25. Zitty Verlag GmbH, Berlin 2003. 212f.

Wischmeyer, Dietmar: *Schwarzbuch: PIAAC-Test.* In: www.wischmeyer.de 27

Zech, Paul: *Fabrikstraße tags.* In: Ders.: *Das schwarze Revier.* Musarion Verlag, München 1922, S.10. 200

Besser als in echt. In: Financial Times Deutschland, G+J Wirtschaftsmedien GmbH & Co. KG, Hamburg 20.04.2009. 245

Jugend und digitale Technik: *Wir Scheibenwischer.* In: www.spiegel.de, 07.08.2014. 259

Video, Weblog und Freunde. In: EINSTIEG abi, Magazin für Ausbildung und Studium. Nr. 1/2009. Einstieg GmbH, Köln 2009, S. 64. 297

978-3-582-**01440**-5

Verlag Handwerk und Technik GmbH,
Lademannbogen 135, 22339 Hamburg; Postfach 63 05 00, 22331 Hamburg – 2017
E-Mail: info@handwerk-technik.de – Internet: www.handwerk-technik.de

Satz und Layout: tiff.any GmbH, 10999 Berlin
Illustrationen: Bernhard Speh, Hamburg
Druck: W. B. Druckerei GmbH, 65239 Hochheim am Main